根据国家教师资格证最新考试大纲编写

现代教育学概论

（第三版）

任　平　孙文云　主编

Xiandai Jiaoyuxue Gailun

暨南大學出版社
JINAN UNIVERSITY PRESS

中国·广州

图书在版编目（CIP）数据

现代教育学概论/任平，孙文云主编．—3版．—广州：暨南大学出版社，2018.8（2020.9重印）

ISBN 978-7-5668-2399-1

Ⅰ.①现…　Ⅱ.①任…②孙…　Ⅲ.①教育学—概论　Ⅳ.①G40

中国版本图书馆CIP数据核字（2018）第111898号

现代教育学概论（第三版）

XIANDAI JIAOYUXUE GAILUN（DISANBAN）

主　编：任　平　孙文云

出 版 人： 张晋升
策划编辑： 潘雅琴
责任编辑： 潘雅琴　吴瑜玲
责任校对： 林　琼　王燕丽
责任印制： 汤慧君　周一丹

出版发行： 暨南大学出版社（510630）
电　　话： 总编室（8620）85221601
营销部（8620）85225284　85228291　85228292　85226712
传　　真：（8620）85221583（办公室）　85223774（营销部）
网　　址： http://www.jnupress.com
排　　版： 广州市天河星辰文化发展部照排中心
印　　刷： 广州市穗彩印务有限公司
开　　本： 787mm×1092mm　1/16
印　　张： 24.125
字　　数： 450千
版　　次： 2013年9月第1版　2018年8月第3版
印　　次： 2020年9月第6次
印　　数： 13401—16400册
定　　价： 68.00元

第三版前言

教育是一种广泛存在于人类社会生活的有目的地培养人才的活动。随着近代科学技术的迅猛发展，教育实践的广泛性、丰富性进一步推动了教育学的发展。在高等师范院校，教育学是师范专业教师技能课程的核心课程之一，可以使有志于教学的学生掌握教育学的基本原理，了解教育学的发展状况，运用教育学理论解决教学中的实际问题，提升学生的教育学素养，同时满足高等师范院校教学的需要，因此本书一直受到广大师生的欢迎。

随着教师资格证全国统考制度的全面展开，为满足学生参加全国教师资格证统考的现实需要，我们以全国教师资格证统考考试大纲的知识点为核心内容再次对教材进行修订，并力求使其反映新时代教育发展的新特点和新需求，用以指导参加全国教师资格证统考的广大师生。

修订后的教材具有以下几个特点：

第一，紧扣全国教师资格证统考的考纲考点。为更好地满足广大考生参加全国教师资格证统考的需要，书中各章节内容都以全国教师资格证统考最新考试大纲的要求来组织、编写。

第二，各章都配有学习要点。学习要点可使学生提纲挈领地抓住本章的核心知识点，以指导本章内容的学习。

第三，每章后配有思考与练习题。这些题目的编写参照了往年全国教师资格证统考的题目，有助于考生有针对性地学习。

第四，编写体例新颖。各章的写作体例均为本章学习要点、案例导入、正文、本章小结、思考与练习，部分章节还添加了拓展阅读。各章内容的编写都是建立在掌握基本要点的基础上，循序渐进地丰富学生的教育学理论，不断开阔学生的学术视野。

第五，密切联系当前教育改革发展的需要。本书结合新时代教育改革的实际，更新教育学的理论内容，将教育理论与教学实践相结合，注重对学生教育理论和教育技能的培养。

本书由任平、孙文云担任主编，负责拟订全书修订工作计划、编写提纲，及全书的统稿工作。参编人员为长期从事教育学教学和研究，具有扎实理论基础和丰富教学经验的教师。具体分工如下：第一章任平、林凤丹；第二章刘海兰、文艳美；第三章苗素莲、张少芳；第四章唐芬芬、方瑞迪；第五章、第六章孙文云、王丹；第七章覃江梅；第八章王禹；第九章许成果；第十章谢德新、邱佳；第十一章徐艳贞。

本书在编写过程中参考了相关的文献资料，而在注释中可能会挂一漏万，在此特别加以说明，并向各位作者致以衷心的感谢！

教育大计，教师为本。希望本书能为立志为师的学子提供帮助。限于编者学识，书稿中的错漏在所难免，恭请大家指正。

编　者

2018 年 3 月

第二版前言

自2013年8月第一版出版发行以来，本教材受到了广泛的欢迎，大家肯定了它注重基础知识、材料新颖、题材丰富、信息量大等特点。该书在教材体系上进行了大胆的创新探索，改变了以往公共教育学教材理论性强，让人觉得枯燥乏味的缺点；编排形式生动清新，便于教学，给读者的视觉效果较好。在此我们对大家的肯定表示衷心的感谢，同时我们也一定将大家的肯定当作对我们工作的鞭策和鼓励。

为了反映教育科学的最新进展，突出公共教育学的基础性和实用性，使本书真正成为一本“现代教育学概论”，本着把握教育学学科理论发展的主流思想和最新动态的宗旨，现结合该教材发行两年多的实际使用情况，特做出如下几个方面的修订：

第一，教材框架从原来的十二章删减为十章。其中将第一版第四章“教育的制约性与独立性”整合到第二章“教育与人”当中，主要想从教育与人的发展角度来阐述教育的制约性与独立性；第一版第七章“教师”和第八章“学生”整合为第二版第六章“教师与学生”，旨在体现教与学的必然联系，以及师生关系和谐发展的重要性。

第二，为了便于开展教学活动，每章设计“案例导入”，并根据“案例导入”设计“思考与讨论”，将生活实际与理论学习更好地衔接。

第三，全面更新了内容，包括教学案例、统计数据等，适当增加了职业教育的内容，相关数据主要来源于国家统计局的有关教育统计信息。

第四，本次修订也对各章节不够严谨规范的内容和格式等细节问题进行了必要的修改。

教材的修订是一项不断完善、永无止境的工作，我们将继续努力，不断听取各方面特别是使用本教材的各个院校师生的反馈意见，不断改进和修订。

本书的修订和出版得到了暨南大学出版社的大力支持，尤其凝聚了潘雅琴老师大量的心血；在内容的修改、调整上，得到了有关作者的理解和支持，在此一并致谢！

本教材各章分工如下：第一章教育与教育学（任平、周柳）；第二章教育与人（任平、李彦华）；第三章教育与社会（唐芬芬）；第四章教育目的（孙文云）；第五章教育制度（孙文云）；第六章教师与学生（覃江梅）；第七章课程（覃江梅）；第八章教学（徐艳贞）；第九章班主任与班级管理（徐艳贞）；第十章教学测量与评价（李宁）。

任　平　孙文云

2016 年 5 月于广州

前　言

教育是一种广泛存在于人类社会生活的有目的地培养人才的活动。随着近代科学技术的迅猛发展，教育实践的广泛性、丰富性进一步推动了教育学的职业技术发展。越来越多的人开始自觉关注、学习和运用教育学。在高等师范院校，教育学成为师范专业的公共必修课之一，如何让广大的教师教育专业的学生掌握教育学的基本原理，了解教育学的发展状况，运用教育学原理解决实际问题，是值得我们关注的。

为了满足高等师范院校公共课教育学教材的需要，同时贯彻“面向职教”“引领职教”“服务职教”的理念，我们编写了此教材。本教材在编写中力图体现以下特色：

第一，更新教育观念。我们在教材编写过程中，力求能够以当前有关教育改革的理念为指导，赋予各个章节新鲜的内容。

第二，内容务实新颖、贴近现实。每一章的写作体例为学习要点、关键词、正文、本章小结、思考与练习、拓展阅读。力求通过这种结构谋篇布局，让学生明晰教育学基本理论的脉络和基本观点，变枯燥的理论学习为可触摸、可感知的内容。

第三，密切联系教育实际的需要。教育学是一门实践性学科，我们在教材的编写中力图结合教育教学的实际需要，开展具体教育学的学习过程，推动学生结合实际学习和掌握理论，以便将来能更好地运用所学的教育学理论知识指导自己的教学工作。

参加本书编写的作者都是身处教育教学第一线的教师，他们有着多年的教育教学经历，在教学过程中积累了丰富的教学经验，了解学生需要什么样的教育学知识，同时更了解教育学老师在教学过程中的难处。因此，本书编写的初衷是让教育学不再让人感到乏味，让学生有兴趣去学，教师有激情去教。

本书由任平、孙文云任主编，李宁、唐芬芬、徐艳贞、张筠、苗素莲等任副主编，具体承担编写任务的是（以章节的先后为序）：任平、代晓容（第一章：教育与教育学概论），任平、林明仙（第二章：教育与人），唐芬芬（第三章：教育与社会　第四章：教育的制约性与独立性），孙文云（第五章：教育目

的 第六章：教育制度），苗素莲、陈慧珍（第七章：教师），张筠（第八章：学生），苗素莲、祝春（第九章：课程），徐艳贞（第十章：教学方法与教学艺术 第十一章：班级管理艺术），李宁、谭洁（第十二章：教学测量与评价）。任平、孙文云统稿，全书由任平定稿。

本书在编写过程中参考了大量中外教育学领域的文献资料，但注释可能会挂一漏万，在此特别加以说明，谨向文献的作者表示衷心的感谢！同时感谢暨南大学出版社，感谢本书的责任编辑潘雅琴女士和李苗女士，为了本书的编写及出版，她们做了许多周到细致的工作。

限于编者学识，书稿中的错漏在所难免，恭请各位专家学者和学生批评指正。

编　者

2013 年 7 月于广州

目　录

第一章　教育与教育学概论

【学习要点】

1. 掌握教育的含义及构成要素；
2. 了解教育的起源、基本形态及其历史发展脉络；
3. 了解国内外著名教育家的代表著作及其主要教育思想；
4. 了解教育研究的基本方法。

【案例导入】

苏美尔人的学校教育

苏美尔人是历史上两河流域（幼发拉底河和底格里斯河中下游）早期的定居民族，他们所建立的苏美尔文明是整个美索不达米亚文明中最早，同时也是全世界已知最早产生的文明。苏美尔人对人类文明最大的贡献就是发明了楔形文字以及由此而产生的人类最早的学校教育系统。苏美尔人的学校教育可追溯到公元前3000年，现存最早的泥板文书出土于苏美尔古城乌鲁克。这些泥板文书是用文字的早期阶段——图画文字书写而成的，以经济和管理文献为主，也包括一些单词表，供学生学习和练习之用。这表明在公元前3000年，苏美尔人已开始考虑学校教育。

苏美尔人的学校被称为“埃都巴”（é-dub-ba），意为“泥板房子”。校长叫“ummia”（意为专家、教授），也被称作“a-bi-é-dub-ba”（学校的父亲）；学生被称作“dumu-é-dub-ba”（学校的儿子）；教授的助手被称为“大师兄”，职责是制造供学生临摹的泥板，检查学生的临摹与背诵作业情况。据记载学生校园生活的泥板显示，学校的教职人员包括绘画老师以及苏美尔语老师、记录学生出勤情况的职员、制定学生守则的职员、维持学生课堂秩序的职员、管理学生出入校园的职员等。这些教职人员的职位高低与工资来源目前尚未弄清，只知道校长被称为“学校的父亲”。

苏美尔人的学校教育的课程设置与教育宗旨、教育目的相适应，大体上可分为基础课、专业技术课和文学创作课。语言课是基础课，主要讲授苏美尔语的单词和语法。在专业技术课方面，学生要学习计算（代数）、土地测量（几何)、数学、生物、地理、天文、医学等知识，以及组织唱诗班、加工金银珠宝、食物配给和演奏各种乐器等技能。文学创作课包括两方面内容：抄写、模仿、研究过去的文学作品和进行新的文学创作。学校课程枯燥无味，学生的学习时间过长，从太阳升起到太阳落下，整天都待在学校。一年中，学生有一定时间的假期，但至今没有发现记载这方面情况的泥板。面对枯燥无味的学校生活，学生逃课现象时有发生，一块记载学生学校生活的泥板记录了如下一段父子的对话：

父亲问："你逃学到哪里去了？"儿子答："我哪儿都没去。"问："要是你哪儿都没去，为什么闲逛呢？上学去，站到你老师面前背作业。打开书包让你的'大师兄'给你讲新知识。你完成作业报告班长后就回到我这儿来，不要在街上东游西逛。喂，你听明白了吗？"儿子抱怨说："你唠叨什么！"父亲听后尖刻地训斥儿子说："存心作对。"他对这个年轻人爱抱怨的天性烦透了，心想："你的牢骚气死我了，简直快要了我的命。"

苏美尔人的教学纪律严格，虽然老师也鼓励、教育学生好好学习，但主要还是用体罚的方式来使学生改正错误。这样的例子不胜枚举，有一块记载学生学校生活的泥板，就记录了一个学生一天内所受的体罚情况：

我的校长读完我的泥板说："这儿缺了几个字符。"用藤条抽我。掌管清洁的职员说："你在街上游逛，没有整理好你的衣服。"用藤条抽我。负责课堂纪律的职员说："你为什么没有得到允许就讲话？"用藤条抽我。负责学生集会的职员说："你为什么没有得到允许就随便起立？"用藤条抽我。负责学生出入学校的职员说："你为什么没有得到允许就走出校门？"用藤条抽我。教苏美尔语的老师说："你为什么不说苏美尔语？"用藤条抽我。我的老师说："你的作业未令人满意。"用藤条抽我。

古代苏美尔人的学校对推动苏美尔文字、文学的发展，传播苏美尔文化起了重要作用，但也有其局限性。这主要因为苏美尔人的学校基本上是贵族学校，学生一般来自富裕的贵族家庭，穷人家的孩子既没有很多的空闲时间用于学习，也没有钱支付教师的工资。苏美尔人的学校基本上是男校。

资料来源：李海峰，祝晓香．古代西亚苏美尔人的学校教育［J］．阿拉伯世界，2003（6）：40－42.

思考：从以上案例你是否看出苏美尔人学校教育的目的和形式，请思考后比较5 000年前的教育和今天的教育有什么异同。

第一节　教育学概述

一、教育学的研究对象与学科特征

每门科学或学科都有自己的研究对象。有了明确的研究对象，主体（研究者、学者）才能有效地进行对象性的认识与实践活动，才能对其对象性的认识和实践活动中产生的问题开展研究和总结，才能揭示研究对象的本质、规律、价值及其发展变化，逐步形成、发展成为系统的科学或学科理论。不同的科学或学科有不同的研究对象，对研究对象的认识与研究是科学产生与发展的基础，不存在无研究对象的科学或学科。只有明确了研究对象，才能有效地进行科学研究。

（一）教育学的研究对象

教育学的研究对象是教育现象及教育问题。教育现象是人类各种教育活动的外在形式，是教育活动外在的、表面的特征，它包括教育社会现象和教育认识现象。教育社会现象是反映教育与社会关系的现象，教育认识现象是反映教育与学生认知活动关系的现象。教育问题是人们从大量教育现象中提出来、作为认识和研究对象的课题。科学研究始于问题，教育学就是通过研究这些现象、问题，揭示教育背后所存在的客观规律，以作为教育者进行教育的依据和指南。教育问题是推动教育学发展的内在动力。

教育学的研究任务是揭示教育规律。所谓教育规律，是指不以人们的意志为转移的教育内部诸因素之间、教育与教育之外其他事物之间的内在的、必然的联系。我国古代的教育思想与教育经验都来自对培养人的教育现象及其问题的研究和经验的总结。例如，《学记》提出的“建国君民，教学为先”和“道而弗牵，强而弗抑，开而弗达”的宝贵经验都是教育规律的反映。尤其是近现代西方教育学，讲求教育必须适应儿童自然的发展，必须为社会经济和政治的发展与变革的需求服务，表明了人们对教育的基本规律已有明确的认识，并越来越朝着更加全面、深入、切实有效地探究教育的发展规律，彰显教育学的科学性、系统性、实用性的方向发展。因此，教育学的研究任务，就是要在研究教育的现象与问题、总结教育经验的基础上去揭示教育的各种可验证的客观性规律（包括宏观的和微观的），并阐明教育工作的原理、原则、方法与组织形式等的有效性问题，为教育工作者提供理论上和方法上的依据①。它的核心是引导、培育和规范人的发展，解决培养什么人和怎样有效培养人的问题。在这一意义上，教育学就是以教育现象、教育问题为研究对象，揭示教育规律并指导教育实践的一门社会科学。

教育是一种社会现象，它随着社会的发展而发展。在不同的社会里，由于教育学所研究的教育实践不同，研究者的观点、方法不同，因而有着不同的教育学。今天，我国的教育学是以马克思主义为指导，批判继承我国的教育遗产，吸取外国有益的教育经验，阐明教育的普遍规律和具有我国社会主义特色的教育观念和原则、方法，用以指导我国社会主义的教育实践，为人的全面自由发展、为我国社会主义现代化建设服务。

（二）教育学的学科特征

教育学是一门社会科学。对教育学的学科特征，由于侧重点不同，学者们见仁见智。但总的来说，当代教育学已发展成为兼具科学性、社会性和人文性的横断学科和综合学科。

1. 教育学是横断学科

教育活动是人类的一种特殊的社会活动，这种特殊性往往表现为，由于时代的局限，教育活动相对独立于科学、艺术活动之外，但实质上又与科学、艺术活动不可分割。一方面，形形色色的科学、艺术活动大都渗透了教育活动的因素；另一方面，在各种各样的教育活动中，既有科学性活动，又有文艺性活动，还有社会性活动。因而，简单地视教育活动的性质为科学性或艺术性是不全面的。教育学不属于单一的自然科学、社会科学或人文科学，而是兼具科学性、社会性和人文性的横断学科。

2. 教育学是综合学科

教育学到底是理论学科还是应用学科？有人认为教育学是理论学科，回答的问题是“教育是什么”，提供教育规律及其原理，指导教育实践，处理“如何教育”的问题。有人认为教育学是应用学科，直接回答与解决“如何教育”的问题，提供可操作性的教育技术及其策略。实际上，当代教育学已发展成为既包含教育规律及其原理，又包含教育技术及其策略的综合性学科。

教育学作为综合性学科，已形成集理论学科、技术学科、分支学科为一体的学科群。它包括诸如“教育哲学”“教育心理学”“教育社会学”“教育管理学”“教育测量学”“教育评价学”等为代表的下位学科；也包括实用性较强的

---

① 王道俊，郭文安．教育学：第七版［M］．北京：人民教育出版社，2016.

“教育技术学”“网络教育学”等技术学科；还包括操作性强的“语文教育学”“数学教育学”“英语教育学”“科学教育学”等分支学科。

二、教育学的产生与发展

从字源上看，中文的“教育学”一词是在20世纪初从日文转译过来的。1901年，中国目前第一部可考究的教育学专著问世，这是王国维从日本学者立花铣三郎的著作《教育学》翻译而来的。英文的“education”一词，于19世纪末开始在英语国家使用，主要指对儿童的培养过程。这一词汇目前已逐步代替另一个英语词汇“pedagogy”（教育学）。“pedagogy”一词源于希腊语“pedagogue”，表示“教仆”，即在奴隶主家中专门负责到学校接送孩子、帮助携带学习用具并监督小孩在校行为的奴隶，该词义为照看、管理和教育儿童的方法，即如何照管儿童的学问。

（一）教育学的萌芽

在古代社会，教育学处于萌芽阶段，没有形成一门独立的学科。古代的思想家、教育家的教育思想，都寓于他们的哲学或伦理学、政治学的著作中。

在中国，孔子是古代最伟大的教育家和思想家，他的教育思想集中反映在《论语》一书中。《论语》中有关“教”与“学”的论述有“有教无类”“因材施教”和“温故而知新”等。墨子的教育思想以“兼爱”和“非攻”为主，注重文史知识的掌握和逻辑思维能力的培养，还注重实用技术的传习。墨家认为获得知识的途径主要有“亲知”“闻知”和“说知”三种，其中“说知”是依靠推理的方法来追求知识。孟子的学生乐正克的《学记》是世界上最早的专门论述教育和教育问题的论著，它是《礼记》中的一篇，全文1 229个字，比古代西方的教学论著作《雄辩术原理》还要早300多年。《学记》全面地论述了“君子欲化民成俗，其必由学乎”的教育作用，“一年视离经辨志，三年视敬业乐群，五年视博习亲师，七年视论学取友，谓之小成。九年知类通达，强立而不反，谓之大成”的教育制度，“教学相长、豫时孙摩、长善救失、启发诱导、藏息相辅”的教学原则，以及“能为师然后能为长，能为长然后能为君”的教师地位。韩愈的《师说》论述了教师的重要作用、从师学习的必要性以及择师的原则。朱熹的《四书集注》体现了“圣经贤传之旨，灿然复明于世”之“政教”的教育目的观。王守仁的《传习录》体现了他辩证的授课方法等。

西方的智者派是希腊最早出现的职业教师，被黑格尔誉为希腊人的“启蒙者”，他们是以“智慧、科学、音乐、数学等”教人的教师，他们对希腊教育实践和思想的发展作出了重要贡献。苏格拉底主张通过教育来培养治国人才，他的“产婆术”教育方法被视为西方启发式教学法的渊源。柏拉图的《理想国》总结了当时雅典和斯巴达的教育经验，提出了由国家统一管理的系统的教育制度。此外，柏拉图重视早期教育，是“寓学习于游戏”的最早提倡者。亚里士多德（Aristotle，前 384—前 322）是古希腊百科全书式的哲学家，他的《政治学》首次提出了体育、德育、智育和谐发展的教育观。另外，亚里士多德在历史上首次提出了“教育遵循自然”的原则，他注意到了儿童心理发展的自然特点，主张按照儿童心理发展的规律对儿童进行分阶段教育，这也成为后来强调教育中注重人的发展的思想渊源。昆体良的《雄辩术原理》（又称《雄辩家的教育》或《论雄辩术的培养》）是古代西方最早的教育理论著作，被称为世界上第一部系统阐述教学理论的著作。昆体良认为教育的最高目的在于培养演说家，提出了分班教学、教学适度等有关教学理论的主张。

这一时期教育学的发展呈现出以下特点：第一，对教育还没有形成系统的理性认识，仅仅处于经验和习俗的水平。教育思想常常散见于哲学家、思想家、政治家的言语记录或哲学、政治、伦理、教育著作中，尚未形成科学的理论体系。第二，虽然当时对教育的认识建立在主观判断上，缺乏明显的科学依据，但一些伟大的思想家对教育的论述却是深刻而精辟的，不乏大量的科学成分。他们的教育思想不仅影响了当时的教育实践，也是今天的教育学内涵的重要源头。

（二）教育学的创立

从欧洲文艺复兴开始，许多学科日益从哲学母体中分化出来，成为独立的学科，教育学也逐步形成了自己的理论体系。

这一时期教育学呈现出以下特点：教育问题成为专门的研究对象；形成了专门反映教育本质和规律的概念和范畴；有了科学的研究方法；出现了一些专门的、系统的教育学著作；产生了一些重要的教育学家；产生了专门的教育研究机构。其中代表性的人物包括：第一个提出“知识就是力量”的人——英国哲学家弗兰西斯·培根（F. Bacon，1561—1626）、“教育学之父”——捷克教育家夸美纽斯（J. A. Comenius，1592—1670）、“科学教育学之父”“现代教育学之父”——德国教育家、心理学家、哲学家赫尔巴特（J. F. Herbart，1776—1841）。

培根于 1623 年撰写了《论科学的价值和发展》一文，在文中对科学进行分类，首次提出把教育学作为一门独立学科，把它理解为关于“指导阅读”的学问，是“教”的方法和艺术。

夸美纽斯曾经赞誉教师为“太阳底下最光辉的事业”。他于 1632 年发表的

《大教学论》被视为教育学作为独立学科的开始。《大教学论》的教育思想体现在以下几个方面：第一，构建了相对完整的教育学理论体系。夸美纽斯在书中论述了教育的目的，教育与社会、自然和人的关系，教学内容、方法、组织形式、原则和规律，道德教育，教育和教学的管理等，奠定了近代教育学理论的基础。第二，夸美纽斯提出了“泛智教育”和普及教育的主张，指出教育是“把一切事物教给一切人类的全部艺术”，即把一切知识教给一切人，让男女儿童都接受教育。第三，建立了班级授课制度，提出按照儿童的年龄划分年级段和确定教学内容，推进了学校管理制度的发展，还将学前教育纳入学制，促进了学前教育的发展。第四，夸美纽斯用自然界的法则类比教育规律，在书中处处体现了“自然适应性原则”，这一自然主义教育思想为后世教育家倡导的“内发论”思想奠定了基础。但是，《大教学论》也不可避免地具有历史局限性，例如书中内容带有强烈的宗教立场，这使得人们很难把它看成是一本真正的科学著作。

赫尔巴特在哥廷根大学和柯尼斯堡大学长期从事教育学教学和研究工作，他完成了从“教授之学”到“教育之学”再到“教育学”的历史性转变。他继承了首次（1776）在大学开设教育学讲座的哲学家康德（I. Kant，1724—1804）的位置，并于1806年出版了《普通教育学》，此书是教育学作为一门规范学科形成的标志，被公认为是第一本现代教育学著作，赫尔巴特也因此被誉为“现代教育学之父”。这本书是赫尔巴特在瑞士一个贵族家庭担任家庭教师时，仔细观察并记录他教的三个孩子在学习过程中的各种变化整理而来的。这本著作的教育思想主要体现在以下几个方面：第一，构建了比较严密的教育学的逻辑体系，第一次为教育学找到了科学的理论基础。赫尔巴特在伦理学的基础上建立了教育目的论，在心理学的基础上建立了教育方法论。第二，主张教育的根本目的在于培养具有良好道德的国家公民，即具有内心自由、完善、仁慈、正义和公平五种品质的人。他强调道德教育是教育的首要任务，提出了著名的“教育性教学”原则，认为没有“无教学的教育”，更没有“无教育的教学”，即道德教育离不开教学，教学是道德教育的基本途径，强调教师权威、书本知识和课堂教学的作用。第三，探讨了教育过程中的统觉、兴趣、经验和注意等心理学问题，使教学心理学化。赫尔巴特借用了哲学中的“统觉”概念，指出教学必须唤起学生心中已有的观念，使儿童从熟悉的材料逐渐过渡到新的学习材料，在原有知识的基础上产生新的知识。他还主张课程内容应与儿童的经验和兴趣一致，根据儿童经验和兴趣来对课程内容进行分类。赫尔巴特把兴趣分为四个阶段：注意、期待、探究和行动。在此基础上，把教学过程分为明了、联想、系统和方法四个阶段。赫尔巴特的教育思想逐渐形成了“赫尔巴特学派”，后来被人们称为“传统教育派”。《普通教育学》对包括中国在内的许多国家的教育都产生了很大的影响。清末，教育学被引进中国时，表面上是学习日本，实际上是间接地学习赫尔巴特的教育学理论，因为这一时期日本教育学主要受赫尔巴特教育思想的影响。

除了以上几位教育家，还有许多思想家在其著作中论述了自己的教育思想，为教育学的创立作出了重要贡献。如英国哲学家洛克（J. Locke，1632—1704）在《教育漫话》（1693）中完整地阐述了从体育到学科教育的绅士教育理论体系，提出著名的“白板说”；被誉为“教育史上的哥白尼”的法国思想家卢梭，在小说体的教育名著《爱弥儿》（1762）中提出了自然教育的理论，主张以儿童为中心、教育必须适应儿童的自然天性等教育观念；瑞士教育家裴斯泰洛齐是西方教育史上第一位将“教育与生产劳动相结合”这一思想付诸实践的教育家，并且最早提出“教育心理学化”的主张。他以博大的胸怀和仁爱精神进行了多次产生世界影响的教育实验，他在《林哈德和葛笃德》一书中提出教育应按照自然的法则，和谐地发展儿童的一切天赋，通过体育、劳动教育、德育和智育使儿童达到头、心、手的全面发展；英国思想家斯宾塞在《教育论》中提出教育的目的是为完满的生活做准备，一改传统观念重视人文学科的观念，强调实用学科的重要性，认为直接保全自己的知识最有价值，其次是间接保全自己的知识，其他知识的价值再次之。

中国教育学的起步始于对日本教育学的学习。1901 年刊载于《教育世界》上由日本学者立花铣三郎讲述、王国维翻译的《教育学》，被视为教育学在中国的开端。1912—1913 年，中国确立师范教育体制后，中国人开始独立从事教育学的教学工作。后来出现了编写教育学教材和著作的第一次高潮，如袁希洛编《教育行政数日谈》（1912）、蒋维乔著《教授法讲义》（1913）、张子和编著《大教育学》（1914）、张毓聪编著《教育学》（1914）等。这一阶段赫尔巴特、卢梭、洛克、裴斯泰洛齐等人的教育思想也相继传入中国。

（三）教育学的发展

人类文化发展的历史就是新的文化不断出现的历史，这种新的文化在充分吸收旧文化的基础上还对旧文化进行批判和否定。教育学的发展也同样如此，以赫尔巴特为代表的传统教育学派在属于它的那个年代绽放光芒之后，逐渐被新时代多元化教育学流派的光彩所掩盖。19 世纪末 20 世纪初以来，现代科学的发展和研究手段逐步现代化，教育学得到了迅速的发展并出现了不同的教育流派和教育思潮。

1. 实验教育学

19 世纪下半叶，现代自然科学迅猛发展，丰硕的科学成果和新的研究方法不断出现。一些教育家在研究教育的过程中引进了社会学的实证方法和心理学的实验方法，实验教育学应运而生。代表人物是德国的梅伊曼（E. Meumann，1862—1915）和拉伊（W. A. Lay，1862—1926），代表作是梅伊曼的《实验教育学纲要》（1914）和拉伊的《实验教育学》（1908），这两本书对实验教育学进行了系统的论述。梅伊曼和拉伊反对教育学只停留在赫尔巴特式的思辨和概念化的水平，提倡使用自然科学中的实验和统计方法来研究儿童的学习和生活，使教育研究真正科学化。实验教育学强调的定量研究成为20世纪教育学研究的一个重要范式，极大地推动了教育科学的发展。但是，它只看到儿童发展的生物性，忽视了人的社会性，这是实验教育学唯科学主义的局限性，因此受到了来自文化教育学的批判。

2. 文化教育学

文化教育学又称精神科学教育学，作为科学主义的实验教育学和理性主义的赫尔巴特教育学的对立面，出现于19世纪的德国，代表人物和作品有狄尔泰（W. Dilthey，1833—1911）及其《关于普遍妥当的教育学的可能》（1888）、斯普朗格（E. Spranger，1882—1963）及其《教育与文化》（1919）。文化教育学的基本观点主要有：人是一种文化的存在，人类历史是一种文化的历史；教育过程是一种历史文化过程；教育研究必须采用精神科学或文化科学的方法；教育的目的就是要促使社会历史的客观文化向个体的主观文化转变，并将个体的主观世界引向博大的客观文化世界，培养完整的人格；培养完整人格的主要途径就是“陶冶”与“唤醒”；构建对话的师生关系。文化教育学深刻影响了20世纪德国乃至世界的教育学发展，在教育的本质等问题上给人带来许多启发，不足之处是思辨气息太浓，在解决现实的教育问题上很难提出有针对性和可操作性的建议。

3. 实用主义教育学

19世纪末20世纪初，实用主义教育思潮在美国兴起，代表人物和作品是杜威及其《我的教育信条》（1897）和《民主主义与教育》（1916）、克伯屈（W. H. Kilptrick，1871—1965）及其《克伯屈设计法》（1918）。不同于赫尔巴特提倡的以教师、教材、课堂为中心的传统观点，杜威提出新的“三中心”理论，即以活动教学代替传统的课堂教学（活动中心），以儿童的经验代替书本知识（经验中心），以学生的主动活动代替教师主导（儿童中心或学生中心）。杜威认为教育即生活，即教育不是为未来的生活作准备，教育的过程就是眼前生活本身；教育即生长，即教育就是要促进学生个体经验持续不断地生长，使儿童自身经验不断地改造和改组；教育即经验的改造，即教育不是从外在方面让学生学习与他们生活无关的一些知识，而是促进学生日常生活经验的不断改造和改组；学校即社会，即学校要培养能适应社会生活的人就应该让学校和现实社会一样，把学校办成一个小型的社会，让学生在学校里学到社会需要的态度、技能和知识；从做中学，即教育不仅要教给学生科学的结论，更重要的是激发学生的思维，让他们在问题情景中自己探索，从而掌握发现真理、解决问题的方法。实用主义教育思潮强调教育是一种与生活紧密相连的活动，但是在一定程度上忽视了系统知识的学习，忽视了教师在教育教学中的主导作用，忽视了学校的特质，其影响从20世纪50年代开始逐渐减弱。

4. 批判教育学

批判教育学产生于20世纪70年代，被认为是教育领域中最具活力的竞争者，也是当前在西方教育理论界占主导地位的教育思潮，它在教育理论、课程及教育管理等领域进行了开创性的研究。批判教育学常被称为“激进的教育学”，因为它不仅强调行动与创造的潜力，同时围绕公平、正义、自由和解放不断进行对话与反省，其基础包括五个要素，即理论、权力、文化、政治、民主。批判教育学的主要观点有：教育没有促进社会的公平，而是维护了现实社会的差别和对立；教育再生产了占主流地位的社会意识形态、文化以及经济结构；批判教育学就是要揭示看似正常的教育现象背后的利益关系，使师生对自己所处的教育环境有所警醒，以此“启蒙”他们积极地寻找克服教育和社会不平等的策略。

5. 马克思主义教育学

当杜威的教育思想在世界广泛传播，在东方，以“十月革命”胜利后的苏联为代表，诞生了马克思主义教育学，它对我国的教育理论和实践产生了巨大的影响。马克思主义教育学的基本观点包括：教育是一种社会现象，是人类特有的、有意识的活动；教育起源于生产劳动，劳动方式和性质的变化必然引起教育形式和内容的改变；在阶级社会里，教育具有鲜明的阶级性，要从当时所处的社会条件中去探求它的规律；教育受社会、政治、经济、文化制度的制约，同时又具有相对独立性，并反作用于社会、政治、经济、文化；教育的根本目的是促进个体全面发展，其实现方式是教育与生产劳动相结合，实现体力劳动和脑力劳动的协调发展；马克思主义唯物辩证法和历史唯物主义是教育科学研究的方法论基础，我们既要看到教育现象的复杂性，又要坚信教育是有规律可循的。

马克思主义教育学的代表人物有克鲁普斯卡娅（Н. К. Крупская，1869—1939）、加里宁（М. И. Калинин，1875—1946）、马卡连柯（А. С. Макаренко，1888—1939）、凯洛夫（N. A. Kaiipob，1893—1978）、赞科夫（Л. В. Ванков，1901—1977）、维果茨基（L. Vygotsky，1896—1934）、苏霍姆林斯基（В. А. Сухомлинский，1918—1970）。

马卡连柯在“十月革命”后创办“工学团”，成功教育和改造了流浪儿童和少年违法者。他著有《教育诗》和《论共产主义教育》。在《教育诗》中，他总结了“工学团”的教育经验，其中集体主义教育是其教育体系的基础和核心。他提出的“平行教育”原则，在我国德育工作中发挥了重要作用。

凯洛夫的《教育学》（1939）被公认为世界上第一部马克思主义的教育学著作。该书总结了苏联二三十年的教育经验，用马克思主义的观点和方法阐述社会主义的教育，从教育基本原理、教学论、德育论、学校管理四个方面进行了全面的论述。该书借鉴了赫尔巴特的教育思想，重视智育在全面发展中的地位和作用，强调系统知识的教学；重视课堂教学和教师的主导作用，强调教材的权威性。《教育学》在一定程度上揭示了社会主义教育的规律，但在国家行政领导与学校的关系上，忽视了学校的自主性；在学校与教师的关系上，忽视了教师的自主性；在教师与学生的关系上，忽视了学生的自主性。1951 年，该书被译成中文，在相当长的一段时期内作为我国教育工作的指导性书籍。

维果茨基是苏联早期杰出的教育心理学家、社会文化历史学派的创始人。20 世纪 30 年代，维果茨基将“最近发展区”这一概念引入儿童心理学研究，他发现儿童发展有两种水平：现有水平和可能水平，前一种是儿童发展已经达到的水平，后一种是在帮助或指导下所能达到的水平，这两种水平之间的区域就是“最近发展区”。维果茨基以此提出“良好的教学应走在儿童发展的前面”的著名观点，他强调教育应促进儿童的身心发展，着眼点应放在“最近发展区”上，要在可能的范围内走在学生现有发展的前面。维果茨基的“最近发展区”理论为教育教学改革提供了科学的指导，对教育教学发展作出了重要的贡献。

苏霍姆林斯基是苏联早期著名的教育实践家和教育理论家。他在《给教师的一百条建议》《把整个心灵献给孩子》等著作中系统论述了他的全面和谐教育思想。他认为学校教育的理想是培养全面和谐发展的人，其著作被称为“活的教育学”。

1930 年，杨贤江（1895—1931）化名李浩吾撰著的《新教育大纲》出版。这是我国第一本试图用马克思主义的观点论述教育的著作。该书论述了教育的本质和作用，认为教育是社会上层建筑之一，是营谋社会生活的手段，是阶级斗争的工具，在教育理论上起到了一定的启蒙作用。

（四）教育学的深化

20 世纪 50 年代以后，世界进入了科学技术迅猛发展的时期，智力的开发和运用成了提高生产效率和发展经济的主要因素，因此引发了世界范围内新的教育改革，从而有力地推动了教育理论研究的新发展。这一时期的教育理论研究呈现出以下特点：基础理论研究与应用研究相结合；运用了多学科的方法对教育进行综合研究；进行了广泛的教育整体改革实验。其中代表人物主要有德国教育家瓦·根舍因（M. Wagenschein，1896—1988）、美国心理学家布卢姆（B. S. Bloom，1913—1999）、美国心理学家布鲁纳（J. S. Bruner，1915—2016）、法国的保罗·朗格朗（P. Lengrand，1910—2003），苏联教育科学院副院长巴班斯基（Ю. К. Бабанский，1927—1987）、苏联心理学家和教育家赞科夫。

第二次世界大战后，联邦德国各级学校重视提高教学质量，但不少学校却采取了不断扩充教材内容和注入式的教学方法，使青少年的智力活动受到压制。瓦·根舍因从批判传统教育出发，著有《范例教学原理》，创立了范例教学理论，倡导范例教学，目的是克服教材内容的烦琐，要求从日常生活中选取蕴含着本质因素的典型范例，使学生通过这种范例掌握科学知识和科学方法，并把科学的系统性与学习者的主动性统一起来。

美国心理学家布卢姆著有《教育目标分类学》等著作。1956 年，他制定了教育目标的分类系统，把教育目标分为认知目标、情感目标、动作技能目标三大类，每种目标又分为不同的层次，由低到高阶梯排列。布卢姆的教育目标分类可以指导教师更加具体地确定教学的目标和任务，为人们研究和评价教育过程提供依据。

美国教育心理学家布鲁纳于 1960 年发表了《教育过程》。在《教育过程》一书中，他强调学习学科基本结构的重要性，提出了结构主义教学理论。他主张："不论我们选教什么学科，务必使学生理解该学科的基本结构。"他还认为，"任何学科的基本原理都可以用某种形式，教给任何年龄的任何儿童"。此外，布鲁纳特别重视学生能力的培养，提倡发现学习（learning by discovery）。他认为发现法是主要的学习方法，要启发学生"用自己的头脑亲自获得知识"。

1970 年，时任联合国教科文组织成人教育局局长的保罗·朗格朗出版了《终身教育引论》一书，提出了终身教育思想，要求把教育扩展到人的一生。他认为，教育应当是贯穿于人一生的连续不断的过程。

1972 年起，苏联连续出版了苏联教育科学院副院长巴班斯基关于教学过程最优化的几本系列著作。巴班斯基认为，应该把教学看作一个系统，从系统的整体与部分、部分与部分以及系统与环境之间的相互联系、相互作用之中考察教学，以便最优处理教学问题。

1975 年，苏联出版了心理学家、教育家赞科夫的《教学与发展》一书。这本书是他 1957 年至 1974 年进行的教学改革实验的总结，全面阐述了他的实验教学论体系，批评了苏联传统的教学理论对学生智力发展的忽视。他的理论核心是"以最好的教学效果使学生达到最理想的发展水平"，提出了发展性教学理论的五条教学原则，即高难度进行教学、高速度进行教学、理论知识起指导作用、使学生理解学习过程、使全体学生都得到一般发展的原则。

为适应现代社会政治经济的发展要求，紧跟现代科学综合和分化的发展趋势，教育学的研究领域正在不断扩大。对教育问题的关注也不再局限于孤立的教育领域，而是在不断地汲取其他学科研究成果和综合多门学科研究方法的基础上，形成多维视角，做出多方位的审视。教育学也分化成具有多种分支学科的完整的教育科学体系（参见下表）。

教育科学分类表①

<table>
<tr><td rowspan="7">以教育活动为研究对象；以不同方式运用其他学科</td><td rowspan="3">把被运用学科作为理论分析框架</td><td>分析教育中的形而上问题</td><td>教育哲学　教育逻辑学
教育伦理学　教育美学</td></tr>
<tr><td>分析教育中的社会现象</td><td>教育社会学　教育经济学
教育政治学　教育法学
教育人类学　教育人口学
教育生态学　教育文化学</td></tr>
<tr><td>分析教育中的个体的“人”</td><td>教育生物学　教育生理学
教育心理学</td></tr>
<tr><td rowspan="2">采用被运用学科的方法</td><td>运用方法直接分析教育活动</td><td>教育史学　比较教育学
教育未来学</td></tr>
<tr><td>研究如何运用方法来分析教育活动</td><td>教育统计学　教育测量学
教育评价学　教育实验学
教育信息学</td></tr>
<tr><td rowspan="2">综合运用各门学科</td><td>分析与其他领域共有的实际问题</td><td>教育卫生学　教育行政（管理）学
教育规划学　教育技术学</td></tr>
<tr><td>分析教育领域独有的实际问题</td><td>课程论　教学论</td></tr>
<tr><td colspan="3">以教育理论为研究对象</td><td>元教育学　教育学史</td></tr>
</table>

纵观西方教育学的形成和发展，可以发现教育学的发展得益于不同学派间的相互批判和借鉴，如文化教育学对实验教育学的批评、实用主义教育学对理性主义教育学的批评、批判教育学对实用主义教育学的批评等。没有不同学派

① 瞿葆奎，唐莹．教育科学分类：问题与框架——《教育科学分支学科丛书》代序［M］//吴康宁．教育社会学．北京：人民教育出版社，1998：18.

的理论争鸣，就没有现代教育学的发展。任何一种教育思想只要能正确地反映当时社会发展对教育的要求，能用于指导教育实践以满足社会的需求，那么就是有意义的。

1919—1949 年，中国教育学界打破了日本教育学一统天下的局面，转而学习美国（兼德、苏）。杜威应其学生陶行知的邀请，于 1919 年来华进行了为期两年的讲学，西方教育学开始在中国广泛传播。由于杜威的教育观点与赫尔巴特有明显不同，在我国教育界呈现出一种活跃的气氛。杜威离华后，国内介绍和传播教育学说的学术机构、期刊、专著等不断涌现。西方其他各派的教育专著也相继被翻译为中文传入中国，如洛克的《教育漫话》、卢梭的《爱弥儿》、赫尔巴特的《普通教育学》等。同时，我国学者自编的教育学专著也日益增多，如王炽昌的《教育学》、孟宪承的《教育概论》等。教育理论的繁荣也推动了中国教育改革，各种教育改革主张纷纷出台，其中影响较大的有黄炎培的“职业教育论”、晏阳初的“平民教育论”、梁漱溟的“乡村教育论”、陶行知的“生活教育论”等。五四运动以后，马克思主义在中国广泛传播，一些早期的马克思主义者开始了关于马克思主义教育理论的探讨，其中以杨贤江的《新教育大纲》（1930）为代表，运用辩证唯物主义的观点系统论述教育学的一些基本理论问题，可视为有中国特色的马克思主义教育学。

中华人民共和国成立后，我国教育学经历了一个由引进到逐步结合中国实际创建的发展过程。改革开放之后，教育学研究重新开始起步，出版了大量的各类教育学教材和专著，如王道俊的《教育学》、孙喜亭的《教育原理》、叶澜的《教育概论》等。同时，部分学者还翻译介绍了苏联和西方的教育学教材和著作，如巴拉诺夫等编的《教育学》、大河内一男等著的《教育学的理论问题》、巴班斯基主编的《教育学》等。此外，一些有影响的教育教学思想如布卢姆的“目标教学法”、布鲁纳的“课程结构理论”、巴班斯基的“最优化教学”理论等，也被陆续介绍到中国。中国教育学研究视野不断拓展和深化，国际交流日益频繁，学科的自我反思、批判意识普遍增强，逐步形成具有中国特色的教育学科体系。

第二节　教育及其产生与发展

一、教育概述

在人们的日常生活中，“教育”是一个使用频率较高的词汇。教育是什么？这个问题已经存在了数千年，人们对教育的思考也经历了数百年，许多优秀的思想家、教育家对此进行了深入的研究，对教育的理解异彩纷呈。历史的步伐不断前进，人们对教育的理解也随着时代的进步而不断演化发展。

（一）教育的词源

在中国，“教育”二字合用最早出现在《孟子·尽心上》：“君子有三乐，而王天下不与存焉。父母俱存，兄弟无故，一乐也；仰不愧于天，俯不怍于人，二乐也；得天下英才而教育之，三乐也。”但这里的“教育”两个字并不合在一起解释，不是一个有特定含义的通用名词。实际上，表示与当今“教育”相似含义的语词主要是“教”“学”“育”三个字。中国现存最早的文字——甲骨文中就有“教”“学”“育”三个字，分别是“”“”和“”。“教”字左上方的“”是八卦里的基本符号，表示占卜活动，是教的内容；左下方的“”表示一个孩子，是教的对象；右下方表示手，右上方表示木棍，合起来是一只拿着木棍的手，是教的过程和手段。整个字组合起来展现的是成人手中拿棍子督促孩子学习的情形。“学”的左上方和右上方表示两只手，位于中间的是同于“教”中的“”，中部表示房子，代表学习的地方，下部表示孩子。整个字合起来展现的是孩子在一所房子里学习有关的知识。“育”的上部是“女”，下部是倒着的“子”，表示母腹之中倒立的尚未出生的孩子。古代用的“教”和“学”是表示同一种活动，只是从不同的角度来描述这一现象。实际上，在20世纪之前，人们在论述教育问题时，多数使用“学”，少数使用“教”。例如，被称为世界第一篇教育著作的《学记》、“四书”之一的《大学》、王安石的“兴学”变法、张之洞的《劝学篇》。教育事业称为“学务”，主管教育的国家机关称为“学部”，朝廷中有“学务大臣”，地方上有“劝学员”。直到清朝末年为时局所迫，清政府开始学习日本和欧洲，“教育”一词便从日文教育学著作中直接借用过来。1906年，“学部”被正式改名为“教育部”。西方现代英语中“教育”的单词是education，法语、德语、意大利语、

西班牙语的“教育”一词均源于拉丁文 educare。前缀 e 在拉丁文中有“出”的含义，词根 ducare 则有“引导”的意思，因而西方的“教育”一词含有“引出”之意，意味着通过一定的手段将人身上固有的德行、理性等品质由内而外地引导出来，将一种潜质变为现实。

（二）教育的概念

古今中外的教育家们对教育这一社会活动的概念还没有定论。一方面是由于教育活动本身比较复杂，并且在不同的历史时期和社会背景下，教育的本质不尽相同，所以认识它是一个不断探索的过程；另一方面是因为研究者的关注点和下定义的方法不同，所以关于教育的概念并未达成共识。研究者由于不同的哲学观和价值观，以致关注的侧重点不同，例如有的关注教育现象，有的关注教育过程，有的关注教育功能，有的关注教育目的，有的却关注教育的价值，这样便在一定程度上造成了研究对象的不一致，得出的概念当然就不同。同时，对同一事物按照不同的方法定义，得出的结论也不同。

中国古代对教育的理解在古籍中经常可见。《学记》：“教也者，长善而救其失者也；建国君民，教学为先；化民成俗，其必由学。”《中庸》：“天命之谓性，率性之谓道，修道之谓教。”意思是天赋予人以自然特性，遵循这种特性才是正确的道路，克制自己、遵循正确的道路就是教。荀子：“以善先人者谓之教。”《说文解字》：“教，上所施，下所效也；育，养子使作善也。”意指上对下、长对幼、教师对学生传授历史经验，使个体养成社会认可的道德规范的过程。

西方对教育的认识同样也各不相同。苏格拉底（Socrates，前 469—前 399）把理性、智慧的发展和道德的培养作为教育的最高目的，认为教育是非功利性的，旨在促进人自身的发展，即自由教育。柏拉图（Plato，约前 427—前 347）指出，教育是为了以后的生活所进行的训练，教育是把人的心灵逐步引向善的过程。法国近代启蒙思想家卢梭（J. J. Rousseau，1712—1778）认为，教育应当按照儿童自然发展的程序，培养儿童所固有的观察、思维和感受能力。裴斯泰洛齐（J. H. Pestalozzi，1746—1827）认为，教育的目的在于依照自然法则，发展儿童的道德、智慧和身体各方面的能力。英国教育学家斯宾塞（H. Spencer，1820—1903）认为教育应该为美好的生活做准备。俄国教育家乌申斯基（К. Д. Ушинский，1824—1871）认为，教育是一种有目的地、自觉地培养和谐发展的人的过程。美国哲学家、教育家杜威（J. Dewey，1859—1952）则认为教育即生活。

目前从教育活动对社会发挥的功能以及人们认为教育应该具有的价值来看，虽然人们对教育一词还没有形成一个固定的概念，但是我们对教育活动的理解形成了以下认识，即教育是有意识地以影响人的身心发展为首要目标的社会活动①。

教育是一种有目的地培养人的社会活动，产生于人类的生产劳动，是传承社会文化、传递生产和社会生活经验的基本途径。此外，教育有广义和狭义之分。从广义上说，凡是能增进人的知识和技能、发展人的智力与体力、影响人的思想观念的活动，都可以称作教育。它包括社会教育、学校教育和家庭教育。狭义的教育则指以影响人的身心发展为直接目标的社会活动，主要指学校教育，是教育者根据一定的社会要求，有目的、有计划、有组织地通过学校教育的工作，对受教育者的身心施加影响，促使他们朝着期望方向变化的活动。学校教育由专职人员和专门教育机构承担。

（三）教育的本质及其属性

教育是一种有目的地培养人的社会活动，是人类社会生活不可或缺的重要组成部分。教育看似是人人都能参与的大众平凡之事，其实是一种极为复杂灵动的、与社会发展并进的育人活动。教育有其相对稳定的质的规定性。

1. 教育的本质

从本质上来说，教育是一种有目的地培养人的社会活动，这是教育区别于其他事物现象的根本特征，是教育的质的规定性。首先，它的活动对象是人，包括各个年龄阶段的人；其次，它的首要目标是影响人的身心发展，人类社会的各种活动都有各自直接的目的性，而教育则是以影响人的身心发展为直接目的，期望受教育者能在教育活动的影响下身心发生预期的变化；最后，这种影响是有明确意识的，许多社会活动都会对人的身心产生影响，但教育活动对人的身心发展的影响是有意识的，并以此作为自身的首要目标。需要注意的是，教育活动的影响结果有正、负两方面，不是所有的教育活动都会对人的身心发展产生积极的影响，也有消极落后的教育活动存在。

2. 教育的社会属性

教育的社会属性不同于教育的本质，它是教育这一现象的各种特征的总称。从不同的角度看，教育的本质是相同的，但属性、特征却不同，认识教育的社会属性是为了更好地把握教育的本质。

（1）教育具有永恒性

这是从教育存在的时间而认识的教育特征。教育随着人类社会的产生而产生、发展而发展，与人类社会共始终，是人类社会所特有的现象，是一个永恒

① 扈中平．现代教育学：第3版［M］．北京：高等教育出版社，2010.

的范畴。只要人类社会存在，就存在着教育。

（2）教育具有历史性

这是从教育的发展历史过程而认识的教育特征。教育是一种历史现象，在不同的社会或同一社会的不同历史阶段，教育的性质、目的、内容等各不相同。

（3）教育具有相对独立性

教育受一定的社会政治经济等因素的制约，但教育作为一种培养人的社会活动，又具有相对独立性。教育的相对独立性主要表现在三个方面：

第一，教育具有继承性。教育不能脱离社会物质条件而凭空产生，但同时又是从以往教育发展而来的，都与以往教育有着渊源关系，正因为教育具有这种继承性，在同样的政治经济制度和生产力发展水平的国家，会有不同特色的教育；不同民族的教育会表现出不同的传统和特点。

第二，教育受其他社会意识形态的影响。教育虽然受政治经济制度和生产力发展水平的制约，但同时又和上层建筑中其他意识形态（主要表现为政治思想、道德观念、哲学思想、宗教、文学、艺术、法律等）发生密切的联系，受这些意识形态的影响，主要表现在教育观点和教育内容上。

第三，教育与社会政治经济发展不平衡。这种不平衡主要表现在两方面：一种情况是教育落后于一定的政治经济发展水平，这时教育对政治经济发展起着阻碍作用；另一种情况是教育超前于一定的政治经济发展水平，这时教育对新的政治经济起着催生作用。

二、教育的构成要素

教育作为一种复杂的社会现象，是一个多因素、多层次的整体系统，包括教育者、受教育者和教育影响三个基本要素。

（一）教育者

教育者是指通过对教育活动的设计、组织和实施，对受教育者的身心发展产生影响的人，包括教育管理人员、教师、家长等一切对他人的知识技能、思想道德等产生影响的人。教育者在教育活动中发挥着主导作用，教育者以教育影响为手段，以引导和促进受教育者的身心发展为活动目的，希望受教育者发生预期的变化。其中，学校教师是教育者的主体，是最直接的教育者，在教育活动中起着主导作用。

（二）受教育者

受教育者是指在各种教育活动中从事学习的人，既包括在各级各类学校中学习的儿童、少年和青年，也包括各种形式的成人教育中的学生。受教育者是教育的对象，是学习的主体，也是构成教育活动的基本要素，缺少这一要素，就无法构成教育活动。受教育者作为一个独立个体，有自己的主体需要和意识，在接受教育影响的同时，他们还具有将学习内容进行重组、创新的能力。在当今社会，教育的对象已经从青少年扩大到所有的社会成员，受教育者不再局限于在校学生。

（三）教育影响

教育影响是教育实践活动的手段，是置于教育者和受教育者之间并把他们联系起来的纽带，主要包括教育内容、教育措施等。教育内容是教育者和受教育者互动的媒介，是根据教育目的和受教育者的身心发展规律选择的人类文化精华。教育影响是教育活动的中介。

教育的三个要素是相互独立而又相互联系的：没有教育者，受教育者就得不到有效的引导；没有受教育者作为活动对象，教育活动本身就不存在了；没有教育影响，教育活动就无法开展，教育目标也就无法实现。在教育过程中，教育者和受教育者是两个最重要的能动的因素，教育者的教和受教育者的学之间的关系是最基本的关系。

三、教育功能

教育功能，简单地说，就是教育所具有的作用。教育作为培养人的社会实践活动，它所发挥的直接作用就是促进人的发展，培养社会所需要的人；其间接作用就是通过培养社会所需要的人，满足社会的需要，促进社会的发展和进步。因此，教育功能就是教育对人的发展和社会发展所能起到的影响和作用，尤指对人和社会的发展所起到的积极的促进作用①。教育功能的类型是指教育功能各种各样的表现形态。这些表现形态依据教育作用的对象、层次、形式和性质等各不相同，从而使得教育功能呈现多样化。

（一）个体功能与社会功能

按照教育功能作用的对象划分，通常把教育功能分为个体功能和社会功能。个体功能是教育对个体的生存和发展所产生的作用和影响；社会功能是教育对社会的稳定、运行和发展所产生的影响。

教育作为一种培养人的活动，促进人的发展既是教育存在的价值，也是教

① 全国十二所重点师范大学．教育学基础：第3版［M］．北京：教育科学出版社，2014.

育的根本追求。所以，教育的功能首先体现为促进个体发展的功能，即在促进个体从一个自然人转变为社会人的过程中所起的作用。正因为教育发挥着对个体发展的促进作用，所以才使得个体能够在社会中存在、生活。教育的个体功能，尤其是个体发展的功能，是教育的本体功能。离开了这一功能，教育就失去了本质。

社会是一个大系统，是由多个子系统构成的，包括政治、经济、文化、教育等。正是子系统之间的相互作用，维系着社会的运行，推动着社会的变革和发展。教育作为一个社会子系统，对其他子系统，诸如政治、经济、文化及人口、生态等都会产生影响和作用。教育的社会功能就是教育作为社会子系统对社会政治、经济、文化、人口、生态等其他子系统所产生的影响和作用，也正是通过这样的影响，维系着社会的运行，促进着社会的稳定与发展。教育是一种社会现象，但不能混同于政治、经济。试图把教育当作政治、经济而直接发挥教育的社会功能，是对教育本质的歪曲。教育的本质是培养人，离开了对人的培养，偏离了教育的本质，教育就不成其为教育。教育社会功能的发挥，必须通过培养人来实现。因此，教育的社会功能是教育的派生功能。

教育的个体功能和社会功能是教育功能相互联系的两个方面，它们共同构成了完整的教育功能。教育的个人本位论和社会本位论，把教育的个体功能与社会功能对立起来，形成“本位论”和“工具论”的功能观，都是对教育功能完整性的割裂。教育功能是个完整的系统，必须确保教育个体功能和社会功能的统一。

（二）正向功能与负向功能

按教育功能的性质划分，教育功能可分为正向功能和负向功能。这是美国社会学家默顿（R. K. Merton）在20世纪50年代末提出的功能分析的一个维度。默顿是客观功能论者，他指出：“社会功能是指可见的客观结果，而不是主观意向（目标、动机、目的），若不能区分客观社会后果与主观意向，则必然导致功能分析上的混乱。”① 既然是客观的结果，功能就不一定都是正向的促进作用，也同时存在负向的阻碍作用。所以，他提出正向功能和负向功能的分类。所谓正向功能（eufunction）是那些有助于一个特定体系的适应或调整的可以观察到的结果；负向功能（dysfunction）是不利于体系的适应或调整的可以观察到的结果。也就是说，正向功能是贡献性功能，负向功能是损害性功能。

按照默顿的思想，教育功能也分为正向功能和负向功能。正向教育功能是指有助于社会进步和个体发展的积极影响和作用，负向教育功能是指阻碍社会

① 默顿．论理论社会学［M］．何凡兴，等译．北京：华夏出版社，1990：104－105.

进步和个体发展的消极影响和作用。对任何社会、任何时期的教育来说，正向和负向的功能都存在，只不过比重不同。多数时期的教育以正向功能为主，但历史上也有某些时期，如欧洲中世纪教育、法西斯教育、军国主义教育等，不仅扼杀了人的个性发展，也阻碍着社会的发展。

（三）显性功能与隐性功能

按教育功能呈现的形式划分，教育功能可以分为显性功能和隐性功能。显性和隐性是社会学家默顿分析功能的一个维度。默顿指出，显性功能（manifest function），是客观结果与主观预期相符合的情况，也就是说，事物的结果是事前所期待或希望出现的，具有明显预期的；隐性功能（latent function），是指事物发展的结果不在预期之中，也未被察觉到发生着潜移默化的影响。可见，显性功能是有意实现的功能，有明确的目的性；隐性功能是无意实现的功能，具有非预期性和隐蔽性。

按照默顿这一思想，教育功能就其外部表现形式而言，也分为显性功能和隐性功能。显性功能是依照教育目的、任务和价值期待，教育在实际运行中所体现出来的与之相符合的功能，如教育的个体发展功能、政治功能、经济功能、文化功能等，这部分功能既是教育的期待，又具有显著的外部表现。隐性功能是教育非预期的且具有较大隐藏性的功能，教师的行为方式对学生产生潜移默化的影响，学校文化、社会环境对学生发展的影响等，都属于教育的隐性功能。但教育的隐性功能不等同于教育的负向功能，隐性功能中既有积极的，也有消极的，我们需要利用积极的隐性功能，避免消极的隐性功能。

显性与隐性的区分是相对的，也是可以相互转化、利用的。一旦意识到隐性功能的重要性，有意识地进行引导和利用，隐性功能就会转变为显性功能。教育虽然具有明确的目的，但不能强制灌输，而要采用隐性的方式。所谓“随风潜入夜，润物细无声”，就是把显性的教育转化为隐性的方式，实现“大雪无痕”的育人效果。

四、教育的发展历程

教育是为社会的延续与更新而培养人的活动，随着社会经济、政治、文化和科技的发展，教育也相应发展。考察与研究教育的发展历程，有助于理解教育的本质及教育的规律性。

（一）教育的产生

教育是人类社会永恒、普遍的现象，伴随着人类的产生而产生，随着社会的发展而发展。关于教育的起源，历来是人们研究教育的一个重要问题，在不同时期、不同学派中形成了不同的观点。

1. 生物起源论

法国社会学家、哲学家勒图尔诺（C. Letourneau，1813—1902）在其著作《动物界的教育》中认为，教育是一种生物现象，起源于一般的生物活动。人类教育的某些低等形式和许多动物对其后代进行的教育相差无几。动物和人一样，有遗传而来的教育本能，勒图尔诺把动物界的生存竞争和天性本能看作是教育的基础。动物基于生存与繁衍的天性本能而产生的把“经验”“技巧”传给后代的行为，便是教育的最初形式。人类社会的教育是对动物界教育的继承、改善和发展。英国教育家沛西·能（T. P. Nunn，1870—1944）认为，教育从它的起源来说是一个生物学的过程，生物的冲动是教育的主要动力，既无须周密的考虑使它发生，也无须科学予以指导，它是扎根于本能的行为。生物起源论者从外在的行为角度来论述教育的起源，把教育的起源完全归于生物的本能，否认了人与动物的区别，未能反映出人类教育行为和动物养育行为之间的本质区别，因此遭到“心理起源论”的批评。

2. 心理起源论

美国心理学家保罗·孟禄（P. Monroe，1869—1947）从人的心理和动物心理具有本质区别的观点出发，提出了教育的“心理起源论”。他根据原始社会没有学校、没有教师、没有教材的史实，判定教育应起源于儿童对成人无意识的模仿。他在著作《教育史教科书》中认为，原始社会的教育“普遍采用的方法是简单的无意识的模仿”。孟禄把儿童对成人的出于本能的模仿看成是教育过程的基础，认为模仿是教育的手段和本质。相对于教育的“生物起源论”，“心理起源论”无疑是一个进步，但这种理论把全部教育都归于无意识状态下产生的模仿行为，没有认识到人的一切活动都是在意识支配下产生的目的性行为，没有充分认识到教育者在历史发展中的作用和意义。教育的“生物起源论”和“心理起源论”从不同角度揭示了教育的起源，但这两种起源论的共同缺陷是把动物本能和儿童无意识的模仿与有意识的教育混为一谈，都否认了教育的社会属性和目的性，否认了教育是人类社会所特有的一种有目的、有计划、有组织的活动。

3. 劳动起源论

教育的“劳动起源论”是在马克思历史唯物主义理论指导下形成的，认为教育起源于人类的社会生产劳动，其代表人物主要是苏联米丁斯基、凯洛夫等教育史学家和教育学家。首先，作为教育产生的物质条件，如有意识、能思考的大脑，能表情达意、运转操作的人手等，都是在劳动过程中形成的；其次，作为传递媒介的语言同样产生于劳动过程中；最后，作为教育内容的劳动经验、生活经验以及维持一定社会秩序的道德标准、风俗习惯，也是在长期劳动中形成和积累起来的，而直接导致教育产生的原因是传递生产经验和生活经验的需要。这种理论在1949年以后的很长一段时间内被我国多数学者所接受，但从20世纪80年代开始，有些研究者对这种观点提出了质疑，认为教育虽然与劳动密不可分，但教育毕竟不等同于劳动本身。同时，在我国教育学界掀起了一场讨论的高潮，先后出现了“人类教育起源于古猿的教育”“教育起源于人类在劳动过程中形成的超生物经验的传递和交流”“教育起源于人与人之间的交往”“教育起源于军事训练”等不同的主张。

4. 交往起源论

交往起源论者认为，教育起源于人类的交往活动。其主要代表人物是叶澜等人。叶澜在其著作《教育学原理》一书中讲：“教育起源于人类的交往活动而不是生产劳动，尽管人类社会最初的交往活动是在劳动中进行的，但我们依然不认为生产劳动是教育的形态起源。”交往起源论者认为教育关系是人与人之间的关系，而劳动中的关系是人与物之间的关系，所以，劳动不是教育的形态起源，教育的形态只能是起源于人与人之间的交往。

在回答教育产生的原因这个问题上，首先，应承认教育起源的特殊性，它有别于其他人类社会活动的起源。如果把一切社会活动都简单地归于一个原因，并不能找出教育产生的真正的原因。其次，应该从教育产生和赖以存在的复杂的生物、社会因素方面进行分析，将人的起源与教育的起源区别开来。最后，要分析最重要的一个问题，究竟什么是教育？对教育内涵的不同理解产生了不同的起源论。可见，寻找教育起源的着眼点应该放在对教育含义的理解上。

综上所述，教育是有意识的以影响人的身心发展为首要和直接目标的社会活动。人类产生之初，社会化的生存方式要求个体与个体、个体与群体之间进行经验的传递，个体生存必须接受群体内部的若干规定。虽然这种劳动经验和社会准则的传递是有意识的，但是却并非以影响人的身心发展为直接目标，而是以满足生存需要为目标，这与教育的“生物起源论”类似。所以，从严格意义上讲，这还不能被认为是教育，真正意义上的教育是以经验和社会准则在代与代之间的传承为标志的。把教育看成是维持个体生存发展和延续群体生命需要的必要手段，其内容在于传递超生物的经验，这种人类对自身生存和发展需要的满足才是教育产生的最根本原因。

（二）教育的形态

教育形态是指教育这一社会现象存在的形式和状态。教育自产生之日起，就有着不同的表现形式。依据教育活动的组织程度和制度化水平的程度，可以将教育分为正规教育和非正规教育；依据教育系统赖以运行的场所划分，教育形态可以划分为家庭教育、学校教育和社会教育。

1. 正规教育和非正规教育

正规教育主要是指学校教育，是学生在有组织的教育机构中所受到的教育，也指制度化教育。非正规教育是对有组织的教育机构以外所开展的教育活动的统称。美国学者菲利浦·孔布斯（P. H. Coombs，1915—2006）把非正规教育界定为“任何在正规教育体制以外所进行的，为人口中的特定类型、成人及儿童有选择地提供学习形式的有组织、有系统的活动”。正规教育和非正规教育之间的区别主要表现为：在制度化程度上，正规教育形成了一个封闭的完整体系，它的所有组成部分是相互联系、相互依赖的，而非正规教育活动一般是各自独立的；在稳定性上，正规教育一般是在相对稳定的课程结构中全日制、延续几年的连续性学习，非正规教育更多的是时间较短、内容局限于特定学习者的知识和技能的学习；在管理体制上，正规教育具有集中的计划、管理和财政，非正规教育一般具有很多不同的发起者、管理者和资金来源。

2. 家庭教育、学校教育和社会教育

家庭作为一个基本的社会单位，承担了大量的教育任务。家庭教育是指在家庭内由父母或其他年长者对新生一代和其他家庭成员所进行的有目的、有意识的教育。一个人最早接受的教育是家庭教育。第一个教育者是父母。家庭的生活环境和父母的言行举止将对孩子产生深远的影响，这些教育影响将成为孩子以后发展的重要基础和出发点。与学校教育、社会教育相比，家庭教育的内容更具广泛性，家长对子女进行的是做人做事所需要的全方位的教育；教育方法也更灵活，家长可以根据条件和需要不拘一格地对子女进行教育；教育时间也更持久，家庭教育从子女出生就开始进行，一直持续到成年之后。

我国自古就有重视家庭教育的优良传统，很多名人的成才，都与严格的家庭教育分不开。此外，家庭教育作为学校教育的基础，是保证学校教育取得成功的重要条件。只有当家庭教育和学校教育紧密结合做到目标一致、要求一致，学校教育的主导作用才会得以实现。所以，要重视家庭教育的工作，推进家庭教育科学化的进程。总之，良好的家庭教育是提高整个中华民族科学文化水平、建设社会主义物质文明和精神文明的重要条件。

学校教育是指教育者根据一定的社会要求，有目的、有计划、有组织地通过学校组织的教育活动，对受教育者的身心施加影响，促使他们朝着期望方向变化的活动。学校是学生受教育的最重要的场所。学校教育自产生以来就在整个教育体系中居于核心地位，在人的身心发展中起主导作用。相比较于其他教育形态，学校教育有其自身的优越性，比如有专门的教育机构、专门经过职业培训的教师、专门的教育经费、系统的课程和教学计划、成熟的学业成就评价机制等。但是，自从学校产生以来，思想家们对于学校的批评也不少，他们认为：并不是所有的学校都有利于青少年一代的发展，为了一代又一代的青少年的健康发展，我们必须不断改良我们的学校。

社会教育作为一种社会形态，有广义和狭义之分。广义的社会教育是指一切社会生活影响于人的身心发展的教育。狭义的社会教育是指学校教育以外的一切文化教育设施对青少年、儿童和成人进行的各种教育活动。社会教育是学校教育的必要补充。随着终身教育理念的提出，社会教育得到了蓬勃的发展，成为终身教育的重要组成部分。在教育对象上，社会教育不受年龄、性别、民族、信仰等限制；在教育内容上，社会教育既包括职业技能的培训，也包括丰富个人生活的教育；在教育方式上，社会教育则有长期教学、短期培训、系列讲座、广播电视教育等多种教学形式。

家庭教育、学校教育、社会教育是教育的三种不同形态，是现代教育体系中的三大组成部分，在人的一生中最早接受的是家庭教育，起主导作用的是学校教育，而影响最广泛的是社会教育。因此，了解这三种教育形态的特点和在人的发展中的作用，不仅有利于充分利用家庭、学校和社会的教育资源，更好地发挥每一种教育形态的优势与长处，从而形成“教育合力”的局面；也有利于解决当前学校教育面临的许多棘手的问题，促进青少年一代更好地发展。

（三）教育的历史发展

教育在社会生产劳动中产生，并随着社会的发展而发展。在不同的历史阶段，由于生产力发展水平和政治经济制度的差异，教育有不同的性质和特点。

1. 原始社会的教育

人类社会从原始人群到氏族公社的漫长历史时期，称为原始社会。在原始社会里，生产力水平很低，人们的劳动只能维持最低限度的生活，没有剩余产品，生产资料按照原始公社的公有制分配，人人劳动，共同享受，没有剥削，没有阶级。教育还没有从社会生活中分化成为专门的事业，没有专门的教育机构和教育人员。根据教育系统自身形式化的程度，可以将教育形态划分为非制度化教育与制度化教育。非制度化教育是指那些未能形成相对独立的教育形式的教育。在学校产生以前的教育都属于这一类。因此，原始社会的教育属于非制度化教育。

原始社会教育的特点是：①非独立性。原始社会教育还没有成为独立的社会活动，教育活动没有从社会生产和社会生活中分化出来，而是与社会生产和社会生活融为一体。没有专门从事教育的人员，也没有专门的教育场所和固定的教育内容。主要是老一辈结合实际生活，通过口口相传的方式向儿童传授生产知识、技能以及生活规范，教育的目的是为了生产和生活。②原始性。这时的教育活动渗透在人们的生产和生活中，只是一些简单的教育因素，是一种低级的、没有专门化的、处于萌芽状态的教育。首先，教育形式简单。教育在生产劳动和日常生活中进行，与生产劳动紧密结合。其次，教育内容贫乏。最初是狩猎、捕鱼、采集野果等；后来，随着生产力的发展，畜牧业从农业中逐渐分离出来，出现了饲养牲畜、种植庄稼、制造陶器、建筑房屋等生产活动；随着部落之间冲突和战争的发生，就出现了军事教育的萌芽。③平等性。社会的每个成员所受的教育基本相同。教育作为人生过程必需的训练，每个人都有同等的权利来接受。教育内容虽然有所不同，但也只是基于男女在生理方面的差异导致从事的劳动性质的不同，而去接受不同的教育。例如男性侧重于狩猎、耕作、放牧，女性侧重于采集、种植、家务，这样男性和女性便分别在相应的劳动中接受相应的教育。

2. 古代社会的教育

古代社会的教育包括奴隶社会的教育和封建社会的教育。这两种社会的教育，虽然在目的、内容、制度和组织规模等方面有所不同，但存在着许多共同之处。

（1）奴隶社会的教育

随着金属工具的出现、生产力的提高和剩余产品的出现，一部分人有了专门管理生产、从事文化科学活动的可能，同时也为私有制的产生提供了条件。这样，社会上出现了剥削阶级，原始社会开始解体，奴隶社会逐渐形成。我国的夏、商和西周就属于奴隶社会。奴隶社会时期在教育史上的一个重大发展，是教育开始从生产劳动和社会生活中分离出来，出现了专门的教育机构，即学校。

据史料记载，中国最早的学校出现在四千多年前的夏代。据《礼记》等记载，在夏朝已有“庠”“序”“校”这一类教育机构，到了商朝和西周，又有“学”“泮宫”等教育机构的设立。西周时期，我国的学校制度已经比较完备，建立了政教合一的官学体系，有了“国学”和“乡学”之分，形成了以礼乐为中心的文武兼备的六艺教育，即礼、乐、射、御、书、数。春秋战国时期，官学衰微，私学大兴，儒、墨两家的私学成为当时的显学。春秋战国私学发展是我国教育史上、文化史上的一个重要里程碑，形成了“百家争鸣”的盛况。

在欧洲奴隶社会中，出现了古希腊斯巴达和雅典两种教育体系。斯巴达教育的突出特点是注重军事训练，这与当时国家处于征战状态有关。斯巴达教育的唯一目的，就是培养体格强壮的军人和武士。斯巴达的儿童属于整个国家，奴隶主贵族子弟从 7 岁到 18 岁，住在国家教育场所，过兵营生活。其教育的基本内容是赛跑、跳跃、角力、掷铁饼、投标枪五项竞技。此外，还必须学习骑马、游泳、击剑、唱战歌等。青少年在接受教育中需要历尽艰苦，经受磨炼，如冬天光头赤足，睡觉不用被褥，挨打、受伤不能哭。18 岁后，需转到高一级的军事训练团进行正规军事训练。年满 20 岁的青年，要赴国家边境沿线驻扎，开始实践训练，直到年满 30 岁，通过一定的仪式，才能获得完全的公民身份，全部教育历程至此结束。

雅典的教育是繁盛雅典文明的重要内容和标志。雅典教育的目的是把受教育者培养成为身心和谐发展的能履行公民职责的人。雅典教育内容比单纯实施军事体育训练的斯巴达教育要丰富得多，教育方法也灵活多样。雅典奴隶主贵族子弟中的男孩，7 岁开始上文法学校和弦琴学校。到 12、13 岁时，他们一方面继续在文法学校或弦琴学校学习，同时又进入体操学校学习。到了 15、16 岁，大多数青少年不能继续上学，少数贵族子弟可进入国家公办的体育馆学习。这一阶段主要从事军事体育训练，同时继续学习文化知识并接受艺术教育。文化知识主要学习文法、修辞和哲学三门学科。雅典的教育制度对后世教育产生了深远的影响。

古印度宗教权威至高无上，教育控制在婆罗门教和佛教手中，教育的特点主要表现为宗教教育盛行。婆罗门教教育的主要内容是经典的《吠陀》，教育的主要活动是背诵经典和钻研经义；佛教比较关心大众，教育更多面向群众，形成了寺院学府的特色。

古埃及设置最多的是文士学校。“学为文士”成为一般奴隶主阶级追求的目标。文士精通文字，能书善写，执掌治事权限，比较受尊敬。“以僧为师，以吏为师”是古埃及教育最典型的特征。

这个时期，人类社会进入阶级社会，在教育上的表现之一是教育为贵族所垄断，“学在官府”，只有奴隶主子弟才能入校学习，劳动人民子弟只能通过父传子或师带徒的方式，在劳动和日常生活中学习一些生产和生活经验。学校教育一开始，便被统治阶级所垄断，成了他们进行阶级统治的工具，学校教育与生产劳动相脱离。

（2）封建社会的教育

由于铁制家具的普遍使用，畜力用于耕作，社会上出现了新的生产关系和新的阶级——地主和农民，封建社会代替了奴隶社会。在封建社会里，农业生产力比奴隶社会大大提高了，社会的财富和人类的经验也日益增多，因而封建社会的学校教育较之奴隶社会的学校教育，在规模上逐渐扩大，在类型上逐渐增多，在内容上日益丰富。但是，由于封建社会的生产仍是手工操作的小生产，生产劳动者的培养不需要通过学校教育，因而封建社会的学校教育仍然没有培养生产工作者的任务，基本上也是与生产劳动相脱离的。

在我国封建社会里，学校大体上分为官学和私学两种。官学具有鲜明的等级性，以学校制度较为完备的唐朝学制为例，唐朝由中央直接设立的学校有六学二馆。六学是：国子学，收文武三品以上官员的子孙入学；太学，收文武五品以上官员的子孙入学；四门学，收文武七品以上官员的子孙入学；律学、书学和算学，收八品及八品以下官员的子孙和通律学或书学的庶族地主的子弟入学。二馆是：东宫的崇文馆和门下省的弘文馆，此二馆专收皇帝、皇后的近亲及宰相大臣的儿子。在地方设立的学校有：州学、府学、县学，这些学校的入学条件虽无严格的等级限制，但由于名额所限，只有地方官吏和富豪地主的子弟才有入学的机会，农民和手工业者的子弟是无资格进入的。至于历代的私学，表面上虽是人人可以入学，但由于学费的限制，贫困的农民和手工业者的子弟也是很难进去学习的。劳动人民的子弟基本上还是通过家传父教、师傅带徒弟等形式，在生产劳动的实践中学习生产生活的知识和技能，接受家长和师傅的思想影响，养成热爱劳动和相互帮助等优良品质。

儒家思想在我国漫长的封建社会里占据统治地位，儒家的封建伦理道德是维系封建社会的精神支柱。汉朝时期，汉武帝采纳了董仲舒提出的“罢黜百家，独尊儒术”的建议，实行了思想专制主义的教育政策，对后世产生了深远的影响。儒家的“学而优则仕”的主张，成为我国封建社会的教育目的。封建统治者利用教育，把自己的子弟培养成统治劳动人民的官吏和士君子。儒家的经典著作“四书”（《论语》《孟子》《大学》《中庸》）和“五经”（《诗经》《尚书》《易经》《礼记》《春秋》）是我国封建社会教育的主要内容。此外，也传授一些算学、天文、医学等自然科学方面的知识。在教育方法上崇尚书本，要求学生死记硬背，对学生实行棍棒纪律教育。在教学组织形式上实行个别教学。

在我国封建社会里，封建统治者除了通过学校培养为他们服务的人才外，还先后建立了一套选士制度和科举制度。汉朝实行“察举制”，到了魏晋南北朝演变为“九品中正制”，表面上是以“学问”“德行”为标准进行选士，授以官禄，而实际上为豪门世族所垄断，出现“上品无寒门，下品无世族”的现象。隋唐以后改行科举制度，这反映了庶族地主的要求和对封建中央集权的加强。科举制度的出现是我国教育史上的一个进步，它可以为封建统治者选择一些懂诗书、识“时务”的人才。可是，由于科举考试的内容多为儒家经典，科举考试的方法又多是死记硬背，束缚了学生的思想，影响了文化科学的发展。

在欧洲封建社会里，宗教成了封建制度的精神支柱和统治人民的工具，僧侣垄断了文化传播和学校教育，科学成了宗教的奴仆。在封建统治阶级内部形成了僧侣封建主和世俗封建主（贵族）两个阶层，因而出现了两种类型的教育：教会学校和骑士学校。僧侣封建主的教育是通过教会学校，培养对上帝虔诚、服从教权和政权、进行宗教活动的教士，其教育的内容是三科（文法、修辞、辩证法）四学（算术、几何、天文、音乐），合称“七艺”，各个科目都贯穿着神学精神。世俗封建主的教育是通过宫廷教育把自己的子弟培养成为勇武善战的骑士，其教育的内容为“骑士七技”（骑马、游泳、投枪、击剑、打猎、下棋、吟诗），当然也要进行关于宗教观点和武士道德品质的教育。这两种教育基本上都是脱离生产劳动的，都是为维护封建农奴制服务的。劳动人民的子弟除了能进入教会的教区学校，接受宗教教育，学习简单的读、写、算外，是无权进入其他的教会学校和享受宫廷教育的。到了12—13世纪，由于手工业和商业的发展，城市里出现了手工业者联合会举办的行会学校和商人联合会举办的行会学校，新型的市民教育开始了。

由上述可以总结出古代社会学校教育的特点是：①学校教育基本上与生产劳动相脱离，成为一种相对独立的社会活动。②学校教育为奴隶主阶级和地主阶级所垄断，具有鲜明的阶级性和等级性。③学校成了统治阶级培养统治人才的场所。④学校教育初步发展，尚未形成复杂的结构体系。⑤教学的组织形式主要是个别教学，教学方法主要是灌输与死记硬背，同时也注重在实践中学。⑥学校教育适应古代思想文化的发展，表现出道统性、专制性、刻板性和象征性，其中教育的象征性功能占主导地位。学校教育的道统性指的是教育内容就是统治阶级的政治思想和伦理观念，教育服从于统治之道。专制性指的是教育过程是管制与被管制、灌输与被动接受的过程，道统的威严通过教师、牧师的威严，通过招生、考试以及教学纪律的威严予以保证。刻板性指的是教育方法、学习方法刻板，死记硬背，机械模仿。象征性指的是能够接受什么样的教育标志着一个人的社会地位，受教育的目的不是获得实用的知识，而是受教育本身。经典、教义的教育处于较高的社会地位，实用知识的教育处于较低的社会地位。

此外，根据教育系统自身形式化的标准可将教育形态划分为非制度化教育与制度化教育。制度化教育是从非制度化教育中演化而来的，是指由专门的教育人员、教育机构和组织，以及运行制度所构成的教育形态。古代社会出现了专门的教育机构——学校。因此，古代社会的教育属于制度化教育。

3. 近现代教育

近现代教育包括资本主义和社会主义两个社会形态的教育。18世纪后半叶至19世纪前半叶，英国、法国等资本主义国家先后进行了工业革命。工业革命不仅标志着资本主义机器大工业生产代替了资本主义手工业生产，而且也促进了现代学校教育的产生，使学校教育具有了区别于古代学校教育的许多新的特征。社会主义社会的教育与资本主义社会的教育虽然在性质上具有很大的区别，但就学校教育的形态来说，都是属于现代的学校教育形态。

资本主义社会教育的特征是：①资本主义教育的目的在于为资产阶级巩固和维护其统治及利益服务，教育既要培养和选拔资产阶级的统治人才，又要给予广大的劳动人民一定的文化科学知识，培养熟练的劳动力。②在教育内容上注入了科学知识，增加了许多新的学科。③在教育方法上，引进实验法、演示法、实习法等新方法，尊重学生学习积极性的启发教学法受到重视。④扩大了教育权，提出了普及教育的口号。⑤在教育组织形式上，以班级授课制取代了个别教学制。

社会主义社会教育的特征是：①社会主义教育是为维护劳动人民自身的利益和促进社会进步与发展服务的，教育的目的在于培养社会主义事业的建设者和接班人。②教育权为广大劳动人民所掌握。③注重教育与生产劳动相结合。

4. 20 世纪以后的教育

进入 20 世纪以后，电气化革命在主要发达国家已经完成，两次世界大战深刻地改变了世界的格局，民主化、工业现代化、国家主义成为世界三股最强大的潮流。在这样的背景下，教育也呈现出了一些新特点：①教育的终身化。终身教育是适应科学知识的加速增长和人的持续发展要求而逐渐形成的一种教育思想和教育制度。它的实质在于，现代人的一生应该是终身学习、终身发展的一生。②教育的全民化。全民教育是指教育必须面向所有的人，即人人都有接受教育的权利，且必须接受一定程度的教育。③教育的民主化。教育民主化是 20 世纪最大的教育思潮之一。教育民主化首先是指教育机会均等，包括入学机会均等，教育过程中享有教育资源的机会均等，甚至包括教育结果的均等；其次是指师生关系的民主化；最后是教育的自由化，包括教育自主权的扩大，根据社会要求设置课程、编写教材的灵活性，价值观念的多样性等。④教育的多元化。教育的多元化是世界物质生活和精神生活多元化在教育上的反映。具体表现为培养目标、办学形式、管理模式、教学内容、评价标准等的多元化。⑤教育技术的现代化。教育技术的现代化是指现代科学技术（包括工艺、设备、程序、手段等）在教育上的运用，并由此引起教育思想、教育观念的变化。

此外，20 世纪以后，特别是第二次世界大战之后，教育呈现出一些共同的发展趋势。第一，加强学前教育并重视与小学教育的衔接；第二，强化普及义务教育、延长义务教育年限；第三，普通教育与职业教育朝着相互渗透的方向发展；第四，高等教育的类型日益多样化；第五，学历教育与非学历教育的界限逐渐淡化；第六，教育制度有利于国际交流。

第三节　学习和研究教育学的意义和方法

一、学习和研究教育学的意义

教育学在师范教育课程体系中占有重要的位置，是基础学科和必修学科之一。学习教育学不仅是师范生获得教师资格的需要，也是今后成为一个好老师的必备条件之一。

在学习教育学的过程中，对于为什么学习教育学，人们有不同的认识。有人认为不学教育学照样能办好教育、当好教师。在现实中确实能举出若干事例来说明未学过教育学的人在教育上也作出了重要的贡献。但是，实践需要理论指导，没有理论指导的实践是盲目的实践。当在实践中盲目摸索，走了弯路才取得某些认识或经验，不仅在挫折和失败中延误了时间，而且还会造成工作中的某些损失。而掌握了教育理论可提高实践的自觉性，避免盲目性，不走或少走弯路，能充分发挥创造性，使工作取得较好的成效，作出更大的贡献。学习教育学的意义主要表现在以下四个方面。

（一）有助于树立正确的教育观，提高贯彻我国社会主义教育方针、政策的自觉性

教育方针是国家根据教育规律和教育实践需要而制定的教育工作的方向和指针。学习教育学，可帮助我们提高教育理论水平，提高对教育方针的认识，明确教育工作的指导思想，更好地贯彻教育方针，为培养德、智、体、美全面发展的建设者和接班人作出更大的贡献。是否具备正确的教育思想，关系到教育实践的成败。学习教育学可以帮助我们树立科学的教育观，有助于更好地理解我国的教育方针，自觉地贯彻和实行我国的教育方针、政策，并有助于提高识别能力，克服偏见，同一切不良的教育思想作斗争。

（二）有助于巩固热爱教育事业的专业思想，全面提高教师的素质

热爱一种事业同对这一事业的认识有关。学习教育学可以帮助我们进一步认识教育在社会主义现代化建设中的重要作用和地位，增强对教育工作的荣誉感和责任心，巩固自身的专业思想，热爱本职工作，做好本职工作。巩固专业思想和坚定教育信念，又有助于认识自身与事业要求的差距，能不断进行学习

和研究，全面提高自己的教师素养，做一个合格的、具有事业心和创新能力的教师或教育工作者。

（三）有助于认识和掌握教育规律，提高从事教育工作的水平和能力

教育是一种极为复杂的实践活动，它面对的是正在成长着的一代，是塑造人的工作。发展教育事业，是有规律可循的。学习教育学能够帮助我们认识和掌握教育规律，提高工作的自觉性和预见性，提高从事教育工作的能力和水平，做到依据规律办事，不走或少走弯路。

（四）有助于推动学校教育改革和教育科学研究

现代生产和现代科技的发展，不断对教育提出新的要求，教育面临着许多新情况和新问题，这就需要对学校教育进行改革，以适应新形势。改革必须有科学的教育理论指导，才可能走上正确的轨道。学习教育学有助于推动学校教育的改革。同时，广大的教育工作者在教育工作中积累了丰富的经验。这些经验需要理论化、科学化，使之成为教育科学理论的一部分。学习教育学不仅有助于从理论高度认识自己的工作，改进自己的工作，还有助于总结经验，甚至提高教育科学研究的能力，推动教育科学的发展。

二、学习和研究教育学的方法

教师要进行教育科学研究，就要运用正确的、科学的现代教育科学研究方法，对教育现象和教育实践的事实加以考虑、探索、收集、整理、分析、概括，从而透过教育现象揭示教育的本质和客观规律。教育现象和教育实践中的事实是极其复杂的，因而研究的途径、方法、手段等也是多种多样的。在教育研究中，教师一般用到的研究方法有观察法、调查法、历史法、实验法和行动研究法等。不过对某一教育现象或教育实践中的事实做研究，采用单一的方法或手段往往不可行，而需要多种方法的综合应用。

（一）观察法

1. 观察法的含义

观察法是研究者依据一定的目的和计划，在自然条件下，对研究对象进行系统的、连续的观察，并做出准确、具体和详尽的记录，从而获得经验事实的研究方法。观察法是教育科学研究中使用广泛的基本的研究方法。

2. 观察法的分类

（1）自然情境中的观察与实验室中的观察

根据对观察的环境条件是否进行控制和改变，可以将观察分为自然情境中的观察和实验室中的观察。

自然情境观察包括自然行为的偶然现象观察和系统的现象观察，自然情境观察能收集到客观真实材料，但材料往往是观察对象的外部行为表现。

实验室观察是研究者根据研究的目的，在对观察对象发生的环境和条件加以控制或改变的条件下进行的观察。这种观察有严密的计划，有利于探讨事物内在的因果关系。

（2）直接观察与间接观察

根据观察时是否借助仪器设备，可以把观察分为直接观察和间接观察。

直接观察是凭借人的感官，在现场直接对观察对象进行的感知和描述，因此直观具体。

间接观察是利用一定的仪器或其他技术手段作为中介对观察对象进行考察，这类观察突破了直接观察受到人的主观能力制约的局限，扩展了观察的深度和广度。

（3）参与式观察与非参与式观察

根据观察者是否直接参与被观察者所从事的活动，可以将观察分为参与式观察与非参与式观察。

参与式观察是研究者直接参与到所观察的群体和活动中去，不暴露研究者真实身份，在参与活动中进行隐蔽性的研究观察。它的好处是不破坏和影响研究对象的原有结构和内部关系，因而能够获得有关深层结构和关系的材料。但由于研究者主观因素的影响，处理不当易影响观察的客观性。

非参与式观察不要求研究人员站到与被观察对象同一地位，而是以“旁观者”的身份，可采取公开的方式，也可以采取秘密的方式进行。每当被观察对象的一种行为发生时，观察者及时进行观察记录。非参与式观察结论可能比较客观，但易限于表面化，难以获得深层次的材料。

（4）结构式观察与非结构式观察

按观察实施的方法（是否对观察活动进行严格的控制）可以将观察分为结构式观察与非结构式观察。

结构式观察是有明确的目标、问题和范围，有详细的观察计划、步骤和合理设计的可控制性观察，能获得真实的材料，并能对观察资料进行定量分析和对比研究，常用于对研究对象有较充分了解的情况下的观察。

非结构式观察则是对研究问题的范围目标采取弹性态度，观察内容项目与观察步骤没有预先确定，亦无具体记录要求的非控制性观察。其方法比较灵活，但获取材料不够系统完整，多用于探索性研究或对观察对象不甚了解的情况下。

3. 观察法的一般步骤

（1）事先做好准备，制订观察计划

先对观察的对象作一般的了解，然后根据研究任务和研究对象的特点，确定观察的目的、内容和重点，最后制订整个观察计划，确定进行观察的全过程的步骤、次数、时间、记录用纸、表格，以及所用的仪器等。

（2）按计划进行实际观察

在进行观察过程中，一般要严格按计划进行，必要时也可随机应变，观察时要选择最适宜的位置，集中注意力并及时做记录。

（3）及时整理材料

对大量分散材料进行汇总加工，删去一切错误材料，然后对典型材料进行分析，如有遗漏，及时纠正，对反映特殊情况的材料另作处理。

（二）调查法

1. 调查法的含义

调查法是研究者通过问卷、访谈等形式，有目的、有计划地搜集研究对象的有关资料，对取得的第一手资料进行整理和分析，从而揭示事物的本质和规律，寻求解决实际问题的方案的研究方法。

2. 调查法的分类

（1）普遍调查、抽样调查与个案调查

按调查对象的选择范围，可以分为普遍调查、抽样调查和个案调查。

普遍调查也叫全面调查，是对某一范围内所有被研究对象进行调查。如当前学生厌学情绪的情况调查。这种类型的调查的优点是具有普遍性，能全面地反映教育的许多现象及其变化发展情况，搜集的资料比较全面。但是调查所得到的材料往往比较肤浅和简单，有些问题无法深入了解，同时由于调查范围广，往往耗资大、费时长。

抽样调查，即从被调查对象的全体范围（总体）中，抽取一部分单位（样本）进行调查，并以样本特征值推断总体特征值的一种调查方法。

个案调查，即在对被调查的教育现象或教育对象进行具体分析的基础上，有意识地从其中选择某个教育现象或教育对象进行调查与描述的一种调查方法。

（2）现状调查、相关调查、发展调查与预测调查

依据调查内容，可以分为现状调查、相关调查、发展调查和预测调查。

现状调查，即对某一教育现象或教育对象的现状进行调查。如当前学生厌学情绪的情况调查。这种类型的调查，其时间特征是“现在”或“当前”，是进行对“现在状况”“当前情况”的调查。

相关调查，主要调查两种或两种以上教育现象的性质和程度，分析它们是否存在相关关系，是否互为变量，目的是寻找某一教育现象的相关因素，以探索解决问题的办法。

发展调查，即对教育现象在一个较长时间内的特征变化进行调查，以找出其前后的变化与差异。

预测调查，主要揭示某一教育现象随时间变化而表现出的特征和规律，从而推断未来某一时期的教育发展趋势与动向。这类调查难度较大，其结果相对来说准确性不是很高。

（3）问卷调查、访谈调查、测量调查与调查表法

依据调查的方法和手段，可以将调查分为问卷调查、访谈调查、测量调查和调查表法。

问卷调查又称问题表格法，是指以书面提出问题的方式搜集资料的一种研究方法。研究者将所要研究的问题编制成问题表格，以邮寄、当面作答或追踪访问的方式填答，从而了解被试者对某一现象或问题的看法和意见。

访谈调查，指研究者通过与研究对象进行面对面的交谈，以口头问答的形式搜集资料的一种调查研究方法。

测量调查，指用一组测试题（标准化试题或自编试题）去测定某种现象的实际情况，从而搜集数据资料进行量化研究的一种方法。

调查表法，指通过向相关的调查对象发放根据研究要求设计好的各种调查表格来搜集有关事实或数据资料的一种调查方法。调查表主要用于搜集各种形式的事实材料，尤其偏重于搜集数据资料。

3. 调查法的一般步骤

（1）确定调查课题

一次调查所选的课题应具备现实意义或理论价值，而且应该是可行的。

（2）选择调查对象

选取调查研究的对象是一个重要环节，选出的调查对象对总体的代表性程度的高低直接影响到调查结论的准确性和科学性。要选好调查对象，就必须系统地考虑调查的总体、样本数量、抽样方法等问题。就调查对象而言，应严格界定总体的范围和属性，对调查总体的界定应包括对象总体中个体的单位、对象的年龄范围、职业种类、地域分布等内容。

（3）确定调查方法和手段，编制和选用调查工具

研究者在确定了调查的目的和对象之后，就应根据不同的目的要求与不同的研究对象来选择具体的调查手段。调查法是一种间接的研究方法，无论运用什么样的方式来搜集资料，都必须借用一定的工具，这就涉及编制和选用调查工具。

（4）制订调查计划

调查计划是研究者对调查研究工作及其流程所作的具体的规划和安排。制订计划的目的在于确保调查研究工作有目的、有计划、系统地进行，以提高研究工作的效率。

（5）实施调查

调查实施阶段是调查研究的重要环节，调查研究能否取得成效，往往取决于这个阶段的工作情况。调查实施的过程就是资料的搜集过程，即运用调查手段，接触调查对象，从中搜集第一手资料。在调查实施过程中要及时核查资料，看看所搜集的资料是否齐全、准确，留意数据是否正确，做到及时补救、更正，尽可能避免人为的错误。

（6）整理、分析调查资料，撰写调查报告

调查者搜集的原始资料往往是零散杂乱的，需要调查者根据研究的需要及时地进行分类、汇总、概括、统计，这就是资料的整理。只有对原始资料进行系统整理，才能总结出事物存在或变化的特征，才能形成研究结论，才能完成调查报告的撰写。

（三）历史法

1. 历史法的含义

历史法是通过考察事物发生和发展的历史事实，从而揭示其本质和发展规律的研究方法。对于教师而言，就是对所从事的教育教学工作加以回顾，通过分析和思考，将教育措施、教育现象与教育效果之间的关系从感性认识上升到理性认识的一种研究方法。

2. 历史法的一般步骤

历史法的三个步骤包括史料的搜集、史料的鉴别、史料的分类。

采用历史法探讨教育规律及问题有一定的局限性：一是由于只能在现存的文献与史料中寻找证据，资料数量有限，加之资料本身是否可靠的问题，因此在应用上会受到一定的限制；二是研究中的史料由研究者解释，难免夹带主观成分，客观性不及其他实证研究方法，因此在分析解释研究结论时要格外小心谨慎。

（四）实验法

1. 实验法的含义

实验法是研究者按照研究目的，合理地控制或创设一定的条件，人为地影响研究对象，从而验证假设，探讨条件和教育对象之间的因果关系的研究方法。

2. 实验法的分类

（1）实验室实验和自然实验

根据实验进行的场所，可分为实验室实验和自然实验。

实验室实验指研究者根据研究的需要，在经过专门设计的、人工高度控制的环境下进行的实验。这类实验的优点是能把实验中的各种变量严格分离出来，并给予确切的操作与控制，提高研究结论的准确性和可靠性。

自然实验也叫现场实验，是在实际的教育情境中进行的实验。

（2）确认性实验、探索性实验和验证性实验

根据实验的目的，可以分为确认性实验、探索性实验和验证性实验。

确认性实验的目的主要在于借助实验搜集事实材料，确认所研究的对象是否具有研究假说内容的基本特征，并推动教育实践的发展，也叫试探性实验。研究问题来自实际，所以具有直接的实践意义。实验强调的是研究的应用价值，在事实基础上概括出经验性规律，追求最大限度的有效性。这类实验在现场情景下进行，在研究方法上带有很大的试探性，操作程序不太规范。因此，内在、外在效度均不高。

探索性实验是以认识某种教育现象或受教育者个性发展规律为目标，通过揭示与研究对象有关的因果关系，来尝试创建某种理论体系，所以具有较强的创新性。探索性实验主要研究教育理论体系中的根本性问题，有重要的理论意义和实践指导意义。此类实验的进行以专门研究人员为主。

验证性实验是以验证已取得的实验成果为目的，对已经取得的认识成果用再实践的经验来检验、修正和完善。这类实验具有明显的重复性，是在不同环境条件下反复进行的，不仅对实验条件有明确的分析，而且实验方案具有可操作性，关注实验结果应用的普遍性，追求实验较高的外在效度。

（3）单因素实验和多因素实验

根据同一实验中自变量因素的多少，可分为单因素实验和多因素实验。

单因素实验是指同一实验中研究者只操纵一个自变量的实验，也叫单一变量实验。由于单因素实验的自变量单一、明确，操纵相对比较容易，实验难度相对较小。

多因素实验是指在同一实验中需要操纵两个或两个以上的自变量的实验，也叫组合变量实验。这类实验要操纵的实验因素较多，实验的过程比较复杂，变量的观测内容也随之增多，因而在研究整体上难度较大。

3. 实验法的一般步骤

（1）决定实验目的、方法和组织形式，拟订实验计划

（2）创造实验条件，准备实验用具

（3）进行实验，在实验过程中要作精确而详尽的记录，在各阶段中要作准确的测验

（4）处理实验结果，考虑各种因素的作用，慎重核对结论，力求排除偶然因素作用

4. 实验法的优缺点

实验法的优点：能确立因果关系，认识事物的本质和规律；研究结果客观、准确、可靠；能对变量进行控制，提高研究的信度；严密的逻辑性能为理论的构建提供佐证和说明；能将实验变量和其他变量的影响分离开来。

实验法的缺点：应用范围有限，有些问题难以用实验的方法来解决；可能会有人为造作的痕迹，实验的结果不一定就是现实的结果，缺乏生态效应等。

（五）行动研究法

1. 行动研究法的含义

行动研究法是指教师在现实教育教学情境中自主进行反思性探索，并以解决工作情境中特定的实际问题为主要目的的研究方法，它强调研究与活动一体化，使教师从工作过程中学习、思考、尝试和解决问题。

2. 行动研究法的一般步骤

（1）确定研究课题

发现教育工作中亟待解决的实际问题，选定研究主题，并对研究问题的成因进行分析诊断与判定。

（2）拟订研究计划

明确课题研究的总目标，并围绕总目标设计研究的方法、程序、监控手段等。

（3）实施研究行动

收集资料、拟定并实施有效的教育措施。

（4）进行总结评价

汇集资料、做好观察记录，根据各种反馈信息认真修正行动计划，再实施新一轮的行动研究，直至实现研究总目标。

《本章小结》

对于教育的认识，我们相信本书以及其他教材中的观点不是终结性的，随着人类的发展，人们对教育还会产生新的看法。教育活动也会随着社会发展而发展，必然会产生新的教育观念和教育形式，如同历史呈现给我们的那般精彩。

从苏美尔人的学校教育到现今完备的教育系统，从教育和教育学的萌芽到发展，从夸美纽斯到赫尔巴特再到杜威，众多先贤对教育进行了伟大的理论和实践的探索，他们为教育和教育学的发展作出了巨大的贡献。在这个过程中出现了诸如实用主义教育学、批判教育学、马克思主义教育学等各种教育学说，并在相互借鉴与批评的过程中加深了对教育的认识，正是因为有了这些争鸣才有了现今教育学丰富的学科体系。我们有理由相信，人类的教育将不断发展，人们对教育这一社会活动的研究也会不断深入和完善。

【思考与练习】

1. 什么是教育的质的规定性？为什么说教育是人类特有的社会现象？

2. 你对教育有何认识？你同意本书对教育概念的界定吗？曾经有一种说法：教育是一定社会（阶级）对人的身心发展所施予的影响，使其成为一定社会（阶级）所需要的人。你认同吗？在你看来应当如何理解和表达教育的概念？

3. 为什么人们对教育会有不同的界定？其中是否蕴含着不同的教育观念？

4. 简述有关教育起源问题的几种主要学说。

5. 试述教育学产生与发展各个阶段中主要代表人物的著作及其教育思想。

【拓展阅读】

1. 陈桂生．教育原理：第三版［M］．上海：华东师范大学出版社，2012.

2. 郑金洲．教育通论［M］．上海：华东师范大学出版社，2000.

第二章　现代教育理念

【学习要点】

1. 了解教师专业发展的要求；

2. 理解国家实施素质教育的基本要求，理解“人的全面发展”和“以人为本”的含义；

3. 掌握在学校教育中开展素质教育的途径和方法；

4. 理解教师职业的责任与价值；

5. 运用“以人为本”的学生观，在教学过程中运用多种方式和手段促进自身的专业发展。

【案例导入】

夏丏尊

中国近代教育家夏丏尊先生曾经翻译了意大利作家亚米契斯的小说《爱的教育》，这部译著曾风行国内，甚至被收入语文教材。爱的教育作为一种教育理念，曾经影响着几代教师，至今如此。

夏丏尊先生民国初年任教于浙江两级师范学堂，因学校原来的舍监被学生气得辞职而去，他就毛遂自荐，兼任舍监一职。每天清晨，起床铃一响，他就来到学生宿舍，把睡懒觉的学生一一叫起。晚上熄灯后，他再到学生宿舍一一查看。

有一天，两个不遵守学校作息制度的学生在晚上点名、熄灯之后，偷偷结伴溜出校门，在外面玩耍到深更半夜才回来，没想到在宿舍门口碰到一直等候的夏先生。先生对他们并不加任何责罚，只是一味恳切地劝导，让他们不要再如此犯纪，然后便让他们回屋睡觉了。

第二天晚上，查完宿舍的人数，夏先生又特意嘱咐这两个学生，万万不可再私自离开学校。两个学生小鸡啄米似的点头，心里头却并不以为然。先生走后不久，他们仍旧翻墙出去了。等到回学校时，已是后半夜了，他们自以为可以神不知鬼不觉地溜回宿舍，却发现门口伫立着一个黑影。细细看去，原来是夏先生。

当时虽是初冬，但深夜的气温十分低，先生只穿着一件黑色棉夹衣，鼻尖红红的，但眼神却是暖暖的，见到二人的第一句话就是担心他们的安全和身体，并催促其回屋暖和暖和，赶快休息。二人回屋躺下后，辗转反侧，久难入眠。先生的关心叮咛还在耳边回响，他们不禁为自己不自律的行为惭愧。先生并没有像以往的舍监那样斥责和体罚，而只是在第二天，私下又找他们进行更加恳切的规劝。

这件事过后，二人收敛了好多，但偶尔还会重犯。夏先生依然用百倍的爱心和耐心守候在宿舍门口，无论天气多冷、夜多么深都会守候着。终于守候着了，夏先生对他们仍旧不加任何责罚，还是坚持苦口婆心地劝导，直到让违纪的学生真心认错、悔过，在心灵深处彻底觉悟。

夏先生这样的夜间守候前后持续了半年之久，两个学生终于为先生这种慈爱、耐心的教育方式所感动、折服，彻底改掉了坏习惯。就这样，在他当舍监七八年之后，学生们养成了良好的生活习惯，夏先生也高兴地认为“几乎可以无为而治了”。

资料来源：吴云鹏．教育学案例教学教程［M］．上海：华东师范大学出版社，2015.

思考：教师应持有何种教育观？教师应如何对待学生？夏丏尊先生取得教育成功的原因是什么？

第一节　教育观

教育观是指人们对教育所持有的看法。具体地说，就是人们对教育者、教育对象、教育内容、教育方法等教育要素及其属性和相互关系的认识，还有人们对教育与其他事物相互关系的看法，以及由此派生出的对教育的作用、功能、目的等方面的看法。

一、教育观概述

人们在教育活动中，需要思考教育活动“是什么”“为了什么”，以及“怎样开展教育活动”。而教育观的核心是“教育是为了什么”，即教育目的。不同的教育目的产生了不同的教育活动，也产生了不同的教育结果。夏丏尊先生在《爱的教育〈译者序言〉》中发人深思地写道：“学校教育到了现在，真空虚极了。单从外形的制度方法上，走马灯似地更变迎合，而于教育的生命的某物，从未闻有人培养顾及。好比掘池，有人说四方形好，有人又说圆形好，朝三暮四地改个不休，而于池之所以为池的要素的水，反无人注意。教育上的水是什么？就是情，就是爱。教育没有了情爱，就成了无水的池。任你四方形也罢，圆形也罢，总逃不了一个空虚。”① 在夏先生看来，“爱是学校之所以为学校的要素”，教育也即是爱的教育。

教育观与一定的社会政治经济制度有关。例如，在教育者与受教育者的关系上，如果强调教育者的中心地位，会产生以教师为中心的教育观；如果强调受教育者的中心地位，会产生以学生为中心的教育观。由于人们看教育的立场、角度、方法等存在差异，必然会出现各种各样的教育观，并呈现出百家争鸣的状态，无论人们对教育的主观意识存在怎样的不同，都不影响教育的客观本质。

我国当前的教育观以1995年颁布的《中华人民共和国教育法》为准，教育必须为社会主义现代化建设服务，必须与生产劳动相结合，培养德、智、体等方面全面发展的社会主义事业的建设者和接班人。

综上所述，教育观是指人们对教育这一事物以及它与其他事物关系的看法。

二、素质教育观概述

（一）素质的概念

素质在《辞海》中定义为：“人的先天的解剖生理特点，主要是感觉器官和神经系统方面的特点。素质只是人的心理发展的生理条件，不能决定人的心理的内容和发展水平。人的心理来源于社会实践，素质也是社会实践中逐渐发育和成熟起来的，某些素质上的缺陷可以通过实践和学习获得不同程度的补偿。”②

《教育大辞典》认为，狭义素质是指“个人先天具有的解剖生理特点，包括神经系统、感觉器官和运动器官的特点，其中脑的特性尤为重要。它们通过遗传获得，故又称遗传素质，亦称禀赋”③。故狭义素质是指生理学和心理学上的素质，即“遗传素质”。广义素质是指“公民或某种专门人才的基本品质。如国民素质、民族素质和教师素质等，是个体在后天环境、教育影响下形成的”④。郭文安认为，广义素质“着重表示人在先天生理基础上，受后天环境、

---

① 亚米契斯．爱的教育［M］．夏丏尊，译．长春：吉林出版社，2009.

② 辞海编辑委员会．辞海［M］．上海：上海辞书出版社，1979：1222.

③ 顾明远．教育大辞典：增订合编本［M］．上海：上海教育出版社，1998：3534.

④ 顾明远．教育大辞典：增订合编本［M］．上海：上海教育出版社，1998：3534.

教育的影响，通过个体自身的认识与社会实践，养成的比较稳定的身心发展的基本品质，或称之为素养①”。故广义素质泛指整个主体身心特征及其基本品质结构，即在先天与后天共同作用下形成的人的身心发展的总水平。

（二）素质教育与素质教育观的概念

素质教育是指根据人和社会的实际发展需要，以全面提高人的基本素质为根本目的，以尊重人的主体性和创新精神，注重开发人的智慧潜能，注重形成人的健全个性为根本特征的教育。

区别于应试教育观，素质教育观是把教育活动的目的指向“素质”——人的全面素质的教育观。它认为教育活动应有利于人的先天的生理素质及后天环境和教育影响下发展起来的心理素质和社会文化素质的全面发展和提高。

（三）素质教育的内涵

从素质教育的概念中可以提炼出素质教育的五大内涵：

1. 素质教育是以提高国民素质为根本宗旨的教育

素质教育的根本宗旨是提高全体国民的素质。《学记》中的“化民成俗，其必由学”，就蕴含着教育的重要性。当今各国都把教育和科技摆在优先发展的战略地位，教育的发展有利于提高中华民族素质，有利于促进经济和社会的发展，同时也是实现中华民族伟大复兴的必由之路。

2. 素质教育是面向全体学生的教育

素质教育覆盖面广，要面向全体学生，促进每个学生的成长。《中华人民共和国教育法》规定每个公民都依法享有平等的受教育机会。一方面，政府和教育行政部门应严格按照国家法律法规，为每个适龄儿童提供平等的受教育机会；另一方面，学校和教师要平等对待每个学生，促进学生全面发展。基础教育为全体适龄儿童未来的学习和发展打下良好基础，也为提高全民族的素质打下扎实基础。

3. 素质教育是全面发展的教育

全面发展是党的教育方针的核心部分。实施素质教育就是通过德育、智育、体育、美育等的有机结合，来实现学生德、智、体、美等方面的全面发展。全面发展不是五育的平均发展，而是个体和谐的全面发展。强调学生身心健康、品德优良、学有所长，能乐观处世和灵活做人，成为具有创造力和实践力的“四有”公民。

---

① 郭文安，王道俊．试论有关青少年学生素质的几个问题［J］．教育研究，1994（4）：16－22.

4. 素质教育是促进学生个性发展的教育

不同个体之间的基本素质差异不大，但由于后天环境和教育的内化过程的不同，导致个性的多样性，而这样的个性反映在不同个体身上，是共同性与差别性的统一。因此，教育不仅要重视学生的全面发展，也要兼顾其个性化发展。

素质教育是立足于人的个性的教育，是注重个体发展的教育。它在承认人与人在个性上存在差异的基础上，从差异出发，以人的个性发展为目标，要求教育工作者在最大程度上了解每一个儿童，根据他们的长处和短处，使用最适合的教育方法，做到因材施教，让每一位儿童能够在最大程度上发挥潜能。著名哲学家密尔认为只有培养个性才产生出或者才能产生出发展得很好的人类，认为"人类要成为思考中高贵而美丽的对象，不能靠着把自身中一切个人性的东西都磨成一律，而要靠在他人权利和利益所许的限度之内把它培养起来和发扬出来①"。

5. 素质教育是以培养创新精神和实践能力为重点的教育

新时代的素质教育要培养具有创新精神和实践能力的创新性人才。为了回应知识经济向人才培养提出的挑战，国家推行创新教育。创新能力的培养是素质教育的核心，是素质教育区别于应试教育的根本所在，也是传统教育区别于现代教育的根本所在。创新能力是一个民族进步的灵魂，是国家兴旺发达的不竭动力，尤其在知识经济时代，是否具有创新能力是国家是否具有竞争能力的重要指标。托马斯·弗里德曼在著作《世界是平的》中指出，在全球化 1.0 时代，发展的动力是国家实力；在全球化 2.0 时代，发展的动力是跨国公司；在全球化 3.0 时代（始于 2000 年），发展的动力是个人，以创造力取胜。

（四）素质教育观的产生与发展

素质教育自 20 世纪 80 年代提出以来，至今仍是教育的重点并将长期实行。

1. 素质教育观的产生

我国教育界在 20 世纪 80 年代末提出素质教育。它作为一种教育价值观念，是为了纠正"中小学教育片面追求升学率，大学教育过分专业化"等应试教育现象，进而把教育目的重新指向人本身，指向人的整体的、全面的素质。1985 年 5 月 19 日，邓小平在全国教育工作会议上的讲话《把教育工作认真地抓起来》中提出，"我们国家，国力的强弱，经济发展后劲的大小，越来越取决于劳动者的素质，取决于知识分子的数量和质量"。1985 年 5 月 27 日，《中共中央关于教育体制改革的决定》中提出，"在整个教育体制改革过程中，必须牢

① 密尔. 论自由：权威全译本 [M]. 许宝骙，译. 北京：商务印书馆，2015：74.

牢记住改革的根本目的是提高民族素质，多出人才，出好人才”。1987 年，时任国家教委副主任的柳斌在《努力提高基础教育的质量》一文中正式使用了“素质教育”一词。“素质”一词逐步在我国教育领域扩散开来，教育理论界开展了关于“劳动者素质”“民族素质”“国民素质”以及片面追求升学率的“升学教育”的讨论。

我国中小学在 80 年代后进行了大量的教育改革与实践探索，如愉快教育、成功教育、和谐教育、创造教育、主体性教育等。

2. 素质教育观的发展

素质教育在 20 世纪 90 年代以后得到更大的发展，在政策文本中也多次提到。

1993 年，中共中央、国务院颁布的《中国教育改革和发展纲要》，强调“中小学要从‘应试教育’转向全面提高国民素质的轨道，面向全体学生，全面提高学生的思想道德、文化科学、劳动技术和身体心理素质”。

1996 年 3 月由第八届全国人民代表大会第四次会议批准的《中华人民共和国国民经济和社会发展“九五”计划和 2010 年远景目标纲要》，九届人大一次会议和二次会议的《政府工作报告》，都强调由“‘应试教育’向‘素质教育’转变”，要“实施全面素质教育”。

1999 年 1 月 13 日，国务院批转教育部发布的《面向 21 世纪教育振兴行动计划》，提出实施“跨世纪素质教育工程”。1999 年 6 月，中共中央、国务院做出了《关于深化教育改革全面推进素质教育的决定》，标志着素质教育观已经形成了系统的思想。

2006 年 6 月 29 日，第十届全国人民代表大会常务委员会第二十三次会议修订的《中华人民共和国义务教育法》明确规定：“义务教育必须贯彻国家的教育方针，实施素质教育。”这标志着素质教育已经上升到法律层面，成为国家意志。

2017 年 1 月，《国家教育事业十三五规划》指出：“贯彻落实新发展理念、全面实现‘十三五’时期的教育改革质量这个主题，把立德树人作为根本任务，全面实施素质教育，积极培育和践行了社会义核心价值观，更新育人理念，创新育人方式，改善育人生态，提高教师素质，健全各级各类教育质量保障体，全面提升育人水平。”

2017 年 9 月，中共中央办公厅、国务院办公厅印发《关于深化教育体制机制改革的意见》提出“全面贯彻党的教育方针，坚持教育为人民服务，为中国共产党治国理政服务，为巩固和发展中国特色社会主义制度服务，为改革开放和社会主义现代化建设服务，全面深化教育综合改革，全面实施素质教育，全面落实立德树人根本任务，系统推进育人方式、办学模式、管理体制、保障机制改革，使各级各类教育更加符合教育规律，更加符合人才成长规律，更能促进人的全面发展，着力培养德、智、体、美全面发展的社会主义建设者和接班人，为实现‘两个一百年’奋斗目标、实现中华民族伟大复兴的中国梦奠定坚定基础。”

这表明新时代中国特色社会主义背景下，素质教育成为教育事业的主线与目标。

三、国家实施素质教育的目标与基本要求

（一）实施素质教育的目标

1. 总目标

《中国教育改革和发展纲要》中提出中小学要由“应试教育”转向全面提高国民素质的轨道。可见，素质教育的总目标是全面提高国民素质，其根本目标是培养符合当前社会存在和发展所需要的人才。

2. 具体目标

（1）促进学生身体的发育

基础教育阶段是学生个体发育的关键时期。在该阶段实施素质教育，有助于促进学生身体发育的顺利进行。素质教育要求发展体育，促进学生身体素质的发展。

（2）促进学生心理的成熟化

中小学阶段是个体心理逐渐成熟的阶段。素质教育要促进学生心理成熟化，逐渐成为一个能够独立面对社会、介入周围世界的主体。

（3）造就平等的公民

基础教育是公民教育，而中小学教育又要求“全面提高国民素质”，因此，基础教育有必要根据现行的公民权利和义务规定，确定自己的现实目标。

（4）培养个体的生存能力和基本素质

素质教育着重于促进学生发展，使学生能够独立面对社会，具备生存能力和终身学习的基本素质。

（5）培养学生自我学习的习惯、爱好和能力

现代社会科学技术的不断发展使学习不仅仅局限于学生时代，素质教育要教会学生学习，让学生能够自我学习并且愿意自我学习。

（6）培养学生的法律意识

我国已开始向法制社会迈进这一事实，要求我们的基础教育培养学生真正

具有法制意识和观念。对中小学学生来说，法制意识必须从小就开始培养，使守法用法成为一种自觉的行为习惯。

（7）培养学生的科学精神和态度

现代技术的根源是科学，而科学的本质是对真理的追求、对事实的尊重。大力培养学生的科学精神和态度，这是我们基础教育尤其要着重变革的一个方面。

（二）国家实施素质教育的基本要求

1. 面向全体

我们国家普及九年义务教育，就是面向全体适龄学生，让每一个适龄的学生都能进到学校里来，进到班级中来，让每一个学生都在原有天赋的基础上有所发展。

2. 促进学生全面发展

促进学生德、智、体、美等方面全面发展，这是我们党和国家的教育方针，我们需要在实践中把这个方针贯彻好、落实好。

3. 促进学生创新精神和实践能力的培养

基础教育在培养学生能力上还需要进一步努力。培养人的认知结构，提升人的创新能力和实践能力对素质教育来说尤为重要。

4. 发挥学生主观能动性，注重学生个性健康发展

创新创造能力是21世纪学生能够得到良好生存和发展的核心能力，要发挥学生的创新能力，在教学中就必须以学生为主，尊重学生的主动性和积极性，发挥学生的主观能动性。这就要求教师要进行启发式教学，鼓励学生主动探索、主动思考，鼓励学生存疑、求疑，在教学中促进学生生动、活泼、主动地发展。

5. 着眼于学生的终身可持续发展

素质教育的最终目标是提升学生的综合素质，促进学生的终身可持续发展。教师在教书育人的过程中，不仅要传授知识，更应该培养学生终身学习的能力，要给学生打开知识大门的钥匙，培养学生具有可持续性发展的终身学习能力。

四、学校开展素质教育的途径和方法

素质教育的推行是为了改变应试教育出现的种种弊端，政府和学校要按照素质教育的目标和要求严格落实，在思想上必须高度重视，同时也要找到开展素质教育的合适的途径和方法。

（一）实施素质教育的途径

1. 国家政策保障

全面推进素质教育，是一项事关全局、影响深远、涉及社会各方面的系统工程。要顺利推动这个工程就必须优先发展教育，把素质教育提到影响中华民族兴衰存亡的战略高度。政府在这个过程中，作为素质教育的倡导者和推动者，应该综合各方面的力量，统筹资源，为推进素质教育创造必要的条件。

2. 推进新课程改革

课程是传播教育内容、教育思想和教育目标的重要载体。因此，素质教育的推行，必须借助体现素质教育思想、目标和内容的素质教育课程。在基础教育阶段应推进新课程改革，实施素质教育。新课程改革提出的六项具体目标如下①：

第一，改变课程过于注重知识传授的倾向，强调形成积极主动的学习态度，使获得基础知识与基本技能的过程同时成为学会学习和形成正确价值观的过程；

第二，改变课程结构过于强调学科本位、科目过多和缺乏整合的现状，整体设置九年一贯的课程门类和课时比例，并设置综合课程，以适应不同地区和学生发展的需求，体现课程结构的均衡性、综合性和选择性；

第三，改变课程内容"难、繁、偏、旧"和过于注重书本知识的现状，加强课程内容与学生生活以及现代社会和科技发展的联系，关注学生的学习兴趣和经验，精选终身学习必备的基础知识和技能。

第四，改变课程实施过于强调接受学习、死记硬背、机械训练的现状，倡导学生主动参与、乐于探究、勤于动手，培养学生搜集和处理信息的能力、获取新知识的能力、分析和解决问题的能力以及交流与合作的能力。

第五，改变课程评价过分强调甄别与选拔的功能，发挥评价促进学生发展、教师提高和改进教学实践的功能；

第六，改变课程管理过于集中的状况，实行国家、地方、学校三级课程管理，增强课程对地方、学校及学生的适应性。

3. 在学校管理、课外教育活动、班主任工作中践行素质教育

素质教育的实施离不开学校管理者和教师，学校的规章制度无形中对学生起着潜移默化的作用，校内外的活动有助于提高学生的素养，班主任工作是实施素质教育的重要途径。

---

① 教育部基础教育司，朱慕菊．走进新课程：与课程实施者对话［M］．北京：北京师范大学出版社，2002：12－15.

（1）学校管理

转变应试教育模式，需要转变学校管理者的观念。《中共中央国务院关于深化教育改革全面推进素质教育的决定》提出，要“努力造就能够带领广大教师和教育工作者积极实施素质教育的学校领导以及管理干部队伍。学校校长在推进素质教育中具有特殊作用，要率先转变教育观念，把领导教职工创造性地实施素质教育作为重要职责”。

（2）课外教育活动

学生可以通过接受学校的正规课程来提高自身的修养，也可以在各种课外教育活动中得到成长。例如课外志愿服务活动提高了学生的思想水平，拓展了学生素质发展的领域，进一步促进学生素质的全面发展。

（3）班主任工作

班级素质教育开展的效果，取决于班主任的班级管理思想、管理方法和教育方法。因此，一个优秀的班主任会给班级的素质教育带来良好的效果。

（二）学校实施素质教育的方法

1. 发挥教师的作用

全面推进素质教育需要建设一支高素质的教师队伍。现阶段应不断提高教师的综合素质，更新教师的教育观念，提高教师的师德素养，完善教师职前、职中和职后的教育培训制度，提高教师的待遇，拓宽教师的晋升发展渠道，最大限度地发挥教师的作用。

2. 调动学生学习的主动性和积极性

在教育过程中，除了发挥教师的作用外，更重要的还是要提高学生自主学习的能力。新课改倡导学生主动参与、乐于探究、勤于动手，培养分析解决问题的能力，发挥学生的自主能动性。判断教育者有没有掌握素质教育的方法，就要看教育者是否能够引导学习者主动学习，在教育者的帮助下学习者是否学会了学习。只有当学习者主动学习，又学会了学习，才能表明教育者掌握了素质教育的基本方法和思想，表明教育者所采用的方法符合素质教育的要求。

3. 积极开展实践活动

素质教育要求“德、智、体、美、劳”五育全面发展，开展多种形式的实践活动能促进学生素质的提高。多种形式的实践活动包括德育性质的共青团、少先队和学生会的活动，社区服务活动以及社会德育基地的活动等；智育性质的学科实践活动特别是研究性学习活动等；体育性质的群众性体育活动和课外体育锻炼等；美育性质的课外文化艺术活动和文化场所参观等；劳动技术教育性质的课外实践、社会生产劳动、科技活动等。

五、素质教育大环境下的常见教育现象评析

（一）素质教育与应试教育的区别

应试教育是指一种偏重于通过考试成绩来衡量学生水平的教育制度，它以通过升学考试为目的，以升学率的高低来检验学校的教育质量、教师的工作成绩以及学生学业水平。素质教育与应试教育存在着巨大差别。

应试教育与素质教育的差别

	应试教育	素质教育
教育对象	主要面向少数学生，忽视大多数学生	面向所有学生
教育目的	偏重知识传授，轻视德育、体育、美育、心理教育和生产劳动教育	智育、德育、体育、美育、心理教育和生产劳动教育全面进行
能力培养	只重视技能训练、轻视能力培养	重视各种能力的培养
教学方法	以死记硬背和机械重复训练为主，使学生课业负担过重	启发式、探究式教学，使学生生动、活泼、主动地学习，减轻学生课业负担
学生评价	筛选性评价，以考试成绩作为评价学生的主要标准甚至唯一标准，但也体现了普遍的公平性	发展性评价，评价方式多样，评价主体多元
评价内容	教学内容较难，过于偏重学科体系，忽视综合性及应用性内容，存在着脱离学生生活实际，忽视实践等问题	降低教学内容的深度和难度，弱化学科体系，重视综合课程，教学内容结合学生经验，联系实际
教育着眼点	局限于学校	注重发展性，终身教育、终身学习
教育价值取向	考试成功	培养符合社会进步需要的人才

（二）实施素质教育应避免的误区①

1. 素质教育就是不要尖子生

对素质教育面向全体学生的认识不准。一方面，素质教育理论认为每个学生都有不同的发展可能性和发展的基础，每个学生只有得到与其潜能相一致的教育，才算是接受了好的教育；另一方面，社会需要各级各类人才，通过有针对性的教育，使每个学生得到应有的发展，社会也得到不同层次的人才。因此，素质教育坚持面向全体学生，意味着素质教育要使每个学生都得到与其潜能相一致的发展。

2. 素质教育就是要学生什么都学，什么都学好

对素质教育使学生全面发展的认识不清。素质教育强调为学生的发展奠定基础，同时又要发展学生的个性，因此素质教育对学生的要求是合格加特长。因此，学生必须学习国家规定的必修基础知识，还要拓宽知识面，选修一部分课程。

3. 素质教育就是不要学生刻苦学习，“减负”就是不给或少给学生留课后作业

对素质教育使学生主动和愉快发展的认识不准。学生在学习中能够体验成功带来的乐趣，而负担使个体不情愿或不主动去接受学习的任务。素质教育也要学生刻苦学习，因为只有刻苦学习才能真正体会努力与成功的关系，才能发展自己的勇气、信心和毅力。

4. 素质教育就是要使教师成为学生的合作者、帮助者、服务者

对素质教育所倡导的“学生的主动发展”和“民主平等的师生关系”的理解不当。学生在学习上和师生关系上存在着平等的各自独立的人格，师生关系是民主平等、相互尊重的关系。素质教育强调学生的主动发展，是因为学生是主体和客体统一的人，学生是具有主动发展意识的人。但这种观点忽略了教师的地位和作用，忽略了学生的特点。教师是教育实践的主体，在教育实践中起主导作用，学生是发展中的人，是教育实践活动的客体，是学习和发展的主体，这决定了教师首先是知识的传播者、智慧的启迪者、个性的塑造者、人生的引路人、潜能的开发者，其次才是学生的合作者、帮助者和服务者。

5. 素质教育就是多开展课外活动，多上文体课

对素质教育的形式存在误解。新形势下发展素质教育，一方面体现教育强

---

① 苏君阳．素质教育认识论的误区及其超越［J］．北京师范大学学报（社会科学版），2008（6）：29－35.

国的要求，另一方面符合教育的本质要求。教育培养人的基本途径是教学，学生的基本任务是在接受文化的过程中获得发展。这就决定了素质教育的主渠道是教学，主阵地是课堂。

6. 素质教育就是不要考试，特别是不要百分制考试

这是对考试的误解。素质教育否定“应试教育”倾向，并不是不加区别地取消一切考试，而是要改革考试的目的、内容和方法，健全和完善教育评价制度以适应素质教育的要求。在基础教育特别是义务教育阶段，要强调水平考试，以面向全体；同时中考、高考这一类选拔性考试也要改革，以真正选拔出优秀人才而不仅仅只看考试成绩。

7. 素质教育会影响升学率

在全面提高每一位学生的基本素质的质量观下，素质教育不会降低教育质量。素质教育面向的是全体学生，而不是少数学生；追求的是使学生全面发展，而不是单纯应付考试；突出强调的是让学生生动、活泼、主动地得到发展，而不是让学生只会机械记忆。单就升学率而言，高考制度不断改革。素质教育与升学率并无必然矛盾。

第二节　学生观

不同的时代、不同的人，会有不同的学生观。在传统的教育观念中，学生被视为被动的客体，是教育者管辖的对象，是装知识的容器。现代学生观则认为学生是积极的主体，是学习的主人，是正在成长着的人。

学生观的演绎和发展与我国教育战略的确立、调整与发展有着密切的联系，其中“人的全面发展”思想和“以人为本”思想对现代学生观的形成具有重要的意义和价值，对新时代的教育理想和一线的教育行动均产生了深远的影响。

一、“人的全面发展”的思想

（一）“人的全面发展”的概念

“人的全面发展”的思想学说是我国确立教育目的的理论依据。

人的全面发展是指人的劳动能力的全面发展，即人的智力和体力的充分、统一的发展，还包括人的才能、志趣和道德品质的多方面发展。

(二)“人的全面发展”的基本内容

马克思哲学提到了“人的全面发展”理论，主要内容包括五大点①：

1. 人的发展同其所处的社会生活条件是相联系的

马克思和恩格斯运用唯物主义的观点来考察人的发展的问题，指出：“这不决定于意识，而决定于存在；不决定于思维，而决定于生活；这决定于个人生活的经验发展和表现，这两者又决定于社会关系。”

2. 旧式分工造成了人的片面发展

马克思和恩格斯在考察了人类社会发展的历史后指出，在第一次社会大分工后出现的城市和农村的分离与脑力劳动和体力劳动的分离，造成了人的片面发展。旧的社会生产分工和不合理的生产关系是人的片面发展的原因。人的片面发展的基本特征是脑力劳动和体力劳动的分离和对立。在资本主义社会初期的工场手工业里，人的身心发展更加片面化、畸形化，脑力劳动和体力劳动的分离和对立达到了顶点。

3. 机器大工业生产提供了人的全面发展的基础和可能

机器大工业的出现和发展，为人的全面发展开辟了道路。首先，机器大工业生产的出现，使生产力得到了极大提高，从而使人的全面发展成了社会的客观需要。其次，机器大工业生产也为人的全面发展提供了可能和条件。因为机器大工业生产的发展，提高了劳动生产率，缩短了劳动时间，创造了丰富的物质生活条件，使劳动者有充分的闲暇时间去学技术、学文化，发展自己的兴趣、爱好和特长，以适应大工业生产的需要。

4. 社会主义制度是实现人的全面发展的社会条件

机器大工业生产所提供的人的全面发展的可能性，在资本主义社会并不能充分地实现，而社会主义制度是实现人的全面发展的社会条件。这是因为生产资料的公有制性质决定了每个人都必须参加生产劳动，而生产劳动又为每个人提供了全面发展的机会，同时，生产资料公有制的实现，为全体劳动者提供了物质和精神条件，从而进一步促进了人的全面发展。

5. 教育与生产劳动相结合是培养全面发展的人的唯一途径

教育与生产劳动相结合是马克思和恩格斯教育思想的重要内容之一，被视为培养全面发展的人的唯一途径。马克思说：“教育与生产劳动相结合，不仅是

---

① 蔡玲，姜锡润.《德意志意识形态》的历史概念的逻辑向度［J］. 马克思主义哲学研究，2015（1）：178－189.

提高社会生产的一种方法，而且是造就全面发展的人的唯一方法。”

二、“以人为本”的学生观

以马克思“人的全面发展”理论为基础，现代教育应树立起“以人为本”的学生观，关注学生的全面协调可持续性发展。

(一)“以人为本”的教育内涵

教育活动中的以人为本，就是以学生为本，以学生的全面发展为本，以全体学生的全面发展为本。

以人为本，是科学发展观的核心。“以学生为本”是“以人为本”的教育延展，“以人为本”的学生观就是“以学生为本”，可以从三个维度去理解：

第一，要面向全体学生。以人为本思想中的“人”，是全部的人，而不是其中一部分人。教育的需要是所有人的需要、所有学生的需要，而不是一部分人、一部分学生的需要。故在教育活动中，要不分性别、年龄，以学生为本，面向全体学生。

第二，以学生作为教育活动的出发点。在教育活动中，教育者作为成人社会代表，常常把自己放在主体地位，而把学生放在客体地位。学生接受教育仿佛不是自己的需要，而是为了实现教育者的要求。这种条件下的教育就不是为了教育的对象，而是为了教育者自己。然而，人类的教育活动之所以成为必要，是因为人有教育的需要。教育是学生自己的需要，而不是外界把教育强加给学生。学生作为成长中的人，必须依赖于教育才能发展成长。既然教育是为人而存在的，为学生而存在的，学生就是教育的出发点。教育者的作用是引导学生成长。

第三，以促进学生全面发展为目标。教育因学生的成长需要而存在。学生的成长需要是多方面的，教育应当全面满足学生的成长需要。这就是说以人为本，就必须以促进学生的全面发展为目标。

(二)“以人为本”学生观的内涵

“人的全面发展”思想不仅指导着教育目的的制定，而且伴随着素质教育、新课程改革的深入和全面发展，全方位影响着当代中国教育方针的制定和调整。而“以人为本”战略思想的提出进一步落实和深化了“人的全面发展”思想。

“以人为本”的教育战略思想把人置于教育发展的起点和目标上。进一步明确了教育的根本目的是培养德、智、体、美全面发展的社会主义建设者和接班人，确立了把促进学生健康成长作为学校一切工作的出发点和落脚点。

“以人为本”是素质教育的根本属性，坚持以人为本，最坚实的落脚点在于将“以学生为本”的思想落实在教育教学过程之中，充分尊重、关心、信任学生，在教育教学过程中以恰当的方式引导、呵护学生，尊重学生的生命主体意识，把课堂还给学生，让学生发挥教育的主体作用。

“以人为本”的学生观很好地体现和遵从了学生的本质属性，将学生视为发展中的人，尊重个体的独特性，并切实地在教育教学过程中将学生放置在发展的主体位置。

1. 学生是具有独立意识的主体

“以人为本”的学生观要求把学生置于教育活动的主体地位，注重学生的主体性需求，关注学生的全面成长，把学生真正地当作“人”来开展教育，尊重学生的自主意识，不以教师的个人意志去支配学生，按照学生的成长规律开展具体的教育教学活动。个别教师忽视学生的独立自主意识，以教师为教学活动的中心，进而去树立教师的所谓绝对权威，这是与当代学生观所相悖的。

（1）学生在教育活动中处于主体地位

在素质教育过程中，学生是学习的主人，是认识的主体、实践的主体和发展的主体。教师需要充分调动学生的主观能动性，引导学生积极主动地参与到教育活动过程中，从根本上转变传统的学生角色观念，帮助学生从被动地接受知识灌输转变为在教师的指导下自主地探究。

（2）学生的个体独立性不以教师的意志为转移

学生作为具有独立意识的个体，其接受知识的过程并非简单地、被动地接受知识，而是经过自己的考量之后做出的判断。由于学生自身认识的不同，造成了学生学习效果的不同，这说明学生在思想上具有鲜明的个体独立性。教师应尊重学生的个体独立性，客观地看待学生的成长与成才，把学生当作不以自己的意志为转移的客观存在，当作具有个体独立性的人来看待，因势利导地去引导教育，推动学生个体的健康成长。

（3）学生在教育活动中具有主体的需求与责权

学生主体性的根源在于个体需求与责权的统一，学生作为独立的个体认识世界和改造世界，是认识的主体。因而，在教育教学活动中，学生具有学习的自主需求和动力，拥有享受相关需求的权利。教师要尊重学生的主体性需求，同时也要引导学生学会承担责任，使学生认识到权利与责权是并存的，更是统一的，在享有一定权利的同时也必须承担着一定的责任，这是学生主体性的客观要求。

2. 学生是发展的人

学生发展的根本动力是身心发展的社会需要与个体现有发展水平之间的矛盾。

（1）学生的身心发展具有规律性[①]

学生身心发展遵循顺序性、阶段性、不平衡性、互补性和个体差异性的特点。

①顺序性。个体的身心发展的顺序性是指人的身心发展是一个由低级到高级、由简单到复杂、由量变到质变的连续不断的发展过程。心理的发展总是按照由机械记忆到意义记忆，由形象思维到抽象思维，由情绪到情感的顺序发展。教育工作者应按照学生身心发展的顺序进行施教，做到循序渐进，不能违背身心发展顺序性规律。

②阶段性。身心发展阶段性是指个体在不同的年龄阶段表现出身心发展不同的总体特征及主要矛盾，面临着不同的发展任务。教育工作者必须根据不同年龄阶段的特点在教育教学的内容、要求和方法的选择上适当调整，不能搞“一刀切”，还要注意各阶段间的衔接和过渡。

③不平衡性。身心发展的不平衡性是指在连续不断的发展过程中，儿童的身心发展并不是匀速运动，在不同的时间里，其发展的速度和水平是有明显差异的。一是同一方面的发展在不同的年龄阶段是不平衡的，如个体身高体重的发展存在两个高峰期——婴儿期和青春期；二是不同方面在不同发展时期具有不平衡性。即有的方面在较早的年龄阶段已经达到较高的发展水平，有的则要到较晚的年龄阶段才能达到较为成熟的水平。教育要遵循儿童身心发展的不平衡性，适时而教，即要在儿童发展的关键期或最佳期及时地进行教育。

④互补性。身心发展的互补性是指机体各部分或心理机能与生理机能之间存在着互补关系，某一方面受损或缺失之后可以由其他方面的超常发展得到弥补。一是指机体某一方面的机能受损甚至缺失后，可通过其他方面的超常发展得到部分补偿，如盲人的听觉通常会比较发达；二是互补性也存在于心理机能和生理机能之间。如身患重病或有残缺的人，如果他有顽强的意志和战胜疾病的信心，身心依然可以得到发展。故教育应结合学生实际，扬长避短，注重发现学生的自身优势，促进学生的个性化发展。

⑤个体差异性。身心发展的个体差异性是指不同个体之间的身心发展存在着速度和水平的不同。一方面从群体的角度看，不同的群体之间存在着差异，如男女性别的差异；另一方面个体差异表现在身心的所有构成方面，其中有些是发展水平的差异，有些是心理特征表现上的差异。故教育必须因材施教，充分发挥每个学生的潜能和积极因素，有的放矢地进行教学，使每个学生都得到最大的发展。

---

① 王振宏．青少年心理发展与教育［M］．西安：陕西师范大学出版总社有限公司，2012：2－4.

（2）学生具有巨大的发展潜能

“以人为本”的学生观要求教师应当把学生看作是发展过程中的客观存在，用发展的眼光去看待学生，倡导对学生进行形成性评价。中小学生处于人生发展的特定阶段，具有较强的可塑性，教师应认真研究学生，对学生成长有全局性把握，能给予正确的指导。教师要树立正确的学生观，对每一位学生充满信心，尊重学生理性思维能力，尊重学生自由意志，把学生看作是独立思考和行动的主体，让他们在与教师的交往和对话中，发展个体的智慧潜能，陶冶个体的道德性格，使每个学生都达到自己的最佳发展水平。

3. 学生是具有个性与差异的人

“以人为本”的学生观不仅要关注学生群体的全面发展，也要关注学生的个体差异和个性化成长。“以人为本”的学生观，是面向全体学生的，更要关注每一个学生的发展，承认学生的个体差异，满足学生的个性发展要求。

（1）人的全面发展是以承认学生差异和个性发展为基础

人的全面发展不等于德、智、体、美、劳的平均化发展。人的全面发展思想，要求每个受教育者作为一个独立而完整的个体，各个方面都能够获得应有的发展，同时也要承认人的各个方面发展水平具有一定差异性，不能用同样的标准去衡量各个方面的发展指标。全面发展的人应该是充满个性、有自身特点的完整的人，是在全面发展基础上个性又得到很好发展的人，而不是各个方面平均发展的人。从这个角度讲，尊重个性的全面发展是人的全面发展的本质要求和最高境界。

（2）学生的个性与差异要求切实贯彻因材施教的教育理念

教育的生机和活力，就在于促进学生的个性健康发展。它也是学生自身发展的落脚点和最终体现。素质教育要求教师要正视学生的个体差异，克服按统一标准和尺度去衡量学生，追求完全趋同、整齐划一的弊病。根据学生各方面情况及时进行因材施教。这就要求在教育过程中贯彻个别对待原则，因时制宜，因人而异，为学生创设良好的成长成才条件，从个性化的角度入手，力求使得每一个学生在不同领域内有所专长、有所成就，成为国家和民族发展的创新型人才，为增强民族创新精神和能力奠定坚实的基础。

（三）全面发展学生观的基本要求

中学生的全面发展要求教育者必须根据中学生发展的阶段性特点开展具体的教育活动。教育者应当着重从中学生身心发展的要求、主体性发展的要求、社会文化素质发展的要求三个方面去展开工作。[①]

1. 中学生身心发展的要求

中学生的身心健康是具体教育教学实践中每一个教育者都应当关注的，全面发展的学生观对中学生身心发展提出的具体要求是，中学生生理健康要求得以实现，中学生的心理健康要求得到充分满足。

2. 中学生主体性发展的要求

中学生的主体性意识的形成与发展是中学生个性发展的关键，全面发展的学生观对中学生主体性发展提出的要求是，建立正确的自我认识，培养起全面发展的人所需要的自觉发展、主动发展的意识。中学生主体性发展是中学生全面发展的核心。中学生处于迅速发展期，具有自我意识强烈、情绪多变与可塑性强等特征。自我意识的发展主要表现在关注自己，如自己的外貌、自己的学习成绩与能力；有很强烈的个人意识、希望与成人平等相处。教育者在尊重中学生主体性的基础上，充分地关心与爱护学生，因势利导地化解学生的种种问题；同时引导中学生正确地认识自我，树立正确的自我意识。

3. 中学生社会文化素质发展的要求

全面发展是对中学生社会文化素养发展提出的客观要求，在德、智、体、美等方面为学生成长成才提供必要的准备和支持，打下坚实的基础。根据教育部2003年发布的《普通高中课程方案（实验）》提出的普通高中培养目标，中学生社会文化素质发展的要求涉及德育、智育、体育、美育、劳动技术教育等几大方面的内容。在德育方面，要使学生初步形成正确的世界观、人生观、价值观，具备中华人民共和国公民所要求的政治思想道德素质、民主与法律素质等；在智育方面，要使学生具有终身学习的愿望和能力，掌握适应时代发展需要的基础知识和基本技能，学会收集、判断和处理信息，具有初步的科学与人文素养、环境意识、创新精神与实践能力；在体育方面，要具有强健的体魄、顽强的意志；在美育方面，要形成积极健康的生活方式和审美情趣；在劳动技术教育方面，要初步具有独立生活的能力、职业意识、创业精神和人生规划能力。

三、教育公正与中学生的共同发展

运用“以人为本”的学生观来开展教育活动，要遵循“教育公正”的原

---

① 2016年教师资格证考试《中学综合素质》第一章第二节［EB/OL］.（2016-08-03）. 无忧考网. http://www.51test.net/show/7467081.html.

则，处理好学生发展的“共同性”和“差异性”问题。教育公正指所有的学生都有同等受教育的权利。

（一）促进全体学生的共同发展要以教育机会均等为基本原则

在学校教育活动中，必须以教育机会均等为基本原则。教育机会均等包括入学机会均等和教育过程中机会均等。

（二）学生的不同差异与共同发展

1. 学生的性别差异与共同发展

性别作为一种自然状态，是由遗传基因决定的。遗传基因的差异，会给不同性别的人带来发展的差异。在教育过程中对男生和女生要做到一视同仁，不能因性别差异而造成一种性别学生发展的优势和另一性别学生发展的劣势。

2. 学生的民族差异与共同发展

我国是一个多民族的国家。在教育过程中要坚持“以人为本”，必须注意到民族差异，做到不同民族的学生共同发展，特别要注意少数民族学生的发展。国家要重视少数民族地区的双语教育，对贫困的少数民族地区要适当地增加教育优惠政策，确保少数民族学生能接受平等的受教育机会。

3. 学生的地域差异与共同发展

我国幅员辽阔，人口众多，各地区的经济发展不平衡，存在着地域发展的差异。要坚持“以人为本”的学生观，就要加大对不发达地区的教育资源的投入，使每一位受教育者不因所处地域的发展差异而享受不到平等的受教育权和发展权。

4. 学生家庭背景的差异与共同发展

家庭教育对学生的成长发展至关重要。一个家庭的经济状况、家长的文化水平、家庭的结构等差异影响着中学生的发展。教育者既要看到不同的学生家庭背景造成的差异，又要帮助学生克服因差异带来的困难，帮助学生发展。

5. 学生身心发展水平的差异与共同发展

一个人的身心发展水平，是在较长的时间里，在各种复杂因素影响下导致的。教育者不可能面对学生身心发展水平完全一样的班级。学生身心发展水平的差异性是教师在教育过程中对学生进行资源分配的重要影响因素。在自然状况方面，学生的生理发展情况会有差异。在社会文化素质方面，学生也会存在学习水平的差异。在教育活动中，由于个体发展水平的差异或外在环境的影响，学生的学习水平存在差异。教师使用相同的教学方法，忽视学生的个体差异，那么将会背离“以人为本”的学生观。

坚持“以人为本”的学生观，就要注意正确地对待学生身心发展的差异，要给予身心发展状况不同的学生以同样的关注，要做到因材施教，以促进学生的共同发展。

第三节 教师观

在新课程改革的背景下，教师要转变自己的观念，树立正确的职业认识和职业理想，要紧跟时代步伐，不断提升自身的各项素养和职业能力。

一、中学教师对职业的认识

中学教师不仅要了解教师观及教师专业观，还要对教师的专业发展进行深入了解。

（一）教师观及教师专业观

所谓“教师观”是指关于教师职业的基本观念。从广义上看是人们对教师职业的认识、看法和期望的反映。从狭义上看是对教师职业的特点、责任，教师的角色以及科学履行职责所必须具备的基本素质等方面的认识。《中华人民共和国教师法》第一章第三条对教师的概念作了全面科学界定：“教师是履行教育教学职能的专业人员，承担教书育人、培养社会主义事业建设者和接班人、提高民族素质的使命。”教师专业观，是说教师工作是一种专门职业，教师是专业人员。

1. 教师职业与专业

职业指从业人员为获取主要生活来源所从事的工作类别，是劳动者参与社会经济活动的直接体现。[①] 社会学者往往将职业分为普通职业和专门职业两大类，专门职业亦即“专业（profession）”，是指一群人经过专门教育或训练，具有较高和独特的专门知识与技术，按照一定专业标准进行专门化的处理活动，从而解决人生与社会问题，促进社会进步并获得相应报酬和社会地位的专门

① 金本能．优秀教师的专业成长之路［M］．芜湖：安徽师范大学出版社，2015：2.

职业。[①]

联合国教科文组织和国际劳工组织于1966年10月在法国巴黎通过了《关于教师地位的建议》，指出："教学应当被认为是一种专业，它是一种公共服务的形式。教学需要教师具有专门的知识和技能，并通过严格的和持续的学习来获得和发展这些知识和技能。"[②] 教师工作作为一种专门职业，在国际组织的文件中得到确认。

教师工作作为一种专门职业，具有专业的基本特性。第一，教师职业具有一定的职业声望；第二，教师需要经过严格的职前专业训练；第三，教师具有专业自主性；第四，教师职业有自己的专业标准；第五，教师实践是现代教育科学重要的专业研究领域。

2. *教师职业的劳动特征*

教师劳动的特点是教师在职业活动过程中形成和体现出来的、与其他职业相比具有的独特的特征。

（1）复杂性

复杂性主要体现在教育目的的全面性、教育任务的多样性和劳动对象的差异性。从教育目的来说，教师劳动的目的是培养德、智、体、美等全面发展的人。从教育任务来说，教师承担着教学、班级管理、教学研究等多项繁重的任务。从劳动对象来说，学生在兴趣、能力、性格等方面存在个性差异，教师既要面向全体学生，又要尊重个性差异。

（2）创造性

创造性主要表现在教师创造性地运用教育教学规律。

第一，因材施教。由于教育对象千差万别，教师在教学过程中要灵活把握每个学生的特点，对他们提出不同的要求，采用不同的教育教学方法，做到因材施教，使每个学生都能实现个性化发展。

第二，不断更新教学方法。教师要与时俱进，结合时代的发展和科技的进步对教育方针、培养目标以及教材的内容有不同的理解，能不断改进和完善教学内容，使其变成学生可以接受的知识体系，选择最有效的教学方法与途径来实现教育目的。

第三，教师需要"教育机智"。马克斯·范梅南在《教学机智：教育智慧的意蕴》中这样解释教育机智："我们把机智说成是瞬间知道该怎么做，一种与他人相处的临场智慧和才艺。展现机智的人似乎都具有在复杂而微妙的情景中

---

① 罗文浪，戴贞明，邹荣，郭永光．现代教育技术［M］．北京：北京理工大学出版社，2015：146.

② 万勇．关于教师地位的建议［J］．外国教育资料，1984（4）．

迅速地、十分有把握地和恰当地行动的能力。”①

教育机智是教师在教育教学过程中的一种特殊定向能力，是指教师对学生活动的敏感性，能根据学生新的或意外的情况，迅速而正确地作出判断，采取及时、恰当而有效的教育措施解决问题的能力。教育机智是教师良好的综合素质和修养的外在表现，是教师娴熟运用综合教育手段的能力。

（3）主体性和示范性

主体性指教师自身可以成为活生生的教育因素和具有影响力的榜样。对于教师而言，教育教学过程就是教师直接用自身知识、智慧、品德影响学生的过程。此外，教师劳动工具的主体化也是教师劳动主体性的表现。教师所使用的教具、教材，也必须为教师自己所掌握，成为教师自己的东西，才能向学生传授。

示范性指教师的言行举止，包括人品、才能、治学态度等会成为学生学习的对象。教师劳动的示范性特点是由学生的可塑性、向师性心理特征决定的。同时，教师劳动的主体性也要求教师的劳动具有示范性特点。教师必须充分认识示范性的价值，严于律己、以身作则。

（4）劳动时间的延续性和劳动空间的广延性

教师劳动时间的延续性是由于教师没有固定的工作时间长度，也没有严格的交接班时间界限。除了正常的工作时间，教师常常还要利用休息时间来思考、备课、批改作业、写作。此外，教师还要不断地了解学生的过去与现在，预测学生的发展与未来。

劳动空间的广延性是指教师没有严格界定的劳动场所，课堂内外都可能成为教师劳动的空间。这是由影响学生发展因素的多样性决定的。教师除了在课堂上发挥个人的影响力外，还要走出校门，进行家访、街访，协调学校、社会、家庭的教育影响，以达到更好的教育目的。

（5）长期性和间接性

长期性是指人才培养的周期比较长，教育影响具有滞后性。首先，教师的劳动成果是人才，而人才培养的周期比较长，见效比较慢。教师要付出长期的大量的劳动之后才能收到成效。其次，教师对学生施教的影响，往往要经过很长时间才能见到效果，教育的成效只能在学生未来发展的成就上得到体现。最后，教师对学生的影响不会随着学生学业的结束而消失，而是会在学生长期的实践中逐渐趋于完善和成熟。教师为学生在德、智、体、美、劳诸方面打下的基础，往往会影响学生的一生，成为他们终身发展的宝贵财富。

间接性指教师的劳动不直接创造物质财富，而是以学生为中介实现教师劳

---

① 范梅南. 教学机智：教育智慧的意蕴［M］. 李树英，译. 北京：教育科学出版社，2001：165.

动的价值。教师的劳动并没有直接服务于社会，或直接贡献于人类的物质财富和精神财富。教师劳动的结晶是学生，培养的是学生的综合素质，只有等学生走上社会，由他们创造财富之后，教师的劳动价值才能得到体现。

（6）个体性与群体性

从劳动手段来看，教师的劳动是以个体劳动的形式进行的。教师的劳动成果又是集体劳动和多方面影响的结果。从横向上来看，一个学生的身心发展是学校、家庭、社会和其本人共同努力的结果；从纵向上来看，每一阶段教师所面对的学生几乎都是前一阶段教师劳动的产物。所以，教师的个体劳动最终都要汇集到集体劳动之中。教师既要协调好影响学生身心发展的综合环境，特别是处理好自身与教师群体的关系，又要不断提高自身的思想修养和业务水平。

（二）新课程改革背景下的教师观

在新课程改革的背景下，教师要适应现代社会的教师角色变换，不断学习，不断提高，在教学行为上有所转变。

1. 现代教师角色的转换

现代教师角色已经转变为学生引导者、课程建设者、教研主体和开放型社区教师。

（1）教师由知识的传授者转变为学生学习的引导者和学生发展的促进者

21 世纪人才观要求人要学会学习，学会合作，具备终身学习的能力和意愿，以适应社会的技术发展和变化。因此，人们对教师的期望和要求也发生了本质性的变化。一方面要求教师要激发学生学习的动机，指导学生的学习方法，组织管理和指导学生的学习过程，培养学生自主学习合作学习的能力，使学生学会学习，学会合作，学会做事，学会做人。另一方面，教师要关注学生人格的健康成长和个性发展，真正成为学生发展的促进者。教师要以一个平等的、有成长经验的人的角色来对待成长中的青少年；通过自己的公正无私、宽容与尊重、睿智与深刻、爱心与关怀赢得学生的尊敬和爱戴；通过自己的人格魅力对学生产生深刻的影响；并通过自己的关爱、扶助、引导和行为示范去实现道德教育的目标，真正成为学生人生的引路人。

（2）教师从课程的忠实执行者转变为课程的建设者和开发者

新课程改革倡导民主、开放、科学的课程理念，确立了国家、地方和学校三级课程管理体制。在此基础上，要求课程与教学必须相互整合，教师要具有强烈的课程意识和参与意识，改变以往学科本位的观念和被动式的课程的做法，在课程改革中发挥主体作用，创造性地使用国家课程教材，积极地进行国家课程地方化、校本化的实践探索，同时积极参与地方课程和校本课程的建设，培养开发课程和评价课程、主动选择和创造性地使用新课程教材的能力，从而转变长期以来形成的课程的忠实执行者的角色，成为课程的积极的开发者和建设者。

（3）教师从“教书匠”转变为教育教学的研究者和教学反思的实践者

教师应成为教育教学的研究者，在教学过程中以研究者的心态置身于教学情境中，以研究者的眼光审视和分析教学理论与教学实践中的各种问题，对出现的教学问题进行反思研究总结经验，并形成规律性的认识。

（4）教师要从学校的教师转变为社区型的开放的教师

随着社会的不断发展，学校教育与社区生活正在走向终身教育要求的一体化，学校教育社区化，社区生活教育化。新课程特别强调学校与社区的互动，重视挖掘社区的教育资源，在这种情况下，教师这一角色不再仅仅局限于学校和课堂，教师不仅是学校的一员，而且是整个社区的一员，是整个社区教育文化事业建设的共建者。

2. 教师行为的转变

（1）在对待师生关系上，新课程强调尊重、赞赏

新课程改革的核心理念是实现每一位学生的发展。为此，教师必须尊重每一位学生做人的尊严和价值，特别是学习成绩不好的学生、有缺点和过错的学生。除此之外，也不能体罚学生，不大声训斥学生，不羞辱嘲笑学生，不随意当众批评学生，要学会赞赏每一位学生。

（2）在对待教学上，新课程强调帮助、引导

教师的本质在于引导，引导学生掌握学习的方法，学会如何思考，同时引导学生树立正确的价值观。

（3）在对待自我上，新课程强调反思

新课程强调教学反思，按教学的进程，教学反思分为教学前、教学中、教学后三个阶段。教学反思是教师专业发展和自我成长的重要因素，促使教师形成自我反思的意识和自我监督的能力。

（4）在对待与其他教育者的关系上，新课程强调合作

新课程强调课程的融合，这需要教师之间的合作，不同年级、不同学科的教师要相互配合，齐心协力地培养学生，每个教师不仅要教好自己的学科，还要主动联系和积极配合其他教师的教学，从而使各学科、各年级的教学有机融合，相互促进。

二、中学教师的专业发展

教师专业发展是教师个人的专业性不断发展和提升的过程，是教师不断地

获取新知识，增强自身专业能力，完善自己的职业道德修养，以适应教育工作需要，不断提高教育教学工作质量的过程。

（一）教师专业发展的要求

1. 学会学习，成为终身学习者

教师必须不断更新观念、知识和能力，掌握现代教育技术，以适应不断变化的时代。每个教师都必须成为终身学习者，不断地学习，提高自己的知识水平。教师必须时刻吸纳新知，不断丰富和提高自己，成为学生的源头活水。否则，不仅难以在学生面前维持自己的威望，在专业发展方面也会遭遇重重困难。

2. 勤于反思，成为反思的实践者

教育反思，就是教育者把自己的教育实践作为思考的对象，对已有的教育经验和遇到的实际教育问题进行反思，获得新知。教师的教学反思一般会涉及对教育教学观念的反思，对课程内容和具体教学内容选择的反思，对教学过程及其教学方法的反思。常用的反思工具有教学日志、教学案例等。教师应该培养自己的反思意识，不断反思自己的教育教学理念与行为，思考各种教育行为的后果，不断自我修正调整和更新，从而加快自己的专业发展和成长。

3. 恒于研究，成为教育教学的研究者

教师要获得专业的发展就必须对自己的专业教育教学进行反思和研究。中小学教师应该不断向研究型教师的目标迈进，积极发现自己教育教学中存在的问题，深入研究思考解决这些问题的方法，这样才能不断提高教育教学质量，促进自身的专业发展。

4. 重视沟通，加强交流与合作能力

新课改要求教师高度重视交流与合作能力的培养，不仅限于教师之间的交流，也提倡师生之间的交流与合作。加强交流与合作，达到双赢和共赢，是现代教师必须具备的能力与素养之一。一方面，教师可以在日常教学之余相互交换意见，彼此分享经验，同科教师之间可以在一起讨论教学方法，相互合作设计课程，不同学科的教师也可以相互学习和借鉴，或在相关学科知识方面提供专业帮助。另一方面，教师应该积极主动，努力成为师生关系的艺术家，积极与学生进行交流，共同完成教学。

5. 勇于创新，培养创新精神和实践能力

要教会学生创新思维，教师自身也必须具有创新意识。教师要培养自己的创新能力，主动地更新观念，学习新知，在教育教学和日常生活中有意识地培养和强化自己的创新精神，创造性地进行教育教学，不断提高自己的创新能力，以达到自己的专业化发展。

（二）教师专业发展的内容

1. 专业理想的建立

教师专业理想是教师对成为一个成熟的教育教学专业工作者的向往和追求，它为教师提供了奋斗的目标，是推动教师专业发展的巨大动力。具有专业理想的教师，对教育教学工作会产生强烈的认同感和投入感，会对教育教学工作抱有强烈的期望。

2. 专业人格的形成

教师专业人格是教师在教育教学工作中所必须具有的道德品质方面的自我修养，诚实正直、善良宽容、公正严格是教师专业人格的重要内容。诚实正直是做人的根本，善良宽容是对学生的爱，公正严格是教师的责任。学高为师，身正为范，才能赢得学生的尊重和信任，使学生心悦诚服，在潜移默化中影响学生的成长。

3. 专业知识的拓展与深化

教师作为专门的专业职业，必须具有从事专业工作所需要的专业知识。教师要系统地学习专业知识，关注更多专业领域，解决存在的疑问，拓宽知识的广度，提高思考的深度，因此专业知识是教师专业发展中的一个重要内容。

4. 专业能力的提高

教师的专业能力是教师综合素质最突出的外在表现，也是评价教师专业性的核心要素，包括教学技巧和教育教学能力。教学技巧是教师运用已有的教学理论知识，通过练习而形成的。教师常用的教学技巧主要有导入技巧、提问技巧、强化技巧、变化刺激技巧、沟通技巧、教学手段运用的技巧以及结束的技巧等。教育教学能力是指教师从事教师职业所必须具备的基本能力，主要包括设计教育教学活动的能力、教学实施的能力、教学组织管理的能力、语言表达能力、学生评价能力、课程开发与建设能力、教学反思与教育教学研究能力等。

5. 专业态度和动机的完善

教师专业态度和动机是教师专业活动的动力基础，主要表现在教师对职业的态度、工作的积极性以及职业满意度等。从我国目前的情况看，很多人从事教师职业都是考虑到教师的福利待遇以及教师的工作有寒暑假的特点等方面，这样的工作动机不利于自身更加投入地工作，也不利于产生较高的职业满意度。

6. 专业自我的形成

教师的专业自我是教师个体对自我从事教育教学工作的感受、接纳和肯定的心理倾向，这种倾向将显著地影响到教师的教育教学工作效果，包括自我意象和自我尊重。

（三）教师专业发展的途径

1. 职前培训

职前培训是教师从事专业工作的重要的基础阶段，是入职前的准备阶段。职前培训要掌握从事教师职业所必需的学科专业知识和教育教学知识，掌握专业技能，培养专业态度，形成专业素养，为从事教育工作奠定基础。教育者必须把握现实的教育活动，才能很好地将书本上的专业知识运用到专业实践中去，在实践中有效地把理论和实践相结合。在这个过程中，教育者获得实践性知识，在教师教育机构中开展的教师职前培训包括了专业实践的部分。专业实践包括参观学校活动、教育现场观察和教育实习等。

2. 入职培训

入职培训是经历过教师职前培训的人，在刚获得的教职岗位上进一步了解学习和掌握岗位知识和能力的培训。中学新教师对自己的工作岗位作全面的了解和学习，并在老教师的指导下学习岗位知识，提高岗位工作能力。一方面，中学教师可以在自己的岗位上学习岗位知识，全面了解自己的岗位要求；另一方面也在老教师的指导下进行岗位知识的学习，这两个方面都不可缺少，师徒结对是很多学校帮助新手教师入职专业发展的方法。

3. 在职培训

教师专业发展是一个持续的过程。教师需要不断地更新自己的知识，提高自己的专业技能，加深对教育教学工作的理解。教师可以通过参加培训，例如进行学历的提升和参加各种类型的继续教育；也可以通过参加专业团体与学术活动，沟通交流，提升自己的教学与研究能力；还可以通过教育考察与教育观摩来提升自己的实践能力。

4. 自我教育

教师自我教育是教师专业自我的主动构建过程。许多对优秀教师成长过程的研究表明，做教育反思者，在教育实践中研究教育是教师获得自身专业发展的重要途径，也是最直接最普遍的途径，例如可以通过专业阅读、网络学习、校本教研与培训和行动研究来促进教学能力的提升。

（四）教师专业发展的方法

教师要获得专业的发展，可以借助课堂教学观摩来分析优秀教师的教学活动；也可以开展微格教学，锻炼自己的教态；还可以通过专门训练，例如有意义地呈现新材料，有效指导课堂作业，布置家庭作业等；最重要的是要进行教学反思，对自己的教学理念、教学行为、决策以及由此产生的结果进行认真的自我审视，不断总结。

（五）教师专业发展的阶段理论

1. 教师成长的三阶段理论①

福勒和布朗根据教师的需要和不同时期所关注的焦点问题，把教师的成长划分为：

（1）关注生存阶段

处于这一阶段的一般是新教师，他们非常关注自己生存和工作的适应性，把大部分时间花在教学以外的事物上，如把大量的时间花在与学生相处上等等。

（2）关注情境阶段

当教师认为自己在新的教学岗位上已经能够完全适应时，便会将注意力转移到提高教学工作的质量上来，如关注学生学习成绩的提高，关心班集体的建设，关注自己备课是否充分等与教学情境有关的问题。一般来说，老教师比新手型教师更关注这个阶段。

（3）关注学生阶段

这一阶段教师能考虑到学生的个别差异，认识到不同年龄阶段的学生存在不同的发展水平，具有不同的情感和社会需要，因此教师应该因材施教，可以说能否自觉关注学生，是衡量一个教师是否成熟的重要标志。

由上述可见，教师发展的每个阶段都有不同的关注重点和需要，会影响教师的教学活动和课堂行为，大部分的教师只会进入到第二阶段，只有少部分教师能够进入第三阶段。

2. 教师发展的五阶段理论

教师发展的五阶段理论，是美国亚利桑那州立大学的伯利纳在人工智能领域的“专家系统”研究，以及德赖弗斯职业专长发展五阶段理论的基础上，根据教师教学专业知识和技能的学习与掌握情况提出的。这五个阶段是：①新手阶段；②熟练新手阶段；③胜任阶段；④业务精干阶段；⑤专家阶段。

（六）教师专业发展的意识

教师是一个不断面临挑战的职业，它要有发展的愿望、意识和才能。其职业特点要与社会的期望相适应，否则就会落伍，甚至被淘汰。

---

① 李方强．教师成长阶段理论对我国师资培养的启示［J］．继续教育，2002（4）：26－27.

1. 终身学习的意识

当代教师首先应该是一个具有终身学习意识和能力的人。新知识经济时代，要求教师不满足于原有的知识和经验，不断地学习，以完善自己的知识结构，充实自己的知识内容，从学习中获得更多的思想观念和方法，用于改进自己的教育教学方法，提高教育教学的能力。

（1）终身学习的特征

终身教育的两个基本特征：一是贯穿人生始终的一种教育形态，具有时间的延展性；二是包含了所有现存的教育形态在内的教育过程，它并非单一或纯粹的教育形态，更多的是一种教育理念和教育观念。

（2）终身学习的内容

第一，学会学习。在当今社会获取知识的方法比获取知识本身更为重要。学会学习、养成良好的学习习惯，使学习成为自己的一种生活方式，将是每一个人未来生活幸福和愉快的保证。

第二，通晓自己所教的学科，成为学科专家。人们越来越清楚地认识到教师只有接受严格的高层次的学科教育，才有可能在教学过程中应付自如。一个合格的教师应该全面学习一门学科，包括学科历史、学科结构体系、学科基础理论、学科知识应用以及跨学科的知识。

第三，学习有关教育的学问。未来的教师必须是一个教育专家，必须在学习专业学科的同时掌握其他有关教育的学问，如教育心理学、教育哲学、教育技术等。

第四，学习信息技术。教育信息化主要强调将现代信息技术转化为现代教学手段，它包括两大类：一类是视听技术，有广播、影视、录像等；另一类是信息处理技术，主要是计算机操作技术。

（3）终身学习的要求

第一，有不断学习的意愿。在生活中养成不断学习的习惯，把学习看作是生活的一部分，成为生活的需要，成为生活的习惯。

第二，合理安排学习时间。要做好时间管理，合理利用时间进行学习。

第三，学习与应用相结合。把学习与工作、生活感性地联系起来，使学习有所运用，要学以致用，为自身发展而学习。

2. 自主发展的意识

教师自主发展体现在：第一，自我诊断，即教师要了解自己在专业上的优势与不足，对自己发展的目标有所设计；第二，自我规划，即通过一定的形式设计自己的专业发展规划，设计一定时期专业发展的具体目标和具体措施；第三，寻求支持，主动地寻求各种支持和专业发展的资源；第四，自我评价，对自己专业发展的结果、进步情况进行自我反思，自我评价。

三、中学教师的专业素养

教师的专业素养是教师从事专业活动必须具备的专业品质。中学教师的专业素养包括教师职业道德修养、教师专业知识素养、教师教育专业素养和教师职业心理素养。

（一）教师职业道德修养

1. 对待事业

忠于人民的教育事业，要做到依法执教，严谨治教，爱岗敬业，廉洁从教。

2. 对待学生

热爱学生，是教师忠诚于人民教育事业的具体表现。热爱学生，教师要做到全面关心学生，尊重和信任学生，严格要求学生，理解和宽容学生。

3. 对待集体

教师应该具备团队协作精神，必须做到相互支持，相互配合，严于律己，宽以待人，弘扬正气，摒弃陋习。

4. 对待自己

教师劳动具有示范性的特点，在教育教学中，教师要做到高度自觉，自我监督，身教重于言教。

（二）教师专业知识素养

1. 本体性知识

教师的本体性知识是指教师具有的所任教学科的知识，也称为学科专业知识。教师的本体性知识应该包括以下四个方面：

第一，该学科的基本知识和基本技能。

第二，该学科的知识结构体系及相关知识。

第三，该学科发展的历史及趋势。

第四，该学科的思维方式和方法论。

2. 条件性知识

教师的条件性知识主要是指教师必须具备的教育学、心理学和教育管理的知识。这类知识用来支撑学科内容的本体性知识，为教师的教学设计和实施提供教育学和心理学的基础，也是必备的教育科学知识。

3. 实践性知识

教师的实践性知识是教师在实现有目的的教学行为时所具有的课堂情境知识以及相关的学科教学法知识。实践性知识包含着对具体教学目标、教学情境、教学策略和方法的相互关系的认识，它帮助教师解决具体教什么的问题。

4. 文化知识

教师的文化知识是指教师应具备的一般的人文知识、社会科学和自然科学知识，以及基本的艺术素养。

（三）教师教育专业素养

1. 基本的教育科学知识

教育科学知识是专业素养的基础。掌握这些知识是教师提高教育工作的科学性和有效性的保障。其中，教育学、心理学及学科教育学是教师首先应该掌握的最为基本的教育学科，同时教育心理学、发展心理学、教育哲学、教育社会学、教育技术学等学科也需要学习。

2. 先进的教育理念

教育观念是人们对教育问题的看法，包括学生观、教育观、教学观、教师观、人生观等。观念有先进与落后、正确与错误之分，教师需要树立正确的先进的教育观念，而且要在自己的教育实践中真正体现先进的理念。

3. 较高的教育专业能力

教育专业能力是个体在教育工作中体现出来的制约教育工作效能的比较稳定的心理特征。具体包括教育能力、教学能力和教育研究能力三个方面。

（四）教师职业心理素养

1. 良好的情感特征

热爱教育事业，就是热爱和关心学生。教师的爱生情怀对学生的发展影响极大，爱心是教育的前提。

2. 积极稳定的情绪特征

教师的工作大部分都是面对学生，其情绪状态会直接影响学生。因此，教师在任何时候都应以积极稳定的情绪状态投入到教育活动中，积极调整不良情绪。

3. 良好的性格特征

教师应保持积极乐观的人生态度、开朗豁达的良好性格和宽容精神。

四、教师职业的责任与价值

（一）教师职业的责任

教师的根本职责是教书育人，提高民族素质，培养社会主义事业建设者和接班人。教师是人类文化的传播者，在社会的发展和人类的发展中起着桥梁和纽带的作用。教师是人类灵魂的工程师，是人的潜能的开发者，对个体发展起着促进作用。

（二）教师职业的价值

教师职业的价值在于追求教师职业生活的幸福，并将教师职业的幸福引向人生的价值和归宿的思考轨道上来。教师职业价值，主要包括社会价值和个人价值两个方面：

1. 教师职业的社会价值

教师职业的社会价值是指教师职业对他人、集体、国家、社会和人类都具有极大贡献，能够为社会进步和人类发展提供精神财富，培养合格的建设者和接班人。教师职业的社会价值主要体现在教师是人类文明的传播者，承担着文明传承的重任。

2. 教师职业的个人价值

教师职业的个人价值是指教师职业可以满足教师的个体自我生存和发展的需要，是教师获取主要生活来源的社会劳动，也成为教师职业的个人价值。当代教师的个人价值首先表现为是否最大限度地满足社会和他人的需要，能够得到学生家长、同行和社会的认可。同时，教育教学过程也是师生相互影响、相互促进的过程，即教学相长的过程。因此，教育教学实践中教师本身也促进了自身的专业成长，满足了自身发展的需要，实现了个人价值。教师通过满足学生发展的需要，实现自身的价值。一个爱学生并善于引导和促进学生发展的教师，才是一个真正能够体现自己个人价值、同时被社会认可的好教师。

《本章小结》

本章主要从教育观、学生观和教师观三个大方面来阐述我国现代教育理念。在素质教育观中重点阐述了学校教育中开展素质教育的途径和方法，国家实施素质教育的基本要求；在学生观中重点讲述“以人为本”的学生观和在教育教学活动中如何促进学生的全面发展；在教师观中，强调了根据新课程改革的要求教师应转变观念，在教育教学过程中运用多种方式和手段促进自身的专业发展。

【思考与练习】

1. 结合实际谈谈学校教育中开展素质教育的途径和方法。

2. 简述我国实施素质教育的基本要求。

3. “以人为本”的含义是什么？在教育教学活动中如何做到以学生的全面发展为本。

4. 结合现实，谈谈新课程改革背景下如何转变教师的观念。

5. 试论教师专业发展的要求与方法。

【拓展阅读】

[1] 全国十二所重点师范大学．教育学基础：第2版［M］．北京：教育科学出版社，2008.

[2] 教师资格认定考试教材编写组．教师资格认定考试教材：教育心理学（最新版）［M］．北京：首都师范大学出版社，2011.

[3] 王振宏．青少年心理发展与教育［M］．西安：陕西师范大学出版总社有限公司，2012.

[4] B A 苏霍姆林斯基．给教师的建议［M］．杜殿坤，译．北京：教育科学出版社，1984.

[5] 顾明远，孟繁华．国际教育新理念［M］．海口：海南出版社，2003.

[6] 王道俊，扈中平．教育学原理［M］．福州：福建教育出版社，2013.

[7] 巴格莱．教育与新人［M］．袁桂林，译．北京：人民教育出版社，2005.

[8] 沛西·能．教育原理［M］．北京：人民教育出版社，2005.

第三章　教育与人

【学习要点】

1. 掌握人的发展的基本规律；
2. 理解教育与人的发展的基本关系；
3. 掌握影响人的发展的主要因素及它们在人的发展中的作用。

【案例导入】

犹太人曾饱受世界上最深重的灾难，在很长时间里没有自己的国家，但在经济、科学、艺术等方面为世界贡献了一大批杰出的天才：马克思、达尔文、弗洛伊德、爱因斯坦等。同样的，几十年来，诺贝尔奖得主中，犹太人所占的比例远比其他民族高。

也许人们会有疑问，为什么犹太人会那么优秀？我们可以明确的答案之一是犹太人在智力取向活动中的优势与犹太人的教育有很大的关系。那么同样的疑问是教育与人的发展究竟存在着怎样的密切关系呢？

思考：犹太人的优秀是与生俱来的还是受到教育的影响呢？

第一节　教育与人的发展

教育对人的发展的功能，就是教育对促进人的生存与发展所具有的功能和效用，亦即教育的育人功能；具体来说，就是教育通过传授、训练、陶冶、评价等方式对人的发展所发挥的导向、激发、奠基、重构、提高、矫正、完善、增值、甄选等方面的积极作用。

一、个体身心发展的概念

人的身心发展是指从出生到身体成熟和心理成熟两个方面向积极方向进行

有规律的发展完善的变化过程，是由简单到复杂、由低级到高级不断上升的运动过程。它包括：

（1）身体发展

组成人体的基本材料是细胞和细胞间质，它们集合成组织，许多组织结合起来构成器官，而若干相互有关的器官一起组成系统，如运动系统、消化系统、呼吸系统、循环系统、泌尿系统、神经系统、内分泌系统及生殖系统。八大系统都有其结构和功能上的特点，它们相互密切地联系，形成一个完整的身体。人体与周围环境之间不断进行的物质交换和能量交换的新陈代谢过程，使人体可以生长、发育、生殖及维持其他各种生命活动。

（2）心理发展

人的心理现象是物质发展到一定阶段才出现的，它随着神经演化而逐步发展，最后产生人的心理。脑是心理活动器官，没有脑就没有心理现象。随着个体健康发育，脑的重量明显增加，心理活动也随之日趋完善。心理的发生和发展受社会条件的制约，心理活动规律是遗传与环境相互作用而逐渐形成的。人类进化不但优化了机体的结构和功能，而且形成了稳定的心理机制。社会实践是心理健康发育的重要条件，它可以促进心理活动的发展与完善。20 世纪 80 年代在沈阳郊县发现的猪孩，由于长期生活在猪圈中，尽管有大脑器官，但心理发育停滞，不会说话，只会号叫，用四肢爬行，养成了猪的习性。这就说明了人类长期脱离社会生活，心理活动水平也会下降甚至退化。

身体发展和心理发展既相互制约，又相互促进。身体的发展特别是脑神经系统发展的状况和水平制约着心理活动及其发展。同样身体的发展也受到认识、情感、意志、性格等心理过程和心理特征的影响。教育工作者的任务就是不断引导并促进学生身心和谐健康发展。因此，正确理解身心发展的含义和内容，才能为我们的教育工作建立科学的基础。

（一）个体身心发展的概念

个体身心发展，是指作为复杂整体的个体在整个人生历程中不断发生变化的过程，特别是指个体的身心特点向积极方面变化的过程。这其实也是人的各方面潜在力量不断转化为现实个性的过程。

（二）人的身心发展的特殊性

1. 人的身心发展是在社会实践过程中实现的

人是社会的人，人是在社会环境中发展的。在社会环境中，不仅存在着与每个个体性质不同、联系程度不同的各类群体，而且还存在着人的创造物和各种创造性工具。个体只有参与社会实践，才能生存和发展。认识人的身心发展的社会实践性，可以使我们认识到教育的重要任务是促进人的社会化，重视教育活动的社会意义，加强与社会实践的联系，还有重视每个人社会实践活动的质量。

2. 人的身心发展具有能动性

人具有认识世界的能力，这使人与其他动物相区别；人还有改造世界的能力，是指具有自我意识、发展到一定阶段的人，具有规划自己的未来和为未来的发展创造条件的能力。能够较好地发挥人的能动性，是一个人的发展达到较高水平的重要因素。对人的潜在能力的充分信任，对社会实践在人的发展中的价值具有清醒的认识，是教育个体发展功能正常发挥的重要前提，也是教师在教育活动中促进人类发展的基本要求。

二、关于影响人的身心发展因素的主要观点

影响人的身心发展的因素很多，对此总结提出的观点也各不相同，比较著名的观点有单因素论与多因素论、内发论与外铄论、内因与外因相互作用论。

（一）单因素论与多因素论

以影响人的身心发展因素的多少为分类的依据，可分为以下几种观点：

1. 遗传决定论

遗传决定论亦称“生物因素决定论”，是一种单因素决定论，它认为人的机体构造、形态、神经系统机制、能力和性格的发展以及差异的形成都是由遗传决定的。英国学者高尔顿认为，儿童的智力品质在生殖细胞的基因中就已经确定，后天的环境和教育只能影响这些由遗传决定的能力和品质实现的早晚，而不能加以改变。这一论点贬低了环境和教育在个体发展中的作用。

2. 环境决定论

环境决定论强调人的机体构造、形态、神经系统机制、能力和性格的发展以及差异的形成都是由环境决定的。该理论的代表人物是美国行为主义心理学家华生，他声称给他 12 名健康的儿童，在一个由他支配的特殊环境中培养，即可按照他的意愿训练成医生、律师、艺术家、商人、乞丐、强盗等。持这个观点的人，把人看作是环境和教育的消极产物。马克思主义认为，人不是被动地接受环境的影响，归根到底，环境也要由人来改造，人在实践中改造着自己，也改造着环境。

3. 辐合论

辐合论亦称“二因素论”。这种发展观肯定先天遗传和后天环境两种因素

对儿童发展都有重要的影响作用，而且两者的作用各不相同，不能相互替代。德国心理学家施太伦认为，儿童心理发展是受环境和遗传两种因素的“合并原则”共同影响。辐合论认为，心理的发展并非单纯地靠天赋本能的逐渐显现，也非单纯地对外界影响的接受或反映，而是个体内在品质与外在环境合并发展的结果，发展等于遗传与环境之和。辐合论对教育实践有一定的影响。

4. 三因素论

在批判“二因素论”基础上发展起来的“三因素论”认为，人的发展是由遗传、环境和教育决定的，遗传素质是人发展的物质前提，环境和教育对人的发展起决定作用，相对于环境影响来说，教育在人的发展中起主导作用。随着凯洛夫《教育学》在中国的传播，“三因素论”曾一度成为我国教育理论界公认的观点。这一时期影响人发展因素的研究主要采用因素分析的方法，这一点同样为后来的研究所沿用。

“三因素论”在我国教育学中的公认地位大约持续到20世纪80年代初。它之所以在我国相当长的时期内被一致公认，除了历史的原因以外，确实还因为它无论较之哪一种因素论都更全面地体现了影响人发展因素的组成及其相互关系，并且对一些原有的观点作了改造：该理论把带有一定宿命论色彩的“遗传决定论”中对遗传作用的认识，改造成人的发展的物质基础，体现了唯物主义精神；在环境因素中，突出了社会环境的作用，摆脱了部分生物化倾向；在教育的作用方面，则强调了它在人的发展中定向、加速和强化的主导作用，这些在理论上都是一大进步。然而，这一理论也还存在着许多不足。苏联在20世纪70年代出版的、由巴拉诺夫主编的《教育学》就对这一理论提出了批评。我国在20世纪70年代末也有人开始批评这一理论，到了80年代，不少人在批评这一理论的基础上对影响人发展的因素及其作用进行了新的探讨。

5. 诸因素交互作用论

马克思主义认为，人的本质是一切社会关系的总和。人的身心发展是遗传、环境、教育以及个体内在因素综合交互作用的结果。任何只强调某一因素决定作用的理论都是错误的。

（二）内发论与外铄论

内发论与外铄论主要是从主体内外两个角度来研究人的身心发展的影响因素，内发论更侧重于个体内在因素的影响作用，外铄论则以个体以外的因素为主要影响因素。

1. 内发论

内发论者一般强调人的身心发展力量主要源于人自身的内在需要，身心发展的顺序是由身心发展成熟机制决定的。中国古代教育家孟子可以说是内发论的代表。他认为，人的本性是善的，人的本性中有恻隐之心、羞恶之心、辞让之心和是非之心，这“四心”分别是仁、义、礼、智的基础。人只要善于修身养性，向内寻求，这些品质就能得到发展。现代西方的内发论者进一步从人的机体需要和物质因素来说明内发论。如奥地利精神分析学派创始人弗洛伊德认为，人的性本能是最基本的自然本能，它是推动人发展的潜在的、无意识的、最根本的动因。美国当代生物学家威尔逊把“基因复制”看作是决定人的一切行为的本质力量。美国心理学家格塞尔则强调成熟机制对人的发展起决定作用。他认为，人的发展基因受特定的顺序支配，完成一系列顺序后机体达到成熟，教育要想通过外部训练抢在成熟的“时间表”前形成某种能力的想法是低效的，甚至是徒劳的。格塞尔用同卵双胞胎爬梯子的实验很好地说明了这一点。格塞尔还认为，机体成熟在思维、情感、个性等高级心理活动中也同样有不可忽视的影响。

【拓展阅读】

美国心理学家格塞尔曾经做过一个著名的实验：让一对同卵双胞胎练习爬楼梯。其中一个实验对象（代号为 T）在他出生后的第 46 周开始练习，每天练习 10 分钟。另外一个（代号为 C）在他出生后的第 53 周开始接受同样的训练。两个孩子都练习到他们满 54 周的时候，T 练了 8 周，C 只练了 2 周。

这两个小孩哪个爬楼梯的水平高一些呢？大多数人肯定认为应该是练了 8 周的 T 比只练了 2 周的 C 好。但是，实验结果出乎人的意料——只练了 2 周的 C 的爬楼梯水平比练了 8 周的 T 好——C 在 10 秒钟内爬上特制的五级楼梯的最高层，T 则需要 20 秒钟才能完成。

据格塞尔分析，其实第 46 周就开始练习爬楼梯为时尚早，孩子没有做好成熟的准备，所以训练只能取得事倍功半的效果；53 周开始练习爬楼梯，这个时间就非常恰当，孩子做好了成熟的准备，所以训练就能达到事半功倍的效果。这个实验给我们的启示是：教育要尊重孩子的实际水平，在孩子尚未成熟之前，要耐心地等待，不要违背孩子发展的自然规律，不要违背孩子发展的内在“时间表”而人为地通过训练加速孩子的发展。

资料来源：林崇德．发展心理学［M］．北京：人民教育出版社，2009.

2. 外铄论

外铄论的基本观点是人的发展主要依靠外在的力量，诸如环境的刺激和要求、他人的影响和学校教育等。对于人自身的因素，有人认为是需要改造的，如“性恶论”的代表人物荀子就持这样的观点。他认为，人的自然本能、感觉、知觉都引导人向满足自身欲望的方向发展，因此人性是恶的。而人的“礼”“义”行为是人为因素影响的结果，是后天习得的，称之为“伪”，教育的作用就是“化性起伪”。有人认为外部力量决定了人的发展状况，如英国哲学家洛克的“白板说”就是一个典型的代表。洛克认为，人出生后心灵如同一块白板，人类一切知识都是后天经验的结果，因此教育在人的发展过程中具有重要作用。外铄论的另一典型代表美国行为主义心理学家华生认为，行为是可以通过学习和训练加以控制的，只要确定了刺激和反应（即 S－R）之间的关系，就可以通过控制环境而任意地塑造人的心理和行为。根据这一理论，人的心理和行为的形成与发展，是人在环境中不断学习、训练的结果。外铄论强调环境的影响，有其合理和积极的意义，但这一理论过分夸大了外部因素的影响作用，忽视了人的主观能动性。

（三）内因与外因相互作用论

辩证唯物主义认为，人的发展是个体的内在因素（如遗传的因素、机体成熟的机制等）与外部环境（外在刺激的强度、社会发展的水平、个体的文化背景等）在个体活动中相互作用的结果。人是能动的实践主体，没有个体的积极参与，个体的发展是不能实现的；在主客观条件大致相似的情况下，个体主观能动性发挥的程度，对人的发展起着决定性的意义。因此，我们把个体积极投入实践的活动，看作是内因和外因对个体身心发展综合作用的汇合点，也是推动人身心发展直接的、现实的力量。根据这样的观点，教育活动中主客体之间的关系、师生之间的关系，以及怎样让学生积极主动地参与各种教育活动，自然受到特别的重视。

三、个体身心发展的一般规律

个体的身心发展遵循着某些共同的规律，这些规律制约着我们的教育工作。遵循、利用这些规律，可以使教育工作取得较好的效果；反之，则事倍功半。

（一）个体身心发展的顺序性

个体身心发展在整体上具有一定的顺序性，身心发展的过程和特点的出现也具有一定的顺序。例如，身体的发展遵循从上到下、从中间到四肢、从骨骼到肌肉的发展顺序，心理的发展总是由机械记忆到意义记忆，由具体思维到抽象思维，由喜怒哀乐等一般情感到理智感、道德感、美感等复杂情感。瑞士心理学家皮亚杰关于发生认识论的研究，揭示了个体认知发展的一般规律，即按照感知运算水平、前运算水平、具体运算水平、形式运算水平顺序发展。美国心理学家科尔伯格研究证明，皮亚杰的发生认识论在个体的道德认知过程中具有普遍的推广意义，人的道德认知遵循从前习俗水平到习俗水平，再到后习俗水平的发展规律。

个体身心发展的顺序性决定了教育教学工作的顺序性。无论是思想品德的修养，还是知识、技能的传授，都应坚持由易到难、由简到繁、由具体到抽象、由低级到高级循序渐进。

（二）个体身心发展的阶段性

个体在不同的年龄阶段表现出身心发展不同的总体特征及主要矛盾，面临着不同的发展任务，这就是身心发展的阶段性。前后相邻的阶段是有规律地更替的，在一段时期内，发展主要表现为数量的变化，经过一段时间，发展由量变到质变，从而达到一个新的水平。

个体从出生到成熟，要经过乳儿期、婴儿期、幼儿期、童年期、少年期、青年期等发展阶段。在发展的每个阶段，都具有典型的本质的特征，这就是身心发展的年龄特征。如童年（六七岁至十一二岁）的学生的思维特点具有较大的具体性和形象性，抽象思维能力还比较弱，对抽象的道理不易理解；少年期（十一二岁至十四五岁）的学生，抽象思维已有很大的发展，但经常需要具体的感性经验作支持；青年初期（十四五岁至十七岁）的学生，抽象思维居于主要的地位，能进行理论的推断，富有远大的理想，关心未来的职业。

身心发展的阶段性决定了教育、教学工作的阶段性。学生年龄阶段不同，对接受施教的内容、方法能力也不同。在教育工作中，就必须从教育对象的实际出发，针对不同年龄的学生，提出不同的具体任务，采用不同的教育内容和方法。如对童年期的学生，在教学内容上应该多讲些比较具体的知识和浅显的道理，在教学方法上应多采用直观教具；对少年期的学生，在教学上要特别注意理论与实际的结合；对青少年学生要注意培养学生辩证的逻辑思维能力，对他们进行革命的理想教育和升学就业的指导，改变传统的“大锅饭”“一锅粥”现象。

（三）个体身心发展的不平衡性

个体身心发展的不平衡性表现在两方面：一是同一方面发展的不平衡性。不同的年龄阶段，发展变化速度是不平衡的。例如，青少年的身高体重有两个生长的高峰期，第一个高峰期出现在出生后的第一年，身高可增长 25 厘米，体重可增加 7 公斤，第二个高峰期则在青春发育期，身高每年可增长 7～8 厘米，体重可增加5~6公斤。在这两个高峰期内，身高体重的发展速度比平时要迅速得多。其他时期内身高和体重的发展则较为缓慢。二是不同方面发展的不平衡性。有的方面在较早的年龄阶段就已达到较高的发展水平，有的则要到较晚的年龄阶段才能达到成熟的水平。如在生理方面，神经系统、淋巴系统成熟在先，生殖系统成熟在后。在心理方面，感知成熟在先，思维成熟在后，情感成熟更晚，因此感觉、知觉、机械识记在少年时期已有较高的发展水平，而逻辑思维则需要到青春期才能有相当的发展。

教育措施应与学生不同方面发展的成熟相适应，既不强行灌输学生难以接受的内容，又不迁就学生现有的发展水平，要为学生的发展创造条件，促使其更快成熟，进入更高的水平。这样可以收到事半功倍的效果。

人的身心不同方面有不同的发展期这一现象，越来越引起心理学家的重视，心理学家提出了“发展关键期”或“最佳期”的概念。所谓“发展关键期”是指身体或心理的某一方面的机能和能力最适宜形成的时期。在这一时期，对个体某一方面的训练可以获得最佳成效，并能充分发挥个体在这一方面的潜力。错过了关键期，训练的效果就会降低，甚至永远无法弥补。

（四）个体身心发展的互补性

互补性反映个体身心发展各组成部分的相互关系，它首先指机体某一方面的机能受损甚至缺失后，可通过其他方面的超常发展得到部分补偿。如失明者通过听觉、触觉、嗅觉等方面的超常发展补偿视觉的不足。机体各部分存在着互补的可能，使人在自身某方面的机能受损甚至缺失的情况下能与环境协调，从而为继续生存创造了条件。

互补性也存在于心理机能与生理机能之间。人的精神力量、意志、情绪状态对整个机能起调节作用，它可以帮助人战胜疾病，使人的身心得到发展。我们身边有很多这样出色的人物。相反，如果一个人的心理承受能力太差，缺乏自我调节能力和坚强的意志，那么很小的疾病或磨难也会将其击倒。互补性告诉我们，发展的可能性有些是直接可见的，有些是隐现的，培养自信和努力的品质是教育工作的重要内容。

（五）个体身心发展的个别差异性

个别差异性在不同层次上存在。从群体的角度看，首先，个别差异性表现为男女性别的差异，它不仅是自然性的差异，还包括由性别带来的生理机能和社会地位、角色、交往群体的差别。其次，个别差异性表现在身心的所有方面。其中有些是发展水平的差异，有些是心理特征表现方式上的差异。具体可以从以下三方面理解个体身心发展的个别差异性：

（1）同一方面的发展速度和水平不尽相同

有的没有达到这一年龄相应的应有水平，有的则已经具备了下一年龄阶段的某些特征。例如同是8岁儿童，有的抽象思维能力尚未形成，不能脱离实物和手指进行运算；有的抽象思维能力有了一定的发展，能够掌握数的概念，利用数的概念进行运算。

（2）表现在不同方面的发展关系上

例如有的学生第二信号系统较之第一信号系统占优势，他们的数学能力很强，而绘画能力较差；有的社会活动能力较强，而学习能力较弱；而另一些学生则相反，学习能力较强，达到了相当的程度，而社会活动能力较弱。

（3）表现在个性心理倾向上

同龄人有着不同的兴趣、爱好、气质和个性。如有的酷爱文学艺术，有的则喜欢体育运动；有的坚毅果断，有的则优柔寡断；有的热情豪放，有的则冷漠拘谨。

应该指出的是，教育要适应年轻一代身心发展的规律，并不等于迁就学生身心发展的现有水平，而是从学生身心发展的实际出发，向他们提出经过他们努力能够达到的要求，促进他们的身心发展，不断提高他们身心发展的水平。

需要说明的是，个体发展水平的差异不仅是由个人的先天素质、内在机能的差异造成的，而且还受到环境及发展主体在发展过程中的努力程度和自我意识的水平、自我选择的方向的影响。在教育工作中发现、研究个体间的差异特征，做好因材施教是非常重要的。

【拓展阅读】

2011年9月9日上午10时许，在中国人民大学法学院迎新点，11岁的云南新生许恒瑞吸引了现场师生的目光。据目击的新生介绍，当时，明德楼前的迎新点人头攒动。其间，一名少年在亲属的陪伴下，走向法学院的桌子前，当即引来周围师生围观。“他一米三左右，穿着格子T恤和灰色外套，戴着小眼镜，看上去像个小学生。”目击新生仲同学说。登记时，少年毫无羞涩感，手臂交叉，不时扶一扶镜框，利落地填写完表格。随后，该男生和父亲等人前往宿舍。据仲同学等新生称，男生叫许恒瑞，是个“00后”，来自云南，是法学院的新生。据《2011年云南省自主选拔拟录取资格名单公示》，许恒瑞来自弥勒县第一中学。昨晚，人大招生办负责人证实，11岁的许恒瑞是该校从云南省自主选拔录取的，为人大近十年来最年轻的生源。就许恒瑞的未来发展，法学院老师表示，不会将他区别对待，而是让他和其他同学一样适应大学生活。

资料来源：王晓易 .11 岁新生到人民大学报到［EB/OL］. http：//news. 163. com/11/0911/11/7DLU78EJ00014AEE. html.

四、影响人的身心发展诸因素及其作用

影响人的身心发展的因素有很多，包括遗传素质、环境、学校教育和个体主观能动性等，这些因素是如何影响人的身心发展？以下内容将展开论述。

（一）遗传素质在人的身心发展中的作用

遗传素质在人的身心发展中起着重要的作用，了解遗传素质在人的身心发展中的作用有着重要的意义。

1. 遗传素质的定义

遗传是一种生物现象，是指人从上代继承下来的生理解剖上的特点，如机体的结构、形态、感官和神经系统的特点等。这些遗传的生理特点（主要是感觉器官和神经系统的特点），也叫作遗传素质，即我们通常所说的与生俱来的“天赋”。

2. 遗传素质在人的身心发展中的作用

（1）遗传素质是人身心发展的生理前提，为人的身心发展提供了可能

如果没有遗传素质为人的身心发展提供生理前提，人的发展就无法实现。如果一个人生下来无大脑，也就不会有思维机制，大脑为人的心理发展提供了物质和生理的前提条件。正因为人有了大脑，人在后天的环境和教育的影响下，才可以学习极为复杂的文化科学知识，才会发明和创造新事物。但是遗传素质提供的只是人的发展在生理方面的可能性，而不是现成的知识、才能、思想、性格、道德品质等，不能决定人的发展。如果离开了后天的环境和教育，遗传素质给予人的发展的可能性便不能成为现实。

根据马克思主义的基本原理，人既是社会实体，也是自然实体。首先，人应该是一个自然实体，遗传素质是人的自然实体，它是人发展的自然的或生理的前提条件。就人的机体说，是男是女、是高是矮、皮肤白或黑、感觉器官和神经系统的机能是灵敏还是迟钝，这些都与遗传有关，若离开了遗传，人的机体就不可能获得由先天遗传所赋予的这些生理解剖上的特征。中国科学院心理研究所调查了22. 8 万名儿童，发现低能儿占 3% ~4%，而低能儿中有 50% 以上是先天因素造成的，其中，由于父母低能与近亲婚配而造成遗传缺陷的占相当大比例。可见，遗传素质对于人的发展具有一定的影响，它为人的发展提供了必要的生理前提和自然条件。

（2）遗传素质的成熟过程制约着人的身心发展的过程及其阶段

遗传素质是逐步成熟的，它有一个发展的过程。人们常说的“三翻、六坐、八爬叉、十个月会喊大大”，就反映了人的遗传素质的发展过程及其成熟程度，它既为一定年龄阶段的儿童的某些身心特点的出现提供了可能，也为它的超越性发展提供了限制。近年，儿童心理学研究发现，儿童的思维发展与他们大脑的重量的发展有关。人脑平均重量的发展趋势为：新生儿的为 390 克，八九个月大的为 660 克，2 ~ 3 岁的为 990 ~ 1 011 克，6 ~ 7 岁的为 1 280 克，9 岁的为 1 350 克，12 ~ 13 岁的少年儿童大脑平均重量达 1 400 克，和成人接近。这与儿童思维的发展在这些年龄阶段均为智力加速期是一致的。因此，心理学家和教育学家都认为，早于成熟期或迟于成熟期的学习，都无助于人的发展；只有当身体的发展具有了一定的条件，才为学习一定的知识技能提供可能。

人的遗传素质有一个发展成熟的过程，只有机体某一部分达到成熟程度，才会出现某种机能和行为。它为某个年龄阶段施行的教育影响提供了可能和限制。人的机体成熟作用在思维、情感、个性等高级心理活动中也同样有不可忽视的影响。

（3）遗传素质的差异性对人的身心发展有一定的影响作用

人的遗传素质是有差异的。这种差别不仅表现在人的体态上，如高、矮、胖、瘦等，还表现在感官和神经活动的类型上。有的人反应敏捷，有的人则迟缓；有的人喜静，有的人好动；有的人悲观，有的人乐观等，这都反映了不同的人在高级神经活动类型上的个别差异性。正是由于这种差异性，青少年儿童的发展表现出不同的智力水平、才能和个性特征等，即所谓“人上一百，形形色色”。现代遗传学的研究证明了遗传基因的物质基础差异在于核糖核酸和脱氧核糖核酸排列结构及其活动的差异。一个先天禀赋优异的儿童，如果后天得到良好的教育，在某些方面发展得更快、更好是完全有可能的；而一个先天禀赋不足的儿童，其发展是受限的。不承认遗传对人发展影响的客观存在是不行的，我们需要关心的是怎样创造条件，使具有不同先天素质的人都尽可能得到充分的发展。

（4）遗传素质具有可塑性

遗传素质与生俱来，具有稳定性。但是遗传素质同样也具有一定的随着环境、教育和实践活动的作用而改变的可塑性。另外，人的遗传素质发展的过程，也因人的生活条件的不同，或提前或推迟。有的人早熟，有的人则大器晚成。当今的青少年在身高、体重、性成熟和智力的发展上均比过去有所增加或提前。这表明人的遗传素质是有发展潜力与弹性的。

（5）遗传素质在人的发展中不起决定作用

遗传素质仅仅提供了人发展的可能性，这种可能性必须在一定的环境和教育的影响下才能转化为现实。遗传素质对人的发展不起决定作用是因为遗传素质本身是随着环境的改变而改变的。遗传的影响不可忽视，但它不是唯一的决定性因素，它只是人的发展在生理方面的可能性，而不是人的发展的现实性，它不能预定或决定人的发展。离开了后天的社会生活和教育，遗传素质这种前提只能是一种潜在的可能。宋朝王安石在《伤仲永》这篇短文里，讲到江西金溪有个名叫方仲永的少年，少时聪明无比，五岁时就能作诗。但由于缺乏良好的生活条件和及时的教育培养，十二三岁时写的诗反而黯然失色，到二十岁左右，则“泯然众人矣”。这说明只有在环境和教育的影响下，遗传素质才能获得发展，向着肯定或者否定的方向变化，并获得一定的表现形式。因此，不能过分夸大遗传素质在人的发展中的作用，否则会犯遗传决定论的错误。

（二）环境在人的身心发展中的作用

环境在人的身心发展中所起的作用也不容忽视。

1. 环境的定义

环境是指人生活在其中，能影响人的一切外部条件的综合，包括自然环境和社会环境两大部分。自然环境是人与动物所共有的环境，是人与动物生存和发展的基础，社会环境是人类所特有的一种环境，在人的发展中，起决定作用的就是这种人类所特有的社会环境。自然环境对人的发展的影响只有与社会环境发生联系才能起作用。对人的发展起主要影响作用的是社会环境，社会环境包括物质环境、社会关系和意识形态三个部分。

社会环境对人身心发展的影响，主要体现在以下几个方面：

（1）取代生物进化成为人的新型进化的条件

现代人的进化，已绝不仅仅是生物学意义上的进化。人类社会生产力的发展和文化的繁荣，正渗透进人的发展的历史进程，成为影响人进化的新因素。“随着人的生物性构造的形成，产生了能思维的脑，导致人创造了使人能相对独立于自然环境变化的工具、劳动手段等。这就产生了取代生物进化的新型进化过程的条件——社会的和文化的变化。这种变化对人类发展具有特殊意义，并且对人类继续进步有巨大影响。”相对而言，人在生物学意义上的变化是很缓慢的，并且“早已不再对生产活动的变化、人们的思维方式和人们知识的发展起决定性的影响，不再对历史过程发生决定影响”，有被逐渐取代的趋势。

（2）对人品德的形成有重要影响

教育为人的思想品德提供一定的理论基础，使人的思想品德形成一个粗略的框架，稳定、充实的思想品德则是在实践中形成的，并且在实践中得以丰富，而实践离不开社会环境。一个人生下来就在一定的社会环境中，从儿童时期与父母、邻里、亲朋的接触交往，到后来广泛深入地参与家庭、学校、社会生活，这个社会已经形成的人与人的关系以及反映这种关系的思想、理论、信念会潜移默化转变成其内在的思想观念，从而对其品德的形成产生重要影响。这种影响是其人生观、世界观、价值观、爱情观乃至整个思想品德体系形成的关键。

(3）为人提供文化科学知识的再教育

文化科学知识是促进人身心发展的重要手段，它不是人与生俱来的，必须通过接受教育才能获得，但人迟早要脱离专门的教育环境，而仅靠教育获得的科学文化知识，在生产生活实践中又显然不够。人必须不断地学习，查漏补缺，才能适应社会发展的需要。社会环境里图书、电脑、广播影视等传播媒介的运行，以及生产、生活、交际等社会活动的进行，恰好暗含了能适应这种需要的知识流动。只不过相对教育而言，它所传播的知识是零碎的。

总的来说，社会环境对人身心发展的影响，有自觉教育的因素，也有自发影响的因素。自觉教育指的是社会教育机构和文化教育设施按照一定的社会要求，有目的、有计划、有组织地对社会成员施加影响，把他们培养成为一定社会或阶级所需要的人的社会实践活动。社会教育机构主要是为学生设置的，包括青少年宫、科技站、业余体校、阅览室、儿童图书馆、儿童公园、儿童影院等。文化教育设施是面向广大人民群众的，包括工人文化宫、图书馆、体育场、博物馆、纪念馆和电视、广播、电影、戏剧、报刊等。自发影响则指的是周围的人不经意的言行对别人的影响，这种影响是客观的，是无意识、无针对性的。

自觉教育和自发影响因素都影响人的身心发展，但自觉教育的媒介相对人的活动范围来说，其涵盖面是相当狭窄的，而自发影响却无处不在，它是一种广泛的实践过程。所以社会环境对人身心发展的影响主要是自发影响。

2. 环境在人的身心发展中的作用

(1）环境为个体的发展提供了多种可能，包括机遇、条件和对象

人生活在不同的环境中，这些环境所提供的条件并不相同，对个体发展的意义也不相同，因而不同环境对人发展的影响也不相同。“近朱者赤，近墨者黑”和“孟母三迁”的故事都说明了环境对人的影响。

(2）环境对个体发展的影响有积极和消极之分

在同一环境中，各种因素作用的方向、力量的大小是不同的。对于教育者而言，要利用环境因素的积极作用，抵制消极影响，要积极加强与社会之间的联系，充分利用社会中有利的教育力量。

(3）环境对人的发展不起决定作用

环境对人发展的影响是广泛的、经常的，也是自发的、无计划的，它并不能沿着一定方向长期、系统地影响人的身心发展。在肯定环境对人的发展具有影响作用的同时，不能忽视人的主观能动性和社会实践。环境不能机械地、任意地决定人的发展，环境对人的影响必然经过人的选择，人通过实践活动对环

境影响做出反应。因此，处在同样环境中的个体，其发展水平也不完全相同。

3. 教育在人的身心发展中的作用

教育是教育者根据一定的社会要求，有目的、有计划、有组织地对学习者的身心施加影响，把他们培养成为一定社会所需要的人的社会实践活动，它配备训练有素的专职教师，通过对学生有准备地、系统地教育和训练，对人的身心发展施加决定性的影响。概括起来有三个方面：

（1）为人的身心发展奠定基础

人不同于动物，人的身心发展也不同于动物的身心发展，它是个体的人从出生到生命终止在生理和心理结构两方面有规律地进行量变和质变的过程。这种过程仅靠生物因素的自然作用和环境的零碎影响是远远不够的。人作为社会意义上的人，要使自己的生理和心理结构适应社会生存的需要，就必须获得前人在生产实践中积累下来的知识、学说、传统、习惯、行为规范等文化资料，而这需要教育来奠定基础。正如刁培萼所说："人类个体如果没有从童年时代就已开始的社会化活动，其中包括教育与培养、学习语言和文化传统的复杂过程，生物学意义上的个人只不过是一种对人类生活无知的'似人'动物。"

（2）为人的身心发展提供动力

任何事物的发展都需要有一定的动力，人也不例外。人作为社会意义上的人，其发展要受社会的制约，同时也要受社会的推动。这种推动有两层含义：第一，社会决定着人的成长和发展的方向。社会需要什么样的人，人的身心就必须朝什么样的方向发展，否则将终究被社会淘汰。当这种客观需要被人主观认识后，人就会产生适应这种需要的心理准备，并在此准备上有所行动，这构成人身心发展的一个重要动力。第二，人在适应社会需要的同时，也会能动地产生主观上的需要。人们在生产劳动、日常生活中必然有所需求（当然，这种需求要符合社会利益），因而也会有所准备，这种准备常常推动人的身心向前发展。这两种推动，虽然究其根源是社会的作用，但都要通过教育媒介来实现。因为只有通过教育，人们才能认识和产生这些需要，这些需要也才能得到正确的引导。离开了教育，人的认识将是一片混沌，身心发展的动力也就无从谈起，正如钱景舫所说："各种需求的激发是环境和教育的产物……为实现各种需求而必须具备的心理准备则主要是教育的结果。"

（3）为人的身心发展指明方向

人的身心发展主要是由教育和社会环境决定的，它们制约着人身心发展的程度和发展方向。但是，由于人在自身的发展中有主观能动性，因此这种作用也不是绝对的：有的人逆境成才，有的人却在良好的教育和环境中走向了反面。并且，社会环境的影响总的来说是一种自发影响，其中有积极的因素，也有消极的因素。消极的因素会对人的身心发展造成危害，对一个人的品德形成也有负面影响。教育的影响则是一种高度自觉的影响，它可以严格遵循人身心发展的规律，有意识地对各种环境因素进行控制、改造和利用，使学习者的身心朝着统治阶级和社会需要的方向发展。教育虽然也会给人的身心发展带来某些负面影响（如旧中国封建科举制度，中世纪欧洲经院教育、殖民地奴化教育等），但社会发展到今天，教育可以最大程度地限制消极影响，发挥积极作用，并争取优势，丰富人的科学文化知识，陶冶人的美好情操，培养人的良好品德，使人的身心发展尽量符合统治阶级和社会的需要。

值得注意的是，教育虽能为人的身心发展指明正确的方向，并在人的身心发展中起主导作用，但社会的错综复杂性会给人们的思想造成纷乱的冲击，所以稳定的品德观还要靠人自身在社会中实践，主观能动地受社会环境的影响而形成发展。

4. 学校教育在人的身心发展中的作用

（1）学校教育的定义

学校教育即教育者按照一定的社会要求和学习者身心发展的规律，对学习者施行的一种有目的、有计划、有组织地传授知识技能、发展智力和体力、培养思想品德的系统影响活动。

（2）学校教育对人的身心发展起主导作用的含义界定

学校教育对人的身心发展起主导作用，这体现在两个方面：一是从影响力来看，比起遗传素质和环境的影响，学校教育对人的发展的影响力更大；二是从影响的结果来看，学校教育能把遗传所提供的人的发展的可能性和环境为人的发展所提供的后天条件充分地运用起来，促进人的身心的发展。这是由学校教育本身的特点决定的。首先，学校教育是有目的、有计划地专门为人的发展而组织起来的，它对人的发展的影响，是依据科学原理来进行的。其次，学校教育活动的进行，由受过专业训练、懂得教育科学规律的教师在其中起主导作用。再次，学校弥漫着科学、文化和道德规范的气息。这些构成了学校教育环境的特殊性。从个体活动的角度看，学校中的个体活动与其他社会活动的区别在于有教师的指导，活动的结果还要接受检查。这种特殊性使学校在影响人的发展上具有主导作用。

（3）学校教育在人的身心发展中的主导作用

①教育是一种有目的地培养人的活动，它规定着人的发展方向。教育不管是有组织的或是无组织的，系统的或是零散的，家庭的或是学校的、社会的，都是有目的地培养人的活动，它以教育人为主要目的。学校教育是一种有明确目的性、方向性的专门培养人的社会活动。学校教育代表社会对人的要求，它能根据一定社会政治经济和生产力发展的需要以及年轻一代学生身心发展的规律、特点，按照一定的目的与方向，对人的发展的方向、内容作出社会性规范，

并对人的要求或期望、体质、思想道德、知识、能力等多方面提出一系列规范。学校根据这些要求，对不同年龄、不同专业人才培养的要求而作出相应的调整，并有意识地以教育目的和目标去规范学校的其他工作，通过各种教育活动促使学生达到规范的目标。因此，学校教育能排除和控制一些不良因素的影响，给人以更多的正面教育，使人按照一定的思想政治方向发展，更有利于思想品德的培养，使年轻一代健康地成长。

②学校教育给人的影响比较全面、系统和深刻。学校教育根据一定的社会要求，按照一定的目的，选择适当的内容，利用集中的时间，有计划、有系统地向学生传授科学文化知识，并进行一定的思想品德教育。它保证了教育教学的良好秩序，把人的发展所需要的一切时间和空间全部纳入到可控制的程序之内，保证了教育教学顺利、有节奏地进行。同时学校教育又具有系统而积极、正面的学习内容，这些内容既考虑了社会政治经济对人才规格的需要，又考虑了知识的逻辑顺序和学生的年龄特点与接受能力，从而保证了人的身心发展的高效率与高质量。而环境中其他方面的影响，往往是自发的、偶然的、片断的，是不能与学校教育相比拟的。比较于社会教育、家庭教育、自学成才等教育形式和方式，学校教育速度更快、效果更显著。

③学校有专门负责教育工作的老师。学校教育是通过专门培训过的教师来进行工作的，教师受国家的授权和社会的委托来教育学生。他们有明确的目的，熟悉教育内容，懂得教育的规律和方法，能自觉地促进学生的思想、学业、身心朝一定的方向发展。

④学校教育对人的发展不仅具有即时的价值（基础、普遍作用），而且具有延时的价值（未来、长远作用）。学校教育的内容大部分具有普遍性和基础性，即使专门学校的教育内容，也属于该领域普遍和基础的部分，因而对人今后的进一步学习具有长远的价值。此外，学校教育提高了人的需求水平、自我意识和自我教育的能力，这对人的发展来说，更具长远的意义、价值，主要表现在以下几方面：

第一，学校教育使人的价值得到发现。任何人生活在世界上都是有价值的，不仅具有人类价值，同时具有个人价值。所谓发现人的价值，就是人在世界中的地位得到肯定，人的作用得到发挥，人的尊严得到保证。学校教育有责任不断提高人们对人自身价值的认识，提高人们对人与人、人与社会、人与自然关系的认识，使人充分认识到人的生命价值、人的主体地位、人的个体的独特尊严。

第二，学校教育能发掘人的潜能。任何人生来都具有一定的潜能，甚至是优秀的潜能。潜能并不神秘，它是人足以区别于动物的根本标志。人的潜能很少能自动表现出来，人的潜能的充分发掘，必须通过教育、学习才有可能实现。

教育工作者必须充分认识学生潜能存在的事实及价值，应尽可能地创造条件使其潜能得到发展。20世纪特别是其后半叶以来，随着人的地位的提升和“以人为本”的呼声的日益高涨，对人的潜能的开发也就日益受到人们的重视，并取得了可观的成绩。

第三，学校教育具有发展人的个性、开发个体特殊才能的作用。每一个人都应当有自己的个性，而且还必须使自己的个性得到充分而自由的发展。所谓发展个性，就是要在人的共同性的基础上，充分地把人的差别性显示出来，从而使每个人都具有高度的自主性、独立性与创造性，实现生命的个体价值与社会价值。学校教育可以根据学生的遗传素质，有意识地创设环境、条件和机会，发挥学生的长处，弥补他们的短处，使先天的遗传素质向有利于学生成长的方向发展。特殊教育在超常儿童和残疾儿童教育方面以及中小学举办的各种兴趣小组、科技小组活动等方面所作的探索和成就就充分证明了这一点。

学校教育内容的多面性和同一学生集体中学生间表现出的差异性，也有助于个体特殊才能的表现与发掘。在个性发展方面，学校教师和领导有教育学和心理学方面的知识素养，这有助于他们发现学生的个性，并注意和尊重学生个性的健康发展。同时，学生在群体中的生活也有助于每个人从其他人的身上取长补短，丰富自己的个性。

（4）学校教育发挥主导作用的制约条件

既然人的身心发展是多种因素综合作用的结果，那么，学校教育的主导作用不是绝对的，而是有条件的。从宏观上看，学校教育的发展规模、层次和水平要符合社会经济发展的水平和社会经济的需要，要考虑生产力发展和政治经济对教育的要求。同时，进入学校教育的微观领域，学校教育要发挥它的育人作用，也必须考虑受教育者自身的状况、学校教育自身的条件、家庭和家长的影响以及社会发展状况等与之有关的若干因素和条件。

①学习者自身的主观能动性。人与动物不同，人是一个能动的个体，具有主观能动性。环境和教育对人的影响作用的大小与人的主观能动性有着直接的关系。人的主观能动性是人的一种内在需要和动力，是一种积极的学习动机和渴望。当学习者具备了积极的求教动机时，环境和教育的外因才能发挥相应的作用。学习者的学习积极性越高，教育的作用就越大。教育中的“教学相长”只有在教育者和学习者两个积极性发生共鸣时才会产生。学校教育主导作用的实现，最重要的条件是必须通过学生自身的积极活动。离开了学生自身的主观能动性，学校教育的作用无从谈起。

②教育自身的状况。教育主导作用发挥的程度大小，与教育自身的条件也有很大的关系。这些条件包括教育的物质条件、教师的素质、管理水平以及相关的精神条件等。

第一，物质条件包括校园地理环境、校舍、教育设施设备、图书、教材、教学辅助资料、办公用品等，这些只是教育的基础条件，要发挥这些物质资源教育作用的发挥，还需要对这些物质资源进行时空上的规划和管理上的有效利用。

第二，教师的确能够在学生的成长和发展中起重要作用，这是其他非专业教育者所难以比拟的。但教师作用的发挥取决于教师的知识结构、教育教学能力和智慧，更重要的是取决于教师的事业心、责任感和职业道德。

第三，教育管理水平也制约着教育作用的发挥。教育是一个复杂的系统工程，教育管理工作至少涉及以下九个基本要素：目标、机构、职位、人员、财物、时空、信息、文化、法规等，任何一个要素和要素之间的关系及其变化处理不好，都会给教育带来负面影响，直接制约教育作用的正常发挥。

③家庭环境的因素。家庭和学校在儿童教育过程中是天然的合作者，这种合作不仅表现在时间上的起继性，还表现为空间上的互补性。因此，任何学校教育都不能避免来自家庭的影响，家庭环境及其教育与学校教育的配合直接影响着学校教育作用的发挥。影响教育的家庭因素很多，主要包括家庭经济条件、父母的文化水平以及家庭的人际氛围等。

④社会发展状况。教育是一种社会现象，是社会的有机组成部分，既不存在离开社会的教育，也不存在离开教育的社会。任何教育活动都是在一定社会所提供的条件和背景中进行的，无不刻上社会时代背景的印记。影响教育主导作用的社会条件主要包括社会生产力发展水平、社会政治经济制度、整体的社会环境、民族心态、文化传统、科学技术发展状况等。

⑤学校教育时空上的局限性。从时空上来看，学校教育只占了学生生活的部分时间和空间，学生的身心发展主要是通过学生自身的能动活动实现的。学生的全部活动构成了学生的生活时空，而学校教育只是在学校这个有限的空间内组织、激发和利用了学生的部分活动，因此，学生在学校教育中的活动只是学生生活时空的部分而不是全部，学生在家庭、邻里、社区乃至其他生活时空中的活动并不属于学校生活。所以，仅仅从时空上来讲，学校教育只是塑造着人的素质的某些方面，或者影响着人的素质形成过程的某些环节，学校教育并不能培养出“整体人”，而只是培养着“局部人”。

（三）个体的主观能动性及其在人的发展中的作用

在人的社会生活过程中，为了解决生活、生存与发展的需要，人始终是作为活动的主体而存在的。人不仅是认识和改造客观世界的主体，也是认识和改造自己本身的主体，并在认识和改造客观世界和主体自身的过程中，表现出人的主观能动性。可以说，人是在以自己的活动为中介同环境相互作用的过程中，接受着环境的影响，同时也改造着环境和自身，完成着自身的发展。所以，从这个意义说，个体的主观努力、个体的社会实践活动是其发展的决定性因素。

1. 个体的主观能动性是影响人的发展的内在因素

辩证唯物主义告诉我们，事物的发展是内因和外因综合作用的结果。其中，外因为事物发展提供了条件，内因才是事物发展的根本动因，外因需要通过内因才起作用。在影响人的发展的诸多要素中，环境和教育只能是外因，其作用的发挥必须依赖于个体的主观能动性对其的选择与加工。

皮亚杰的发生认识论告诉我们，不同年龄阶段的儿童有不同的认知结构。外界刺激的输入必须通过儿童内部已有的认知结构的过滤，并以改变了的形式才能被儿童吸收和同化，或儿童改变自己的认知结构来实现对外部刺激的顺应。但是，无论是同化还是顺应，都离不开儿童积极地、主动地对刺激的选择与加工。因此，儿童学习的过程不是一个消极被动的接受过程，而是一个积极主动的建构过程。只有认识到任何外界环境刺激和教育都必须依靠儿童积极主动的建构才能实现，教育才能真正促进儿童的身心发展。

2. 个体的主观能动性是人的发展的根本动力

人在发展的过程中，自我意识和自我控制能力也发展起来，因而个体也就能逐步有目的地、自觉地主宰自己的发展。它意味着人不仅能把握自己与外部世界的关系，而且能把自身的发展当作自己认识的对象和自觉实践的对象，人能进行自我设计和自我奋斗。只有达到这一水平的人才在完全意义上成为自我发展的主体。

人的自我设计和自我奋斗主要表现在两个方面：一方面是人在认识自己与周围环境的关系的前提下，不断为自己的发展创造条件，而不是消极期待客观条件的成熟；另一方面是人勾勒自己的未来前景，选择自己的发展目标，策划实现该目标的行动，并坚持为实现目标而践行，在践行中不断反思与调整个人的奋斗目标、策略与行动，不断克服困难和干扰，以实现自我发展的目标。

正是在这个意义上，我们高度评价人的能动性在人的发展中的作用，它赋予了人在一定条件下主宰自己命运的可能。所以，人不仅是遗传和环境相互作用的产物，更是自我选择和建构的产物。而且，随着人自我意识的提高、社会经验的丰富，人的主观能动性会逐渐增强，其对人的发展的作用也会越来越大。

【拓展阅读】

有人往一个玻璃杯里放进一只跳蚤，发现跳蚤立即轻易地跳了出来。再重复几遍，结果还是一样。根据测试，跳蚤跳的高度一般可达它身体的400倍左右，因此跳蚤被称为动物界的跳高冠军。

接下来实验者再把这只跳蚤放进杯子里，不过这次是在杯子上加一个玻璃盖，“嘣”的一声，跳蚤重重地撞在玻璃盖上。连续多次后，跳蚤改变了起跳高度以适应环境，每次跳跃总保持在盖顶以下高度。一天后，实验者开始把这个盖子轻轻拿掉，跳蚤不知道盖子已经去掉了，它还是在原来的高度继续地跳。三天以后，他发现这只跳蚤还在那里跳。一周以后，这只可怜的跳蚤还在这个玻璃杯里不停跳着——其实它已经无法逃出这个玻璃杯了。

难道跳蚤真的不能跳出这个杯子吗？绝对不是。只是它的心里已经默认了这个杯子的高度是自己无法逾越的。

其实，让这只跳蚤再次跳出这个玻璃杯子的方法十分简单，只需拿一根小棒子突然重重地敲一下杯子，或者拿一盏酒精灯在杯底下加热，当跳蚤热得受不了的时候，它会“嘣”地一下，跳了出去。

不仅跳蚤如此，人有时候也会这样，尤其是当今的青少年学生，在追求实现自身价值的过程中，由于抗挫折能力比较低，遭遇困难和挫折的时候容易灰心丧气，丧失信心，容易自我设限，行动的欲望和潜能被自己扼杀。那么，作为教育工作者，应能根据青少年儿童身心发展的特点，充分发挥其自身的主观能动性，让他们相信自己是最棒的，鼓励他们不断突破“心理高度”，朝着更高的目标努力奋斗。

资料来源：雅瑟．小故事大道理全集［M］．北京：海潮出版社，2005：192.

第二节　教育与人的社会化

人在婴儿时，还是一个自然生物体，依靠后天的学习逐渐地成为一个能有效地参与社会生活的主体。个体从自然生物体到社会活动主体的变化，就是通过个体社会化过程来实现的。个体的社会化是个体学习其所在社会的生活方式、行为习惯和各种思想观念，将社会所期望的价值观、行为规范内化，获得社会生活必需的知识、技能，以适应社会需要的过程。人在社会中，不可能孤立存在，社会化是其生存和参与正常社会生活的必要途径。“狼孩”“熊孩”和在被隔离情况下长大的孩子一样，因为脱离人的生活环境，尽管有健全的躯体，却不能有人的思维、意识和行为方式，这充分说明了社会化是人之所以为人的根本。对人类社会而言，社会化使人类能够在社会学和生物学意义上进行繁衍，从而确保人类社会世代延续下去。社会化的过程是一个持续终生的过程，从婴儿期到老年期，它不断地调整个体的观念和行为，以适应社会生活变化的要求。

大致来说，社会化的内容包括以下四个方面：第一，学习生活技能。掌握个人成为社会成员所必需的社会生活技能和职业技能；第二，内化社会文化。接受和认同一定社会的文化价值观念与社会行为规范；第三，形成社会性的发展目标。正确认识个人与社会的关系，使个人追求的目标与社会要求相一致；第四，学会认同身份和在每一场合下自己所处的角色，自觉按照角色所规定的行为规范办事，这是个体社会化的最终体现。

影响个体社会化的因素包括家庭、学校、同伴群体、大众传媒、职业组织、社区等。不同的年龄阶段，社会化的主导因素不同。幼儿阶段以家庭为主，青少年阶段以学校为主，成年阶段以职业组织为主。学校是青少年社会化的主要场所，它作为青少年教育的专门机构，有促进青少年社会化的职责，因此，教师的言行、学校课程的设置、教育活动的开展都必须以促进青少年社会化为重要依据。

学校对青少年的社会化是通过有目的、有计划、有组织的教育完成的，这也为他们的社会化提供了保证。

教育在人的社会化发展中起主导作用，主要包括以下三个方面：

1. 教育促进个体思想意识的社会化

人的行为是一种有意识的行为，思想意识成为支配人行为的内在力量。虽然意识为个人所有，但它不是个体思维的产物，而是社会的产物，个体意识必须反映并符合社会的规范和要求。所以，个体的思想意识本质上是社会价值规范在个体头脑中的反映。

教育代表一定的社会要求，传播社会中的主流文化和价值观念，受这种文化和价值观念的影响，学生就容易形成主流社会的文化和价观念以及与此要求一致的思想意识，从而认可并自觉维持现存的社会关系。而且由于教育所传播的文化价值观念的系统性和深刻性，以及教育活动组织的计划性和严密性、教育形式的活泼性和多样性，学生接受这种价值观念就容易许多，并能够形成完整的思想观念体系。教育促进了个体思想意识的社会化，尤其表现为个体的政治化。

2. 教育促进个体行为的社会化

人的行为要符合所属群体或社会的要求，这个要求就是社会规范。教育通过社会规范的传递，使人们认识社会规范的意义和内容，认识到应该做什么，不应该做什么，从而规范人的行为，防止个体行为偏离社会的轨道。在日常生活中，教育还具有指导生活的功能。它授予人在社会生活中必需的知识技能，包括自觉处理人际关系的技能，帮助人们学会协调理想和现实之间的冲突，使人们学会生活、适应社会，能够过集体社会生活。

3. 教育培养个体的职业意识和角色

职业是社会化的集中体现。人生活在社会中，要以一定的职业为生，这就决定了为就业和生活作准备的教育，必须能够促进个体的职业化。对职业技术教育、高等教育和成人教育而言，培养人的职业角色意识、知识和技能是其核心要求。教育要指导学生根据自己的兴趣、爱好和能力，结合国家的需要，确定自己的理想，并帮助学生实现自己的职业理想。

第三节　教育与人的个性化

人的个性化与人的社会化是相互联系的，而非各自独立。个性是个体在社会实践活动中形成的独特性。心理学认为个性具有一定的意识倾向性和鲜明的个体差异性。前者表现为个体的信念、理想等，后者表现为个体的能力、气质和性格。个性化是指个体在社会活动中形成独特性、自主性和创造性的过程，人的个性化的形成与发展依赖于教育的作用。教育具有促进人个性化的功能，教育的这种功能主要体现在它能够促进人的主体性的发展，促进人的个体特征的发展以及个体价值的实现。

一、教育促进人的主体性的发展

人的主体性是人面对客观世界的主观能动性，表现为人的自主精神和主动性、积极性与创造性。人把自己视为自然界的主体，是指人不是被动、消极地听命于自然界，而是主动、积极地作用于自然界。人必须遵循客观世界规律而生存，人对客观世界规律的认识与驾驭则是人的主体性表征。

教育对人的主体性的发展起着极为重要的促进作用。教育通过对人的道德、智力、能力的培养，从而提高人的自我认识，提高主体性。对于个体而言，教育的过程是一种不断提升自我的过程，是激发并弘扬人的主体性的过程。人通过接受教育形成道德观念，增进知识和能力，从而达到能动地适应并改变客观世界的目的。

人的主体性突出地表现为人的创造性。教育对于人的个性化功能也突出地表现在它能培养个体的创造意识，激发个体的创造性精神，形成个体的创造性品格。发展教育就是要很好地为培养人的创造性服务。

二、教育促进人的个体特征的发展

人的个体特征指人身心发展的个体差异性。这里侧重指人的心理发展，如个人兴趣、爱好、智能结构、性格、气质等方面的特征。人的遗传素质中蕴含着个体差异，但人的个体差异的发展、个体特征的形成则更多地取决于后天因素，其中突出地取决于教育的作用。教育虽然按照社会的要求作用于个体的发展，但社会化本身也包含着对人的个体特征的充分发展的需求。教育应该是尊重个体差异的教育。教育应该帮助个体充分开发内在潜力并充分地发展个体的特长。

教育促进人的个体特征的发展主要通过不同的教育内容和教育形式来实现。人在受教育的过程中会产生兴趣的分化，由此会造成个体在专业领域或技能领域的分化，人的个体特征也因此表现为专业或职业特征。人的个体特征除了表现在专业擅长、兴趣爱好方面之外，还表现在情感、性格、气质等方面，而人的这些方面特征的形成与后天教育的影响是分不开的。

三、教育促进人的个体价值的实现

人的个体生命价值是针对人对社会的奉献而言。每一个生命个体如何展现人生的价值，归根结底是通过个体在社会生活中发挥的作用以及作用的大小来衡量的。人应该成为对他人、对社会有益的人。人有益于他人、有益于社会是离不开个人的道德水准、智力和能力的，一个人越有道德、越有知识、越有才能便越能展现生命的价值并创造生命的辉煌。教育使人意识到生命的存在并努力追求生命的价值与意义，教育赋予人创造生命价值的信心与力量。所以，一个人个体价值的实现必须依靠教育的力量才可能达到。

作为培养学生个性化的重要场所，学校教育主要通过以下方面实现个体的个性化：

（一）教育可以促进人的主体意识的形成和主体能力的发展

主体意识和主体能力是人的主体性表现。主体意识是人作为认识和实践活动的主体的自觉意识，它包括主体的自我意识和对象意识；主体能力是主体认识、改造外部对象的能力。主体意识是主体性的观念表现，主体能力是主体性的外在表征。无论是主体意识的形成，还是主体能力的获得，都要通过教育。人要成为认识和实践的主体，必须通过接受教育，获得相应的知识、能力，从而达到改变客观世界的目的。因此，教育过程对个体而言，是一个提高自身素质、增强自我能力的过程。

（二）教育可以促进个体差异的充分发展，形成人的独特性

个体的独特性表现在个性的心理上，如兴趣、爱好、理想、信念、世界观、能力、气质、性格等。人的遗传素质蕴含着个体的差异性，如气质类型的差异、智能优势的差异等。个体由于后天的生活环境、教育影响的不同会产生不同的发展结果，即便是相同的遗传素质，也会形成不同的发展结果。教育作为有目的的活动，可以根据学生的不同心理发展特征，选择适合学生的发展道路，设计适合学生的教育。因此，教育能够尊重个体的差异，因材施教，帮助不同的学生充分开发他们内在的潜力，形成各自的优势和特长。

（三）教育可以开发人的创造性，促进个体价值的实现

创造性是人的个性的核心品质，是个体的自主性、独特性的综合体现。它是个体在创造活动中所表现出的自主、独特、与众不同的心理倾向。创造活动是人生产新颖、独特、有社会价值的产品的活动。人们在创造活动中所表现出来的创造性不仅是个体独特的自我意识的体现，同时也符合社会价值的要求，具有社会性。因此，创造性是个体自我性和社会性的连接点，它虽是个人才能的最高体现，但这种才能的发挥要受到社会的制约，要以对社会的贡献来衡量。

第四节　教育的个体谋生和享用功能

教育的直接结果是促进个体的发展，但不是为了发展而发展。发展一是为了个人的生活，二是通过个体生活促成社会的发展。这里，我们论述教育对个体生活的两大功能：谋生和享用。

一、教育的个体谋生功能

教育是通过知识经验的传授而促进人的发展的，促进人的发展虽然是教育的终极目的，但不是教育的唯一目的。教育在传授知识的同时，也使人获得了谋生的本领，现代教育更是如此。古代的生产相对简单，但随着时代的发展，对劳动者的素质要求越来越高。马克思说过：“要改变一般的人的本性，使他获得一定劳动部门的技能和技巧，成为发达的和专门的劳动力，就要有一定的教育或训练。”因此，教育成为现代社会生产劳动力的必要条件。这就是说，在现代社会中，个体谋求某种社会职业必须要以接受相关的教育和训练为前提，而且对受教育程度的要求也越来越高。第一次工业（蒸汽机）革命要求劳动者具有小学文化程度；第二次工业（电气化）革命要求劳动者具有初中文化程度；第三次工业（电子）革命要求劳动者具有高中文化程度并受过职业化训练；现代的信息革命提出了高等教育大众化的要求，要求越来越多的人受过专门的高等教育训练，而且对教育程度要求的层次也在不断提高。

教育的个体谋生功能，是指通过教育，使学生获得一定的职业知识和技能，为其谋生创造条件。在性质上，这不同于教育的个体发展功能。教育的个体发展功能，着眼于主体人自身素质发展的需要，促进人身心和谐完善地发展，是成“人”的教育。教育的个体谋生功能，着眼于社会生产和职业生活对职业人的专门知识技能的要求，是成“才”的教育，是“人力”的教育。当然，教育的最终目的是成“人”，但成“才”是成“人”的必要环节，同时，成“人”必须通过成“才”表现出来。

教育的个体谋生功能，一方面可以通过个体社会化，将社会文化行为规范传递给新生一代，使他们获得未来社会生活或职业生活中相应的角色意识，以便他们在进入社会生活时能尽快适应新环境。另一方面教育要传授“何以为生”的本领。英国教育家斯宾塞曾经将“个人完满生活的准备”作为教育的目的，认为“为我们的生活做准备是教育应尽的职责”，这在个人本位教育家看来，虽然具有功利主义的色彩，但它确是现阶段社会的需要。因为现代社会还没有达到生产力高度发达和对产品各取所需的程度，劳动既是人的需要，更是人谋生的手段。教育，尤其是建立在普通教育基础上的职业技术教育、高等教育、成人教育，就是要造就和培养具有谋生本领的劳动者和建设者，成为推动社会生活发展进步的人力资源。个体谋生的需要，要求教育必须教人“学会生存”，在当代，这不仅是学校教育的任务，还是整个终身教育体系的职责。

二、教育的个体享用功能

教育的个体谋生功能指向外在社会的要求，个体把教育作为一种生存手段和工具。这只是教育功能的一方面，此外教育还具有个体享用功能。教育的个体享用功能，并非指为了达到外在目的而受教育，而是教育成为个体生活的需要，受教育过程是满足需要的过程，在满足需要过程中，求知欲得到实现，获得高层次的精神享受，并进而获得自由和幸福。教育不仅使个体在受教育的当下获得一种幸福的体验，而且还培养人高尚的情趣和感受幸福的能力，为享用终身创造条件。

从广义的教育来讲，人的成长必须接受教育。因为人有双重生命，从父母那里遗传的生命只是做人的物质基础，人要成为人，还要经历“第二次生成”，并且必须讲求“为人之道”，在自觉做人中才能成为人。教育教人“成为人”，是满足人的生命需要的最基本形式。因此，受教育对人来说，是生命中的最基本需要。

对学校教育而言，受教育过程是一个通过促进个体发展不断追求自由的过程。现实中个体的活动要受到种种客观因素的制约，自由的活动不是否定或消除这些因素，而是在遵循这些客观规律的基础上，反映人的主观意志。所以，自由的活动是“外在的必然性”和“自我提出的目的”的统一。一个人受教育越多，对外界必然性的认识就越深刻，就越能按照事物本身的规律体现自己的意志自由。教育通过知识的传授，教人“求真”“向善”“粹美”，促进人的知情意、德智体全面发展，从而造就一种自由人格，造就活动中的自由人。受过教育的人，是自由之人，也是幸福之人。幸福是完美人性的展示和表现，这种人性融智慧、情感、道德于一体，教育通过促进学习者人格的提升和完善，使他们体验到精神上的幸福。

教育固然教人以知识，但获得的知识有外在和内在的不同价值。知识的外在价值在于转化为一种力量（知识就是力量）或一种生产力，成为谋生的手段；知识的内在价值在于促进人的身心和谐发展，培养人的幸福能力，造就完满的自由人格，使人成为自由之人、幸福之人。所以，人生的享用是个体完满和谐发展的必然结果，教育的享用功能是教育个体发展功能的必然延伸。

第五节　教育对个体发展的负向功能

固然，教育对人的身心发展有着极大的促进作用，甚至可以说在人的发展中起主导作用。然而，这种作用的发挥是有条件的，并非所有的教育都能发挥正向的促进作用。正如《学会生存：教育世界的今天和明天》（*Learning to Be: The World of Education Today and Tomorrow*）所指出的，“教育既有培养创造精神的力量，也有压抑创造精神的力量”。甚至有的教育还在摧残儿童。我们时常从新闻媒体上看到，某老师让学生口含已经扔到厕所里的塑料袋；某老师强制学生用小刀刮自己的脸；某老师让全班学生轮流扇犯错误同学的耳光……太多太多的诸如此类的“教育惩罚”，显示着现实中的教育并非都是“善”的，它给儿童造成太多太深的心灵伤害和生命的摧残。

【拓展阅读】

标准化的语文教学

有一次，女儿的语文作业出了两次错误。这两次错误是这样的：题目要求，根据句子意思写成语。一个题是："思想一致，共同努力"，女儿填了"齐心协力"，老师判错。老师的标准答案是"同心协力"。另一个题目是："刻画描摹得非常逼真"，女儿填"栩栩如生"，老师又判错。老师的标准答案是"惟妙惟肖"。真可怕，不知什么时候开始，具有丰富词汇的中国语言，竟变得比数学还精确。这种情况在教学中可以说是随处可见。例如，"看图写话"。图上画的是：一个小朋友在金黄色的麦田里捉蝴蝶。老师的答案是"小朋友捉蝴蝶"，若有同学的答案是"庄稼丰收了"，老师就判错。语文教学中，全国数以万计的老师在教同一篇课文、一样的中心思想，这一思想，不是每个教师的思想，也不是每个学生的思想，而是编写教材的人的思想。语文教学变得如此僵化和教条，语言和文学的"神"怎么能存在呢！

资料来源：邹静之．女儿的作业［M］//孔庆东，等．审视中学语文教育——世纪末的尴尬．汕头：汕头大学出版社，1999：293－295.

在应试教育背景下，为了追求高分数，特别强调标准化教学。标准化的教学、考试如同温柔的陷阱，过于追求客观化、规范化而束缚了人的想象力和创造性，成为扼杀创新精神的最大凶手。难怪有人讽刺现存的中国教育，说学生进学校是个"问号"，出学校却成了"句号"。西方学者认为，中国学生可以很好地回答教师提出的问题，但自己却不会提问题，或提不出问题，这不能不说我们的教育不仅没有发展他们的思想和思维，反而使他们更加僵化了。这种标准化的做法不仅表现在考试中，而且表现在教育的诸方面，如同一的教育模式、同一的课程、教学和评价方式。这虽然可能有助于管理、有助于提高教学效率，却人为地压制了个性的发展。

现存教育由于某种异化而不利于学生的发展。第一，过重的学业负担、唯"智"是举的做法，使学生的压力越来越大，甚至到了不能忍受的边缘，严重摧残了学生的身心健康，造成了学生体质的普遍下降和心理问题的大量出现。第二，现存学校的管理模式只能教学生学会顺从，不利于学生主体性的发挥和创造性的培养。在现存的学校管理和班级管理中，大部分学校对学生进行刚性的规范管理，重视校长和教师的权威，运用各种规则、规范，告诉学生应该做什么、应该怎么做，而不管学生是否口服心服。更有甚者，采用体罚和变相体罚等简单、粗暴的方式对待学生。这样做只能使学生中规中矩，学生富有活力的生命在规范的框架中遭到压抑，限制了人的主体性的发展。第三，教育的功利性使教育丧失了对生命的关怀。现实的教育把生命工具化，受教育是为了获取某种外在的利益，而不是回应生命发展的需要。教育中感受到的不是幸福和欢乐，而是一种痛苦和恐惧。

现代教育所产生的上述负向功能属于轻度的负向功能，但这些负向功能如果不能及时得到控制，并采取有效的整改措施，就可能转化为重度的负向功能。教育对个体发展的负向功能，是教育系统内部各要素间关系失调所致。而克服教育对个体发展的负向功能，关键是进行教育内部改革。首先，要树立“以人为本”的教育理念。以人为本的教育，就是要把人看作是目的，而不是手段；把人看作是具体的、能动的生命体，尊重他们的人格，满足他们的需要，体验他们的喜怒哀乐。一言以蔽之，“以人为本”就是要把学生的需要当作第一需要，为学生的发展服务。其次，要改革不合理的教育制度，如整齐划一的管理制度、扭曲的考试制度等，尊重学生的差异，为学生的个性发展创造条件。再次，要纠正教育活动和过程中的失当行为，如教师素质不高、课程设置不合理、教学方法不当、师生关系不民主、压制学生的主体自由等。我们必须找准问题的焦点，有针对性地加以改正。

【拓展阅读】

我国应用“个性教育”取代“素质教育”概念

“什么是素质教育？我们一直感到十分困惑。推进素质教育是不是还要求教育的质量？教育的质量从何体现？”最近给中小学校长开讲座，一位校长说，素质教育搞了这么多年了，但他不清楚何为素质教育，很多中小学校长也有同感。

作为一个针对应试教育而提出的教育概念，素质教育遭遇这种困惑是自然的。首先，不少人将素质教育与应试教育对立，认为素质教育就是没有考试的教育。一些地方政府教育部门、学校在推进素质教育时，就提出小学低年级不要考试，要求初中、高中不公布学生的考试成绩，甚至高考也不公布成绩。其实，任何教育中，考试考核都是必要的反馈环节，教育者可以根据考核的结果，调整教学进度、教育方式，只是考试考核的方式不同、功能不同，我国教育的问题源自教、招、考一体化，考试成为教学的指挥棒。

其次，素质教育给人的感觉似乎指的是学科知识教育之外的其他教育，一提素质教育就想到文体教育、课余活动，因此，有很多学校担心推行素质教育会影响知识教育。文体教育、课余活动当然是素质教育的一部分，但知识教育也是素质教育，我国学校教育存在的问题是太强调知识教育而忽视其他教育，这需要平衡。然而，素质教育却往往以否定知识教育的面目出现。如此一来，在学校办学者看来，由于不提考试，素质教育就失去了测量的指标；由于素质教育挤占知识教育的空间，与知识教育或多或少形成对立，又与现行的升学考试制度极不适应，素质教育只能喊得轰轰烈烈，却没有多大市场，反而让办学者越来越困惑。在笔者看来，我国有必要对“素质教育”这个于1987年提出的概念进行修正，不再提“素质教育”，而提“个性教育”或者“多元化教育”。这样有利于办学者、教育者、学习者理解并推进教育工作的实施，避免出现困惑。

真正的素质教育，其实就是个性教育——针对每个学生个体，发展学生个性、兴趣的教育。简单来说就是因材施教。一个学生如果数学好，是人才，如果音乐好，也是人才。学校教育所要做的是给每个学生提供发展的空间，让他们做最好的自己。这完全不同于目前的教育，当前的教育是把所有学生都纳入一个管理模式进行评价，学科成绩好的是“人才”，某一方面突出的则成为“偏才”；学生与学生之间进行比较，分数高的是“优生”，分数不合格的则是“差生”，于是出现了“不输在起跑线”这样功利的口号，以及把学习者分化为“成功者”“失败者”的反教育结果。

个性化教育尊重学生的个性发展，关注的是学生个体的进步——学生跟自己比而不是与他人比，这样的教育就不存在所谓“素质”和“应试”的冲突，也不存在“素质”和“知识”的矛盾。围绕这样的教育，学校教育的模式就要转变，不是按规定要求学生上同样的课程，而是开设各种课程让学生自主选择，尤其随着年级的提高，供学生选择的课程空间就越大，国外学校的分层教育就是按照这一思路设计的，数学可以分为A、B、C，学生根据自己的数学能力自主选择，奥数也是针对发展学生兴趣而开设的；学校教育的评价系统和方式要转变，不是用少数几门主科的总成绩评价学生，而是给予学生个性化的评价，不对学生进行排名。按照我国目前的学校教育，第一名只有一个，但在个性化评价中，全班同学在某一方面的表现，都可以得到A。

针对个性教育，学校的教育质量主要体现在教育的特色和个性上，包括开设课程的多少、教师资源的利用、课堂教学方式。教师的教育贡献则体现在学生个体的变化中。在国外，政府奖励的教师主要集中在薄弱学校，这与我国采取“锦标主义思想”奖励名校教师的方法完全不同。从教育角度看，打动人心的教育故事，几乎全部集中在老师怎样发现学生的个性，并为学生的个性发展创造环境。

笔者曾经写过一篇文章，谈到一名中国“差生”的转变，该学生在国内中学读书时，由于学习成绩差，被公认为“差生”，她在同学面前抬不起头，自己也陷入绝望，而到了加拿大某中学，该生在很短时间内，情况完全发生转变。

她发现，学校老师从不会轻易否定她的想法，另外，在这所中学，学生可以自主选择自己感兴趣的课程，没有主副科之说。于是喜欢美术的她，选择了多门美术课，十一年级（高二上学期）时她回国，告诉我她准备报考著名的罗德岛设计学院，而前不久她已经获得这所学院的录取通知书。有意思的是，芝加哥大学也有意向录取她，她父母告诉她，芝加哥大学在中国国内更有名气，她却说，罗德岛设计学院的艺术学科排在第一（《美国新闻和世界报道》评选罗德岛设计学院为美国排名第一的艺术学院，其艺术和设计研究生项目的排名已超过了耶鲁大学和芝加哥艺术学院），她才不管学校的名气呢！个性教育关注的是学生的个性发展，这种教育更注重教育的本质——让每个人生活得更美好。这一概念显然比素质教育更清晰，需要的是给学生营造个性发展的空间，向学生提供多元化教育选择。我国的教育改革也应朝这方面努力，即落实学校的办学自主权，打破单一的评价体系，让每所学校办出个性和特色。

资料来源：熊丙奇. 我国应用“个性教育”取代“素质教育”概念［EB/OL］.（2013－01－18）. http：//blog. sina. com. cn/bqxiong.（引用时稍有改动）

《本章小结》

教育的核心目标是促进人的发展，教育研究的一个永恒的主题就是研究教育如何才能更好地促进人的发展。固然，教育对人的身心发展有着极大的促进作用，甚至可以说在人的发展中起主导作用。然而，这种作用的发挥是有条件的，并非所有的教育都能发挥正向的促进作用。所以教育无论是促进个体个性化，还是促进个体社会化，都应遵循个体身心发展的规律，不能割裂两者之间的关系，而是要求两者统一，平衡两者的关系，从而提高人的生活品质。

【思考与练习】

1. 分析案例并思考问题：

前有“虎妈”，后有“狼爸”，在这个崇尚望子成龙的国度，家庭教育的方式方法总能引起大家的关注。“虎妈”“狼爸”“猫爸”“羊爸”等相继登场，更让家庭教育变得扑朔迷离。家庭教育究竟该当如何，“棍棒教育”值得效仿吗？什么样的教育方式才能让孩子成才呢？

怪兽家长大盘点

（1）虎妈

虎妈，原名蔡美儿，因出版了一本名叫《虎妈战歌》的书在美国引起轰动。该书介绍了她如何以中国式教育方法管教两个女儿，包括为两个女儿制定十大家规，“采用咒骂、威胁、贿赂、利诱等种种高压手段，要求孩子沿着父母为其选择的道路努力”。虎妈的教育方法轰动了美国教育界，引起了关于中美教育方法的大讨论。

在蔡美儿的著作《虎妈战歌》中，被她骂成垃圾，也不准看电视或有玩伴的长女索菲亚（中文名蔡思慧），即将成为常春藤盟校的学生。

蔡美儿在她的博客中表示，17 岁的蔡思慧已被哈佛大学和耶鲁大学录取，索菲亚已决定上哈佛大学。她在写给《波士顿前锋报》的电子邮件中说：“我不能居功。我不觉得我的教养方式与她被录取有关。我觉得这百分之百是索菲亚自己努力的结果。”

虎妈十大家规：

①不准在外过夜；

②不准参加玩伴聚会；

③不准参加校园演出；

④不准抱怨不能参加校园演出；

⑤不准看电视或玩电脑游戏；

⑥不准擅自选择自己喜欢的课外活动；

⑦不准任何一门功课的学习成绩低于“A”；

⑧不准在除体育与话剧外的其他科目拿不到第一；

⑨不准练习钢琴及小提琴以外的乐器；

⑩不准在某一天没有练习钢琴或小提琴。

（2）狼爸

狼爸名为萧百佑，因其“三天一顿打，孩子进北大”的口号而被称为“中国狼爸”。

在“打”的教育方式下，狼爸儿子萧尧、女儿萧君同时考上北大。2011 年，老三萧箫也被北大录取，创造了“一门三北大”的奇迹。萧百佑出版《所以，北大兄妹》一书介绍自己的教育经验，“中国狼爸”再次掀起对中国传统教育模式的讨论。

萧氏七条“打法”：

①12 岁以后不再挨打，因为性格、习惯已定型；

②只用藤条或鸡毛掸，伤皮肉不伤筋骨；

③只打手和小腿，身体其他部位不打；

④打前先训话，讲明错误之处再打；

⑤一个孩子犯错，其他孩子必须站在一旁听从教诲，看着兄弟姐妹挨打；

⑥打之前告诉孩子这次要打几下，让孩子自己数，不多打不少打，数错一

下罚十下；

⑦孩子必须主动伸手挨打，不能缩手躲避，不能喊疼，缩手一下多打一下，喊疼打得更重。

（3）猫爸

“猫爸”是上海人，名叫常智韬。他认为教育也可以很温柔，踩着轻松的步子和孩子跳一支圆舞曲，就像猫一样。他女儿常帅坚持跳舞12年，经常因演出而翘课，却能在上海七宝中学年年获得奖学金，去年常帅被哈佛大学录取了。

“我女儿很反对我接受采访，因为她觉得进哈佛的每一个学生都很优秀，没必要宣传她。”常智韬说，他觉得女儿现在也只是取得了一个阶段性的成果，并没有太多值得夸耀的，所以更希望和家长分享一下在孩子成长过程中自己的心路历程。

常智韬给家长的建议是：每个孩子都有自己的特点，认真地发现孩子的特点，用心思考如何让这些特点充分发挥。他开玩笑说，如果“虎妈”早点意识到小女儿露露真正喜欢的是网球，说不定露露以后就可以和李娜对打了。

（4）羊爸

南京师范大学附属中学2012年北大清华推荐生名单昨天正式出炉：经过2011年11月11日的公开面试和专家组评定，高三（15）班的朱妮成为北大推荐生；高三（16）班的时羽剑成为清华推荐生。昨天，一同接受采访的不仅有小才子和小才女，还有他们的父亲。让记者感到意外的是，这两位爸爸在孩子的教育问题上都像绵羊一样“温柔”：朱爸爸管女儿叫老师，时爸爸把儿子当“兄弟”。总之一句话：大人和孩子之间的关系非常平等和睦。

当现代教育遭遇“棍棒教育”

每一个家庭都有一个望子成龙的梦，每一位父母，都希望自己的孩子能够成才。然而，究竟什么样的家庭教育才能帮助孩子实现这样的目标？在越来越提倡赏识教育的今天，“虎妈”“狼爸”的横空出世，再次将“棍棒教育”摆在面前。当现代教育遭遇“棍棒教育”，我们该何去何从？

是什么原因促使“棍棒教育”再次响起呼声？用高压、严厉、近乎残酷的教育方式来促使孩子成才，这样的做法真的对吗？孩子考进了名校，就一定是成功吗？

“棍棒教育”在网上引来了诸多评论，其中持批评态度的占了多数。业界教育专家表示，“狼爸”和“虎妈”的做法如出一辙，是对孩子一种强悍的管制，如果说按他们书中所写的方法来管孩子就能成功，那么真是简单，天下父母都可以是“成功父母”了。

教育的成功并不仅仅意味着孩子考上名校，同时“猫爸”和“羊爸”的事例也告诉我们不用“棍棒教育”孩子一样能考上名校！教育的核心在于培养孩子健全的人格、良好的品德和自我的能力。“虎妈”和“狼爸”作为个别的案例，不具有代表性，也没有仿效提倡的价值。他们的教育方式无法复制也不应当复制。

动物凶猛只为孩子出人头地

在孩子的教育问题上，各种派别的家长层出不穷。家庭、学校作为孩子成长的环境，家庭教育和学校教育应相互配合、缺一不可。虽然我们有悠久的家庭教育传统，有“孟母三迁”和“岳母刺字”的典范，但当今的家庭教育仍然存在严重的问题。

父母试图寻找能够一试百应的教育方法，而“虎妈”“狼爸”的出现给家长们提供了一种参考。无论“虎妈”“狼爸”的例子能否复制，但客观上确实引发了我们对家庭教育的反思。应该用严苛的教育培养孩子的自律，还是应该通过肯定培养他们的自信？应该让孩子拥有快乐的童年，还是教育他们从小习惯竞争，从而成人之后获得更高的成就？困惑中的家长们只是在寻找一条出路，无论通过怎样的方式，目的总是一致：让孩子出人头地。

微言博语

刚才看了关于“狼爸”的报道，很多人反对他的教育方式，但是谁也找不到他失败的地方！他的教育方式在他四个孩子身上都成功了！这怎么说呢？

——网友懵懂 love 纶

对现行的教育体制，我们无能为力，我们能做的就是尽力做个理智的父母，不为各种流行的教子经验所动，例如当下“虎妈”“狼爸”“鹰爸”的成功经验，以后类似的名人及其经验也会层出不穷，父母之道最重要的是陪伴孩子、尊重孩子、理解孩子。

——网友红瑚 ECNUP

教育子女，要宽严有度，我成不了“狼爸”，也没有“虎妈”的天分，更没有“狼爸”的恒心，我就做一个普通的父亲，让自己的孩子有一个美好的童年，有一个健全的人格，有对未来生活展望的心胸，足矣！

——网友 wyzg1010

“狼爸”和“虎妈”的儿女教育，那似乎是人工“栽培”，很像盆景，虽然漂亮但绝对比不上自然生长的美，也像做过美容手术的脸总给人“假”的感觉！另外，完全按照自己的设想来规划和实现孩子的未来，对孩子来说也是不公平的。我坚信在“天然”环境中成长的女儿将来一定会成为一个对社会有用的人！

——网友 zmghl

中国教育需要培养出的是林书豪这样的“人才”。而不是像“狼爸”那种方法培养出的“人才”，它不符合中国未来的需要。

——网友 Nian

“狼爸”和他的孩子！网上不少人棒打“狼爸”，引加拿大朱凡博士的话“这些人肯定没有看过‘狼爸’的书，理解有问题。哪位不是‘打在儿身，疼在娘心’啊！我们要看狼爸‘打’的本质、心态、方法……”我想这些是很多人都没有想到的。

——网友老胡胡说

资料来源：前有“虎妈”后有“狼爸”　家庭教育该当如何［N］. 成都晚报，2012－03－08.

（1）“虎妈狼爸”式的教育为什么会引起争议?

（2）你是怎么看待不同教育方式对人的身心发展产生的影响?

（3）教育孩子有固定的教育模式吗？你是如何看待孔子提出的因材施教?

2. 分析下列一组教育实例，找出影响人发展的基本因素，试谈谈你对影响人发展的基本因素的看法。

（1）我国明代文人夏完淳 5 岁知“五经”，7 岁善诗词，15 岁从军，17 岁殉国；德国化学家卡尔威特 8 岁已能运用六国语言，并通晓数理化学科，9 岁考入莱比锡大学，14 岁获得博士学位。

（2）21 世纪的第一个中秋，中国黄土地上崛起的第一个博士家庭引发的“素质教育”热，在北方热议不减，各大城市纷纷邀请培养出 4 个博士儿女的金春明、李振霞夫妇作报告。

金家六口，父母亲都是中央党校的教授；大女儿是世界十大医学院中排名第二的美国约翰·霍普金斯大学医学院的基因工程进站博士后；二儿子是著名的麻省理工学院的博士后，受聘于国际石油巨舰雪佛龙公司，是该公司国际部的专家；老三、老四是孪生兄弟，老三是剑桥大学医学院的博士后，是世界著名防治艾滋病专家、鸡尾酒疗法发明者何大一教授的主要助手；老四毕业于清华大学，在中国航空研究所攻读硕士、博士，现供职于美国匹兹堡卡耐基梅隆大学物理系。

【拓展阅读】

生命教育

生命教育最初起源于20世纪初在西方社会中兴起的死亡学，这种理论学说最终发展成为死亡教育和生死教育。随后，在20世纪60年代的美国社会，教育领域中逐渐形成了批判伤害生命、危害生命等问题的教育思潮，生命教育理念开始在西方社会中发展起来。杰·唐纳·华特士在1968年首次提出了生命教育思想，提倡教育要保护生命、维护生命，促进学生生命健康和发展。从20世纪90年代开始逐渐兴起了生命教育的研究思潮。在中国的台湾地区，20世纪90年代台湾青少年集体中的吸毒、自杀、自残等现象凸显。这些现象引起了人们对青少年学生的生命问题的关注，也推动了生命教育理念在中国台湾的兴起。中国大陆地区在21世纪以来也逐渐形成了生命教育的理论思潮和实践变革。2004年，辽宁省启动了中小学生生命教育工程，同时还制定了《中小学生命教育专项工作方案》，该方案强调学校要建构以生命关怀为核心的教育理念，使学校教育关怀生命、呵护生命，促进学生生命的健康成长；2004年，上海出台了《上海市中小学生命教育指导纲要》，指出生命教育要面向所有学生的身心和谐发展，为学生的终身幸福奠定基础；2005年，湖南省颁布了《湖南省中小学生命与健康教育指导纲要》；2008年，云南省开展了以生命教育为主要内容的“三生教育”，即生命、生存和生活的教育。这一系列的学校改革纲要和教育实践无疑都在告诉我们，生命教育的基本理念已经逐渐深入人心，并且在实践领域中发挥出了积极的教育作用。

资料来源：冯建军．教育基本理论研究20年（1990—2010）［M］．福州：福建教育出版社，2012.

第四章　教育与社会

【学习要点】

1. 掌握教育功能的概念；
2. 理解教育与生产力、政治的关系；
3. 了解教育与文化以及教育与人口的关系。

【案例导入】

人才投资带来的“核能裂变”

一、知识与效益

联合国教科文组织和世界银行研究表明，发展中国家与发达国家的差距实际上是“知识差距”。在知识经济条件下，劳动力的国际竞争力不再以廉价为主要的优势，而在很大程度上取决于其科学文化素质的高低。劳动力科学文化素质的形成有赖于人力资本投资，人力资源转化为人才资源，更离不开人才资本的投资。发展中国家与发达国家的“知识差距”，其实质就是人才资本投资的差距。这是因为，对劳动力的基础人力资本投资的收益，与对人才资本投资所获得的收益相比，完全不在一个数量级上。

据美国著名经济学家、诺贝尔经济学奖获得者、人力资本理论创始人舒尔茨教授测算，一个小学毕业生可以提高劳动生产率43%，中学毕业生提高108%，大学毕业生提高300%。由此可以推算，投资大学教育增加的劳动生产率，是投资小学教育提高的劳动生产率的6.7倍。可见，对人发展到高级阶段的投资所获得的效益，大大高于初级阶段的投资效益。

中国科学院《2002中国可持续发展战略报告》认为，当时中国在人才的体能、技能、智能上的投入比为1∶3∶9，而收益比却为1∶10∶100。由此可以直接推算得到，智能投入的效益是体能投入效益的11.1倍。

上述理论研究的结论充分说明，人才投资是比基础人力资本投资效益更大的投资，人才投资是效益最大的投资。

“人才投资效益最大”在实践中已被无数先例证明——投资人才资本比投资资源资本、产业资本能获得更大的经济收益和社会效益。美国钢铁大王卡内基世家靠投资产业资本成为百万富翁，用了近百年；美国石油大王洛克菲勒家族靠投资资源资本成为千万富翁，用了50年；而电脑奇才比尔·盖茨靠投资人才资本成为百亿富翁，只用了十几年。当李嘉诚被记者问到为何几十年的成功积累还不如比尔·盖茨的几年“暴富”时，他在感慨“后生可畏”的同时，承认比尔·盖茨掌握了投资人才资本的先机，成功运作了依附于创新型人才身上的创新资本。创新资本可以让一个“新品”在一夜之间战胜一个畅销几十年的“名品”，这就是投资人才资本的巨大效益。

二、投资与裂变

如果说成才时段的人力资本投资是人的发展的一级助推器，那么创新时段的人才资本投资就是人的发展的二级助推器，创业时段的人才资本投资就是人的发展的三级助推器。

对于投资主体而言，成才时段的人力资本投资是国家和社会的“普惠性”投资，着眼于推进全体国民的科学文化素质的提高；创新时段的人才创新投资是国家和社会组织（企事业单位）的“特惠性”投资，着眼于创新型国家的建设，着眼于推进知识创新，丰富人类的科学宝库，为创业时段提供研究成果；而创业时段的人才创业投资就是国家和社会组织（以企业为主体）的“资本性”投资，着眼于创新型社会的建设，着眼于推进科技成果的转化，期待着人才资本的增值以获得更大的回报。

对于人才而言，成才时段的人力资本投资是基础性的，勤奋求知的人在基础性的人力资本投资的助推下能够顺利成才；创新时段的人才创新投资是必要性的，人才依赖必要的课题经费支撑以满足研究所需的条件，从而“激发”人才的创新精神，顺利开展创新性探索，获得研究成果；而创业时段的人才创业投资则是具有风险性的，人才所取得的科研成果要转化为具有经济价值的产品，必须经过产业化阶段，必须借助金融资本的注入和物质资本的投资。而社会金融资本和物质资本的有限性以及创业投资的“资本性”，决定了人才创业投资的风险性。为此，期冀独具慧眼的创业投资主体承担投资的风险，“激活”人才的创业动力，支持人才将其创业梦想转化为成功的现实，带来“核能裂变”。

在美国独立之初，为抑制美国的工业发展，英国禁止向美国出售生产设备，也不准技术人才向美国移民。1790年，英国建筑师和机械工程师、纺织业的先驱人物塞缪尔·斯莱特在两位美国富商的资助下，以“农民”的身份来到美国，实现创业梦想。他的到来，使美国拥有了第一个具有先进技术的纺织厂，开启了美国的工业革命。

2000年，在澳大利亚新南威尔士大学物理系留学12年的施正荣，看准国内新能源市场刚刚兴起、技术有待开发的潜力，踏上了归国创业之路。正苦于筹措创业资金无门之际，在一次演讲中，施正荣所介绍的太阳能技术被无锡市风险投资公司投资部经理张维国看中了。最终，在张维国的支持下，无锡八家国企投资进入，施正荣于2001年9月成立无锡尚德太阳能电力有限公司，开始创业。国内宽容的创业环境和充足的人才创业投资“激活”了施正荣的创业热情，仅仅5年之后的2006年12月，尚德电力年产能力达到300兆瓦，跻身全球光伏电池制造企业前三强。施正荣在《福布斯》杂志“全球富豪榜”上以22亿美元排名第350位，成为中国新的首富。尚德的崛起也同时带动了中国光伏业的崛起，2005年七家光伏企业赴美上市，总市值达100亿美元。中国也一跃成为光伏产业的最大生产国。

“人才投资是效益最大、收效最快的投资”“人才投资是人才创新创业的助推器”等科学人才观念，应该转化为各级党政负责人及人才工作者“人才投资优先保证”的实际行动。人才投资优先保证在确立人才优先发展的战略布局中具有举足轻重的作用，是人才优先发展的长远导向。由于人才投资效应的滞后性，作为一届政府来说，“人才投资优先保证”可能在本届政府履职期间“看不到”政绩，但对于本地区经济社会的长远发展来说，则是功在千秋、泽被万代的功利事业，体现了以人才发展支撑经济社会发展的科学发展观。

资料来源：桂乐政，桂昭明．人才投资带来的“核能裂变”［N］．光明日报，2012－07－04.

思考：1. 教育如何通过人才培养发挥教育功能?

2. 请结合材料，从教育学的角度分析“人才投资效益最大”。

教育作为重要的社会活动，与社会和人的发展有着千丝万缕的关系，其中教育所承担的功能是探讨教育与社会、人的关系的重要视角。功能是指有特定结构的事物或系统在内部或外部的联系中所表现出来的作用和影响，是事物的客观属性，不以人的意志为转移，因此教育功能有着自然性、实然性和客观性的特点。功能往往是事物间的相互影响，一方面指的是特定结构决定了该事物或系统对事物内部所起的作用和影响；另一方面指的是该事物或系统对外部其他事物或系统所起的作用或影响。教育的质的规定性是培养人的社会活动，因此教育既是相对独立的系统，又是复杂开放的系统，教育功能指的是教育活动及其教育系统对个体发展和社会发展所产生的各种影响和作用。这些作用或影响按不同的维度分类，形成了不同类型的教育功能。

按教育功能发生作用的对象来分，教育功能可分为个体功能和社会功能。教育个体功能指的是教育对个体发展的影响和作用，主要由教育的内部结构特征所决定，是教育的本体功能；教育的社会功能指的是教育对整个社会发展所起的影响和作用，主要包括教育的人口功能、经济功能、政治功能、文化功能等，教育主要通过人的培养来达成对其他社会子系统发展的影响，因此教育的社会功能是教育的派生功能。

按教育作用的性质来划分，教育功能可分为正向功能和负向功能。教育的正向功能指的是教育对社会发展和人的发展起着积极的推动作用，比如教育所发挥的育人功能、政治功能、经济功能等；教育的负向功能主要指的是教育对社会发展和人的发展起着消极的阻碍作用，比如不同历史时期，教育与人口发展、政治经济发展不相适应，教育系统结构不合理导致教育在个体发展和社会发展中起着一定程度的阻碍作用。

按教育功能呈现的形式来分，教育功能可分为显性功能和隐性功能。教育的显性功能主要指的是教育活动的结果符合教育目的的要求，对人的发展和社会发展起着明显的推动作用，这是由教育活动的目的性、系统性和针对性所决定的；教育的隐性功能指的是伴随显性功能而出现的非预期的教育功能。教育的显性功能与隐性功能可以互相转化。

社会是个大系统，教育与社会生产力、政治、文化、人口等各种子系统共同构成完整的社会结构，各系统之间存在着千丝万缕的复杂的相互作用，其中教育主要通过培养人和发展创新科学文化知识来影响社会生产力、政治、文化、人口的存在和发展，表现为一定的政治功能、经济功能、文化功能和人口功能，同时教育也具有自身的相对独立性。

第一节　教育与生产力

生产力是人类社会生存和发展的基础，深刻地影响着人类的社会生活，是影响教育发展的决定性因素。

一、生产力对教育的制约作用

生产力的发展为教育提供了物质条件，同时也对教育提出了一定的要求，生产力对教育起着一定的制约作用。

（一）生产力的发展水平制约教育目的的确定

教育的根本任务是促进人自身的发展以及培养社会所需要的人。教育所培养的人的规格和标准需要与一定的社会发展水平相适应，即教育目的受着社会生产力发展水平以及建立在生产关系基础上的政治因素的制约。在古代社会，由于生产力发展水平低下，学校教育培养的主要是统治阶层和知识分子，并不担负培养劳动力的任务，学校教育的政治功能凸显，教育内容主要是中国的“六艺”和西方的“七艺”，侧重治人之术，教育目的体现出鲜明的政治性。但是到了近代社会，随着机器大工业的出现，新的生产形式对劳动者提出了新的要求，即劳动者必须掌握一定的知识和技能，近代社会以后学校教育目的因此发生了重大的变化，学校教育与生产劳动的联系越来越紧密，学校教育的任务不再仅仅是培养政治所需要的人才，还担任起了培养掌握一定技术技能的生产劳动者的任务。

（二）生产力发展水平制约课程设置和教学内容的选择

学校的课程与教学内容除了受一定社会统治阶层思想意识形态的影响，还要受一定社会经济发展状况的影响。在古代社会，社会生产力水平较低、经济发展缓慢的情况下，教育内容主要由旨在统治和教化民众的思想政治伦理道德以及简单的生产劳动经验构成；教育对象主要是统治阶层的子弟，采取个别教学的方式，而普通民众的教育则更多采取口耳相传的方式。随着经济的发展、科学技术的进步，学校的教育内容以及教育手段方式和组织形式也发生了极大的变革，学校教育的课程体系不断发生变化，表现在课程内容跟随科技发展不断更新、课程门类不断增减、课程结构不断变化。比如 14 世纪以前，学校教育中自然科学的课程，一般只有算术、几何、天文等学科；到了 14 世纪至 16 世纪，学科中增加了地理和力学；17 世纪以后，又增加了代数、三角、物理、化学、动物学和植物学等学科。现代科学技术的发展，原子物理、电子计算机、遗传工程、控制论、信息论等许多新兴学科，都逐渐纳入了学校的教学内容。

（三）经济发展水平决定着教育规模和速度

经济发展水平与教育的规模和发展速度密切相关。经济的发展水平直接影响着教育所培养人才的种类和标准、数量和质量，制约着教育普及的程度和类型层次的丰富性。从国际上看，不同经济发展水平的国家，其文盲率、入学率、教育普及年限和高等教育普及的程度均有差距。从人类社会生产力发展历程来看，教育也走过了从快到慢、从少数人的教育到多数人的教育并不断延长国民所能接受教育的年限到实施高等教育大众化的发展历程；从一个国家来看，经济发展速度快的区域，相应的教育发展速度也快，对教育所培养的各级各类人才的需求增长也快。

我国改革开放后，社会经济的快速发展也对各级各类教育提出了要求。《国家中长期教育改革和发展规划纲要（2010—2020 年）》提出我国教育改革和发展的战略目标是“到 2020 年，基本实现教育现代化，基本形成学习型社会，进入人力资源强国行列。实现更高水平的普及教育。基本普及学前教育；巩固提高九年义务教育水平；普及高中阶段教育，毛入学率达到90%；高等教育大众化水平进一步提高，毛入学率达到40%；扫除青壮年文盲。新增劳动力平均受教育年限从12.4年提高到13.5年；主要劳动年龄人口平均受教育年限从9.5年提高到11.2年，其中接受高等教育的比例达到20%，具有高等教育文化程度的人数比2009年翻一番”。

办教育需要一定的人力、物力和财力的投入，与一定的经济发展水平直接相关。一定的经济发展水平往往决定教育发展的水平。教育投入是支撑教育事业发展的物质基础，是教育长远发展的基础性、战略性投资。我国拥有全世界最为庞大的教育系统，维持其运转和发展需要大量教育经费。教育的质量、规模的保持和发展，都必须有充足的经费作为支持，才能确保其正常的运行和必要的发展。过去，我国的教育投入严重不足，国家财政性教育经费支出占GDP比重很低，教育经费供给的不足一直制约着我国教育发展规模的扩大和质量的提高。近年来，随着我国政府财力的增强，财政性教育投入逐年增加，我国教育经费的供给得到了较大幅度的提高，教育经费紧张状况得到了一定程度的缓解。

（四）生产力发展制约教育结构

经济发展引起产业结构、行业结构、技术结构、消费和分配结构的变革，各级各类的教育结构也随之发生变化。教育结构指的是构成教育总体系的各个部分的比例关系及其结合方式。

一是教育的纵向结构即级别结构、程度结构，主要有初等教育、中等教育、高等教育、研究生教育等级别，与国民经济的技术结构有密切联系。

二是教育的横向结构即类型结构、专业结构，比如教育主要有普通教育与职业教育两大类型；中等教育有普通中学教育与中等职业技术教育；高等教育有文、理、工、农、林、医等类型；每一类教育中，又细分为许多具体专业。国民经济的产业结构和劳动力结构与教育的横向结构有着密切的关系。

三是教育的形式结构，即按办学形式划分的各种形式的教育在全部教育中的比例关系，如全日制、半日制和业余教育等办学形式之间的比例关系，国家办、地方办、民办学校之间的比例关系。教育形式结构与国民经济的消费和分配结构及生产资料所有制结构有密切关系。

四是教育的布局结构，即各级各类学校在地区分布上的构成状态。教育布局结构与国民经济的地区布局结构及教育在各地区布局的历史沿革和经济文化发展状况有密切联系。

五是教育的管理体制结构，指教育管理机构的设置、隶属关系、管理权限等的构成状态及作用方式。教育管理体制结构是国家政体结构的一个组成部分，主要受国家政治制度、政体形式和经济体制的制约。

从国外的发展情况看，不同时期，普通教育与职业教育两者的结构比例大致有三种情况：第一种是在中等教育尚未普及、经济还不发展的情况下，普通教育所占的比例大于职业技术教育；第二种是中等教育接近于普及、高等教育还没有达到高度发达、经济发展较快的阶段，职业技术教育则呈上升趋势；第三种是中等教育普及、高等教育已达到大众化时，职业教育比普通教育所占比例小，二者相互渗透、逐步向综合化、多样化方向发展。我国目前的情况，经济发达地区基本处于第二种情况，经济相对落后地区在由第一种情况逐步向第二种情况过渡。从总体情况看职业技术教育的比例呈上升趋势。

（五）生产力发展制约学校教学内容和教学方法及组织形式

生产力的发展影响着科学技术的发展，也推动着学校教育教学活动发生相应的变革。新型的科学技术既推动了学校教育内容的更新，也为教学方法和教学组织形式发展变革提供了新的条件。古代社会生产力水平低下，教育主要为统治阶层培养人才，因此主要采取个别授课的方式，教学内容主要是治人之术。到了近代社会以后，四次科技革命极大地推动了学校教育从内容到组织形式的变革，催生了现代学校教育体系。机器大工业生产将手工技艺、个人经验、作坊里的行业秘密变成了各种工艺科学，有了独立广泛地进行教学的可能性，学校教育与生产劳动的联系越来越紧密，学校教育的任务不再仅仅是培养政治上所需要的人才，还担任起了培养掌握一定技术技能的生产劳动者的任务，学校教育不再为少数剥削阶级所垄断，逐渐走向大众化。从教学组织形式上来看，班级授课制逐渐取代了个别教学，成为普遍采用的教学形式，有效地提高了教育效率。

19 世纪下半叶开始，随着教学设备的技术改进，照相机、幻灯机、收音机、录音机、投影仪、电脑等相继进入教学领域，教学方法、手段越来越现代化，同时慕课、微课等新的教学组织形式也推动着传统课堂组织形式的变革。但是教育媒体的嬗变、教学技术手段的改进是否必然会引起“学习的革命”呢？在过去 50 年中，国外学者进行了上百个媒体比较研究后发现，当图解、练习、举例等教学方法保持不变，通过录像和计算机等不同媒体进行教学以比较不同媒体的效果时，都得出同一个结论：学生的学习结果并不因媒体的不同而表现出明显的区别；只有当教学方法改变时，学习结果才会产生明显的差异。

二、教育的经济功能

教育的经济功能是指教育对一定社会的经济发展所起的作用。从历史上看，教育的功能经历了政治功能占主导到经济功能占主导的转变。古代社会的生产力发展水平较低，学校教育为统治阶层所垄断，主要是培养政治人才，因此教育突出的是政治功能，经济功能不明显。近代以后，由于科学技术在生产劳动中的比重不断加大，生产和经济的发展越来越依靠劳动力素质的提高，此时，教育对经济发展的作用才逐步明显，逐渐承担起培养劳动力的任务，教育的经济功能开始占主导。“经济要发展，教育须先行”这一口号直观地体现了经济发展与教育发展的关系。早在 20 世纪 60 年代联合国教科文组织的著名报告《学会生存：教育世界的今天和明天》一书中就描述了教育发展的趋势，提出“教育先行”的现象已经成为世界教育发展的一大特征。“多少世纪以来，特别在发动产业革命的欧洲国家，教育的发展一般是在经济发展之后产生的。现在，教育在全世界的发展正倾向于先于经济的发展，这在人类历史上大概还是第一次。”① 20 世纪五六十年代，人力资本理论的提出为“教育先行”提供了坚实的理论基础，即现代社会经济发展的模式从以往依靠物质、资金的物力增长模式转变为了依靠人力和知识资本增长的模式，人力资本被认为是一种投资收益率高于物质资本的形式，增加人力资本投资，比如教育、保健等，有助于提高人的生产能力、管理能力、岗位流动能力，有助于提高劳动生产力，推动经济的发展。因此可以说人力资本是经济增长的关键，而教育是形成人力资本的重要因素。

（一）教育通过劳动力的培养推动社会的经济发展

劳动生产率是指劳动者的生产效果或能力，劳动生产率的提高是生产发展和经济增长的决定条件。随着科学的发展和应用，提高劳动生产率越来越依靠劳动者的教育水平和科学技术的应用状况，其中劳动者对生产工具的创造和使用、对生产原理的理解和掌握以及自身的劳动熟练程度和文化素养水平直接影响着劳动生产率的提升。现代的劳动者不仅需要掌握科学技术知识，具备一定的劳动能力，也需要具备一定的文化素养和创新精神，是多维度立体的劳动者。教育通过培养各领域内各级各类的人才以及大量劳动力推动一定社会的经济发展，主要表现为以下两个方面：

---

① 联合国教科文组织国际教育发展委员会. 学会生存：教育世界的今天和明天［M］. 北京：教育科学出版社，1996：35.

1. 教育提升普通国民的素质，培养潜在的劳动力

劳动力的数量和质量是经济发展的重要条件。教育主要从数量和质量上培养潜在的劳动力。潜在的劳动力指的是尚不具备特定的劳动知识和劳动技能的人。比如基础教育主要侧重提升人的科学文化水平和基本素质，掌握一般的普通文化知识和基本技能，但因为还没有掌握专门的劳动知识和形成专门的劳动能力，所以主要是作为劳动后备力量进行培养。有研究表明，受过初等教育的工人可以将生产率提高30%，受过完全中等教育的工人在技术创造上的积极性，比没有受相同教育但工龄相同的人多4~5倍。美国经济学家桑德伯格对经济增长和教育的关系进行了跨国的动态比较，他以各国1980年的成人识字率表示人力资本的存量，然后动态比较了1913年和1970年人均国民收入的变化。研究结果是识字率水平提高快的国家，经济发展速度就可能快；相反，识字率水平低的国家，尽管有的起初收入水平很高，但经济发展的速度可能较慢。世界银行研究也表明，劳动力受教育平均年限每增长一年，国民生产总值就可增加9%。因此各个国家都很重视各级各类国民教育，保证国民的基本素质的提升。

为此，2010年我国《国家中长期教育改革和发展规划纲要（2010—2020年)》提出的战略目标是“到2020年，基本实现教育现代化，基本形成学习型社会，进入人力资源强国行列。实现更高水平的普及教育。基本普及学前教育；巩固提高九年义务教育水平；普及高中阶段教育，毛入学率达到90%；高等教育大众化水平进一步提高，毛入学率达到40%；扫除青壮年文盲。新增劳动力平均受教育年限从12.4年提高到13.5年；主要劳动年龄人口平均受教育年限从9.5年提高到11.2年，其中受过高等教育的比例达到20%，具有高等教育文化程度的人数比2009年翻一番”。具体见下图所示。

表4-1　教育事业发展的主要目标

指标		2009年	2015年	2020年
学前教育	幼儿在园人数（万人）	2 658	3 400	4 000
	学前一年毛入园率（%）	74.0	85.0	95.0
	学前两年毛入园率（%）	65.0	70.0	80.0
	学前三年毛入园率（%）	50.9	60.0	70.0
九年义务教育	在校生（万人）	15 722	16 100	16 500
	巩固率（%）	90.8	93.0	95.0

（续上表）

指标		2009 年	2015 年	2020 年
高中阶段教育*	在校生（万人）	4 624	4 500	4 700
	毛入学率（%）	79.2	87.0	90.0
职业教育	中等职业教育在校生（万人）	2 179	2 250	2 350
	高等职业教育在校生（万人）	1 280	1 390	1 480
高等教育**	在学总规模（万人）	2 979	3 350	3 550
	在校生（万人）	2 826	3 080	3 300
	其中：研究生（万人）	140	170	200
	毛入学率（%）	24.2	36.0	40.0
继续教育	从业人员继续教育（万人次）	16 600	29 000	35 000

注：*含中等职业教育学生数；**含高等职业教育学生数。

资料来源：新华社. 国家中长期教育改革和发展规划纲要：2010—2020 年［Z］. 2010-07-29.

表 4-2　人力资源开发的主要目标

指标	2009 年	2015 年	2020 年
具有高等教育文化程度的人数（万人）	9 830	14 500	19 500
主要劳动年龄人口平均受教育年限（年） 其中：受过高等教育的比例（%）	9.5 9.9	10.5 15.0	11.2 20.0
新增劳动力平均受教育年限（年） 其中：受过高中阶段及以上教育的比例（%）	12.4 67.0	13.3 87.0	13.5 90.0

资料来源：新华社. 国家中长期教育改革和发展规划纲要：2010—2020 年［Z］. 2010-07-29.

2. 专业教育和职业教育提升劳动能力，培养专门的劳动力

"从理论上讲，专门化的教育应当具有明显的经济功能。因为这是一项与形成劳动力有着直接联系的社会实践活动，其投资效益主要是通过将特定生产活动过程中所需的知识、技术和技能物化到受教育者身上。即'生产固定资本'的形式来实现的"①。在现代社会的生产过程中，由于科技发展，生产设备越来

① 黄尧. 职业教育学：原理与应用［M］. 北京：高等教育出版社，2009：67.

越先进，生产技术、生产方式和生产工艺日新月异，对劳动力从理念到能力不断提出新的要求，职业岗位或工种也处于不断变化过程中，因此专业教育和职业教育在普通教育的基础上，需要把潜在的一般的劳动力转变为特定领域或特定行业或特定岗位的专门的劳动力，并且可以改变劳动力的形态，把一个简单劳动力训练为复杂劳动力，把一个体力劳动者训练成脑力劳动者，把掌握简单劳动技术的人训练成高技术人才；同时职后进行继续教育和岗位培训，引导劳动者不断接受新的教育，不断掌握生产工艺的新原理、新方法，针对性地提升劳动者的技术熟练程度、提高技术改进能力以及科学管理能力，并进行适当的职业指导，促进劳动力的合理流动，将不同能力、兴趣、爱好的人导向相应的职业岗位，使其能较好地适应快速变换的职业环境，将个性特征与社会需要相结合，充分发挥人的潜能，从而提高劳动力的配置效益，促进经济的发展。

中华人民共和国成立以来，一方面社会进步和经济发展推动了我国的职业教育的发展，另一方面职业教育也通过专门劳动力的生产从规模到质量为国家建设发挥着越来越重要的作用。职业教育是社会发展的产物，始于 18 世纪 60 年代英国的产业革命。大机器生产取代传统的手工业劳动后，为适应生产发展的需求，职业技术学校应运而生。在我国，发端于 19 世纪 60 年代清朝的洋务运动，促进了我国近代工业的发展。与之相适应，开始设立学堂，培养技术人员与技术工人。但总体而言，这一时期的职业学校数量少、规模小、质量低。

我国的职业技术教育也经历了一个曲折复杂的发展历程，中华人民共和国成立之初，为适应国家建设需要大量劳动力的现实，国家开始对中华人民共和国成立前遗留下来的普通中学与职业技术学校比例失调、职业技术学校过少的现状加以改变，开始整顿和发展中等技术学校，创办各种技术培训班，技工学校成为培养技术工人的主要形式。1951 年，政务院做出了改革学制的决定，将职业学校改称为中等专业学校，重视生产与教学相结合。1958 年，中共中央、国务院颁布了《关于教育工作的指示》，提出要打破单一的教育模式，走多种形式办学的道路，中等专业学校、农业中学等各类职业技术学校规模和数量迅速扩大，但同时过多的生产劳动违背了教育教学规律，过于追求发展速度也使教育质量下降。1963 年，在国民经济贯彻“调整、巩固、充实、提高”的方针下，职业技术教育也得到了调整，开始稳步发展。但随后的“文革”严重摧残了我国的教育事业，职业技术教育也不例外。1978 年，党的十一届三中全会使我国职业技术教育的发展又焕发了生机，在协调各级各类学校教育发展的同时，职业技术教育也得到了极大的重视，开始步入普通初高中的课堂。在努力办好技工学校和中等专业学校的基础上，一些普通高中开始改办成职业技术学校、职业中学、农业中学。为了进一步适应经济体制和科技改革的需要，中共中央在 1985 年《关于教育体制改革的决定》中，提出要实行“先培训后就业”的劳动就业制度，同时提出“逐步建立起一个从初级到高级、行业配套、结构合理又能与普通教育相互沟通的职业技术教育体系”，职业技术教育改革和发展迈上了一个新台阶。1991 年《国务院关于大力发展职业教育的决定》颁布后，职业教育更是飞速发展。2010 年中等职业学校在校生达到了 2 238.5 万人，与普通高中基本持平。高等职业教育在校生规模与普通高校大体相当，基本形成了一个以服务为宗旨、以就业为导向、中高等职业教育协调发展的具有中国特色的现代职业教育体系，培养了数以千万计的技术技能型人才，为社会主义现代化建设提供了坚实的人力基础。

【拓展阅读】

发展报告：2020 年将基本消除新生劳动力无技能

《国家职业教育发展报告》今天在第三届国际职业技术教育大会上发布，报告提出了我国职业教育体系建设“三步走”的战略计划。

报告分析了中国职业教育改革发展面临的形势背景，介绍了中国职业教育的基本现状、主要进展和发展战略，提出了体系建设“三步走”的战略计划，即 2011—2012 年重点推进中高职的统筹与衔接，2015 年初步形成现代职业教育体系框架，2020 年建成较为完善的适应需求、有机衔接、多元立交，中国特色、世界水准的现代职业教育体系。

报告指出，我国职业教育将致力于培养数量充足、结构合理的技能型人才、高端技能型人才、应用型人才。计划在 2015 年农村实用型人才达到 1 300 万，2020 年达到 1 800 万；高技能人才总量在 2015 年达到 3 400 万，占技能型人才的 27%，2020 年总量达到 3 900 万，占技能型人才的 28%；技能型人才占劳动力总数的比例在 2015 年和 2020 年分别达到 50% 和 70%，基本消除新生劳动力无技能就业现象。

资料来源：赵婀娜，贾娜．发展报告：2020 年将基本消除新生劳动力无技能［N］．人民日报，2012－05－15.

（二）教育通过科学技术的继承推动社会的经济发展

“科学技术是第一生产力”，现代科技对于社会发展起着越来越重要的作用。其中教育对于科技的继承和创新起着重要的作用，极大地推动了社会的经济发展。

1. 教育是继承和再生产科学技术的有效途径

人类长期的社会生活和文化生活积淀了无数宝贵的文化遗产和科技成果，这些宝贵的财富的积累、继承和更新只有通过教育才能从少数人拥有到大多数人拥有，并且代代继承发展下去，促进国民大众科学知识水平的提高。因此教育，尤其是学校教育，是对人类积累的科学文化知识进行系统性、目的性和计划性的编排，便于不同年龄阶段的个体高效地继承，缩短再生产科学技术的时间。

2. 教育通过生产新的科学技术，把教育、科研和生产结合起来促进经济的发展

高等教育承担着在自然科学、技术科学、哲学社会科学等研究领域科技创新的重要任务，因为高等学校的科研力量比较集中，学科门类比较齐全，学术思想比较活跃，科研信息比较丰富，高校、科研院所、企业可以实现教育资源共享，通过组建跨学科、跨领域的科研与教学相结合的团队，开展基础研究和应用研究。“20 世纪以后，几乎所有重大的原创性的科学发现，大都来自于大学。以诺贝尔奖获得者为例。据统计，在物理、化学、生物或医学、经济学四大领域，1904 年至 2001 年，获诺贝尔奖人次占全世界总人数的比例达 76%。”“大学成了社会发展的重要的智囊库，或者叫咨询机构。社会发展的重大理论，包括社会发展理论、政治理论、经济理论、文化教育理论、管理理论、军事理论、国际关系理论等等，几乎都产生于大学。”① 另外高校促进科研与教学互动，有利于科学技术与生产过程紧密结合，实现知识创新、技术创新，并直接转化成生产技术。世界各国都非常重视教学和科研相结合，将其作为高校办学的基本理念。据 1986 年统计，美国的科学家被大学聘用的占全部科学家的 40%，大学担负了全国基础研究的 60%，应用研究的 15%；在日本，大学占有全国科研经费的 28%，拥有全国科研人员的 44%，形成了大学承担基础研究，国立研究机构承当应用研究，民间企业承担开发研究的科研体制；在中国，全国大多数高校都有承担科研任务。

【拓展阅读】

高校获 2017 年度国家科学技术奖励情况

2017 年度国家科学技术奖励大会于 2018 年 1 月 8 日在人民大会堂隆重召

---

① 丁钢．聆听前沿：全国首届教育学研究生暑期学校讲演录［M］．上海：华东师范大学出版社，2007：50.

开，党和国家领导人出席大会并为2017年度国家科学技术奖获奖代表颁奖。

南京理工大学王泽山院士获2017年国家最高科学技术奖。

全国高等学校获得2017年国家自然科学奖一等奖1项、二等奖23项，占授奖项目总数35项（一等奖2项，二等奖33项）的68.6%。

全国高等学校获得2017年国家技术发明奖通用项目一等奖2项、二等奖31项，占通用项目授奖总数49项（一等奖2项、二等奖47项）的67.3%。2项一等奖获奖高校为浙江大学、大连理工大学。

全国高等学校获得2017年国家科学技术进步奖通用项目100项（特等奖2项，一等奖6项，创新团队奖1项，二等奖91项），占通用项目授奖总数132项（特等奖2项，一等奖9项，创新团队奖3项，二等奖118项）的75.8%。其中，高校为第一完成单位的获奖项目57项（特等奖1项，一等奖2项，创新团队奖1项，二等奖53项），占通用项目授奖总数的43.2%。

全国共有113所高等学校作为主要完成单位获得了2017年度国家科学技术奖三大奖通用项目157项，占通用项目总数216项的72.7%。其中，有64所高校作为第一完成单位的获奖项目数为114项，占通用项目授奖总数的52.8%。

另外，全国共有11所高校作为第一完成单位，获得了2017年度国家科学技术奖专用项目16项，占授奖总数的29.1%。其中，技术发明二等奖8项，科技进步一等奖3项、二等奖5项，北京航空航天大学、国防科技大学、海军工程大学各获科技进步一等奖1项。

高校在全国授奖项目中连续保持高比例，充分体现了高校基础研究和重大原始性创新研究在我国占有重要的地位，体现了对我国科技创新和经济发展的重要贡献。

资料来源：教育部．高校获2017年度国家科学技术奖励情况［EB/OL］.（2018－01－08）．http：//www. moe. gov. cn/jyb_ xwfb/gzdt_ gzdt/s5987/201801/t20180108_ 323975. html.

（三）教育对经济增长的贡献

教育主要通过提升国民素质、职业和专业教育培养专门的劳动力以及继承和创新科学技术来推动经济的发展，但是经济增长受诸多因素的影响，教育只是其中一个重要的因素。在众多因素中，教育对经济增长的贡献到底有多大呢？国外学者对此进行了各种较深入的理论研究和实践研究。①

① 袁振国．当代教育学：修订版［M］．北京：教育科学出版社，2005：322－323.

1. 斯特鲁米林的研究

苏联学者斯特鲁米林根据马克思关于复杂劳动等于多倍简单劳动的论述，提出了劳动简化率的概念。劳动简化率是指一定时点上复杂劳动与简单劳动时间的折算比例，它可以用受不同教育程度的劳动者的工资收入差别、受教育年限的长短、受教育费用的多少来确定劳动简化率。通过一定的劳动简化率，可以计算出工人的文化程度和技术水平的提高对国民收入增长的贡献。斯特鲁米林运用以受教育的年限的长短来确定劳动简化率的方法计算出因教育程度的提高所产生的价值占国民收入的比率为30%。

2. 舒尔茨的研究

美国经济学家舒尔茨根据人力资本理论的观点，通过教育资本储量分析的方法来推算教育对国民收入增长的贡献。教育资本储量是指国家在某一时期内教育支出的总额，因为教育是一种投资活动，教育支出与资本形成及国民收入关系密切，故要探讨教育对经济增长的贡献，可以从测定教育资本储量入手。舒尔茨推算出教育水平提高对国民经济增长的贡献是33%。

3. 丹尼森的研究

美国经济学家丹尼森运用经济增长因素分析的方法来研究教育对经济增长的贡献。他把经济增长的因素分为两大类：一类是生产要素投入量，包括就业人数及其性别、年龄构成，非全日工作工人在内的工时数，就业人员的教育程度和资本存量的大小；另一类是生产要素生产率，包括资源配置的改善，规模的节约和知识的进展。丹尼森测算教育对国民收入增长率的贡献是35%。

第二节　教育与政治

教育活动的发展与政治有着密切的关系，政治制约着教育活动，教育活动也从各个方面制约一定社会的政治发展。

一、政治对教育的制约

政治作为一种社会活动，属于上层建筑的范畴，从各个方面制约着教育活动。

1. 政治制度决定教育的领导权

教育的领导权由所在社会的政治制度直接决定，不同的政治制度对教育提出了不同的要求，因此教育具有阶级性。教育的领导权直接关系到教育为谁服务和怎样服务的问题，决定着教育的社会性质和价值取向，制约着教育的各个方面。在古代社会，教育从属于政治，教育为统治阶层所垄断，着重培养特权阶级和教化民众，而被统治阶级被排除在学校教育之外，统治阶级也以各种非教育的形式，对他们施加一定的教育影响。教育的领导权属于国家政权的组成部分，在一个国家或特定社会，哪个阶级、阶层或利益集团想要掌握政治教育的大权，它就需要掌握教育的领导权和控制权，以维护或达成自己的利益。

政治制度对教育领导权的制约主要体现在以下几个方面：

第一，通过国家权力机构对教育实施控制或管理，主要采取以下措施：一是组建教育管理机构或教育行政管理部门实施对教育的管理。我国宪法明确规定国务院行使的职权之一是“领导和管理教育、科学、文化、卫生、体育和计划生育工作”，相应的各级各类学校都设有不同层次类型的行政领导机构和党组织，保证国家和政党的路线、方针、政策得以贯彻执行。二是通过政府、政党制定教育方针、教育目的，以及一系列的政策制度或法律法规，保证党和国家意志的贯彻。三是制约教育发展规划和发展战略的制定，规定教育发展方向和路线；四是选拔、任命和聘用教育行政机构的领导者和教育者时，设定有一定的政治标准。

第二，制约教育资源的配置，从经济方面控制和影响教育。主要表现为国家权力机构通过教育经费的划拨和投放来影响对教育的领导和管理，控制教育发展的规模和速度、数量和质量，直接影响教育事业的发展。

2. 社会政治制度决定受教育者的权利

在某个国家或一定社会所设立的教育制度，往往会对“什么样的人接受什么样的教育、以什么方式接受教育、接受到什么程度的教育”作出规定，这是由一定社会或国家的政治制度所决定的。

从历史上来看，不同的社会历史发展时期，人们有着不一样的受教育权利。原始社会以生产资料原始公有制为基础，没有产生阶级，社会成员处于平等地位，教育与生产生活高度一体化，受教育权人人平等。进入到阶级社会，出现阶级分化和阶层差别，统治阶级和被统治阶级在政治、经济等社会生活方面处于不平等的地位，反映在教育权利上也是不平等的，受不同的制约。如在奴隶社会，奴隶主和奴隶所处的社会地位不同，各自所受的教育有着巨大差异。在我国，夏朝的“庠”和“序”、殷商时代的“右学”和“瞽宗”、西周时期的“国学”和“乡学”等，有入学资格的仅是那些贵族子弟，奴隶子弟绝对没有进学校接受教育的权利，他们所受的教育主要在社会生产和社会生活中进行，没有单独提供给他们专门的教育场所。在古希腊的斯巴达和雅典，奴隶阶级只不过是“会说话的工具”，根本不被当人看待。在长期的古代社会，教育同样从属于政治，为统治阶层服务，只有统治阶层的子女才有资格享有接受教育的权利，被统治阶层的子女被排除在学校教育之外。一直到社会发展进入到近代社会和现代社会，社会政治、经济的飞速变革使得教育逐渐从“从属于政治”到“相对独立于政治”，教育作为重要的社会子系统，各个国家先后普及义务教育，使得大众教育和民主教育从观念到实践逐渐得到深入的发展。

【拓展阅读】

唐朝的学制是怎样的？

唐在隋的基础上，中央设有六学，即国子学、太学、四门学（似属大学性质）、书学、算学、律学（似属专科性质），还设有崇文馆、弘文馆和医学。

崇文馆归东宫直辖；弘文馆归门下省直辖。

“二馆”为收藏书籍、校理书籍和研究教授儒家经典三位一体的场所。

“二馆”主要招收皇亲贵戚和宰相功臣子弟，学额 50 人；国子学主要招收文武三品以上官员的子孙，学额 300 人；太学主要招收五品以上官员的子孙，学额 500 人；四门学主要招收七品以上官员子孙（500 人）和庶民中的优异之人（800 人），学额 1 300 人。书学、律学、算学是专科性质的学校，面向八品以下官员的子孙及庶人，学额各 50 人。

教育平等的含义

教育平等的含义包括四个重点：第一，人即目的，人受教育的最终目标是个体自由和谐地发展，只有尊重每一个体的基本人权和自由的发展，才符合教育平等的原则；第二，教育权利平等原则，这里所谓的教育权利，指的是“受教育”权利，是相对于政治上、经济上的平等权利而讲的“教育上”的平等权利；第三，教育机会均等原则，良好的教育制度乃是使每个人有均等的入学机会、在教育过程中受均等的对待、有均等的学业成功机会，“义务教育”的实施是在法律上对教育平等权利的补充，仅仅是为个人平等的受教育提供的一种保证；第四，差别性对待原则，由于教育的效果会因受教育者个人的天赋、机会与机遇而不同，机会均等不可能机械式地实现，故要实现教育平等必然需对每一个个体以不同的教育待遇，但是差别性原则的基本前提是，使全社会中处于最不利地位的人获得和其他人同等的权益。

资料来源：袁振国．当代教育学：修订版［M］. 北京：教育科学出版社，

2005：341.

3. 社会政治制度决定着教育目的的性质、教育方针的制定和教育内容的选择

政治制度影响着教育目的的性质、教育方针的制定和教育内容的选择，进而影响着教育所培养个体的社会属性和规格标准。首先，社会政治制度决定教育目的的性质。教育是培养人的社会活动，所培养人的社会属性和规格标准往往由一定社会或国家的政治经济制度所决定，教育目的的达成必然要通过教育方针的制定予以引导和保障。其次，社会政治制度决定教育内容的选择。不同的政治制度要求培养不同政治立场和思想观念的人，教育内容是为实现特定教育目的服务的，要体现教育目的的培养要求。教育内容的选择和解读通常需要向年轻一代传授有关统治阶层所认可的主流社会的政治观念、意识形态、伦理道德和价值取向，体现出一定的阶级性。

比如中国古代的“六艺”教育主要培养统治阶层，因此教育主要包括以下内容：“礼”是别上下、分尊卑、维护世袭等级制的典章制度和道德规范；“乐”是祭祀天地鬼神祖先、颂扬帝国贵族、鼓舞军心的音乐和舞蹈；“射”“御”是射箭、驾车等作战技术；“书”是语言文字的读、写以及文学历史方面的知识；“数”是计算以及立法天文等自然科学方面的知识。

西方古代的“七艺”教育为中世纪的教会学校必修的课程。七艺包括三艺（语法学、修辞学、逻辑学）和四艺（算术、几何、音乐和天文学。）七艺，作为学科，一直沿用到文艺复兴运动以前。文艺复兴时代，学科开始分化：文法分为文法、文学、历史等；几何学分为几何学和地理学；天文学分为天文学和力学。到了 17、18 世纪，学科进一步分化：辩证法分为逻辑学和伦理学；算术分为算术和代数；几何学分为三角法和几何学；地理学分为地理学、植物学和动物学；力学分为力学、物理学和化学。在学科的发展史上，中世纪的“七艺”处于承上启下的地位。

二、教育的政治功能

教育的政治功能指教育对巩固和发展一定社会的政治思想、政治制度、政治关系所起的重要作用。社会政治关系主要是阶级关系，反映着社会各阶级、阶层在社会中所处的不同地位。尽管教育的政治功能在不同的时期不同的国家有不同的表现形式，但总的来看，一个国家教育的政治功能主要是保证国家政治利益的实现和满足国家政治关系发展的需要。从历史上来看，教育的功能经历了从政治功能占主导到经济功能占主导的转变。在古代社会，教育的政治功

能凸显，教育活动从属于政治，为政治服务。近代以来，教育与政治的关系逐渐发生变化，近代资本主义社会的发展，对教育适应新的生产关系和经济发展提出了新的要求，逐渐重视教育对能推动社会经济发展的劳动力的培养。教育逐渐承担起了为社会发展培养劳动力的任务，教育与政治相分离，但仍然发挥着重要的政治功能，主要表现在以下方面：

1. 教育促进年青一代的政治社会化，培养合格的公民

教育通过人才的培养，服务于社会的政治，维护统治阶级的利益，这是教育发挥政治功能的基本途径，首先表现在教育要促进年轻一代的政治社会化，能够使未来成员认同、服从并适应社会的政治关系格局，培养一定社会所需要的合格的公民。

政治社会化是年轻一代社会化的重要方面。所谓政治社会化，是指人们通过接受一定社会的政治意识形态，逐渐形成一定社会政治制度相适应的政治态度、政治认同感，形成一定的政治生活方式，养成政治习惯的过程。从社会发展以及教育的发展历史来看，不同时期的统治阶层都非常重视通过教育培养社会所需要的人，利用社会占主导地位的政治思想和道德观念来影响年轻一代，使他们具备统治阶层所期望的人生观、世界观和价值观。

教育促进年青一代的政治社会化有着多种途径，逐渐形成了以学校的思想政治教育为主体、以有组织的思想政治工作和舆论宣传为支持的政治社会化的教育体系，有计划、有组织地培养符合社会需求的合格公民。比如在培养目标的设立上，封建社会时期，无论是中国古代的封建伦理教育还是西方的教育宗教化，学校教育主要培养文人、武士、僧侣、官吏，他们是国家机器的操纵者和维护者，体现出鲜明的阶级性和等级性。发展到现代社会，各个国家都致力于通过教育把所有国民培养成全面和谐发展的合格公民，体现出教育大众化和普及性的特点。在课程设置上，目前世界各国都开设有思想政治类的课程，如政治课程、公民课程、思想品德课程、社会课程等。我国的教育体系根据学生受教育的规律及其思想成长特点，也渗透了爱国主义、民族精神教育、形势政策教育、人生观教育、公民教育、心理素质教育、文化素质教育等为主要内容的思想政治教育体系，这既符合国家和社会对人才思想道德素质的要求，又有助于学生的健康成长，是既体现相对稳定又有一定灵活性和开放性的教育体系。另外学校还会组织专门的政治活动，比如团员活动、党员活动、民主生活会等活动，以主题的形式针对性地进行思想政治教育工作，结合实践活动形成一定的政治观点，养成政治习惯，成为社会所期望的合格的公民。《国家中长期教育改革和发展规划纲要（2010－2020年）》提出教育发展改革的战略主题之一是“坚持德育为先。立德树人，把社会主义核心价值体系融入国民教育全过程。加强马克思主义中国化最新成果教育，引导学生形成正确的世界观、人生观、价

值观；加强理想信念教育和道德教育，坚定学生对中国共产党领导、社会主义制度的信念和信心；加强以爱国主义为核心的民族精神和以改革创新为核心的时代精神教育；加强社会主义荣辱观教育，培养学生团结互助、诚实守信、遵纪守法、艰苦奋斗的良好品质。加强公民意识教育，树立社会主义民主法治、自由平等、公平正义理念，培养社会主义合格公民”。

2. 教育培养各级各类政治人才

除了培养社会合格的公民之外，教育的政治功能还体现在培养专门的政治人才，使统治阶级的力量得到补充，使现存的政治关系格局得到巩固。政治人才是指社会各个部门、各个领域的领导者与管理者。专门的政治人才是社会政治生活中的主要因素，主要依靠各级各类的学校教育进行培养。自 20 世纪以来，通过系统的学校教育培养高级政治领导人才的趋势日益明显，例如 1951 年的英国，32. 5% 的保守党议员上过伊顿和哈罗公学，有 80. 5% 的人上过牛津和剑桥大学。在美国，从 1789—1953 年，约有 65. 7% 的高级政治领导人是大学毕业生，其中绝大多数毕业于哈佛大学、耶鲁大学、普林斯顿等声望很高的大学。在日本，1937 年在 1 377 名文职官员中，有 1 007 名是东京大学的毕业生，占 73. 1% 。现代国家为了适应培养各种高级政治人才的需要，大都设立了专门培养国家政治人才的学校和系科。我国普通高等学校以及一些专门院校如各级党校、各级行政学院、各类政法院校、管理院校等都专门设置相关专业，直接培养社会的管理人才和政治人才，担负着为国家各级各类部门培养输送各类政治人才的任务。此外，成人教育体系中，还单独设有专门的干部教育系列培训在职干部，提高其各方面的素质，以适应不断变化的国内外政治形势和社会发展提出的新要求。

3. 教育传播思想，制造舆论服务于政治

教育机构既是培养人的场所，也是传播思想、制造舆论、影响民众的场所。首先，学校是文化继承和传播的场所，一定社会的文化必然反映一定社会的政治思想和诉求。由于学校教育的整体性、高效性、系统性和深刻性，因此，学校通过有关文化的继承和传播使其思想得以迅速扩散，被广大民众所接受。其次，学校教育可以传播先进的思想，弘扬优良的道德来巩固社会政治秩序，促进社会变革。尤其在学校，知识分子的政治观点和政治态度更能通过影响青少年学生，继而影响大众，形成一定的舆论，影响社会政治生活，干预政治的发展。如我国近代史上的五四运动就是从学校发端，最终扩展到全国范围内轰轰烈烈的反帝爱国的政治运动。

因此，《国家中长期教育改革和发展规划纲要（2010—2020 年）》在教育发展改革的战略主题中提到“加强中华民族优秀文化传统教育和革命传统教育。把德育渗透于教育教学的各个环节，贯穿于学校教育、家庭教育和社会教育的各个方面。切实加强和改进未成年人思想道德建设和大学生思想政治教育工作”。

尽管教育的政治功能发挥着强大的影响作用，但是从我国的教育实践来看，在较长的时间内过多地强调了教育的政治功能，呈现出以政治教育替代公民教育和道德教育的倾向。比如中华人民共和国成立后，我国对教育功能的认识有一个发展演变的过程，基础教育在相当长的时间内较多强调教育的政治社会化功能，如强调培养具有共产主义理想、爱国主义、集体主义精神的接班人，一定程度上忽视了学生个性发展以及对成为社会合格成员的教育；在课程学习上又比较多地强调学术知识，忽视了现代社会基本生存技能的教育。另外在人才培养和选拔上，也强调人才培养的政治性。政治课作为必修课贯穿整个教育阶段。总的来看，无论是基础教育或是高等教育，都要防止过多强调教育的政治功能，而忽视了其他方面的教育，特别是在一定程度上用政治教育形式代替了公民教育和道德教育，使得公民教育在某种程度上被忽视或被边缘化。

第三节　教育与文化

教育与文化有着密不可分的关系。文化的定义众多，学者们的视角也各不相同，广义上看，文化一般指的是人类在社会实践活动中所创造的物质财富和精神财富的总和。其主要有三个组成部分：一是物质文化，是指为了满足人类生存和发展需要所创造的物质成果；二是制度文化，指人类为了自身生存、社会发展的需要而主动创制出来的有组织的规范体系；三是精神文化，是人类建立在物质文化基础上的人类特有的意识形态，又称为观念文化，是文化的核心构成，包括价值取向、思想观念、行为习惯、伦理道德、宗教信仰、道德法律、思维方式、审美情趣以及知识系统等。狭义的文化主要指精神文化，即社会意识形态。文化一方面影响和制约着教育，另一方面教育又促进了文化的形成与发展。

一、文化对教育的制约

文化制约着人类的各种活动，因此，文化也制约着人类的教育活动。文化对教育的制约具有以下几种特点：其一，从影响方式上看，具有内隐性的特点。经济和政治可以外在地控制教育的规模速度、教育性质和发展方向，但是文化对教育的制约主要通过作用于人的观念意识和教育内容的选择来体现，尤其是作为文化核心的文化传统、观念意识、思维方式等，反映在教育观、价值观、人才观等思想活动中，其内隐影响深刻而持久。其二，从影响范围上看，具有全面性的特点。文化对教育的影响不仅是反映在价值观、教育观、人才观上，还影响着教育制度、教育内容、课程设置、教材编订、德育活动以及教学方法和教学组织形式等方面。

1. 文化影响着教育目的的确立

一定社会的统治阶层往往重视通过教育培养社会发展所需要的人，主要反映在教育目的的确立上。任何时期、任何社会的教育目的一定程度上都要受制于所处文化环境和文化传统的影响。社会文化类型和文化传统不同，教育目的的价值取向也有所不同。教育目的的价值取向是人们对教育价值的认识和抉择，影响着人们对于“好的教育”的判断和认识。教育价值取向其实是文化传统和观念意识在教育领域的体现。从教育发展的历史来看，教育世界观主要有两种：教育价值的个人取向论和教育价值的社会取向论。

一个国家对教育价值取向的抉择，与一个国家的文化传统相关。如我国文化传统中的儒家文化曾经作为主流文化对我国的社会生活产生了深刻而持久的影响，它是以社会为中心，强调社会的价值，要求个人的行为必须符合社会的规范和要求。在这种社会文化背景下，以宗法关系维系的夫妻、父子、兄弟、朋友、君臣等社会关系导向了人与人之间的等级秩序关系、伦理纲常、人身依附关系，加上“木秀于林，风必摧之”“枪打出头鸟”等观念的深入人心，反映了传统文化中个人不是一个具有独立个性的人，个人不能肯定自己，而只能由伦理群体来作评价，强调群体关系，忽略个体存在。这一文化特征渗透到社会生活的方方面面。因此受儒家文化的影响，我们的教育一直侧重于强调社会价值，看重教育为社会发展培养所需要的人的功能，相对忽略作为个体本身的发展需要。因此尽管现在我们已经从理论上充分强调了教育要关注个体发展，关注个性发展，但实践总是不如人意，其中一个重要原因就是儒家文化的深刻影响。“中国传统文化的核心特征或本质特征是群体本位，不同于西方理性主义文化的个体本位，相应地，中国文化精神中缺少独立的个体自由和个体意识，而这构成了西方现代文化精神的核心。”①

2. 文化制约着教育内容的选择

不同国家和民族所创造并积淀的文化传统，会凭借自身存在的自我组织系统，产生一种很强的文化控制力量，对教育的发展起着重要的制约作用，教育

---

① 衣俊卿．文化哲学：理论理性和实践理性交汇处的文化批判［M］．昆明：云南人民出版社，2005：259.

内容反映着文化选择的结果。“不用说国语、社会、数学诸学科，即使是音乐、美术等学科的内容，也是一样，都是以作为社会一员的个人在社会生活中所需要的知识和技术为主的。应当说，这样的学科内容不是别的，而正是一种文化。文字的读写、运用、数字的运算，关于社会结构的知识等，无一不是文化的一部分。还有道德和伦理等在课堂教学中传授的内容，都是该社会期望的价值，这也是文化。”因此，各民族会用各自的民族语言来传达教育内容；学科课程的设立以及教育内容中所涉及的基本知识和技能、所宣扬的各种伦理道德规范以及引导建立的人生观、世界观和价值观都是社会文化渗透影响的结果。因此，社会文化作为教育内容的重要来源，深刻地制约着教育内容的选择。另外社会文化的发展和变化，也影响着教育内容的取舍和更新。文化发展水平低，文化积淀少，教育内容的选择范围就小；文化发展水平高，内容丰富、发展速度快时，教育内容的选择便有了多元化的来源渠道，会有更深刻的影响机制，同时也会有更快的交替更新速度。

3. 文化影响教育教学方法的运用

文化与教学有着密切的关系。教学活动是文化在学校实践活动中的反映。教学方法是指教学主体围绕教学目标的实现而采用的各种措施和手段，因此，文化也从不同方面影响着教学方法。教学方法既要适应文化的要求，也受到文化的制约，同时教学方法也在不断丰富和推动文化的发展。

文化影响着人们对教学方法的选择。教学方法需要根据教学内容的特点来进行选择，而社会发展过程中各个国家或地区都逐渐形成了自己的独特文化，这些文化需要经过选择和编制转换为适合学校教育的文字、语言、艺术、传统习俗等内容，不同内容的特性影响着教学方法的适切性选择。文化也影响着教学方法的变革，教学方法的运用总是在一定的文化环境中进行的，尤其受到社会主流文化的影响。教学方法的价值取向、实施目的以及实施过程需要与社会主流文化保持一致，以获得来自社会的支持，容易取得成效，反之教学方法的变革则难以取得成功。

4. 文化制约着教育管理体制的建立

教育管理体制除了受到来自一定社会的政治经济制度的制约，也极大地受到来自文化的影响。一定社会或国家文化传统中的价值观念，对于该社会或国家的教育管理体制的建立和选择有着极大的影响。因此，具有不同文化传统的国家尽管政治经济制度和生产力发展水平相近，它们的教育管理体制却可能存在较大的区别。比如同为资本主义国家，法国的教育管理体制属于中央集权制，美国和英国实行分权制，这与各自的文化传统密不可分。

二、教育的文化功能

教育活动产生之初，主要承担着文化的保存和传递功能。在原始社会，物质生活水平发展较低，人类的文化积累较少，内容单一，教育与生产生活高度一体，教育只具备一般地保存、传递文化的功能。学校教育产生后，随着阶级的产生，教育借助文字不仅是文化传递的主要手段，也承担起了文化选择和文化整理的作用。进入现代社会，文化发展日益繁荣，内容更加丰富，不同地域不同类型的文化交流日益频繁，教育的文化功能也愈来愈多元，教育不仅仍然具备传递文化和选择文化的功能，而且文化交流、文化批判和创新等功能也日益突出。总的来看，教育的文化功能，主要体现在通过有目的、有计划、系统的学校教育，将作为人类文化核心的文化传统、价值观点、思维方式等精神文化代代传承并促使其不断发展创新。具体来看，教育的文化功能主要表现在以下几个方面：

1. 教育的文化传递功能

文化传递指文化代代相传的活动过程，教育是文化保存和传递最重要最基本的手段。社会的不断发展积累了浩如烟海的文化知识，这些文化知识的保存和传递方式伴随着教育活动的发展而不断发生变化。在人类早期社会，教育与人类的社会生产和生活高度一体化，文化主要依靠年长一辈和年轻一辈之间的口耳相传和示范模仿来获得保存和传递。随着人类社会的发展，人类文化逐渐丰富，特别是由于文字的出现，人类文化的保存和传递单纯靠口头和行为传播的形式已不能胜任，文字的记载和传授便成了文化保存和传递的主要手段，人类社会有了建立传授文化的专门机构的需要，这时，学校教育便产生了。进入现代社会以后，人类主要借助各种高科技手段来保存和传递文化。不管人类文化的保存和传递方式发生何种变化，都离不开教育这一基本形式。文化传递使社会成员获得共同的价值观、规范、信念、态度等，从而使他们按照某种共同的“模式”工作和生活。另外，通过教育对社会文化的传递，还可以使社会成员内化主流阶层的意识形态，从而起到维护既存体制的作用。因此，人们首先通过教育来继承文化，然后才能实现文化的创造。马克思说：“人们创造自己的历史，但是他们并不是随心所欲地创造，而是在直接碰到的、既定的、从过去承接下来的条件下创造。”只有先继承文化，然后才能创造文化。

2. 教育的文化选择功能

教育是有目的、有计划、系统地培养人的社会活动，这是教育活动质的规定性。培养人的过程离不开选择和确定教育内容的过程，这个过程也是非常重要的文化选择的过程。教育是文化传递的重要手段，但人类的文化既有精华也有糟粕，因此并不是所有的文化都能成为教育内容，在文化传递的同时，必然伴随着一定的文化选择和文化批判，尤其是学校教育。教育进行文化选择有着一定的标准，其一是选择有价值的文化。任何文化都包含着先进与落后、崇高与卑下、文雅与粗野的成分；而学校教育作为一种有目的文化价值的引导工作，需要剔除文化糟粕，传播文化精髓；二是按照统治阶层的需要选择文化，选择符合统治阶层稳定社会秩序，培养合格公民要求的文化；三是按照不同时期社会发展的需要选择文化，提供给受教育者适应社会生活发展变化需要的观念、态度、价值、行为方式以及知识与技能，要具有一定的时代特征；四是按照个体发展的需要选择文化，作为教育对象的青少年的身心发展是有一定规律的，其认识能力、思维能力、实践能力的发展都有一个过程，因此要按照不同年龄阶段的身心发展规律以及满足个性发展需要选择合适的文化；五是按照文化知识本身内在的逻辑顺序进行文化选择，并进行合理的组织和编排，便于教学过程的实施。

3. 教育的文化交流功能

文化也是特定时期、特定地域人们的思想、行为的共同方式，因此文化具有一定的地域性和封闭性。然而人类社会存在大量的社会活动和人口的自然流动，尤其随着现代社会政治生活、经济生活和文化生活的活跃，政治、经济和文化必然会打破封闭的地域性而走向开放，文化的交流和融合不可避免，表现为文化从一个社会传到另一个社会、从一个区域传到另一个区域的流动，在这个过程中实现不同文化的相互吸收和融合。文化交流离不开一定的交流手段和交流方式。教育对于实现文化交流有着得天独厚的条件，主要通过两方面促进文化的交流和融合：一方面是教育过程本身对不同文化的吸收借鉴，按照社会发展的需要和人发展的需要继承以往的文化，改造旧的文化、整合形成新的文化；另一方面通过教育交往活动促进文化的交流和融合，如学术交流、访问讲座、交换生制度等，促进不同文化的相互理解和相互吸收。一个国家在发展自己的教育事业过程中，必然会借鉴吸收其他国家教育发展的成功经验，比如众多国家在职业教育体系的发展与革新过程中，将德国“双元制”职业教育制度作为重要的参考进行广泛的借鉴和吸收，成为重要的职业教育发展经验。

4. 教育的文化创造功能

人类文化的发展，在保存和传递的同时，也需要在人类已有的文化中力求更新与创新，使之适应新的社会环境。人类为了自身的生存与发展也必须不断地创造与更新文化，没有文化的创造，就没有文化的发展。而人类正是通过教育把已有的文化财富内化为受教育者个体的精神财富，培养、造就他们与文化发展相关的个性和创造力，从而使文化得以发展和更新。

教育主要通过以下几方面实现文化的创造功能。首先，教育对文化的选择和批判、交流和融合促使新的文化产生，表现为古为今用，洋为中用，取其精华，去其糟粕，建构符合特定时期社会发展和人的发展所需要的新的文化。其次，教育中的个体创造新的文化。教育过程中的教师与学生，不仅仅是文化知识的授受者，也是文化知识的创造者。教师在科研活动、教研结合以及教学相长中产生新的思想观念和科学文化成果，实现文化知识的创新，尤其是高等教育，是学校教育中文化创新的主体。另外，教育通过培养专门的文化人才来促进一定历史时期新文化的产生和发展。

【拓展阅读】

各国中学历史教材大比较 民族精神培养放首位

针对世界各国不同的中学历史教科书，香港《凤凰周刊》日前发文予以比较，并指出，不论历史悠久还是短暂、政治制度和国体如何，几乎每一个现代国家的教科书，都把对学生的爱国主义教育和民族精神培养放在最重要的地位。

韩国：突出民族主义

政府以法律的形式规定，中学历史教科书应在内容上强调本民族的主体意识，培养民族自豪感和责任感。不论是初中还是高中的历史教科书，都紧紧围绕高丽民族诞生、发展和朝鲜半岛政治版图的变迁这一主题，向学生反复灌输“韩国国家观”。

美国：多文明的融合

美国是一个年轻的国家，也是个拥有全球性利益的大国，更是个由来自世界各国移民组成的多文明国度，因此它的中学历史教科书对于本国历史和世界历史兼收并重。

在本国史方面，《我们美国人》以5个单元、40个章节，记叙了从土著北美文化时期，直到20世纪70年代的美国社会发展历史。书末还附有内容丰富的附录，如《独立宣言》和《美国宪法》的全文、1800—1970年各州人口变化一览表、历届总统、副总统名单、参考书目等等。

在世界史方面，主要采取提纲挈领、图文并茂的形式，让学生体会世界文明的不同特色和其发展的不同阶段，并着重描述这些不同文明对美国当代文明的影响和促进，让学生充分体会到，在美国这个移民国家里，要真实理解本国史，就必须认识与理解世界各种文明的不同模式。

法国：不隐讳史实

和一些国家对本民族历史上的污点曲意隐讳不同，法国的中学历史教科书对诸如维希政府帮助纳粹迫害犹太人，以及阿尔及利亚殖民战争等不光彩的本国历史片断同样秉笔直书，使学生对本民族历史有更清醒、更客观、更全面的理解。

德国：详解民族史“污点”

德国中学历史教科书的重点同样是“德意志民族发展史”，整个中学阶段的历史教学，都紧紧围绕这一主题展开。许多在其他国家属于历史专家级别学者研究范畴的知识，如巴伐利亚等德意志小邦的历史沿革，一个普通的德国中学生却可以如数家珍，讲得头头是道。

值得指出的是，和法国一样，德国对于其在历史上所犯下的罪责也不加掩饰，在德国中学历史教科书上，有整整一个大章节（需要一个半学期的课时安排）详细讲解第二次世界大战史，并深入、细致地揭露和批判了纳粹给包括德国人民在内的欧洲、世界人民所造成的巨大灾难。教科书如此编写，目的在于引导和教育下一代德国人正确地认识历史、反省历史，避免那段灾难性历史的重演。

意大利：辉煌与罪恶

意大利的历史教科书严格按编年史体例编写，其贯穿全篇的主线同样是本国历史。既不惜笔墨描述了罗马时代的辉煌灿烂、文艺复兴的盛况、加里波第和加富尔亲王为统一所作的努力和贡献，也同样毫不留情地记录了法西斯的兴起、发展和灭亡，以及法西斯统治下的意大利在阿比西尼亚、西班牙和欧洲犯下的殖民和战争罪责。

英国：殖民与联邦史

英国的中学历史教科书只有一册，厚800多页，初高中联用。和其他西方国家不同的是，其“世界历史”的内容比例相当大，但仔细观察就会发现，这些“外国史”中较为详尽的都是英联邦成员和历史上英国的殖民地国家。事实上，这本教科书的核心内容，毋宁说是“英国殖民和英联邦史”，其侧重的教学点，仍然是英国本国的历史发展进程。

非洲：用非洲人的眼睛看非洲

非洲各国在教材中不惜笔墨，充分挖掘和介绍本国历史上的灿烂文明和反抗殖民统治的典型事例，如加纳学生都知道金板凳的故事（当地民众为了反抗英国殖民者藏起了国宝金板凳）；贝宁学生都能熟记达荷美王国十二个国王的名字和象征他们的十二种动物名称；津巴布韦学生津津乐道于“大津巴布韦”（意即石头城堡）的传说；而马里学生则能畅述马里王国开国君主埃尔·法鲁什的文治武功。

日本：篡改招致谴责

日本篡改“二战”侵略史的高中历史教科书受到亚太各国一致谴责，而日本文部省所做的诸如“编纂教科书是学术行为，取舍教科书是学校自由”等推诿理由被嗤之以鼻——谁都知道，中学历史教科书体现的是一个国家对青少年历史观、国家观培养的大方向，是国家文化战略层面的大是大非问题。

资料来源：陶勇．各国中学历史教材大比较　民族精神培养放首位［EB/OL］．（2006-08-23）．http：//m. sogou. com/web/uID = mZUSvuRa0hpl_ CFg/v = 5/type = 1/sp = 1/ct = 180821151104/

三、学校文化

作为专门的教育机构，学校在自身发展过程中会形成独特的学校文化，对学校教育产生着深远的影响。

1. 学校文化的概念

学校文化是学校成员共同习得或具备的思想观念和行为方式的总和。学校是专门的文化教育机构，起着传播知识、培育人才的作用，需要重视文化建设，营造育人环境，使学生在学校中能够生动活泼、主动地发展。从学校文化的形态上来分，学校文化主要包括学校的精神文化、制度文化、校园物质文化、师生行为习俗文化，其中最重要的是学校大部分成员所具备的思想观念和行为方式。思想观念尤其是价值观念起着核心作用，它反映了学校的办学思想、教育理念、价值观念、思维方式。办学思想、教育理念首先表现在人才观上，即培养什么人、怎么培养的问题。

2. 校园文化

校园文化是学校文化的缩影，是为了保证学校教育活动顺利实施而发展形成的各学校特有的文化形态。校园文化是涵盖了学校教职员工、学生群体在内的、以校园为主要空间、以育人为主要导向、以校园精神文明为主要特征的一种群体文化。从形态上来看，校园文化主要包括了物质文化、精神文化和制度文化三种文化形态；从内容上来看，校园文化主要包括了以青年学生为代表的文化观念、思维特征、行为特征和方式。学生课余生活中一切以群体形式出现的文化活动，如诗社、棋牌俱乐部、读书社、文学社等社团活动，都属于校园文化，其中最能体现校园文化本质内容的是校园风气或校园精神。校园文化是社会整体文化的一部分。

（1）学校物质文化

学校物质文化是学校精神文化的物质载体，以学校环境、空间布局、教学设备设施建设、校园后勤保障建设等为表现形式，主要表现在两个方面：一方面是校园环境文化，包括校园绿化、教学场所及校园文明卫生等；另一方面是校园设施文化，包括办公区、校园基础设施、教学设备等。

（2）学校精神文化

学校精神文化又称为观念文化，是学校文化的核心。学校精神文化是学校物质文化的核心载体，是在学校物质文化基础上衍生出的独具特征的人类共有的关于校园的意识形态和文化观念的集合，包括学校文化精神、学校办学宗旨、校风班风、校训校旗等。

（3）学校制度文化

学校制度文化主要指保证教育机构与组织体系赖以存在与运转的一整套规则，如教育法律、规则、条例等。具体指学校规章制度、学生行为守则、教育方针政策、学校管理体制等。

第四节　教育与人口

人口，一般是指生活在一定社会、一定区域的具有一定规模、质量及结构的人的总体。一般以人口数量、人口质量、人口结构、人口迁移与分布等方面作为一个国家人口状况的指标。教育与人口的关系非常密切，人口的各项指标与教育的规模、数量与结构存在着密切的关系。

一、人口对教育的制约

人口对教育的制约主要体现在人口数量、质量、结构以及人口流动对教育产生着影响。

1. 人口数量制约教育的规模和结构

教育发展的影响因素很多，但人口增长是推动教育事业发展的根本因素。

人口增长率影响教育发展的规模与结构。每一位新增人口都有受教育的权利。为提高每一位成员的受教育水平和层次，人口的高增长必然要求扩大教育的规模，改变单一化的学制以满足不同素质水平的人口接受教育的要求。例如我国各级各类学校不断提高入学率，我国现代教育发展高等教育与职业教育。此外，伴随人口增长，必然导致教育经费增长，教育规模也必然扩大；如果教育经费不增长，要么是教育发展受限，入学率降低；要么保持入学率，降低生均经费。但这都有损教育发展。

2. 人口质量影响教育质量

人口质量又称人口素质，主要指人的身体素质、文化素质和思想道德素质。人口质量影响着教育质量，这主要表现为直接影响和间接影响两个方面。直接影响是指入学者已有水平对教育质量的总影响，人口总体素质水平影响总体教育质量；间接影响是指上一代人口的教育水平影响下一代人口的素质教育，关系到一代一代之间的教育衔接。以此，影响整个国家国民的素质教育水平。

3. 人口结构影响教育发展

人口结构也影响着教育发展，主要包括人口自然结构和人口社会结构。人口自然结构包括年龄、性别等因素，要求不同层次不同类型的教育结构来适应，比如不同年龄阶段的人口需要接受学龄前教育、九年义务教育、高等教育、职业教育、成人继续教育等，不同年龄结构也会影响各种各样学校在社会教育中所占比例，从而推动终身教育体系的形成与发展。

人口社会结构包括文化、阶级、职业、地域、民族等。人口的文化构成的整体水平高，对教育需求水平和质量要求就高，从而推动教育发展。社会阶层影响教育资源，在阶级社会，人口的阶级构成直接影响教育权分配。人口就业结构是劳动力在国民经济中的就业比例分布，社会不同职业劳动力后备力量的需求量，必然影响各类专业学校的比例。人口地域分布的不平衡带来教育机构分布的不平衡。发达地区人口较密集，教育资源丰富，学校较集中，反之，则学校较少。人口民族结构对教育的影响亦较大，在我国各民族平等地享受受教育权，政府为少数民族教育提供各种支持政策，大力发展民族教育。

4. 人口流动对教育的挑战

人口快速流动是现代社会的重要特征，也是劳动力资源优化配置的必要途径。但人口流动给现代教育带来许多难题，例如外来务工随迁子女读书问题、学位紧缺问题、教育资源分配不均问题等，引起社会强烈反响。一方面，人口流动引起随迁子女大量占用人口集中城市教育资源，导致原住居民受教育资源紧张；另一方面，随迁子女无法享用城市教育资源，被迫返乡出现留守儿童教育问题等，给社会发展带来阻力，也影响着国家教育事业的发展规划，需要国家出台系列教育改革方案以应对。

二、教育的人口功能

教育的人口功能指的是教育对社会人口数量规模的控制调节和对人口质量的提升所起的作用，是教育的重要功能之一。

1. 教育影响着人口结构的合理化

我国是个人口大国，如何把沉重的人口负担转化为巨大的人力资源，建设成人力资源强国，教育起着重要的调节和控制作用。首先，教育影响人口性别结构的合理化。我国传统的男尊女卑思想容易导致人口性别结构的失衡，并由此引发一系列的社会问题。要改变这种状况，需要通过教育逐渐改变和影响民众的生育观念，从而达成人口性别比例的自然均衡化发展。其次，教育影响人口的文化结构和职业结构。从自然人成长为社会人，需要借助专门的教育来获得相关科学文化知识和各项生存技能、职业技能。学校教育通过各种课程的开设、活动的组织来引导民众提升文化素质，同时也通过高等教育与职业教育为社会发展提供各行各业所需要的人，改善就业群体的职业结构。最后，教育影响人口城乡结构的变化。教育通过提升人的文化水平和就业水平，改善偏远山区的人口素质，引导人口结构地域分配的合理化。另外，教育也促进人口的迁移。通过教育改变人们对外部世界的态度，引导人们生活态度和生活期望的改变，同时从文化和能力等方面提供条件，促进了人口的迁移。

2. 教育改善人口质量，提升全民素质

首先，教育促进人口质量的提升。教育通过普通教育的全面发展整体提升国民素质，同时通过专业教育和职业教育来进一步提升劳动力的质量。其次，教育可以影响人口数量。通过教育的宣传和导向作用，可以改变民众的生育观念，实现少生优生，提高人口素质，降低人口出生率。另外，教育可以改善人口结构，促进人口迁移的合理化。教育可以通过学校的布局、资源的分配以及人才培养方案的设定来引导劳动力从无序到有序的流动，也可以引导劳动力在不同地区间的流动，以促进人口迁移的合理化。

第五节　教育的相对独立性

教育作为社会子系统，其运行规律必然受制于社会的政治、经济和文化及人的发展规律。但教育也有其自身发展的规律，不受外在因素的限制，因此，教育表现出一定的相对独立性，即教育活动既依靠一定的条件而存在、伴随一定的条件而变化，又在一定程度上具有独立于政治、经济、文化和其他社会现象的性质。其具有自身独特的发展规律，最主要表现为教育与生产力水平和政治经济制度发展的不平衡性，且具有一定的能动作用。相对独立性不等于没有独立性，任何社会形态下的教育，在思想、制度、内容、方法等方面，既与以往的各个时代的教育有继承关系，又有区别。总的来看，教育的相对独立性主要表现在以下几个方面。

一、教育是相对独立的社会实践活动

首先，教育要实现人从“不知”到“知”的认识活动的转化。教育是培养人的一种社会活动，培养人的过程有自身的客观规律和独特性，是客观存在的，不因主观意志而转移。教育作为培养人的社会活动，要解决的问题是把人类积累的社会文化知识和社会生活经验转化为受教育者的个体知识，引导其发展能力，提升品德，形成独特个性，这涉及个体认知发展规律、心理发展机制以及能力形成的规律，这种规律及机制不受外在政治经济文化的影响，表现在教育过程上是一种转化活动的过程，具有相对独立性。

其次，社会对教育的影响需要通过文化的转化来达成。教育需要借助文化继承、传递和创新来达成影响。不同时期社会的经济发展和政治制度的要求需要转化为教育中的文化内容来达成影响，因此，文化是生产力、政治制度作用于教育的中介。而教育中的文化需要借助教育内容来施加影响，这个过程需要符合人的心理发展的规律和教育活动的规律，需要遵照学科本身的逻辑和不同年龄阶段的心理逻辑，这些逻辑不受其他社会因素的影响，表现出教育的相对独立性。

【拓展阅读】

必要的加速：英才教育的美国模式

出于对美国英才教育的兴趣，笔者在爱荷华大学英才教育中心参加了一个有关加速教育的会议。根据美国学者普雷西的定义，加速教育是一种帮助学生以加快学习进度或小于常规年龄提早完成常规教育的教育手段。以下是几种比较常见的美国加速教育实践形式：

单科或部分学科的加速教育。例如，数学或阅读方面表现出超常能力的三年级学生在自己班内完成其他课程学习的同时，学习四年级的数学或阅读课程；六年级的艺术生可以学习高中的音乐课；同时具有小学部和初中部的学校里，那些在数学上表现出优势的五年级学生可以学习初中的数学课；高中数学老师也可以到初中代课，并在某个时间段把数学上有超常能力的学生集中起来授课。

浓缩课程。这种教育形式首先要明确学生已经掌握的知识和技能，然后删除课程中与那部分知识和技能相对应的章节，最后用更恰当、更富有挑战性的学习内容代替已熟练掌握的知识和技能。这种策略极其适用于数学和科学等学科的学习。

导师指导。学校为英才学生提供有经验可信赖的顾问或专家型教师。在某个时间段内，这些教师向英才学生提供更高难度的学习内容或者以较快的进度来进行教学，满足学生的不同需求。

课外培训计划。英才学生以参加课外活动、暑期夏令营的方式，学习较高难度的课程内容，有时也可以获取相应的学分。

函授课程。这是一种普通教育的辅助手段。学生注册函授课程后，学校将学习教材分发给学生，引导学生通过一些辅助手段，例如利用互联网、电视讲座等方式来学习课程。学生和老师的互动通过通信、电子邮件等方式进行，作业也是通过信件或电子邮件方式上交。

双重入学。这种形式也被称为双录取，即英才学生在学习所在年级某课程的同时，还在高一年级选修了该课程。例如某初中学生选修了自己的代数课程，同时也注册了高中代数课程；或某高中学生选修了高中代数，同时也注册了与本校有合作的社区学院或大学的代数课程。若成绩达到标准，学生既可以获取所在年级的课程学分，也可以获取高一年级的课程学分。

美国大学先修课程。美国大学先修课程也被称为美国大学预修课程，是由美国大学理事会提供的在高中授课的大学课程。美国高中生可以选修这些课程，在完成课程学习后参加预修课程考试，达到一定成绩后即可获得大学的学分，进入大学后，便可以免修此课程。这种教学模式能帮助学生缩短大学学时，并节省高昂的大学学费。

通过考试获取免修的课程。某些高中或大学为学生提供一些课程的精熟测验或考查活动。学生通过这些高级课程的精熟测验或考查活动后，便可以获取免修这些课程的资格。

国际文凭课程。国际文凭课程是由瑞士日内瓦国际文凭总部为全世界优秀中学生统一设计的两年制大学先修课程。该课程毕业文凭被公认为全球最高水平的毕业文凭，著名美国学府例如耶鲁、哈佛等均给予毕业生诸多入学优惠。

跳级。跳级一般适用于各科都极其优秀的学生，跳一个或两个年级。这种方法在美国英才学生培养中并不是很流行，但也有学校对极其优秀的学生采用了这种方法。考虑到身心成熟情况，这些学校极其注重学生社会情感的发展，并会配备一定的老师来帮助学生制订计划以促进其社会情感的顺利发展。

连续进阶。这种模式是指在混龄辅导班内，如果学生已经掌握某知识内容，教师便可以向这些学生提供更高深的知识内容。只要学生的学习能力允许，这种进阶学习就会继续下去。这种混龄辅导班没有年级区分，所以在学期末学生们不用升入另一个年级。

自定进度教学。由于英才学生的学习步调与普通学生大不相同，所以在教学过程中教师应根据学生的需求来调整教学步调。

跨年级组合班。跨年级组合班允许来自低年级优秀学生与高年级学生组合在一起上课学习。这样低年级优秀学生可以与高年级学生进行学习方面和社交方面的互动交流，有助于低年级优秀学生的跳级。

紧缩课程。教师对课程进行紧缩，使优秀学生在一个学期内学习完一年的课程，或者用两年完成初中三年的课程。紧缩课程与浓缩课程在名称上有点相似，但是并不相同。两者的区别在于紧缩课程缩短了学习时间，往往会导致跳级，但是浓缩课程往往不会导致跳级，而是用节省下的时间学习更深入的知识内容。

提前入学幼儿园与一年级。这种方法是指儿童还未达到学区或政府规定的最小入学年龄，却提早进入幼儿园就读。总体而言，美国上幼儿园的年龄大多为当年9月至12月之间满5岁的儿童。

尽早升入初中、高中或大学。这种做法也是让英才学生在不同教育阶段提前入学的做法。

美国几十年的实践证明，加速教育对英才教育而言是一种非常有效的英才儿童培养模式。加速教育可以为优秀学生提供富有挑战性的学习内容和环境，更好地满足优秀学生的需求，调动学生的学习热情，对其学业的发展有积极的促进作用。加速教育还能帮助优秀学生缩短学习年限，从而节省时间与费用。加速教育对资金资源的要求也比较少，不需要另编教材，可以被认为是一种省钱、省时、省力的培养模式。

资料来源：曹原．必要的加速：英才教育的美国模式［N］．中国教育报，2013－04－19.

二、教育是具有历史继承性的社会实践活动

教育伴随着人类社会和人自身的发展而发展，与人类社会共存亡。任何一种教育，就其思想、内容、制度、方法各方面看，都是在以往各个历史时期教育的基础上建立起来的，因此，不同历史时期的教育会有着不一样的时代特点，具有历史性。同时，社会政治、经济、文化及人的发展的改变会引起教育各个方面的变化，但这是个渐变的过程，教育在很多方面，尤其是与人的发展有关的教育规律、教育原则、教育内容、教育方法、教学组织形式等有其自身的继承性，并不会因为社会变化而发生突变。因此，社会政治经济的发展和人的发展的需求所推动的教育改革，往往不是朝夕间就能达成目标，而是在以往教育

的基础上针对性地逐渐革新，不断发展变化的过程。

具体来看，教育的历史继承性主要表现在以下几个方面：

首先是教育内容的继承。教育内容主要包含人对客观世界、对社会和对人的认知。其中不同国家不同民族的文化传统、习俗观念以及对世界的客观认知等方面的知识主要通过教育的选择和继承功能，编排进有关课程内容，代代传递下去。

其次是教育方法的继承。教育方法的运用以人的身心发展特点和认知发展规律为依据，反映着教育的客观规律和原则，对改善教学质量、实现教育目的、完成教育任务具有重要的意义。尽管不同历史时期会有不一样的教学方法的运用，但某些传统的教育方法却不容易过时，表现出一定的继承性。

比如启发式教学方法的运用有着悠久的历史。启发式教学方法出现在奴隶社会时期，在西方最早以古希腊的苏格拉底为代表，他所提倡的“问答法”，也称“产婆术”，是西方最早运用启发式教学方法的代表。苏格拉底主张教师不要把知识的结果直接告诉学生，应启发学生去思考，帮助学生自己发现和获取知识。在中国，启发式教学最早体现在孔子的教育理念中，孔子提出“不愤不启，不悱不发。举一隅而不以三隅反，则不复也”。朱熹将孔子的“愤悱”原理解释为“愤者，心求通而未得之意；悱者，口欲言而未能之貌。启，谓开其意；发，谓达其辞”。也就是说学生想弄明白某个道理却弄不明白；想说，但却处于只可意会、难以言传的状况。孔子认为这种情况下，要帮助学生弄清他要弄清的道理，理清其思路，使之能表达清楚，这就是传统的启发式教育方法的理念。

最后是教育理论与教育经验的继承。教育学的发展经历了萌芽、创立和发展的过程，这也是不同时期的思想家、教育家对教育问题持续不断地深入思考的过程，不断拓展前人对教育的认识，产生了一些重要的教育学家，出现了一些教育学著作，从零散的经验之谈到成体系的教育思想，形成教育学科相对独立的问题领域与观念系统。尽管教育学理论总体上是不断发展革新并壮大的趋势，但总是在已有的教育理论和经验的基础上交流和继承、批判与创新，并形成教育学百家争鸣的蓬勃发展的态势，其中能反映教育本质和规律的教育概念范畴及有关经验体系，构成了教育学理论中相对稳定的核心内容。

三、教育的相对独立性

教育与社会的发展关系主要有两种：一是教育对社会的政治、经济和文化发展起着重要的促进、支持和引领作用，表现为教育超前于社会的发展；二是教育与社会政治、经济和文化发展不同步甚至相悖，表现为教育落后于社会的发展。不同国家的不同发展时期，教育活动与社会发展并不总是配合默契的过程，教育发展与社会发展的超前或落后状况往往出现在社会或教育发生重大变革的时期，体现了教育发展与社会发展的不协调，教育也随之表现出正面或负面的社会功能。

1. 教育超前于社会的发展

古代社会，由于农业社会经济发展缓慢、科技水平较低，教育主要是再现和继承知识和经验的功能，学校教育也主要是为特权阶层服务，少数统治阶层人才的培养以牺牲大多数人的发展为条件，教育难以真正适应社会发展进步的要求，与社会发展相比，教育呈现出“后行”的特点。

到了近现代社会，各个国家都经历着经济的快速发展、生产方式的转换、思想领域的变革，这些都推动教育向大众教育、全民教育发展，同时也逐渐实现着组织方式、课程内容、教学手段等系列变革。教育超前于社会发展的作用日益凸显。

比如20世纪初的中国，面临着内忧外患，如何改变落后挨打的局面，走上独立、富强的民族解放与振兴之路？无数能人志士进行着各种各样的探索，教育救国是其中的重要主张之一。一批文化救国论者和启蒙主义者高度重视教育，希望通过振兴教育、培养革新人才、开启民智来救中国于危亡。当时守旧的封建复辟势力和国内已然出现的新民主主义运动的思潮展开了激烈的对抗，其后轰轰烈烈的以北京大学师生为主体的五四运动的发生对整个中国的政治、文化和教育发展产生了深远的影响，体现出教育超前于社会发展的特点。

20世纪以来，教育已经成为所有国家社会发展的核心影响力量，影响着各国的政治、经济、科技、文化、环境等一系列问题，尤其是在经济领域人才资本理论的提出，论证了经济发展与教育发展的关系，认为教育要超前于社会的发展，为社会进步提供人才储备，“教育先行”的理念深入人心。

现在，人口的增长、经济的发展、知识的爆炸、信息技术手段的日新月异都在不断地对教育提出新的要求，很多新的知识和技能引发社会领域全面而深刻的变革。教育面临着前所未有的科技发展日新月异的新时期，要基于社会发展的现状及未来趋势，对社会发展的不同历史时期科学技术和生产方式的变革有深刻的了解，需要改变传统教育模式，将互联网技术引入教育，进行教学方式的深刻变革；改革教育内容，引入新思想、新科技和新发明；改革传统人才培养定位，对社会所需要的现阶段人才和未来社会所需要的人才特征要有明确的认识，不仅着眼于现在培养人才，更要着眼于未来培养具有创造精神和创造能力的人才以适应迅速变化的世界；制订具有前瞻性的切实可行的教育改革方案，为社会发展的现在及未来培养和储备人才，传播先进的教育理念，从而引领社会的进步。

【拓展阅读】

从战争结束到20世纪80年代末，亚、非、拉新独立的第三世界国家有一百个左右，其中在50、60年代独立的国家多达66个。第三世界国家都有一个显著的特征，即几乎所有的国家都曾有过一段沦为帝国主义殖民地的历史。由于殖民主义者的剥削，第三世界国家的经济和文化均比较落后，教育也相当落后。其中，非洲的发展最差。据有关资料表明，1950年时，加纳、肯尼亚、尼日利亚、赞比亚、罗德西亚、塞拉利昂、坦桑尼亚等16个非洲主要殖民地文盲率高达90%以上的有8个，大多数文盲率均在80%左右。

第三世界国家获得独立之后，便渴望尽快改变长期殖民统治造成的教育落后的局面。广大第三世界国家接受了人力资本理论，希望通过教育的发展，巩固政治，促进经济的发展，于是纷纷效仿日本、苏联和美国的模式，认为教育不再是福利事业，而是开发国家（人力）资源的手段，将教育的发展置于经济发展的优先地位，加大对教育的投资力度。据有关资料表明，在20世纪60、70年代，亚、非地区第三世界国家教育经费的增长率普遍高于国民生产总值的增长率。仅就1970—1977年的统计，亚洲国家的中等教育和高等教育的年增长率分别为5.1%和14.7%，非洲国家为6.3%和12.6%。尽管第三世界各国将教育的发展置于优先地位，并且加大了对教育的投资，但是他们薄弱的经济和文化基础仍然是其发展的障碍，因此，他们不得不依靠外部的援助。在这方面，联合国教科文组织、世界银行等国际组织发挥了很大的作用。

经过自身的努力以及国际组织的积极援助，20世纪60年代，第三世界国家普遍地出现了教育跃进的局面。教育的发展，对于促进各个国家经济的繁荣、政治的巩固起到了不可低估的作用，同时也使广大第三世界各国的人民找到了国家发展的正确方向。这也为正向教育功能观的存在提供了又一社会基础。

资料来源：王等等．教育功能观的社会学分析［J］．中国教育科学，2014（2）：211－230.

2. 教育落后于社会的发展

不同历史时期，因为政治制度、生产力水平、科技发展水平的不同，教育的社会功能也不同，这直接反映在一个国家的教育方针、教育目的、教育内容、培养模式。只有当教育与社会政治、经济和文化发展相适应、相协调时，才有可能促进社会的发展，否则容易降低教育效率、浪费教育资源，制约教育社会功能的发挥。

在工业社会时期，生产方式是规模化、批量化、标准化的，社会发展依赖教育体系培养各种技术娴熟的劳动者来胜任各种工作岗位的需求，教育活动也承担着重要的继承文化和普及科学的任务。然而自20世纪末以来，随着工业社会向信息社会的迅速蜕变，社会政治、经济和文化领域发生着重大而深刻的变革，人们的生活方式、生产方式、思想观念也发生了深刻的变化，对教育提出了教育制度、教育目标、教育内容、教学方式、师资队伍建设等全方位多方面的变革要求，但教育系统因为有其自身发展规律以及强大的发展惯性，不能迅速响应社会发展变革的需求，表现出培养目标守旧、专业结构不合理、课程内容过时、教学方法呆板、师资专业化发展程度有待提升等一系列问题，教育变革的迟缓容易导致教育社会功能失调，发展滞后，呈现出与社会“逆向发展”的特点。比如在社会发展需要大量劳动力的发展中国家，由于“重学轻术”的文化传统的影响，民众热衷于接受普通教育，而职业教育则受人冷落，导致各行各业的技术技能型人才无论是规模还是数量都很缺乏；高等教育专业结构设置也不合理，同质化比较严重，有些专业人才过剩，有些专业人才紧缺，出现结构性失调的就业状况，教育通过人才培养促进社会政治、经济、文化的发展的功能也受到制约。

教育落后于社会的发展会表现出教育的负面功能，比如教育对经济发展所存在的抑制作用。人力资本理论认为教育的经济功能的实现主要通过各级各类人才的培养和科技创新来推动经济发展，但是教育的经济功能的实现需要建立在与经济发展相适应的合理的人才培养规模和质量的基础上，这也是为很多国家经济发展与人才培养的关系所证实。事实上，20世纪60年代以后，不少经济学家和教育经济学家的研究表明，教育对经济增长的促进作用并未随着教育发展水平的提高而增加。有些发达国家教育经费、学生入学率以及入学层次的提升并没有带来持续的经济增长，而且层次越高的教育对经济增长的贡献反而越少。教育投资的社会回报率随着教育阶段的上升而下降，初等教育最高，其次是中等教育，高等教育最低；经济发展水平越低的国家教育投资的社会回报率越高。

【拓展阅读】

教育一定能促进经济增长吗？
——日本的启示

在80年代前，日本教育发展与经济增长的相关性是相当明显的。1955年至1970年，日本高中在校生从259.2万增至423.2万，增加63.3%，高等学校在校生从60.1万增至168.5万，增加180.4%；1960年至1970年，国民经济实际年增长率高达10.9 %。1970 年至1980 年，高中在校生从423.2 万增至462.2 万，增加9.2 %；高等学校在校生从168.5 万增至222.4 万，增加32.0 %；同期，国内生产总值年增长率为4.5 %。1980 年至1990 年，高中在校生从462.2 万增至562.3 万，增长21.6 %，高校在校生从222.3 万增至263.2 万，增长18.4 %；同期，国内生产总值实际年增长率为4.1 %。上述统计数据清楚表明，50 年代至80 年代，随着国民教育的快速稳定发展，日本经济始终呈现出增长的势头，尽管70 年代后增长速度有所放慢。然而，90 年代以后，教育发展与经济增长之间的正相关不复存在。90 年代后，日本已普及了高中阶段的教育，其毕业生进入各类高等学校的比例大为增加，目前已超过50 %，1990 年至1997 年，日本高等学校在校生从263 万增至310.3 万，增长17.9 %，平均年增长率为4.34 %，远远超过80 年代的3.03 %。但是，90 年代以来，日本国内生产总值实际年增长率几乎为零，1997 年和1998 年竟连续两年为负增长，年增长率分别为 -0.7% 和 -2.6 %。

资料来源：曲恒昌. 教育一定能促进经济增长吗？——日本的启示［J］. 比较教育研究，2000（3）：14 -18.

3. 教育具有相对独立性的原因

教育的社会功能总的来说主要受到“教育”与“社会”两方面因素的制约。教育具有自身的发展规律，受自身因素的影响，因此教育的社会功能不会总是按照统治阶层的意愿发挥作用；但同时教育活动受到社会因素的制约，所以教育活动也不是总能按自身的发展规律运行，因此教育活动与社会发展的复杂关系使得教育功能既受教育与社会的复杂外部关系的影响，同时又受教育内部结构的关系影响。教育与社会的外部关系和教育的内部规律之间是一种辩证统一的关系，教育的社会功能需要通过教育的内部规律起作用。总的来看，教育具有相对独立性的原因主要如下：

（1）教育领导权的掌握

在社会发展过程中，教育的领导权掌握在谁手里也影响着教育功能的发挥。当掌握教育的是进步阶级，反映社会进步的需要时，教育对社会发展容易起着积极的促进和引领作用；如果教育掌握在反动阶级手里，反映了落后社会的要求时，教育容易起着消极作用，与社会进步方向背道而驰。

（2）教育功能的平衡

教育的社会功能是教育的经济功能、政治功能和文化功能的整合和协调。教育功能的发挥需要教育对社会各个子系统都能产生积极的正面的相互作用，不能互相取代或只强调一方面的功能。若过于强调政治功能或经济功能都容易出现教育负面功能的影响，导致教育与社会发展方向不一致。我国50年代至70年代的教育，过于强调教育的政治功能，对教育的规律认识不够，导致教育制度的倒退和教育质量的下降，教育的社会功能和个体功能处于失调状态；若过于强调教育的经济功能，则通过教育传播主流阶层的意识形态，引导民众提升政治素养、维护社会稳定等方面的政治功能会被弱化。

（3）教育结构的协调

教育功能的发挥需要教育内部结构与外部社会结构的协调，主要包括教育结构与社会的政治结构、经济结构、文化结构的互相适应。教育结构与经济结构不相匹配，会造成专业结构不合理、人才过剩与人才短缺并存的矛盾。教育功能的发挥也需要教育内部结构的协调，各种层次各种类型的教育也应该要比例协调，共同发展。如经济欠发达或不发达的国家或地区需要切实推进职业教育，培养大量中等教育的人才，中等教育发展不充分必然会影响整个社会的劳动力数量和结构；而很多发展中国家盲目发展教育，并没有带来社会的大发展，却容易导致人才高消费、大材小用或人才外流等资源浪费的现象。我国目前义务教育基本达成，但正处于经济高速发展的时期，社会仍然存在重“普教”轻“职教”的倾向，导致社会发展所需要的技术型人才无论是数量还是质量都非常欠缺，因此需要调整和改善教育结构，加快职业教育的发展，与日益多元化的产业结构和经济结构相适应，培养多层次多类型的人才；根据社会发展的需要，处理好教育发展的规模和速度，有助于更好地发挥教育功能，从而扭转社会快速发展而教育相对滞后的局面。

（4）教育价值的取向

教育活动的发展不仅是社会所赋予的功能期待和实现推动使然，也是教育系统自身价值取向选择的过程。教育活动，尤其是大众教育和全民教育的发展，使得教育活动不再是统治阶层所独占的稀缺资源，教育的发展也受到所有社会阶层、社会群体和个体、大众传媒、社区机构、家庭等的影响。这些不同社会阶层、群体、个体、机构、家庭的教育期待不尽相同，因此教育的发展路径和功能实现便有了一定的价值选择，不一样的价值选择也影响着教育与社会发展是否同步以及同向。比如长期以来的重“普教”轻“职教”，对升学率的片面追求导致“分数至上”“文凭追捧”，而随着中国经济的转型升级，国家出台各项政策措施大力发展职业教育，在全社会范围内形成“崇尚一技之长、不唯学历凭能力”的氛围，激发年轻人学习职业技能的积极性，改善人才培养的结构性矛盾，引导职业教育的发展，为社会发展服务。

（5）教育系统的调整

教育系统的构成要素主要有教育目标、教育体制、教育内容和教育方法等，如果这些教育的系统要素不能很好地适应现实社会发展的需要，教育也容易出现与社会发展不适应的现象。比如，人才需求丰富多元，而教育目标相对单一；知识更新周期缩短，而教育内容相对稳定；社会关系复杂多变，而教育体制相对保守；信息技术日新月异，而教育方法单一乏味。教育系统出现上述问题，容易导致教育的社会功能和个体功能的失调，人才培养与社会发展脱节。由于教育的继承性、连续性，有些教育规律也具有一定的稳定性，总之，办教育既要考虑教育与社会的协调发展，也要遵循教育自身的发展规律，否则，教育容易呈现负面功能，与社会发展逆向而行。

本章小结

教育与社会生产力、政治、文化、人口有着复杂的相互作用。一定社会的生产力、政治、文化、人口制约着教育发展的规模和质量、结构与功能，同时社会的发展也离不开教育的影响和作用。教育功能是关于对“教育有什么用”这个教育学基本理论问题的思考。教育功能是教育活动对个体发展和社会发展所产生的各种影响和作用，在系统内部表现为对个体发展的影响和作用，即个体功能；在整个社会系统中，教育又表现为对整个社会发展所起的影响和作用，即社会功能，主要表现为教育的政治功能、经济功能、文化功能和人口功能。教育的政治功能主要表现在培养合格的公民和各级各类政治人才以及传播思想、制造舆论来发挥政治影响作用。教育的经济功能主要表现在劳动力的培养和科技文化知识的继承和创新，以此来促进经济的发展；教育的文化功能主要表现为教育的文化传递、文化选择、文化交流和文化创造，以此来对社会文化产生影响；教育的人口功能则是对社会人口数量进行调节和控制，提高人口质量，促进人口的迁移与流动。教育也具有超前或落后于社会政治、经济、文化发展的相对独立性。

【思考与练习】

1. 简述教育的文化功能。
2. 简述教育的人口功能。
3. 论述教育与生产力的相互作用。
4. 论述教育与政治的相互作用。

【拓展阅读】

1. 新华社．国家中长期教育改革和发展规划纲要：2010—2020 年［Z］.2010 - 07 - 29.

2. 张楚廷．教育就是教育［J］．高等教育研究，2009（11）.

3. 麻艳香．文化：教育发展的内在机制——教育与文化的关系研究［J］．甘肃社会科学，2010（2）．

4. 李友德．人力资本投资与经济增长关系的实证研究［J］．江汉论坛，2012（2）．

5. 段丽华，柳海民．文化视域下的中国教育公平制度变迁［J］．东北师大学报（哲学社会科学版），2013（1）．

第五章　教育目的

【学习要点】

1. 掌握教育目的的理论；

2. 了解中华人民共和国成立后制定的教育方针，熟悉国家当前的教育方针、教育目的及实现教育目的的要求；

3. 了解全面发展教育的组成部分（德育、智育、体育、美育、劳动技术教育）及其相互关系。

【案例导入】

两棵树，你砍哪一棵？

老教授问："如果你去山上砍树，正好面前有两棵树，一棵粗，一棵细，你会砍哪一棵？"问题一出，大家都说："当然砍那棵粗的了。"

老教授一笑，说："那棵粗的不过是一棵普通的杨树，而那棵细的却是红松，现在你们会砍哪一棵？"我们一想，红松比较珍贵，就说："当然砍红松了，杨树又不值钱！"

老教授带着不变的微笑看着我们，问："那如果杨树是笔直的，而红松却是七歪八扭，你们会砍哪一棵？"我们觉得有些疑惑，就说："如果这样的话，还是砍杨树。红松弯弯曲曲的，什么都做不了！"

老教授目光闪烁着，我们猜想他又要加条件了，果然，他说："杨树虽然笔直，可由于年头太久，中间大多空了，这时，你会砍哪一棵？"

虽然搞不懂老教授的葫芦里卖的什么药，我们还是从他所给的条件出发，说："那还是砍红松，杨树中间空了，更没有用！"

老教授紧接着问："红松虽然不是中空的，但它扭曲得太厉害，砍起来非常困难，你们会砍哪一棵？"我们索性也不去考虑他到底想得出什么结论，就说："那就砍杨树。同样没啥大用，当然挑容易的砍了！"

老教授不容喘息地又问："可是杨树之上有个鸟巢，几只幼鸟正躲在巢中，你会砍哪一棵？"

终于，有人问："教授，你到底想告诉我们什么？测试些什么呢？"老教授收起笑容，说："你们怎么就没有人问问自己，到底为什么砍树呢？虽然我的条件不断变化，可是最终结果取决于你们最初的动机。如果想要取柴，你就砍杨树；如果想要做工艺品，就砍红松。你们当然不会无缘无故提着斧头上山砍树了。"

资料来源：百度文库. 管理故事：两棵树，你砍哪一棵？[EB/OL]. http://wenku.baidu.com/link?url=PFY5j_UcxwAiWWHcJAm0u0x6TFc9RzgSr efXMzdUhJx-TAzoP9c7oY1KLQHjbT037hQD3hAQW9na79daP2VoyeVLcIxIo8iMc7oui XziEsW.

思考：1. 这个故事告诉了我们什么？

2. 你是否被各种条件和现象迷惑，无法明确自己的目的？

第一节　教育目的概述

一、教育目的的含义

（一）教育目的的概念

目的通常指人预先设想的行为目标和结果。人的实践活动以目的为依据，目的贯穿于实践过程的始终。马克思说："蜜蜂建筑蜂房的本领使人间的许多建筑师感到惭愧。但是，最蹩脚的建筑师从一开始就比最灵巧的蜜蜂高明的地方，是他在用蜂蜡建筑蜂房之前，已经在自己的头脑中把它建成了。"

教育作为人类的特殊实践活动，同样具有一定的目的性。教育目的是教育基本理论中的一个重要概念，是教育的核心问题，具体指国家对培养人的总的要求，它规定着人才的质量和规格，对教育工作具有全程性的指导作用。教育目的是整个教育工作的方向，是一切教育工作的出发点。教育目的的实现也是教育活动的归宿。

教育目的有狭义和广义之分，狭义的教育目的主要是指各级各类学校的教育目的，是国家对把学习者培养成为什么样人才的总的要求。广义的教育目的是指人们通过教育活动使学习者在身心诸方面达到的预期效果，它存在于一切教育活动之中。

（二）教育目的的结构层次

教育方针、教育目的、培养目标、课程目标、教学目标之间既有联系又有区别，不可混用和互相替代。

教育方针是国家根据政治、经济的要求，为实现教育目的，提出教育工作发展的总体要求。教育方针的内容包括教育的性质（说明为谁培养人）、教育的目的（说明教育培养什么样的人）和实现教育目的的途径（说明教育怎样去培养人）。①

教育目的和教育方针之间的关系是教育方针包含教育目的，教育目的是教育方针的重要组成部分，是其中“培养什么样的人”的问题的部分。

培养目标是指各级各类学校根据教育目的，对学习者身心发展提出的具体要求。教育目的与培养目标之间是普遍与特殊的关系。教育目的是针对所有学习者提出的，而培养目标是针对特定的教育对象提出的；培养目标建立在教育目的基础之上，是教育目的的具体体现，教育目的的实现也需要培养目标来促成。

课程目标是课程本身要实现的具体目标和意图，它既是教育目的和培养目标在课程中的具体体现，又是教学目标确立的基础。

教学目标是更下位的概念，是对学习者学习活动的预期结果的规定，具体到每个知识点、每一堂课的任务和规定等，教学目标与教师的日常教学工作有密切的联系。

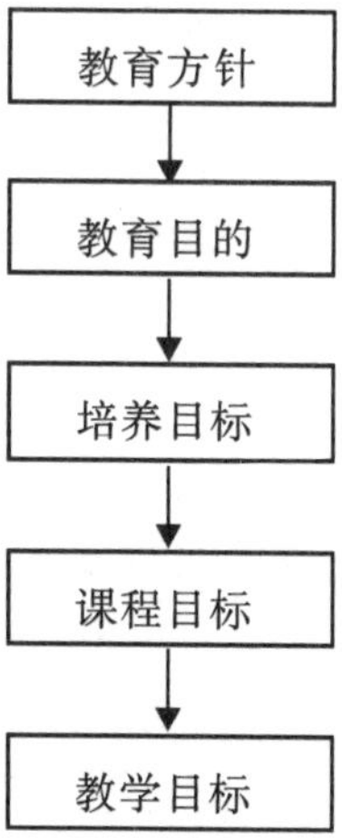

教育目的的结构层次

① 陈理宣．教育学原理：理论与实践［M］．北京：北京师范大学出版社，2010：124.

二、教育目的的特点

教育目的是人才培养的一种理想的质量规格，是教育工作所追求的最终统一的目标，具有很强的超现实的特性。同人类社会生活和活动的目的一样，教育的目的也具有自己的独特价值和特点。

（一）对教育活动具有质的规定性

教育目的对教育活动具有质的规定性，主要体现在：

一是对教育活动具有质的规定性，即规定教育“为谁培养人”“为谁（哪个社会、哪个阶级）服务”。这种质的规定性在于明确教育进行人才培养的社会性质和根本方向，使其培养出与一定社会要求相一致的人。

二是对教育对象发展具有质的规定性，主要体现在两方面：一方面规定了教育对象培养的倾向，即要使教育对象成为哪个阶级、哪个社会的人，为哪个阶级、哪个社会服务；另一方面规定了培养对象应有的基本素质，即要使教育对象在哪些方面得到发展，应养成哪些方面的素质等。

由此可见，教育目的对教育活动具有的质的规定性，说明教育目的作为培养人的总体要求，总是内在地决定着教育的社会性质和教育对象发展的素质，反映着一定社会发展的需要。

（二）社会性与时代性

教育是培养人的社会活动，受到具体社会和时代的制约。因此，在不同的国家、不同的社会文化背景下，教育目的各不相同。例如，教育目的规定了把学习者培养成为哪个阶级、哪个社会的人，为哪个阶级、哪个社会服务。即便是同一个国家、同一种社会文化背景，随着经济与社会的发展，随着时代与历史的变迁，教育目的也不断演变。例如，19 世纪以前，世界各国普遍强调教育的“道德目的”，把培养人的德行视作教育的最高目的。后来由于科学技术和社会生产力的迅猛发展，人类知识总量的急剧扩张，智育的地位开始上升，“掌握知识”“发展智力”开始成为世界各国普遍追求的教育目的之一。[①]

三、教育目的的功能

教育目的是教育工作的出发点和落脚点，是教育的核心所在，对教育任务

① 金林祥．教育学概论［M］．上海：华东师范大学出版社，2010：70.

的确立、教育制度的建立、教育内容的选择，以及全部教育活动过程的组织具有指导作用。教育目的的功能指教育目的对教育活动的作用。教育目的对教育活动具有多方面的功能。

（一）导向功能

第一，对人才培养目标和学校教育的导向作用。任何层次或类别的教育活动在开展前和在进行中都必须依据教育目的去修订人才培养目标，对学校教育进行引导。

第二，对课程的设置和教学内容的导向作用。课程是学校教育实践的载体，教学内容是课程的具体体现。学校开设什么课程，讲授什么内容，这是直接由学校的培养目标决定的，由教育目的间接决定。

第三，对教师的教学行为的导向作用。教师要有效完成社会赋予他们的使命，承担人才培养的重任，需按照教育目的的要求开展教学活动，并采用合适的教学行为以期达到良好的教学效果。

第四，对学校管理的导向作用。学校管理为学校的教学活动服务，实质则是为人才培养服务。学校科学管理是根据人才培养需要做好相应的服务工作。

（二）调控功能

教育目的对整个教育活动具有调控功能。一切教育活动过程都是实现教育目的的过程，教育过程在教育目的的调节控制下，教育目的在教育过程中实现。

教育目的对教育活动的调控主要通过三种方式。一是通过确定价值的方式来调控，主要从价值取向上把握。教育的产生和发展既是社会的需要，也受社会制约，社会通过教育满足自身的发展需要，因此，教育中无不体现了社会的价值取向。教育目的正是社会价值观念的载体，并以此为标准衡量教育价值的意义，从而间接调控教育活动。二是通过标准的方式进行调控。教育目的蕴含“培养什么样的人”的标准，这是实际教育活动的基本依据，使教育者根据这样的标准调节和控制自身对教育内容或教学方式的选择等。三是通过目标的方式进行调控。一种教育目的的实现会使它自身衍生出系列短期、中期或长期的目标，正是这样一个目标，铺开了教育目的可以实现的行走路线，具体调节和控制教育的各种活动。

（三）激励功能

目的是一种结果指向，教育目的是对学习者未来发展结果的一种设想，具有理想性的特点。教育目的本身包含了对学生成长的期望和要求，这就决定了它具有激励教育行为的作用。它不仅激励着教育者通过一定的方式，把教育目的和培养目标转化为学生的学习目的，也激励着学习者自觉地、积极地参与教育活动。在教育活动中，只有当学习者意识到教育目的对自身未来成长的要求或意义时，才能把它作为努力方向，不断地按照教育目的的要求发展和提高自己。

（四）评价功能

教育目的是一个国家人才培养的质量、规格和标准，同时也是衡量教育质量和教学效果的重要依据。教育目的的评价功能集中体现在现代教育评估或教育督导行为中。

第一，依据教育目的，评价学校的总体办学方向、办学思想、办学路线是否正确，是否清晰，是否符合社会的发展方向和需要；

第二，依据教育目的，评价教育质量是否达到了教育目的的要求，达到了教育目的规定的规格和标准；

第三，依据教育目的，评价学校的管理是否科学有效，是否符合教育目的的要求，是否遵循了教育规律和人的身心发展规律，是否促进了学生的健康发展和成长。

总之，教育目的对于教育活动的功能是多方面的。只有确立了科学的教育目的，教育活动才能顺利展开，教师的教育活动才能有方向。

四、教育目的制定的依据

教育目的是依据一定社会的政治、经济要求和学习者的身心发展特点，以及学习者的价值取向来确定的。从其提出主体来看，教育目的是由人制定的，体现着人的主观意志，但必须依据社会发展的客观需要和学习者身心发展的特点来制定。因此，不同的社会需要导致历史上不同的国家、不同的社会有不同的教育目的。

（一）社会依据

1. 教育目的取决于一定社会的政治、经济要求

教育目的是统治阶级的人才利益和人才标准的集中体现，统治阶级的教育目的首先要符合统治阶级或政党的利益和需要。社会政治经济制度决定了教育目的。例如，我国奴隶社会向封建社会过渡时期，当时的教育目的是实施“仁政”和“德治”的工具。孟子说：“设为庠序学校以教之……皆所以明人伦也。人伦明于上，小民亲于下。”采用“明人伦”的教育目的，使学习者修己以治

人，维护封建统治阶级的利益。因而，教育目的的确定取决于一定社会的政治、经济要求，具有鲜明的阶级性。

2. 教育目的受制于社会生产力、科学技术和文化的发展水平

不同社会、不同时代的生产力和科学技术发展水平不同。生产力和科学技术发展水平的不同导致了对人才的规格、类型、标准和需要的不同，因此教育目的也不同。古代社会生产力和科学技术发展水平很低，教育目的主要培养为统治阶级服务的政治统治人才。资本主义社会生产力和科学技术迅速发展，科学技术在社会化大生产中的广泛应用，对劳动者受教育程度的要求越来越高。资本主义社会的教育目的就不仅仅是培养为统治阶级服务的人才，还包括培养合格的劳动力。中国目前最大的任务是社会主义现代化建设，我们的教育就是要培养社会主义现代化建设所需的各类人才。

（二）人的依据

1. 教育目的受制于人的身心发展规律

人的身心发展具有一定的顺序性、阶段性、不平衡性、稳定性与可变性、个体差异性、整体性。① 因此，教育目的的制定要符合学习者的身心发展情况，不仅要考虑学习者的生理和心理发展状况，还要考虑社会的规定性，应根据个体不同阶段的身心发展需要，制定与之相符的教育目的。

2. 教育目的受制于人的价值取向

教育的价值取向指教育目的的提出者或从事教育活动的主体依据自身的需要对教育价值做出选择时所持的一种倾向。②

关于教育目的的价值取向，教育史上曾有不同的观点与主张，其中争论最多、影响最大、最具根本性的问题，主要是个人发展与社会发展关系的问题，即“个人本位论”与“社会本位论”两大不同的价值取向。个人本位论认为教育目的应当从学习者的本性出发；社会本位论认为教育目的要根据社会需要来确定，个人只是教育加工的原料，个人的发展必须服从于社会。

---

① 朴泰洙，金哲华．教育学原理［M］．北京：科学出版社，2011：127.

② 王道俊，王汉澜．教育学：新编本［M］．北京：人民教育出版社，1989：101.

第二节　教育目的的理论基础

一、宗教本位论

宗教本位论主张人在宗教的影响下，以皈依上帝为其生活理想，把人培养成虔诚的宗教人士，在西欧中世纪流行，其代表人物是奥古斯丁、托马斯·阿奎那等。

宗教本位教育目的在中世纪漫长的时间内长期占据着西方教育思想的统治地位，它强调教育对人的精神世界的作用。虽然其哲学立场是唯心主义的，但其某些观点对批判近代教育过度功利化、技术化的倾向仍有一定借鉴意义。

宗教本位论的主要观点：①人类借助于精神可以体会或者达到永恒的世界或总体的精神；②教育的终极目的就是要为人们的永生作准备，使人们信仰和皈依于神或上帝；③为了能够使人们达到最后的目的，教育应该使人们具有“知识”“德性”“虔信”和“忠诚”的品质。

宗教本位论主张以皈依上帝为其理想，把人培养成为虔诚的宗教人士。其合理之处在于强调教育对人的精神世界的作用，缺陷是宗教导向、唯心主义哲学立场，忽视生产力。

二、个人本位论

这种观点曾在18世纪和19世纪上半叶广泛盛行于西方资本主义世界，其主要代表人物有法国哲学家卢梭、瑞士教育家裴斯泰洛奇和德国教育家康德。19世纪末20世纪初，有“进步教育之父”之称的美国教育家帕克也是个人本位论者，在当代，人本主义者如马斯洛、罗杰斯等人也被看作是个人本位论者。

不同的历史发展时期，各种人本位的价值取向背景和针对性有所不同。古希腊时期，主张教育应以弘扬人性、发展人的个性为根本目的；文艺复兴时期，反对宗教神学对人的压抑，把个体自我意识觉醒、培养独立个人作为教育的根本目的；18世纪到19世纪中叶，以卢梭为代表的启蒙思想家倡导“天赋人权”“天赋民权”的思想，把培养具有独立人格和尊严的“自然人”，促进人的自然发展作为确立教育目的的根本依据。

个人本位论的基本主张：①教育目的应根据人的本性需要来确定。个人本位论者主张教育目的应从人的本性、本能的需要出发，而不是从社会需要出发，人生来就有健全的本能，教育的职能就在于使这种本能不受影响地得到发展。②教育目的在于把学习者培养成人，充分发展人的本性，增进人的价值。教育目的在于使人的本性得到最完善的发展，除此之外，教育没有其他目的。这也说明教育目的不是根据社会的需要而制定的。③个人价值高于社会价值，社会只有在有助于个人的发展时才有价值。④评价教育的价值应以其对个人发展所起的作用来衡量。这种把人的自身的需要作为制定教育目的的依据，在一定的历史条件下具有进步意义。

个人本位论肯定人的价值，能够遵循人的身心发展规律进行教育，具有积极的作用。其不足在于忽视了社会的需要以及社会的发展，仅以个体发展需要作为制定教育目的的依据，割裂了个体和社会之间的关系。

三、社会本位论

这种观点兴起于 19 世纪下半叶，其主要代表人物是法国社会学家孔德和涂尔干、德国教育家凯兴斯泰纳。

社会本位论的基本主张：①教育的目的应当根据社会需要来制定，人的发展根植于社会，个人的发展必须服从于社会。社会本位论者认为，个人只是教育加工的原料，个人的发展必须服从于社会。孔德认为：“真正的个人是不存在的，只有人类才存在，因为不管从哪方面看，我们个人的一切发展，都有赖于社会。”②教育目的就是要把学习者培养成为符合社会准则的公民，使学习者社会化，保证社会生活的稳定与延续。涂尔干说：“教育在于使青年社会化，……在我们每个人之中，造成一个社会的我，这便是教育的目的。”③社会价值高于个人价值，个人的存在与发展从属于社会。纳托普认为：“在教育目的的决定方面，个人不具有任何价值。个人不过是教育的原料，个人不可能成为教育目的。”④评价教育的价值应当以其对社会发展所起的作用来衡量。社会本位论者认为，教育的结果只能以其社会的功能来衡量，离开了社会，就无法对教育的结果作出衡量，为达到某种结果而提出的教育目的必然成为一种没有意义的东西。

社会本位论从国家和社会的发展角度来衡量教育成果，充分利用国家和社会资源发展教育事业，重视教育目的的社会制约性。其缺点在于忽视了个人的发展需要，无视个体的主观能动性，否定人的价值，扭曲了社会需要和个人发展之间的辩证关系。

四、教育无目的论

教育无目的论是在20世纪初由美国实用主义教育家约翰·杜威提出的。其在《民主主义与教育》一书中指出："教育即生长、即生活、即经验的持续不断的改造"，他主张"教育即生活"的无目的教育理论。

杜威认为"教育过程，在它自身以外没有目的；它就是自己的目的"①，不存在"教育过程以外"的目的，教育目的只存在于"教育过程以内"。杜威还认为教育就是社会生活本身，是个人经验的不断扩大积累，教育过程就是教育目的。真正有效的教育目的必须内化于教育，通过教育过程去实现。

杜威指出良好的教育目的应该具备以下几个特征：第一是客观性，所确定的教育目的必须是现有情况的产物；第二是灵活性，教育目的必须能够随环境条件的改变而随时调整；第三是非完成性，良好的教育目的必须确保活动的自由开展。杜威认为，教育的外部目的是固定的、呆板的，不能保证活动的继续进行，因而绝非他所赞同的教育目的。

总之，杜威的"教育无目的论"并不是指教育过程中不存在任何目标，而是他用来反对教育的外部目的，借以提倡教育的内在目的的代名词。杜威对"教育目的"有关理论的阐释，虽然能为我们提供一定程度的理论和实践指导，展现一个认识教育目的的新视角，但该理论论证的自相矛盾以及实践指导价值的缺乏，很容易让人对该理论的正确性和可行性产生怀疑。

五、马克思主义关于人的全面发展学说

这是马克思主义的教育目的论。它的基本思想是：①人的发展是与社会生产发展相一致的；②旧式劳动分工造成人的片面发展，机器大工业生产要求人的全面发展，并为人的全面发展提供了物质基础；③实现人的全面发展的根本途径是教育与生产劳动相结合。

纵观马克思主义对人的全面发展含义的各种表述，可见人的全面发展具有丰富的内涵：①指人在物质生产生活中劳动能力的全面发展。个人生产力的全面、普遍的发展指的是将个体发展成"各方面都有能力的人，即通晓整个生产系统的人"。正如马克思所言，"全面发展的个人……也就是用能够适应极其不同的劳动需求并且在交替变换的职能中……使自己先天的和后天的各种能力得到自由发展的个人"。这种劳动能力的全面发展既表现为人的体力和智力的全面

① 杜威．民主主义与教育［M］．王承绪，译．北京：人民教育出版社，1990：54.

发展，又表现为人的才能和志趣的全面发展。②指人的才能的全面发展。正如马克思、恩格斯所说，“每一个人都无可争辩地有权全面发展自己的才能”“任何人的职责、使命、任务就是全面地发展自己的一切能力”。③指人自身的全面发展，它意味着“人以一种全面的方式，也就是说，作为一个完整的人，占有自己的全面的本质”“均匀地发展全部的特性”。④指人的自由发展，包括“全部才能的自由发展”“各种能力得到自由发展”“个人独创的和自由的发展”“个性的比较高度的发展”等。

马克思主义关于人的全面发展学说确立了科学的人的发展观，揭示了人的全面发展的历史必然性，对我国的教育目的的确立具有重要的理论指导意义。

第一，为我们科学地认识人的全面发展提出了新的方法论指导。马克思主义的产生为考察和说明人的发展提供了新的科学的方法论。它要求在规定人的发展的时候，不能停留在思辨领域内，不能停留在抽象的人之上，不能脱离具体的历史条件，而必须“从人们现有的社会联系，从那些使人们成为现在这种样子的周围生活条件来观察人们”。用这种科学的人的发展观作指导，有助于我们深刻理解人的发展的社会必要性和社会制约性。在确立和实现教育目的中把人的发展和社会的发展结合起来。

第二，马克思主义指出的人的全面发展的历史必然性，为社会主义人才培养指明了方向。马克思主义人的全面发展学说从社会生产的发展，特别是社会大工业生产发展对人的影响中，看到了“承认劳动的变换，从而承认工人尽可能多方面的发展是社会生产的普遍规律”，揭示了人的全面发展的历史必然性，有助于我们社会主义教育在人才培养中坚持全面发展的方向，培养人的素质，更好地推动我国的现代化建设。

马克思主义在科学地考查人类发展史的基础上提出教育是实现人的全面发展的重要途径，认为全面发展的人不仅是智力和体力潜能获得充分、和谐、自由发展的人，而且是精神、道德、情感等各方面和谐发展的人。马克思主义关于人的全面发展学说指出教育目的应该把个人发展需要与社会需要辩证地统一起来，既要依据社会需要又要依据个人发展的需要。这是我国确立教育目的的理论基础，对我国教育目的的确立具有重要的指导作用。

第三节　我国教育目的的演变

一、我国古代的教育目的

教育目的随社会的发展而变化。我国古代的夏、商、周三代的学校教育皆以“明人伦”为目的。到了封建社会，儒家教育思想占统治地位，教育目的基本贯彻“学而优则仕”的思想，教育重在培养“建国君民”的统治人才，以利于“化民成俗”“在明德，在亲民，在止于至善”，强调“格物、致知、正心、修身、齐家、治国、平天下”。总之，我国封建社会的教育目的在于培养统治阶级所需要的“忠君尊孔”、具有儒家人格特征的治术人才。

二、我国近代社会的教育目的

在改革封建教育，建立新教育制度潮流的推动下，清政府开始以国家的名义制定和颁布教育目的，中国近代教育史上由国家制定的教育目的当始于1904年的《奏定学堂章程》。该章程规定：“至于立学宗旨，勿论何等学堂，均以忠者为本，以中国经史之学为基，俾学生心术壹归于纯正，而后以西学瀹其知识，练其艺能，务期他日成材，各适实用，以仰付国家造就通才，慎防流弊之意。”这一教育目的可以说是我国最早的由国家确定和实施的教育目的，它很明显地反映了当时半殖民地半封建教育“中体西用”的方针，中学为忠孝之本，以中国经史之学为基；西学以西方近代科学的知识和艺能为主，以造就国家所需要的各适实用的通才为目的。

中国近代实行新学制之后，清政府学部于1906年正式规定了教育宗旨为“忠君、尊孔、尚公、尚武、尚实”。前两条为“中国政教之所固有，而亟宜发明以拒异说者”；后三条则是“中国民质之所最缺，而亟宜鍼砭以图振起者”。同年颁布的“上谕”也明确规定：“学堂以中学为主，西学为辅；培养通才，首重德育；并以忠君、尊孔、尚武、尚实诸端定其趋向。”这一教育宗旨反映了“中学为体，西学为用”的基本精神，反映了清末政治经济对教育的要求。

三、民国时期的教育目的

1912 年，教育部根据时任总长蔡元培的建议，决定以“注重道德教育，以实利教育、军国民教育辅之，更以美感教育完成其道德”的宗旨取代清末的教育宗旨。

1929 年 3 月，国民党召开第三次代表大会，将制定教育宗旨作为会议的重要议题，4 月 26 日明令公布：“根据三民主义，以充实人民生活、扶植社会生存、发展国民生计、延续民族生命为目的；务期民族独立，民权普遍，民生发展，以促进世界大同。”这一教育宗旨由国民政府通令公布，成为具有强制性的、全国一致遵守的教育目的。这一教育宗旨，仍然是国民党“一个党”“一个主义”政策原则的一种注释，是为国民党一党专制服务的。1936 年，国民党政府为欺骗民众而准备实行宪政，公布了《中华民国宪法草案》（简称《五五宪草》），因抗战爆发而未来得及通过。这一草案规定：“中华民国之教育宗旨，在发扬民族精神，培养国民道德，训练自治能力，增强生活知能，以造成健全国民。”这部宪法一直到 1946 年经过修正后正式通过，该宪法第一百五十八条规定：“教育文化，应发展国民之民族精神、自治精神、国民道德、健全体格、科学及生活智能。”

四、中华人民共和国成立以来的教育目的

（一）中华人民共和国成立以来的教育目的

1949 年中华人民共和国成立，半殖民地半封建社会结束，旧的教育制度被推翻，旧的教育目的被废止，新的社会主义教育方针和教育目的被确立。

1949 年 12 月，中华人民共和国诞生不久，教育部在北京召开第一次全国教育工作会议，确定了全国教育工作的总方针：“中华人民共和国的教育是新民主主义的教育，它的主要任务是提高人民文化水平，培养国家建设人才，肃清封建的、买办的、法西斯的思想，发展为人民服务的思想。这种新教育是民族的、科学的、大众的教育，其方法使理论与实践一致，其目的是为人民服务，首先为工农兵服务，为当前的革命斗争与建设服务。”这个方针后来被称为新民主主义文化教育方针。1951 年 3 月，第一次全国中等教育工作会议提出：普通中学的宗旨和教育目标是“使青年一代在智育、德育、体育、美育各方面获得全面发展，使之成为新民主主义自觉的积极的成员”。这是第一次提出智、德、体、美全面发展。

1957年，我国在生产资料所有制的社会主义改造完成后，开始了以发展社会生产力、发展经济为重点的大规模建设时期，根据这一时期政治、经济、文化等方面发展的新要求，毛泽东在国务会议上指出：“我们的教育方针，应该使受教育者在德育、智育、体育几方面都得到发展，成为有社会主义觉悟的有文化的劳动者。”这在当时对我国教育事业的发展和人才培养起了非常有力的指导作用，对以后教育目的的确立影响非常大。

1958年9月，中共中央、国务院在《关于教育工作的指示》中使用了“教育工作方针”和“教育目的”的提法，提出“党的教育工作方针，是教育为无产阶级政治服务，教育与生产劳动相结合”；“教育的目的，是培养有社会主义觉悟的有文化的劳动者”，并指出这种主张“正确地解释了‘全面发展’的涵义”。

1978年，我国的教育目的在第五届全国人民代表大会一次会议通过的宪法修正案中被表述为：“我国的教育方针是教育必须为无产阶级政治服务，教育必须同生产劳动相结合，使受教育者在德育、智育、体育几方面都得到发展，成为有社会主义觉悟的有文化的劳动者。”

1981年，《关于建国以来党的若干历史问题的决议》对教育目的有新的表述：“坚持德智体全面发展、又红又专、知识分子和工人农民相结合、脑力劳动和体力劳动相结合的教育方针。”在同年11月的第五届全国人民代表大会五次会议的政府工作报告中，又指出教育目的是“使受教育者在德育、智育、体育几方面都得到发展，成为有社会主义觉悟的有文化的劳动者和又红又专的人才，坚持脑力劳动和体力劳动相结合，知识分子和工人农民相结合。”

1982年，《中华人民共和国宪法》第四十六条规定我国现阶段的教育目的是：“国家培养青年、少年、儿童在品德、智力、体质等方面全面发展。”这是我国首次从法律上对教育目的做的规定。

1985年，《中共中央关于教育体制改革决定》提出，教育必须“面向现代化、面向世界、面向未来，为90年代至下世纪初叶我国经济和社会发展培养新的能够坚持社会主义方向的各级各类人才”。明确指出：“所有这些人才都应该有理想、有道德、有文化、有纪律，热爱社会主义祖国和社会主义事业，具有为国家富强和人民富裕而艰苦奋斗的献身精神，都应该不断追求新知，具有实事求是、独立思考、勇于创造的科学精神。”这是在新的历史时期下对教育目的的一次较为全面的概括，它明确规定了我国教育应当培养社会主义建设所需要的各级各类建设人才，以及这些人才应具备的基本素质。

1986年通过的《中华人民共和国义务教育法》规定：“义务教育必须贯彻国家的教育方针，努力提高教育质量，使儿童、少年在品德、智力、体质等方面全面发展，为提高全民族素质，培养有理想、有道德、有文化、有纪律的社会主义的建设人才奠定基础。”在这里，首次把提高全民族素质纳入教育目的。

1990 年，《中共中央关于制定国民经济和社会发展十年规划和“八五”计划的建议》把教育方针和教育目的明确表述为：“教育必须为社会主义现代化建设服务，必须与生产劳动相结合，培养德、智、体全面发展的建设者和接班人。”进一步端正办学指导思想，把坚定正确的政治方向放在首位，全面提高教育者和被教育者的思想政治水平和业务素质。

1993 年，中共中央、国务院正式印发的《中国教育改革和发展纲要》提出：“教育改革和发展的根本目的是提高民族素质，多出人才，出好人才，各级各类学校要认真贯彻‘教育为社会主义现代化建设服务，必须与生产劳动相结合，培养德、智、体等全面发展的建设者和接班人’的方针，努力使教育质量在 90 年代上一个新台阶。”在这里不但明确提出了中国教育改革的任务，还提出培养德、智、体等全面发展的建设者和接班人的目标，具有重要的指导价值。

1995 年，《中华人民共和国教育法》规定：“教育必须为社会主义现代化建设服务，必须与生产劳动相结合，培养德、智、体等方面全面发展的社会主义事业的建设者和接班人。”

1999 年 6 月，《中共中央国务院关于深化教育改革全面推进素质教育的决定》把教育目的表述为：“以培养学生的创新精神和实践能力为重点，造就有理想、有道德、有文化、有纪律的德、智、体等方面全面发展的社会主义建设者和接班人。”

2001 年 6 月，《国务院关于基础教育改革与发展的决定》明确提出：“要高举邓小平理论伟大旗帜，以邓小平同志‘教育要面向现代化，面向世界，面向未来’和江泽民同志‘三个代表’的重要思想为指导，坚持教育必须为社会主义现代化建设服务，为人民服务，必须与生产劳动和社会实践相结合，培养德智体美等全面发展的社会主义事业建设者和接班人。”

2004 年 2 月，中共中央国务院颁发的《关于进一步加强和改进未成年人思想道德建设的若干意见》对教育目的的表述又有新的提法：“培育有理想、有道德、有文化、有纪律的，德、智、体、美全面发展的中国特色社会主义事业建设者和接班人。”“中国特色”体现了教育目的的现实意义和历史意义。

2010 年 7 月，《国家中长期教育改革和发展规划纲要（2010—2020 年）》提出：“全面贯彻党的教育方针，坚持以人为本、推进素质教育是教育改革发展的战略主题，是贯彻党的教育方针的时代要求，核心是解决好培养什么人、怎样培养人的重大问题，重点是面向全体学生、促进学生全面发展，着力提高学生服务国家人民的社会责任感、勇于探索的创新精神和善于解决问题的实践能力。”

（二）中华人民共和国成立以来我国确立教育目的的理论依据

中华人民共和国成立以来 我国确立教育目的的理论依据是马克思关于人的全面发展的学说。马克思在《资本论》等著作中阐述了关于人的全面发展的学说，主要包括以下内容：

第一，人的全面发展。全面发展的人是指精神和身体、个体性和社会性得到普遍、充分而自由发展的人。

第二，社会条件决定了人朝什么方向发展，怎样发展，发展到什么程度。

第三，从历史发展的进程上来看，人的发展受到社会分工的制约。

第四，现代大工业生产的高度发展必将对人类提出全面发展的要求，并提供全面发展的可能性。

第五，马克思预言，人类的全面发展只有在共产主义社会才能得到实现。

第六，教育与生产劳动相结合是实现人的全面发展的唯一方法。

五、现阶段我国教育目的的精神实质

（一）坚持社会主义是我国教育目的的根本所在

教育目的具有社会制约性，它反映了国家生产力发展尤其是经济发展的要求，也反映了统治阶级的要求，在阶级社会具有一定的阶级性。我国的教育目的是始终为社会主义的利益服务的，因此，我国的教育目的是培养符合社会主义的各级各类人才。现代社会主义要求我们把人培养成为合格的劳动者，既包括脑力劳动者，又包括体力劳动者，这是社会主义教育目的的根本所在。

（二）促进学习者德、智、体、美等方面全面发展

首先，教育目的明确了我国人才培养的基本素质要求，将德、智、体、美作为人应有的基本素质。其中，“德”是指个人对待生活和工作，对待与社会、与集体、与他人、与自然的关系时应具有的价值观念、行为品质、道德追求、人格修养、人生信念等，是对人生观、世界观、道德观、政治观及其行为品质的总称。“智”是人在生活、事业中，在认识自然、社会并作用于自然、社会过程中所具有的学识、才能、智慧等。“体”是指人在各种活动中应具有的身体活动的机能、能量、体质和体力。“美”是指审美和创造美的能力。这几个方面是协调一致的，是人不可缺少的基本素质。

其次，教育目的明确了学习者全面发展的理念。人的生存与发展需要综合素质，不仅仅是德、智、体、美等方面的素质，而且包括个性的发展，最终培

养具有真善美完美人格的创造性人才，这就是我们的教育目的。

六、我国全面发展教育的基本构成

所谓全面发展教育是对含有各方面素质培养的整体教育的一种概括，是对为使学习者得到多方面发展而实施的多种素质培养的教育活动的总称，是由多种相互联系而又各具特点的教育所组成。具体包含哪些方面，现在尚未形成统一意见。不过，从实际来看，多数人通常把德育、智育、体育、美育、劳动技术教育作为全面发展教育的基本构成。

（一）德育

德育，即培养人思想道德的教育，是向学生传授一定的社会思想准则、行为规范，使其养成相应思想品德的教育活动，是思想教育、政治教育、道德教育、法制教育、健康心理品质教育等的总称。德育具有重要的意义。德育是进行社会主义精神文明建设和物质文明建设的重要条件；德育在青少年思想品德的形成发展中起主导作用，是培养社会主义新人的条件；德育是学校全面发展教育的基本组成部分，是实现教育目的的重要保证。

普通中学在德育方面的要求：①帮助学生初步了解马克思主义的基本观点和具有中国特色的社会主义理论；②热爱党、热爱人民、热爱祖国、热爱劳动和热爱科学；③建立民主和法制的意识，养成实事求是、追求真理、独立思考、勇于开拓的思维方法和科学精神；④形成社会主义的现代文明意识和道德观念；⑤养成不断适应改革开放形势的开放心态，提高应变能力。

（二）智育

智育，是指向学生传授系统的科学知识和技能，培养学生基本的技能技巧和发展智力的教育。智育在社会精神文明建设中起着不可缺少的作用；智育在全面发展教育中居于基础地位。

普通中学在智育方面的要求：①帮助学生进一步系统地学习科学文化基础知识，掌握相应的技能和技巧；②发展学生的思维能力、想象能力，养成良好的学习习惯和自学能力；③培养学生良好的学习兴趣、情感、意志和积极的心理品质。

（三）体育

体育，是指向学生传授保健知识和体育运动技能，增强他们的体质，发展他们的身体素质和运动能力的教育。体育课是学校体育的基本组织形式。普通中学体育的主要内容有：田径、体操、球类、游戏、武术、游泳、军事体育、舞蹈等。体育促进学生身体健康发展，增强学生体质；体育是促进学生全面发展的不可缺少的重要条件。

普通中学在体育方面的要求：①使学生掌握基本的运动知识和技能，养成坚持锻炼身体的良好习惯；②培养学生的竞争意识、合作精神和坚强毅力；③培养学生良好的卫生习惯，了解科学的营养知识。

（四）美育

美育，即培养学生正确的审美观，发展学生感受美、鉴赏美和创造美的能力，培养高尚情操和文明素质的教育。美育能够促进学生智力发展，扩大和加深他们对客观世界的认识；美育能够促进学生科学世界观和良好道德品质的形成；美育能够促进体育，具有健身怡情的作用；美育能够促进劳动教育，使学生体验劳动创造带来的喜悦。

普通中学在美育方面的要求：①提高学生感受美的能力，即对自然、社会中存在的现实美、对艺术作品的艺术美的感受能力，从根本上说是提高人的整体性的精神素养；②培养学生鉴赏美的能力，即具有美学的基础知识，具有分辨美与丑、文与野、优与劣的能力，具有区分美的程度和种类的能力，懂得各种类型美的特性与形态的丰富性，领悟美所表达的意蕴和意境，从而达到“物我同一”的审美境界，并使人格与性情得到陶冶；③形成学生创造美的能力，即能把自己独特的美感用各种不同的形式表达出来的能力，包括艺术美和生活美的创造。

（五）劳动技术教育

劳动技术教育是指培养学生劳动观点，形成劳动习惯，并使学生初步掌握一定劳动技术知识和技能的教育。新时代劳动技术教育的目的在于提升广大中小学生的劳动技术素养，培养他们良好的劳动习惯和积极的劳动态度，促进他们勤奋、自觉劳动的精神。

1981 年，教育部颁发了《全日制六年制重点中学教学计划（试行草案）》和《全日制五年制中学教学计划（试行草案）的修订意见》，提出开设劳动技术教育课。具体意见包括：①开设劳动技术教育课的目的和意义；②开设劳动技术教育课应遵循的原则；③中学劳动技术教育课的内容和要求；④劳动技术教育课的时间和组织安排、成绩考核、培训以及大纲和教材、劳动场地等等。

2001 年，教育部又颁布《基础教育课程改革纲要（试行）》，规定：从小学至高中设置综合实践活动并作为必修课程，劳动与技术教育是其中一个学习领域。

2015 年，教育部共青团中央、全国少工委颁布《关于加强中小学劳动教育的意见》，明确指出“劳动教育是全面贯彻党的教育方针的基本要求，是实施素质教育的重要内容，是培育和践行社会主义核心价值观的有效途径”。《意见》就加强新时期中小学劳动教育提出如下意见：①明确劳动教育的主要目标；②坚持劳动教育的原则；③抓好劳动教育的关键环节；④完善劳动教育的保障机制。

（六）五育之间的关系

德育、智育、体育、美育和劳动技术教育关系密切，相互促进，相互制约，构成有机整体，共同促进人的全面发展。德育起着灵魂统率的作用，为其他各种类教育提供了方向性的保证；智育起着前提和支持作用，为其他各育提供了知识基础和能力基础；体育是基础，为其他各育提供物质基础；美育提供发展动力；劳动技术教育综合德育、智育、体育和美育的作用。

《本章小结》

教育目的是教育基本理论中的一个重要概念，指教育所要培养的人的质量和规格的总要求，主要探讨培养什么样的人或培养何种素质的人的问题。理想性、社会性与时代性是其特点，对教育活动具有导向、调控、激励、评价等功能。教育目的是依据社会和人的发展需要而制定出来的，在教育发展的不同时期产生了宗教本位论、个人本位论、社会本位论、教育无目的论以及马克思主义关于人的全面发展学说等流派。我国的教育目的历经多次演变，最终形成了以马克思主义关于人的全面发展学说为指导，以坚持社会主义为方向的促进人的全面发展的教育目的，切实促进中学生德、智、体、美和劳动技术教育的全面发展。

【思考与练习】

1. 什么是教育目的？什么是培养目标？
2. 简述确立教育目的的依据。
3. 简述确立我国教育目的的理论基础。
4. 简述美育对促进学生德、智、体全面发展的意义。
5. 简述全面发展的含义。

【拓展阅读】

全面发展要注意的问题

(1) 德、智、体、美诸育之间的关系

教育目的从内容结构上说，可以理解为德育、智育、体育、美育等几个方面全面教育；如果从受教育者的素质结构来说，是指应获得德、智、体、美几个方面素质的全面发展。教育对象素质的全面发展需要实现德、智、体、美诸育并举和相互贯通，所以正确处理诸育关系对于教育目的的实现至关重要。一是各育有相对独立性，应当根据不同的教育内容或领域的特点实施合乎规律的教育，有重点地完成整体教育目标，同时使德、智、体、美诸育相互配合、相互促进。二是德、智、体、美的发展应是一体的，在实际工作中虽有分工，但所有从事教育的人都兼有完成德、智、体、美诸育的任务，都应是兼有德育、智育、美育、体育的工作者。只有这样，全面发展的教育目的才可能真正实现。

(2) 全面发展与因材施教的关系

这实际上是我国教育目的的全面发展和个性发展相统一的一个具体要求。全面发展的一个维度是自由发展，全面发展不仅不排斥个性发展，而且以个人合乎本性的自由发展为条件。全面发展不等于平均或平面的发展。不同个体所处环境不同，自身素质和客观条件也不同，因而会形成不同的个性、兴趣和特长。所以，必须根据每一个学生的特殊性因材施教，在充分发挥每一个人的长处的同时力求得到全面发展。

(3) 全面发展与职业定向的关系

在义务教育阶段，个性发展的一个重要意义就在于使有特殊个性和才干的受教育者更好地满足未来不同社会的工作需要。在义务教育完成以后，各学段的教育就具有职业定向的性质。全面发展的人终究要在一定社会中生活，要满足社会发展的需要，教育就必须为不同的社会岗位培养人才。如果忽视不同教育的性质和实际，片面强调划一的全面发展，反而会葬送全面发展的教育目的。

资料来源：黄济，劳凯声，檀传宝．小学教育学：第二版［M］．北京：人民教育出版社，2007：129.

日本《学校教育法》(1947)

“初级中学是在小学教育的基础上，适应少年儿童的身心发展，以实施中等普通教育为目的。”(第 35 条)

“初中教育为了实现前条规定的目的，必须努力实现下列各项目标：①进一步充分实现小学教育的目标，并培养学生具有作为国家及社会建设者所具备的素质。②培养学生将来在社会上从事职业所需要掌握的基础知识和技能，注重培养劳动的态度以及根据自己的个性选择出路的能力。③促进学生校园内外的社会活动，正确引导他们的思想感情，并培养公正的判断力。”（第36条）

美国《中学时期青年的基本需要》

1947年，美国全国中学校长联合会在《中学时期青年的基本需要》中，提出美国中学所应追求的十大目标：①所有青年需要发展其有用的技能、理解与态度，使未来的工作者能明智且有生产能力去参与经济生活，为达此目的，大多数的青年必须在监督辅导之下获得实际的工作经验，以及有关职业上的知识与技能。②需要发展并保持其身心之健康。③所有青年需要了解民主社会中公民的权利与义务，并且乐于负起公民的责任，成为社会中的良好分子、国家的好国民、世界的好公民。④所有青年需要了解家庭对于个人与社会的重要性，并深知成功的家庭生活应具备的条件。⑤所有青年需要知道如何去购物，如何使用物品，并学会如何明智地利用各项服务。同时亦需了解消费者所得到的利益及其行为对经济的影响。⑥所有青年需要知道科学的方法、科学对于人类生活的影响，以及有关人类与自然界的重要的科学知识。⑦所有青年要有机会发展其审美的能力，以便欣赏文学、艺术、音乐和自然的美。⑧所有青年要能善于利用休闲时间，并明智地加以规划，使此活动在社会的效用与个人的满足两方面获得平衡。⑨所有青年需要养成尊重他人的态度、尊重道德的价值与原则，并能以合作的态度和他人共同生活、共同工作。⑩所有青年需要养成合理的思考能力、清晰的发言能力，以及有一定的阅读能力和听讲能力。

资料来源：冯建军. 现代教育学基础［M］. 南京：南京师范大学出版社，2003：113.

第六章　教育制度

【学习要点】

1. 掌握学校教育制度的概念，了解发达国家学制改革的主要发展趋势；
2. 了解我国现代学制的沿革，熟悉我国当前的学制；
3. 了解义务教育的特点。

【案例导入】

十九大报告提出普及高中阶段教育

中青在线北京10月18日电（中国青年报·中青在线记者 张国 刘世昕）中国共产党第十九次全国代表大会今天上午9时开幕，习近平总书记代表十八届中央委员会向大会作报告。

在谈到“优先发展教育事业”时，习近平总书记指出，建设教育强国是中华民族伟大复兴的基础工程，必须把教育事业放在优先位置，加快教育现代化，办好人民满意的教育。要全面贯彻党的教育方针，落实立德树人根本任务，发展素质教育，推进教育公平，培养德智体美全面发展的社会主义建设者和接班人。推动城乡义务教育一体化发展，高度重视农村义务教育，办好学前教育、特殊教育和网络教育，普及高中阶段教育，努力让每个孩子都能享有公平而有质量的教育。完善职业教育和培训体系，深化产教融合、校企合作。加快一流大学和一流学科建设，实现高等教育内涵式发展。健全学生资助制度，使绝大多数城乡新增劳动力接受高中阶段教育、更多接受高等教育。支持和规范社会力量兴办教育。加强师德师风建设，培养高素质教师队伍，倡导全社会尊师重教。办好继续教育，加快建设学习型社会，大力提高国民素质。

资料来源：张国，刘世昕．十九大报告提出普及高中阶段教育［EB/OL］.（2017－10－18）［2018－01－11］. http：//news. cyol. com/content/2017－10/18/content_16597740. htm.

思考：普及高中阶段教育有何重要意义？

第一节　教育制度概述

一、教育制度的概念

汉语中，“制度”一词有两种含义：一是要求成员共同遵守的、按一定规程办事的规则，如工作制度、学习制度等；二是在一定条件下形成的政治、经济、文化等的体系，如资本主义制度、社会主义制度等。① 英语中，表示“制度”的词有两个：一个是“system”，另一个是“institution”。“system”有“系统”“体系”“制度”“体制”等含义；“institution”有“机构”“惯例、制度”“社会事业机构”等含义。

广义的教育制度是指一个国家为了实现其国民教育目的而建立的各级各类教育机构与组织的体系及其管理规则。其包括相互联系的两个基本方面：一是各级各类教育机构与组织的体系；二是教育机构与组织体系赖以存在和运行的一整套规则，如各种各样的教育法律、规则、条例等。

狭义的教育制度指学校教育制度，简称学制，是一个国家各级各类学校的总体系，具体规定各级各类学校的性质、任务、目的、入学条件、修业年限以及它们之间相互衔接的关系。学校教育制度处于国民教育的核心和主体地位，体现了一个国家国民教育制度的实质。

二、教育制度的特点

教育制度既有与其他类型的社会制度相似的特点，又有自身的独特性，主要反映在以下四个方面。

（一）客观性

教育制度作为一种制度化的东西，不是从来就有的，而是一定时代的人们根据自己的需要制定的。虽然教育制度的制定反映了人们的一些主观愿望和特殊的价值需求，但是，人们不可以随心所欲地制定或废止教育制度。某种教育制度的制定或废止，都有它的客观基础，是有规律可循的，这个客观基础和规

---

① 顾明远．教育大辞典［M］．上海：上海教育出版社，1990：68.

律性主要是由社会生产力发展水平决定的。

（二）取向性

任何教育制度都是其制定者根据自己的需要制定的，有一定的取向性。任何教育制度的变革都可以说是重新对教育进行取向选择的结果。在阶级社会中，教育制度的取向性主要表现为阶级性，即教育制度总是体现着某一阶级的价值取向，总是为某一阶级的利益服务。

（三）历史性

教育制度既是对客观现实的反映，又是一种取向的选择和体现，而客观性和取向性的具体内容又是随着社会的变化而变化的，因此在不同的社会历史时期和不同的文化背景下的教育制度也不相同。教育制度是随着时代和文化背景的变化而不断发展的。

（四）强制性

教育制度作为教育系统活动的规范，是面向整个教育系统的。从某种意义上说，它独立于个体之外，对个体的行为具有一定的强制作用。只要是制度，在被废除之前，不管个人的好恶，都要求个体无条件地遵守，违反教育制度就要受到不同形式的惩罚。例如考试制度规定任何学生和教师都不能有舞弊行为，否则就要给予适当的处分，以规范考试秩序。

三、制约教育制度的因素

教育制度除了受人的身心发展规律的制约外，还受整个社会的制约。教育制度是社会发展到一定阶段的产物，教育制度是一种社会制度，与政治、经济、文化制度等并存于社会结构中。人的身心发展规律制约着教育制度的纵向分段以及其他许多方面。但是，教育制度的性质、状况及其发展则主要是由以下各种社会因素决定的。

（一）社会政治经济制度

教育在阶级社会里具有鲜明的阶级性。掌握政权的统治阶级必然掌握着教育权，决定着谁能享受教育，谁不能享受教育；决定着不同社会背景的学生享受不同的教育类型、程序和方式。统治阶级的这些要求既体现在他们的教育观念上，又体现在他们的教育制度上，而且必须借助教育制度加以保障和实现。因此，政治制度对教育制度的影响是直接的。例如，在古代社会，由于社会政治的阶级性和等级性，古代教育制度也具有阶级性和等级性，能够享受学校教育的只是一部分有特权的人，其余的人都被排斥在学校体系之外，只能接受一些粗浅的生活教育或师徒式的教育。在现代社会里，义务教育虽然逐渐普及，但是家庭财产和文化背景对受教育权仍然起着重要的作用，目前教育公平仍未实现，它已成为政治关注的一个重点问题。

（二）生产力发展水平和科学技术发展状况

经济的发展为教育制度提供了一定的物质基础和相应的客观需要。例如，在古代社会，教育制度基本上把教育机构与组织的功能规定为为上层建筑服务，而不是为生产力服务。学校教育的内容绝大多数也都是一些关于伦理、宗教的内容，而不是生产知识与技能。一方面，这与统治阶级脱离生产劳动、鄙视生产劳动有关；另一方面，也与当时生产力水平及经济发展水平总体不高、不需要通过专门的教育机构来传递知识和技能有关。只有当社会生产发展达到一定的程度，即与之相关的知识和技能再也不能依靠经验获得的时候，才能逐渐地把生产的知识和技能纳入到教育体系中去，才会出现一些专门性质的工业、农业、商业等学校。随着现代生产的发展对劳动者的素质要求越来越高，普及义务教育的年限也就越来越长，不少国家已经实现了 12 年义务教育，普及高中教育在一些发达国家已经成为现实，高等教育大众化的时代已经到来。当前，人类社会正进入一个知识经济时代。这个时代出现的许多新型高科技产业必将对教育的种类、科类以及人才培养的目标产生深刻的影响，从而影响到教育制度的发展和变革。

（三）学生的身心发展规律

教育制度的建立，需要考虑学生个体的身心发展规律，考虑学生的体力和智力的具体发展水平和发展阶段，关注学生的生活世界，切入学生的生活经验。制定学制，确定入学年龄、修业年限、各级各类学校的分段与衔接，规定升级升学制度中的某些弹性限度等，这些都要考虑到学生身心发展的需求。

（四）本国学制的历史发展和外国学制的影响

各国在建立新学制时，既不能脱离本国学制的历史沿革，又需要吸收其他国家学制改革的有益经验，或多或少地根据国情加以改革。

四、教育制度的历史发展

由于教育制度受到各种社会因素的制约，所以它必然会随着社会的发展变化而发展变化，在不同的社会历史发展阶段表现出不同的发展状况。

（一）前制度化教育

前制度化教育始于人类早期教育，终于定型的形式化教育，即实体化教育。

教育实体的出现，意味着教学形态已趋于定型。教育实体的产生是人类文明的一大进步，它属于形式化的教育形态。一般认为，在奴隶社会初期出现的定型的形式化教育即实体化教育——学校是其重要的标志。奴隶社会初期，生产力的发展水平已经能够使一部分人有可能摆脱直接的物质生产体力劳动，专门从事精神活动或智力活动，社会出现了体力劳动和脑力劳动的分工，于是教育活动开始从生产劳动和社会生活中分离出来，成为一种专门事业。具体条件主要表现在三个方面：一是生产力的发展和剩余产品的出现为学校的产生提供了可能的前提条件；二是社会知识经验的不断积累和丰富为学校的产生提供了必要的教育内容；三是文字的形成为学校的产生提供了必要的教育媒介。

定型的教育组织形式包括了古代的前学校与前社会教育机构、近代的学校与社会教育机构。据目前可查证的史料记载，最早的学校出现在公元前2500年左右的古埃及，欧洲最早出现的学校约在公元前8～前7世纪古希腊的雅典。在我国的史料记载中，夏朝就有学校，但尚未完全确认；目前，已从甲骨文的研究中找到公元前1700年左右的殷朝已有学校的证明。学校的产生，意味着教育活动专门化，教育形态趋于定型。

教育实体的形成具有以下特点：①教育主体确定；②教育的对象相对稳定；③形成系列的文化传播活动；④有相对稳定的活动场所和设施等；⑤由以上因素结合而成的独立的社会活动形态。当这些形式化的教育实体的特点比较稳定并形成教育的简单要素时，教育初步定型。因此，教育实体化的过程是形式化的教育从不定型发展为定型的过程。

总之，前制度化的教育是人类教育史上的一个重要阶段，它为制度化的教育提供了必不可少的发展基础，并对教育的发展产生了难以估量的影响。

（二）制度化教育

近代学校系统的出现，开启了制度化教育的新阶段。从17世纪到19世纪末，各资本主义国家纷纷建立起近代学校教育系统，大致来说，严格意义上的学校教育系统在19世纪下半期已经基本形成。教育实体从简单到复杂、从游离状态到形成系统的过程，正是教育制度化的过程，学校教育系统的形成意味着教育制度化的形成。制度化教育主要指的是正规教育，也就是指具有层次结构的、按年龄分级的教育制度，它从初等学校延伸到大学，并且除了普通的学术性学习外，还包括适合于全日制职业技术训练的许许多多专业课程和机构。从这一定义中我们可以发现，制度化的教育指向形成系统的各级各类学校。

中国近代制度化教育兴起的标志是清朝末年的“废科举，兴学校”，以及全国统一的教育宗旨和近代学制的颁布。中国近代完备的学制系统产生于1902年的《钦定学堂章程》以及1903年的《奏定学堂章程》。

随着学历社会的出现，制度化教育趋于成熟。制度化教育的发展越来越成为社会发展的重要因素。制度化教育的影响已经渗透到社会的各个方面，甚至可以用“学历社会”来描述制度化教育对于整个社会的深刻影响。制度化教育对于经济发展的贡献，对于社会、政治、文化乃至个人发展的影响，已经为社会普遍接受。

（三）非制度化教育思潮

制度化教育在教育史上曾经是突破性的发展。从学校系统的形成至今，教育制度化达到了高度成熟。教育制度化实现后，在教育系统之中，各级各类学校、社会教育机构以及教育实体内部的教育活动、教育过程都形成一定的标准，在教育系统、教育实体与教育过程中按照标准和规范操作，并逐级实行规范管理，尽可能排除教育系统、教育实体、教育过程以外的干扰，尽可能排除人为因素的干扰，使教育活动有序开展。毋庸置疑，具有完备学校系统的制度化教育是人类教育的高级形态，它与制度化的社会形态相伴生，是教育发展史上的一大进步，亦推动着人类文明的发展。但随着制度化教育的不断扩张，其问题日趋显现，尤其是其所具有的统一性、封闭性特征，使之越来越显得死板、狭隘。

随着教育制度化弊端的暴露，它开始成为人们反思的对象。制度化教育的弊端引起了世界教育研究者的关注。联合国教科文组织印发的《学会生存》一书中就对此进行了深刻的批判。人们在对制度化教育反思的同时，也开始对非形式化、非实体化和非制度化教育进行积极探索。非制度化教育是对有组织的教育机构以外所开展的教育活动的总称，有时也被称为“非正规化教育”。可以说，非制度化教育是任何在正规教育体制以外所进行的，为人口中的特定类型、成人及儿童有选择地提供学习方式的有组织、有系统的活动。譬如农业教育和农民培训计划、成人识字计划等正规教育体制外进行的职业技能培训，具有教育性质和目的的青年俱乐部，以及有关卫生、营养、计划生育、合作团体等各种社区的教学计划等。

一般认为，库姆等人陈述的非正规教育的概念、伊里奇所主张的非学校化观念都是非制度化教育思潮的代表。目前，提出构建学习化社会的理想正是非制度化教育的重要体现。可见，学校教育制度的发展经历了一个从非制度化到制度化，再从制度化到非制度化的过程，但是，“非制度化⇒制度化⇒非制度化”并非是一个简单的循环往复的过程。非制度化教育所针对的是制度化教育的弊端，而不是对制度化教育的全盘否定。非制度化教育所推崇的理想是“教育不应再限于学校的围墙之内”。每一个人应该在一个比较灵活的范围内，比较自由地选择他的道路。即便离开了这个教育体系，他也不至于被迫放弃使用各种教育设施的权利。非制度化教育相对制度化教育而言，改变的不仅是教育形式，更重要的是教育理念。

第二节　学校教育制度的概述

一、学校教育制度的概念

学校的教育制度简称为学制，指一个国家或地区各级各类学校的系统，它规定各级各类学校的性质、任务、学生入学条件、修业年限以及它们之间的关系。①

各级学校，按教育程度划分，有学前教育、初等教育、中等教育、高教育等等机构；按教育类型划分，有普通教育、职业教育、高等教育、成人教育、特殊教育等机构；按学校组织形式划分，有全日制、半日制、业余教育等机构；按教育手段划分，有面授、函授、广播电视等机构；按教育的年龄对象划分，有学龄期教育、成人教育等机构；按主办单位划分，有国家办、地方办、企事业办和私人办等机构。

二、现代学校教育制度的形成与构成

现代学校教育制度是整个教育制度的核心组成部分，是教育制度的主体。从某种意义上讲，学制的完善程度代表着一个国家整个教育事业的发展水平，因此，当今世界各国大多将学制的改革与完善作为整个教育事业的核心。

不同国家在不同历史时期有着不同的学校教育制度。现代学校教育制度的形成与现代学校的产生和发展联系在一起。

现代学校发源于文艺复兴前后的欧洲，是随着资本主义的产生和发展而产生和发展起来的。现代学校的产生分为两条线索。一条线索是自上而下地发展：

① 王道俊，王汉澜．教育学：新编本［M］．北京：人民教育出版社，1989.

中世纪大学、古典文科中学，它们是在发展过程中逐渐转化为现代学校的；另一条线索是自下而上地发展：由小学到初中（及职业学校），再到高中（及职业学校）。

（一）大学和高等学校

在欧洲，随着商业、手工业和城市的发展，12 世纪时就产生了中世纪的大学。中世纪大学最早产生于意大利、法国和英国。到 14 世纪时，欧洲已有几十所大学。这些大学一般设文科、神学、法学和医学四个学科。

在中世纪大学的四科中，文科教授“七艺”，属普通教育性质，起着后来普通中学的作用，是大学的预科。当时大学的四科对入学年龄和修业年限都没有严格的规定。文科一般为 6 ~ 7 年，其他三科为 5 ~ 6 年。在文科学习三四年，学完文法、修辞学和辩证法“三艺”之后，就可当助教了，这就是学士。学完文科“七艺”之后，获得在文科任教许可证的，就是硕士。文科修业期满，就有权进入大学其他三科的某一科学习，毕业合格并获得任教许可证的，就是博士。

现代大学和现代高等学校是经过两条途径发展起来的：一条是通过发展人文学科和自然学科把这些中世纪大学逐步改造成为现代的大学，如牛津大学、剑桥大学和巴黎大学；一条是创办新的大学和新的高等学校，如伦敦大学、洪堡大学、巴黎高等师范学校。现代大学和现代高等学校是在 18—20 世纪随着市场经济、现代生产和现代科技的发展而完善起来的。

（二）中学

欧洲文艺复兴前后，曾出现了以学习“七艺”和拉丁文或希腊文为主要内容的一类学校，这类学校在英国叫文法中学或公学，在德国和法国叫文科中学。这些学校修业年限不等，有 6 年的，也有 8 ~ 10 年的，它们的教学内容、对毕业生的规定要求也与中世纪大学的文科基本相同，都是为大学培养预备生和为教会、国家培养僧侣、官吏的，因此我们把它们统称为古典文科中学。这类学校与中世纪大学的文科的联系是十分明显的，有的就是从中世纪大学的文科演变而来的。

在 18 世纪初，商业和手工业的发展提出了对管理人才和技术人才的需求，于是在欧洲出现了一类以实用学科和现代外语为主要课程的实科中学。比起古典文科中学，实科中学更适应生产和社会经济的需要，更接近生活，具有更鲜明的现代中学的特点。实科中学的出现是中等教育发展史上的一个里程碑，它意味着中等学校在现代学校的方向上迈出了具有决定性意义的一步。实科中学和具有浓厚的古代学校传统的古典文科中学，曾经历了 200 多年的长期斗争，其结果是实科中学的地位越来越稳固。在斗争中，两者都得到了改进和发展，但总的方向是两者都逐步变成愈加完善的现代中等学校。现代普通中学是随着市场经济和资本主义的产生发展而产生发展起来的。

（三）小学

早在文艺复兴以前，西欧就有了行会学校和基尔特学校，主要学习本族语的读写、计算和宗教，这是欧洲城市最早的初等学校。文艺复兴时期，教会又办起了许多小学，这些可称为小学的前身。

在18世纪末到19世纪这一百多年里，欧洲发生了以蒸汽机的发明和广泛使用为标志的第一次工业革命。这场革命要求劳动者必须具有初步的读写算能力和一定的自然与社会常识，从而推动了以劳动人民子女为主要对象的小学教育的广泛发展。到19世纪后半叶，英、德、法、美、日都先后通过了普及初等教育的义务教育法。在这个阶段，各个先进的资本主义国家都先后普及了初等教育。

（四）初级中学

从19世纪到20世纪中叶的一百多年时间里，发生了以电气在工业上广泛应用为标志的第二次工业革命，它要求劳动者必须具有更高层次的文化科学基础知识，这一要求促进了义务教育年限的延长。在发达资本主义国家，义务教育先后延长到了8~9年。延长的这部分教育统称初中教育，实施初中教育的学校一般叫初级中学。在欧洲各国，这类学校都只是小学的延伸，而且只延伸到了初中，高中还是从古典文科中学演变而来的，劳动人民子女还不能接受这种教育。而在美国，群众性学校已开始延长到高中了。

（五）职业学校

适应电气化生产的劳动者不但应达到初中文化水平，而且应有一定的职业技术技能，而传统的学制已不能满足这种要求了，于是许多国家先后通过职业教育法令，在发展中等水平教育的同时，也大力发展这个阶段的职业教育。实行双轨学制的国家通过群众性小学—初级中学—职业学校的学制系统来适应培养有文化的劳动者的要求。美国则除了举办中等职业学校外，更主要的是把普通中学办成综合中学，设立职业科，开设各种职业选修课，创造了通过单轨学制培养有文化的劳动者的办法。苏联也建立起了完善的初中程度和高中程度的职业学校，形成了初等教育或初中教育后的职业教育系统，形成了苏联型的分支型学制。这是通过分支型学制来解决培养有文化的劳动者的一种方式。

（六）高级中学

从20世纪中叶起开始了以电子计算机为标志的第三次工业革命。各种新技术在生产上的广泛应用引起了生产和劳动性质甚至整个社会生活的革命性变化，同时对劳动者的科学技术知识素养提出了新的要求，每个生产者必须具有高中或高中以上的文化程度才能满足当前和今后日益发展的生产和社会生活的要求。因此，从20世纪中叶起，各发达国家的教育都经历了一个进一步延长义务教育年限、提高教育水平、普及完全中等教育和高等教育大众化的时期。

（七）短期大学和大学

20世纪中期以来，随着现代生产、现代科技的大发展以及教育的普及，高等教育也有了很大的发展。大学打破了长期以来的精英教育传统，开始向大众开放，同时在中学与大学之间开拓出一个高等教育的广泛空间，如各种短期大学。

（八）幼儿教育机构

作为公共教育的现代幼儿教育机构最早出现于18世纪下半叶。19世纪时，各资本主义国家都出现了幼儿教育机构。20世纪上半叶，随着两次工业技术革命的深入发展，在发达国家，幼儿教育机构得到了较快的发展。第二次世界大战之后，各发达国家的幼儿教育走向普及。同时，幼儿教育的性质也在发生变化，从以保育为主走向以教育为主。幼儿教育机构在不少国家已被列入学制系统，成为国民教育体系的组成部分，并将成为终身教育一个有机组成部分。

（九）研究生教育机构

现代生产和现代科技的发展，产生了对高级科技人才的需求。于是19世纪初在德国首先产生了现代学位（哲学博士），并产生了现代研究生教育机构。到20世纪，研究生教育在许多国家都得到了广泛的发展，成为学制系统的一个新的组成部分。20世纪中叶以来，研究生教育得到了长足的发展。

（十）成人教育机构

在现代社会，一方面由于知识的创造周期和更新周期大大缩短，一个人从学校毕业以后如果不能不断地更新知识，就不能适应现代社会的需要。另一方面，劳动生产率不断提高和社会文明的进步以及个人的自由时间不断增多，这为人的多方面的发展提供了更大的可能性。为此，成人教育在20世纪中期之后蓬勃发展，并成为现代教育制度的一个重要构成部分。现代社会已经显示出学习社会的若干特征，未来社会将是教育社会、学习社会。现代学制正在向终身教育的方向发展，并将形成完善的终身教育制度。

三、西方发达国家现代学制的类型及特点

现代学制主要由两种结构构成：一是纵向划分的学校系统，二是横向划分的学校阶段。不同类型的学制只不过是学校的系统性和阶段性的不同组合。由纵向划分的学校系统占绝对优势的学制结构就是双轨学制，由横向划分的学校阶段占绝对优势的学制结构就是单轨学制。原来的西欧学制属前者，美国的学制属后者。介于这二者之间的学制结构，属于中间型，叫作分支型学制。苏联是最早出现这种分支型学制的。具体见图6-1。

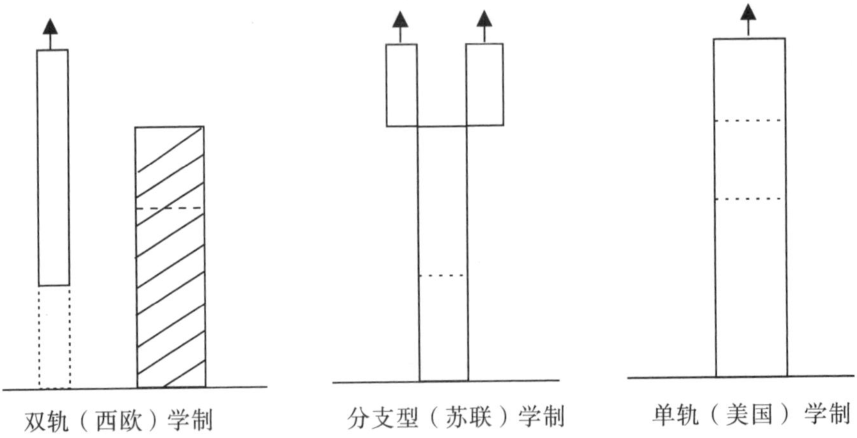

图6-1　三种类型学制示意图

（一）双轨学制

“双轨制”产生于18世纪的西欧，到19世纪正式成型。在社会政治、经济发展及特定历史文化条件的影响下，由古代学校演变来的带有等级特权痕迹的学术性现代学校和新产生的群众性现代学校，都同时得到了比较充分的发展，于是就形成了欧洲现代教育的双轨学制：一轨自上而下，其结构是大学（后来也包括其他高等学校）、中学（包括中学预备班）；另一轨自下而上，其结构是小学（后来是小学和初中）及其后的职业学校（先是与小学相连的初等职业教育，后发展为和初中连接的中等职业教育）。双轨学制有两个平行的系列，这两轨既不相通，也不相接。后来，国民教育学校一轨从小学发展到了中学时，才

有了初中这个相对应的部分。一轨是文法中学（英国）、国立中学（法国）和文科中学（德国）的第一阶段，另一轨相应的是现代中学（英国）、市立中等学校（法国）和初级中学（德国）。欧洲国家的学制都曾采用双轨学制。

19 世纪末 20 世纪初在欧洲形成的这种双轨学制和第二次工业技术革命，尤其是和第三次工业技术革命时代大生产的矛盾越来越尖锐。由于与这些工业技术革命所推动的普及教育，即由初等教育向初中教育甚至高中教育的发展相矛盾，因而引起了双轨学制的变革。这种变革从英、法、德三国 20 世纪初的学制图和现行学制的对比图中可以看得出来。英国政府 1870 年颁布的《初等教育法》中，一方面保持原有的学校系统，另一方面又设立国民小学、职业学校。

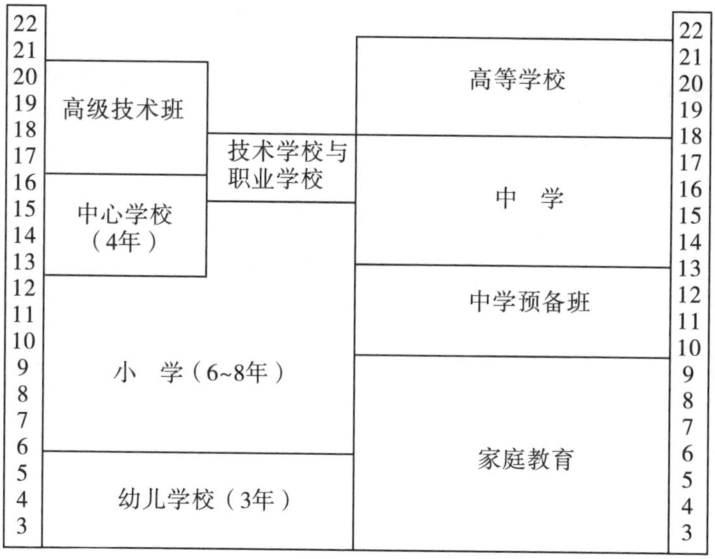

图 6－2　20 世纪初的英国学制

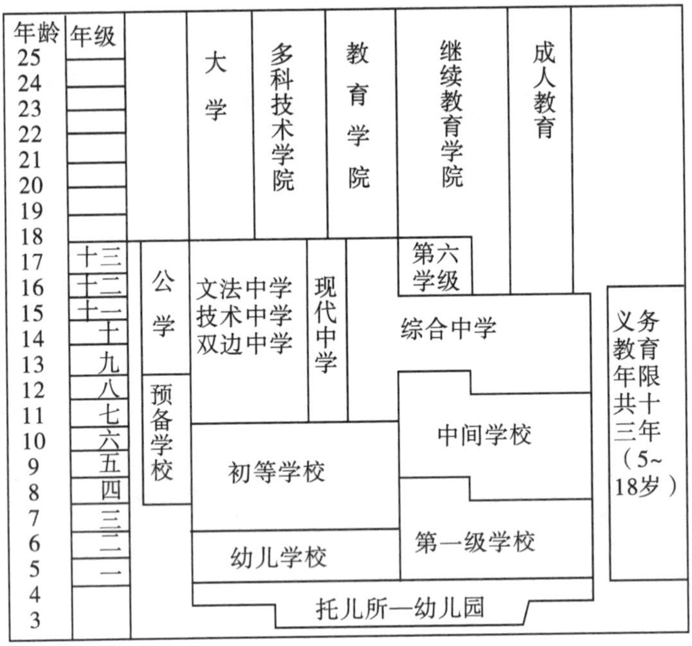

图 6－3　现行的英国学制

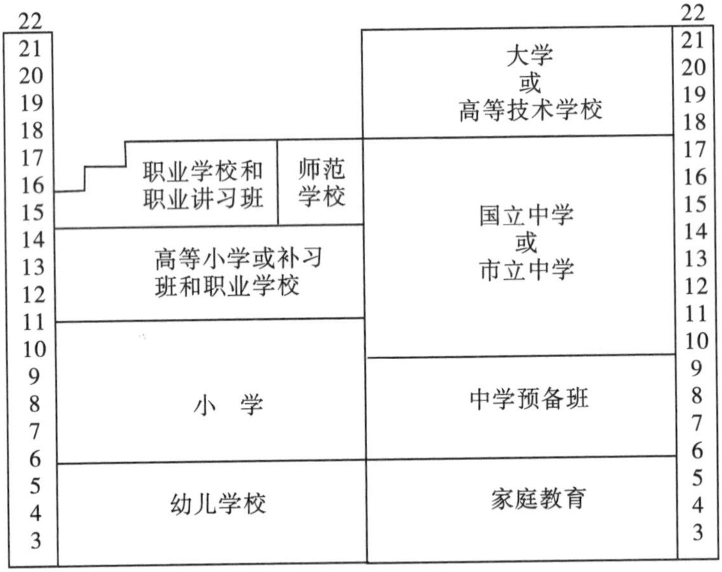

图 6－4　20 世纪初的法国学制

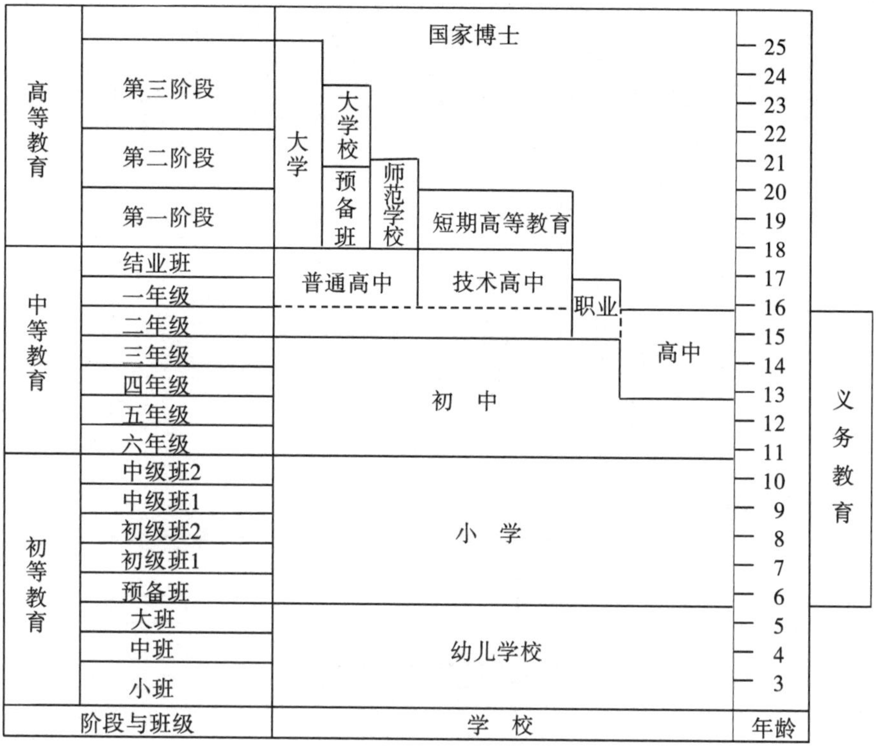

图 6－5 现行的法国学制

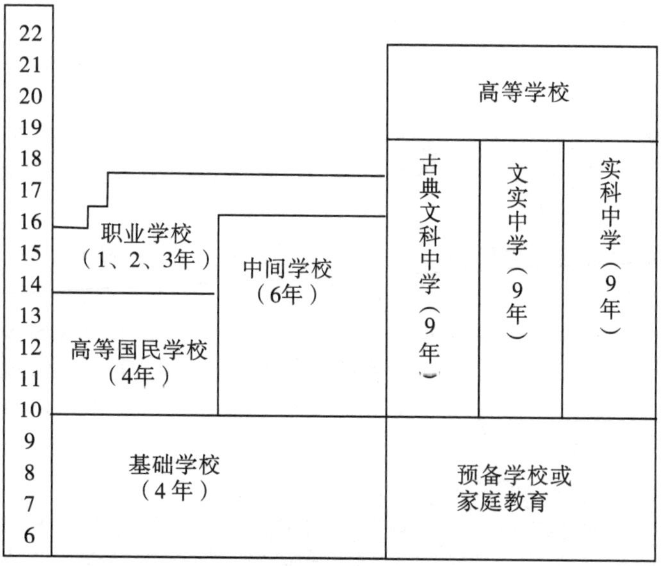

图 6－6 20 世纪初的德国学制

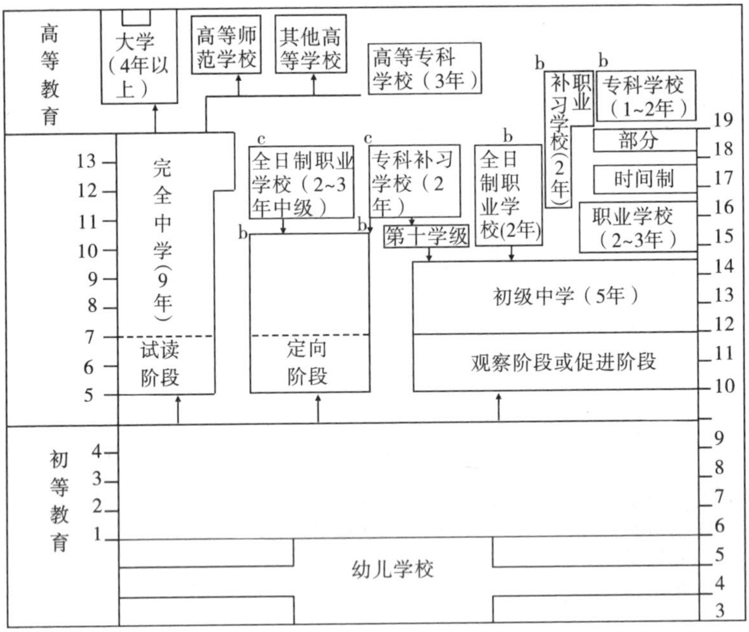

图 6－7　现行的联邦德国学制

（二）单轨学制

“单轨制”是19世纪末20世纪初在美国形成的一种学制。它是一个自下而上的体制，如读完小学、中学，而后可以升入大学，其特点就是一个系列、多种分段，即六三三、五三四、四四四、八四、六六等多种分段。单轨制最早产生于美国，而后被世界许多国家采纳。

北美多数地区最初都曾沿用欧洲的双轨学制。哈佛大学、耶鲁大学等大学只不过是牛津大学、剑桥大学的缩影，拉丁语学校类似于欧洲的文法学校。后来，拉丁语学校又演变为兼重文、实的文实学校。18世纪末，美国北部各州都颁布了在城镇设立初等学校的法令。1830年以后，小学得到了蓬勃的发展。随着产业革命和电气化的推动，美国从农业社会向工业社会急剧发展，于是从1870年起，中学也得到了大发展。在这种急剧发展的经济条件和没有特权传统的文化历史背景的影响下，美国原来的双轨学制中的学术性一轨没有得到充分的发展，却被短期内迅速发展起来的群众性小学和群众性中学所淹没，从而形成了美国的单轨学制。

美国单轨学制数十年来之所以没有重大变化，并为许多国家所采用，是因为它有利于教育的逐级普及。它不但有利于过去初等教育的普及，而且也有利于后来初中教育以及20世纪以来高中教育的普及。实践证明，它在现代生产和现代科技的发展中具有更强的适应能力。

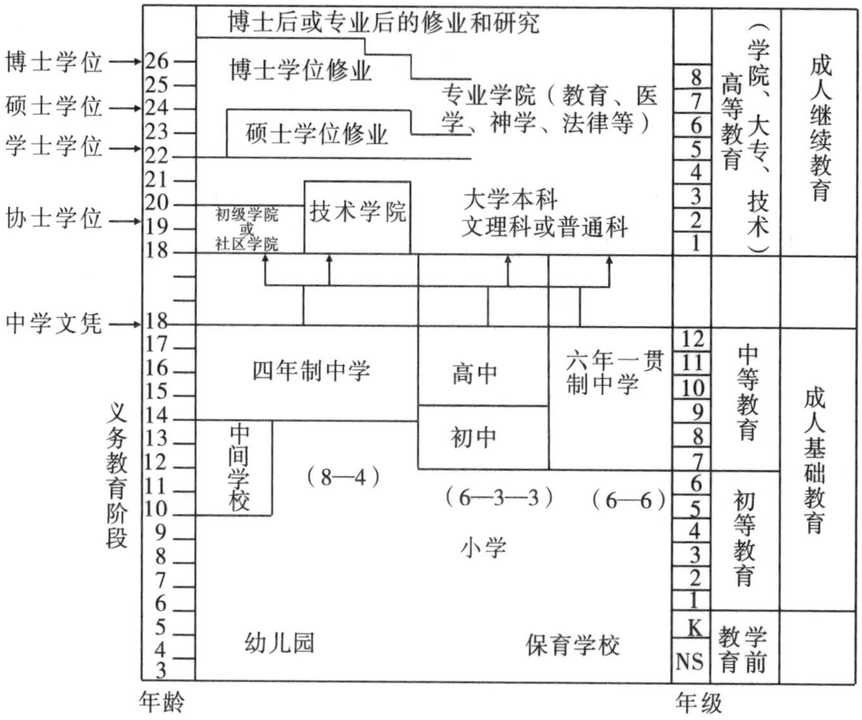

图 6－8　美国现行学制

（三）分支型学制

“分支型学制”是“双轨制”和“单轨制”之间的一种学制。苏联型学制前段（小学、初中阶段）是单轨，后段为分叉。苏联型学制的中学上通（高等学校）下达（初等学校），左（中等专业学校）右（中等职业技术学校）畅通，这是苏联型学制的优点和特色。

分支型学制产生于20世纪上半叶的苏联，沙皇俄国时代的学制属欧洲双轨学制。“十月革命”后，苏联制定了单轨的社会主义统一劳动学校系统。后来在发展过程中，又恢复了原文科中学的某些传统和职业学校单设的做法，于是就形成了既有单轨学制特点又有双轨学制特点的学制。这种学制不属于欧洲双轨学制，因为这种学制一开始并不分轨，而且职业学校的毕业生也有权进入对口的高等学校学习。少数优秀生一毕业就可直接升入对口高等学校，其余人员工作三年后也可升学。分支型学制和美国的单轨学制也有区别，因为它进入中学阶段时又开始分叉。

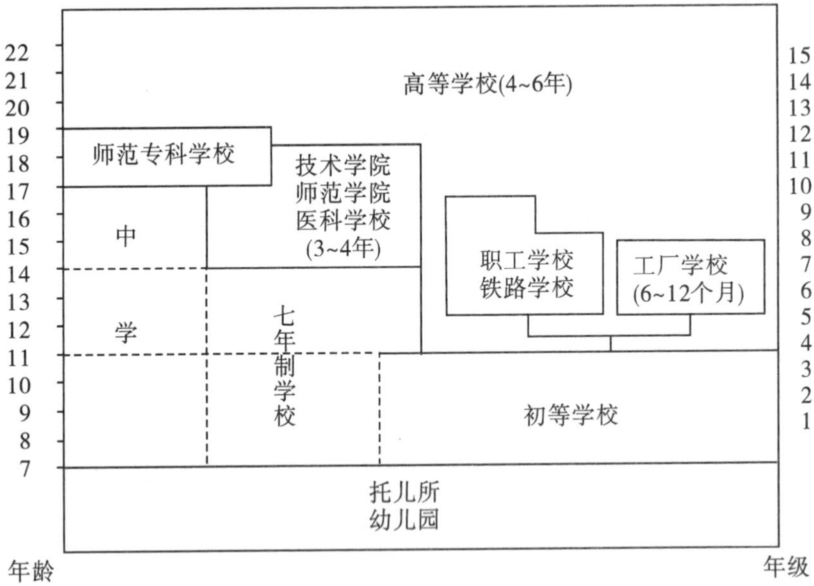

图 6－9　苏联 20 世纪 30—50 年代中期学制

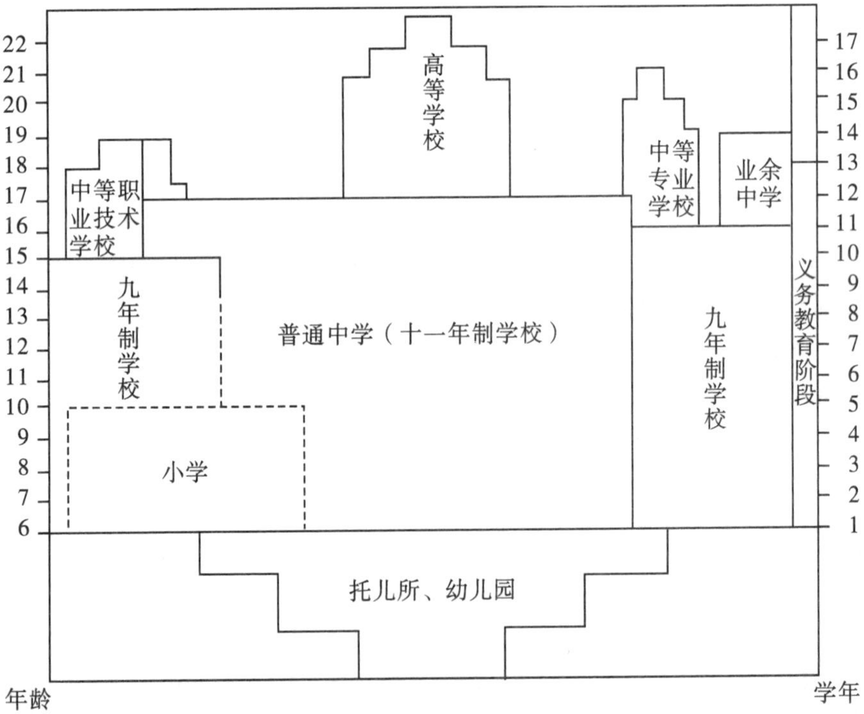

图 6－10　苏联 20 世纪 80—90 年代学制

四、西方发达国家学制改革发展的主要趋势

现代学制在形成后的几百年中，不论从纵向学校系统，还是从横向学校阶段来分析，都发生了重大的变化。

（一）纵向方面——双轨学制向分支型学制和单轨学制方向发展

直到20世纪初，西欧仍是双轨学制，一轨只有小学，另一轨则仅有中学和大学。后来随着义务教育的上延和教育机会均等原则的实施，双轨学制从小学开始向上与中等教育衔接。

20世纪以前，初等教育是专为劳动人民子女设立的，而社会中上层人士的子女是在家庭中或在中学预备班里接受初等教育的。第一次世界大战后，通过劳动人民及其政党和进步人士的努力与争取，德国、法国、英国等国先后实行了统一的初等教育。

第二次世界大战后，西欧各国的普及教育逐步延长到了10年左右，已经到了中学的第一阶段。过去，欧洲的中学本来是不分段的。同是接受义务教育，有的在高学术水平的完全中学的第一阶段进行，有的则在新发展起来的低学术水平的初级中学里进行，机会很不均等。于是，英国、法国、德国等国采用了综合中学的形式把初中的两轨并在一起，其中英国发展得最快，20世纪80年代初综合中学的学生人数已超过学生总数的90%。这样，西欧双轨学制事实上已变成分支型学制了，即小学、初中为单轨，其后为多轨。

（二）横向方面——现代学制在每个教育阶段都有重大发展变化

1. 幼儿教育阶段

随着心理学、生理学、教育学对儿童智力发展问题研究的深入，各国开始重视早期教育，因此幼儿教育发展较快。在当代，很多国家已把幼儿教育列入学制系统，这是现代学制的一个重要发展，是现代学制向终身教育制度发展的重要标志之一。近年来，发达国家幼儿教育有了迅速发展，有的国家（如法国）已达到普及的水平，4～5岁儿童的入园率已近100%。与此相关，幼儿教育机构也发生了重要变化：一是幼儿教育的结束期有提前的趋势，提前到了5岁或6岁；二是加强幼小教育的衔接，有的把幼儿园的大班作为小学预备班（20世纪70—80年代的苏联），有的从5岁起把幼儿学校和而后的小学结合起来编班（法国），有的把5～7岁的幼儿学校当作义务教育的最初阶段（英国）。

2. 小学教育阶段

近几年，发达国家的普及教育已达到了初中和高中，小学早已不是结业教

育，而是成为普通文化科学基础教育的初级阶段。少年青春发育期的提前，对儿童和少年智力、潜力的新认识，教学科学水平和小学教师水平的提高，这一切促使发达国家小学教育的结构有了一系列变化：第一，小学无初、高级之分；第二，小学入学年龄提前到 6 岁甚至 5 岁；第三，学习年限缩短到 5 年（法国）、4 年（德国），甚至 3 年（20 世纪 70—80 年代的苏联）；第四，小学和初中直接衔接，取消了升学考试，例如英国的“11 岁考试”和法国的“六年级入学考试”于 20 世纪 60—70 年代取消。

3. 初中教育阶段

很多国家逐步延长初中教育阶段。初中阶段已成为科学基础教育的重要阶段，初中的科学基础教育对以后的职业教育和进一步的科学教育有重要作用，因而导致初中阶段教育结构出现了下列变化：一是初中学制延长；二是把初中阶段看作普通教育的中间阶段，中间学校由此而来；三是不把它看作中学的初级阶段，而是把它和小学联结起来，统一进行文化科学基础知识教育，取消小学和初中之间的升学考试，加强初中结束时的结业考试，把这整个阶段看作是基础教育阶段，而后再进行分流，或进行进一步的文化科学知识教育，或进行职业教育。

4. 高中教育阶段

高中教育是现代学制发展到一定阶段的产物。西欧双轨学制的中学过去没有严格的初高中之分，美国单轨学制中最先有了高中，接着苏联分支型学制中也有了高中，最后是欧洲双轨学制的中学在变革中也分为两段，因而也有了高中。第二次世界大战之后，由于初中阶段教育的普及，双轨学制中学术性中学分为两段，使前段和国民教育的初中合并以共同完成普及教育的任务，后段即变成了欧洲高中。从此，三种类型的学制都有了高中。三种类型学制的小学和初中，尽管学习年限有差别，但基本任务是完全一样的，都是进行文化科学基础教育，即变成了一个类型。所以，当代所谓三种类型的学制，事实上变成了三个不同类型的高中阶段。高中阶段学制的多类型，即高中阶段教育结构的多样化，乃是现代学制在当代发展中的一个重要特点。

5. 职业教育阶段

当前，职业教育在发达国家基本上都是在高中阶段进行的。职业教育既是古代学徒制教育向现代职业教育的发展，也是在现代生产要求下从普通教育中的分离。在现代社会里，由于职业训练的基础——科学技术的水平越来越高，因而对职业教育的科学文化基础的要求也越来越高。现代职业教育最初是在小学阶段进行，后来依次发展到了在初中、高中和初级学院阶段进行。职业教育在哪个阶段进行，完全取决于现代生产所赖以存在的科学技术基础的状况。随着生产和科技的现代化，产业结构、就业结构不断变化，知识密集型、技术密集型的新兴产业不断出现，劳动者必须接受专门的职业技术教育才能适应生产的需要。因此，发达国家的职业教育有向高中后转移的明显趋势。例如，美国高中职业科缩小而社区学院职业教育的比重却在增大；日本相当于短期大学的“专门学校”远远超过相当于高中程度的“专修学校”；苏联以相当于跨越高中及高中后的中等职业技术学校完全代替了相当于高中的普通职业技术学校。从总体上看，职业教育在当代有两个突出特征：一是文化科学技术基础要求越来越高；二是职业教育的层次、类型多样化。

6. 高等教育阶段

19 世纪和 20 世纪初的高等学校是文化和科学的金字塔，那时的大学和生产技术的联系并不十分密切，主要进行 3 ~ 4 年的本科教育，其他层次或没有，或比例甚小。其后，特别是第二次世界大战以后，高等教育有了重大发展，与生产及技术的联系日益密切。现代社会、现代生产和现代科学技术向高等学校提出各级各类高级人才的需求，于是推动了高等教育结构的变化，包括两个方面。一是多层次，过去主要有本科一个层次，而现在则有多个层次：大专、本科、硕士、博士；二是多类型，现代高等学校的院校、科系、专业类型十分繁多，高等学校与社会、生产、科学技术、社会生活各个方面的联系越来越密切。

第三节　我国现行学校教育制度

我国现行教育制度的形式构成包括四个方面。一是教育形态构成：学校教育、家庭教育和社会教育；二是教育阶段构成：学前教育、学龄教育和继续教育；三是教育形式构成：全日制学校、半日制学校和业余学校；四是受教育方式构成：面授教育、函授教育、远距离教育、自学考试等。

我国现行教育的体系构成包括两个方面。一是教育类别体系：基础教育体系、职业技术教育体系、高等教育体系、成人继续教育体系、师范教育体系和党政干部教育体系；二是教育学历体系：幼儿教育、初等教育、中等教育和高等教育四级层次。

1995 年《中华人民共和国教育法》规定了我国现行教育的基本制度：一是国家实行学前教育、初等教育、中等教育、高等教育的学校教育制度；二是国家实行九年制义务教育制度；三是国家实行职业教育制度和继续教育制度；四是国家实行国家教育考试制度；五是国家实行学业证书制度和学位制度；六是国家实行教育督导制度和学校及其他教育机构评估制度等。

一、我国现行教育制度的变革历史

（一）中华人民共和国成立前的学制

我国现代学制的建立是从清末开始的。1840 年鸦片战争后，帝国主义列强的疯狂侵略和国内资本主义势力的兴起，迫使清政府不得不对延续了几千年的封建教育制度进行改革。这一时期在教育思想、教育制度、教育政策以及教育内容和教育方法等方面，都发生了很大的变化，包括“废科举，兴学校”，改革教育，制定现代学制等措施。现代学制主要有“壬寅学制”“癸卯学制”“壬子癸丑学制”“壬戌学制”等。

1. 1902 年的“壬寅学制”

1902 年，清政府颁布了《钦定学堂章程》，亦称“壬寅学制”，这是我国正式颁布的第一个现代学制。由于清政府内部的权力之争及学制自身的不足，尚未实施就被“癸卯学制”所代替。这个学制，纵向可分为三段七级，全学程为 20 年：第一阶段为初等教育，设有蒙学堂（4 年）、寻常小学堂（3 年）、高等小学堂（3 年）；第二阶段为中等教育，设有中学堂（4 年）；第三阶段为高等教育，设高等学堂或大学预科（3 年）、大学堂（3 年）、大学院（年限不定）。从横向上看，该学制设有简易实业学堂，与高等小学堂平行；有中等实业学堂、师范学堂与中学堂平行；有仕学馆、师范馆与高等学堂平行。

2. 1904 年的“癸卯学制”

1904 年，清政府又颁布了《奏定学堂章程》，亦称“癸卯学制”，这是我国正式实施的第一个现代学制。它的颁布标志着封建传统学制的结束，新学制的开端。

这个学制的指导思想是“中学为体，西学为用”，其宗旨是“忠君、尊孔、尚公、尚武、尚实”。该学制以当时日本的学制为蓝本，并保留了尊孔读经等封建教育的思想。学制的突出特点是教育年限长，总共 26 年。如果学生 6 岁入学，20 岁中学毕业，读完通儒院则是 32 岁。

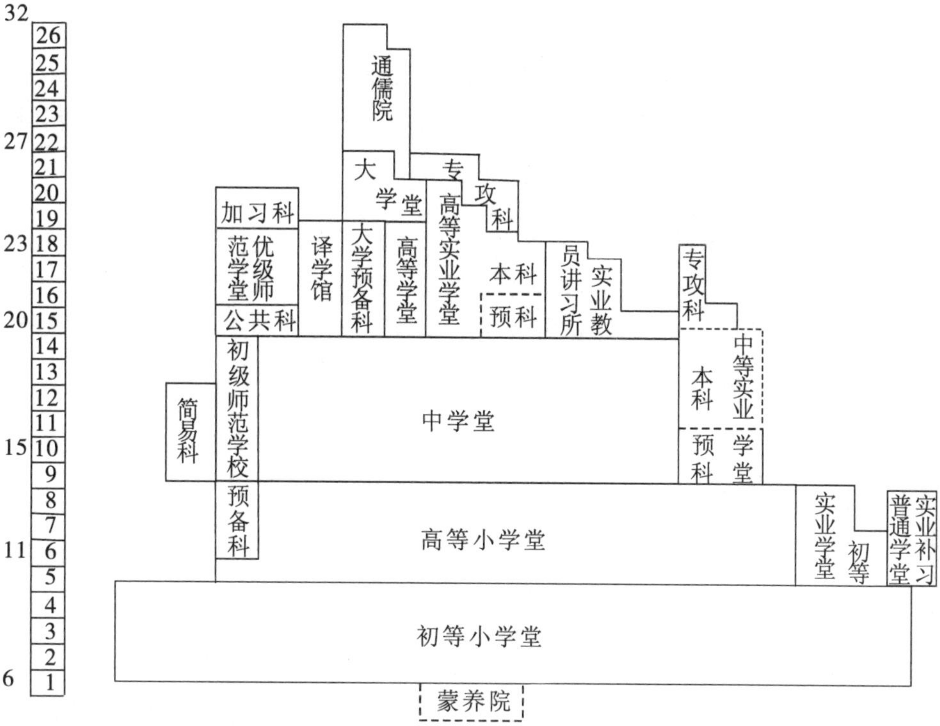

图 6-11　“癸卯学制”系统（1904 年 1 月 13 日，光绪三十年十一月二十六日）

3. 1912 年的“壬子癸丑学制”

1912 年 1 月 9 日中华民国教育部成立，蔡元培担任第一任教育总长，对清代的学校教育制度进行重大改革，制定了“壬子癸丑学制”，也称“1912—1913 年学制”。

该学制对各级各类学校的目的任务、课程设置、学校设备、入学条件、教职员任用、经费及领导管理都作了具体规定。儿童从 6 岁入学到 23、24 岁大学毕业，整个学程为 17 年或 18 年，分三段四级。第一阶段为初等教育，分初等小学（4 年）和高等小学（3 年），初等小学为义务教育，毕业后可入高等小学校或实业学校，高等小学毕业后可入中学校或师范学校、实业学校。第二阶段为中等教育，设中学校（4 年），毕业后可入大学、专门学校或高等师范学校。第三阶段为高等教育，包括预科（3 年）和本科（3～4 年）。

该学制的拟定参照了日本“明治维新”后的新学制，施行到 1922 年被废止。该学制废除了“尊孔读经”，取消了进士出身奖励；规定了义务教育的年限，缩短修业年限；主张男女平等，确定了妇女的受教育权利和男女同校制度，同时筹办各级女子学校。该学制是中国教育史上第一个资产阶级性质的学制。

4. 1922 年的“壬戌学制”（六三三学制）

1922 年 11 月，中华民国北洋政府以大总统令颁布的《学校系统改革案》中规定的学制系统称为“壬戌学制”。为区别于“壬子癸丑学制”，该学制又称新学制，主要效仿美国的六三三分段法，因此又称“六三三学制”。“壬戌学制”的主要特点是：缩短小学修业年限，延长中学修业年限；若干措施注意根据地方实际需要，不作硬性规定；重视学生的职业训练和补习教育；课程和教材内容侧重实用；实行选科制和分科教育，兼顾学生升学和就业两种准备。该学制的颁布和实施，标志着中国资产阶级新教育制度的确立，标志着中国近代以来的学制体系建设的基本完成。

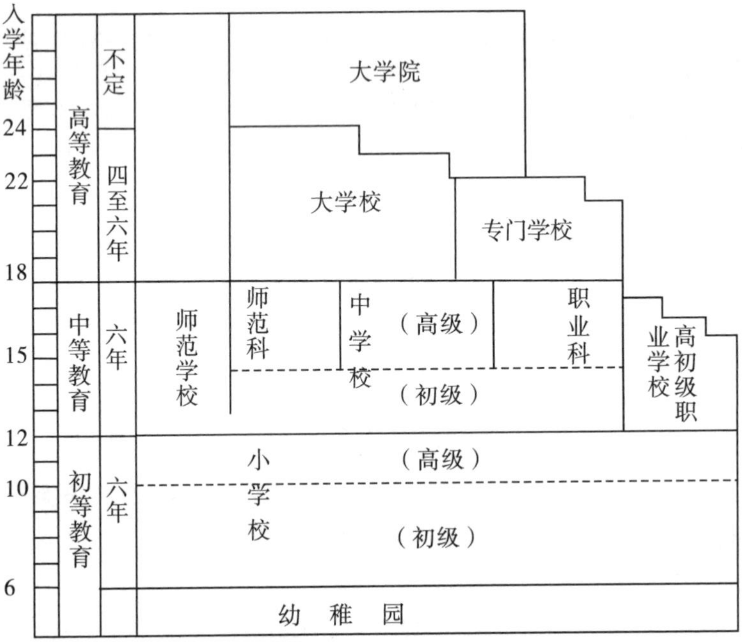

图 6－12　壬戌学制系统

（二）中华人民共和国成立以来的学制改革

1. 1951 年的《关于改革学制的决定》

中华人民共和国成立以后，我国教育的一项紧迫任务就是统一学制。1951 年政务院颁发了《关于改革学制的决定》，明确提出废除旧学制，实行中华人民共和国新学制。新学制体系包括：幼儿教育（幼儿园）、初等教育（小学、初等成人教育）、高等教育（大学、专科学校、研究生部）以及各种政治学校、训练班等。1951 年学制奠定了我国新学制的基础，但从性质上说，它属于一个过渡性质的学制。

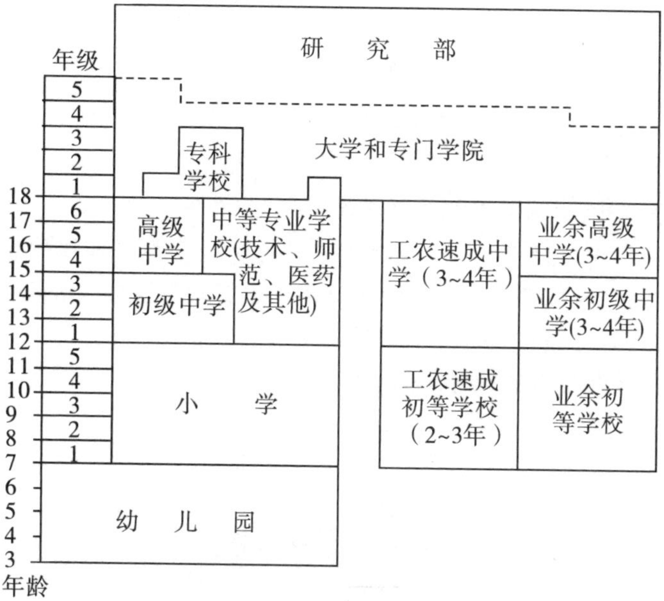

图 6－13　中华人民共和国学校系统（1951 年学制）

2. 1958 年的《关于教育工作的指示》

1958 年，中共中央、国务院公布了《关于教育工作的指示》，提出了“两条腿走路”的方针和“三结合六并举”的具体原则。“三结合”分别指：统一性和多样性相结合；普及和提高相结合；全面规划与地方分权相结合。“六并举”分别指：国家办学与厂矿企业、农业合作社办学并举；普及教育与职业（技术）教育并举；成人教育与儿童教育并举；全日制学校与半工半读、业余学校并举；学校教育与自学（包括函授学校、广播学校）并举；免费教育与收费教育并举。此外还指出：“各省市、自治区党委和政府有权对新学制积极地进行典型试验”。许多地区开展了学制改革的试验，例如：①提早入学年龄，进行了 6 岁入学的试验。②为了缩短年限，进行了中小学“十年一贯制”的试验。③为了贯彻“两条腿走路”的方针，采取多种形式办学，创办了农业中学、半工半读学校，进一步发展了业余学校。后来由于受“左”的思想影响，不仅使学制改革的试验不可能在正常的教学秩序下进行，而且一大批新创办的学校由于师资、设备跟不上，教学工作也难以维持下去。

3. 1985 年的《关于教育体制改革的决定》

1985 年 5 月 27 日，中共中央发布了《关于教育体制改革的决定》。其中，有关学制的内容有：实行九年义务教育，规定适龄儿童和青少年都必须接受义务教育，国家、社会、家庭必须予以保证；调整中等教育结构，大力发展职业技术教育；改革高等教育招生与分配制度，扩大高等学校办学自主权；规定基础教育权属于地方，学校逐步实行校长负责制等。这是一个比较完善的学制系统。

4. 1993 年的《中国教育改革和发展纲要》

为了进一步完善教育制度，使教育更好地为社会主义现代化建设服务，中共中央、国务院于 1993 年 2 月颁发了《中国教育改革和发展纲要》，其中关于教育制度的内容是：确定 20 世纪末教育发展的总目标（包括到 20 世纪末，我国基本实现普及九年义务教育，基本扫除青壮年文盲，全面贯彻党的教育方针，全面提高教育质量，建设好一批重点学校和重点学科，简称为“两基”“两全”“两重”）；确定基础教育、职业教育、成人教育、高等教育四种类型的教育结构；逐步建立以政府办学为主体、社会各界共同办学的办学体制；改革高校招生和毕业生就业制度以及改革和完善投资体制等。

5. 1995 年的《中华人民共和国教育法》

1995 年颁布的《中华人民共和国教育法》对我国基本教育制度作出了规定，国家实行学前教育、初等教育、中等教育和高等教育的学校教育制度；实行九年义务教育制度。

6. 1999 年的《中共中央国务院关于深化教育改革全面推进素质教育的决定》

1999 年颁布的《中共中央国务院关于深化教育改革全面推进素质教育的决定》提出要形成社会化、开放式的教育网络。主要内容包括：①全面推进素质教育，培养适应二十一世纪现代化建设需要的社会新人；②深化教育改革，为实施素质教育创造条件；③优化结构，建设全面推进素质教育的高质量的教师队伍；④加强领导，全党全社会共同努力开创素质教育的新局面。

1999 年学制改革是在贯彻落实《中华人民共和国教育法》和《中国教育改革和发展纲要》的基础上提出的，主要目标是：2000 年全面普及九年义务教育，基本扫除青壮年文盲；改革高等教育，大力发展职业教育，完善继续教育制度；积极鼓励和支持社会力量以多种形式办学，形成以政府办学为主体、公办学校和民办学校共同发展的格局；改革高考制度，扩大高等学校办学自主权。到 2010 年，城市和经济发达地区基本普及高中教育，全国人口受教育年限达到发展中国家先进水平，高等教育规模有较大扩展，基本建立终身学习体系。为此，国家还制定了相应的政策制度来确保这些目标的实现。

7. 2001 年的《国务院关于基础教育改革与发展的决定》

第一，确立基础教育在社会主义现代化建设中的战略地位，坚持基础教育优先发展。坚持将普及九年义务教育和扫除青壮年文盲作为教育工作的“重中之重”；大力发展高中阶段教育，促进高中阶段教育协调发展；重视和发展学前教育。第二，完善管理体制，保障经费投入，推进农村义务教育持续健康发展。完善农村义务教育管理体制；确保农村中小学教师的工资发放是地方各级人民政府的责任；各地要依据《中华人民共和国教育法》《中华人民共和国义务教育法》规定，继续做好农村教育费附加征收和管理工作；采取有力措施，坚决杜绝一些地方和学校的乱收费现象，控制学校收费标准，切实减轻学生家长特别是农村学生家长的负担；针对薄弱环节，采取有力措施，巩固普及九年义务教育成果；规范义务教育学制。第三，深化教育教学改革，扎实推进素质教育。改革考试评价和招生选拔制度，探索科学的评价办法，发现和发展学生的潜能，帮助学生树立自信心，促进学生积极主动地发展；改革考试内容和方法，小学成绩评定应实行等级制，中学部分学科实行开卷考试，重视实验操作能力考查。第四，完善教师教育体系，深化人事制度改革，大力加强中小学教师队伍建设。落实《中华人民共和国教师法》规定的中小学教师的管理权限；县级以上教育行政部门依法履行中小学教师的资格认定、招聘录用、职务评聘、培养培训和考核等管理职能；依法完善中小学教师和校长的管理体制。第五，推进办学体制改革，促进社会力量办学健康发展。基础教育以政府办学为主，积极鼓励社会力量办学；加强对公办学校办学体制改革试验的领导和管理。第六，加强领导，动员全社会关心支持基础教育，保障基础教育改革与发展的顺利进行。加强和完善教育督导制度；坚持督政与督学相结合，继续做好贫困地区“两基”评估验收工作，保证验收质量；对已实现“两基”的地区，建立巩固提高工作的复查和督查制度；积极开展对基础教育热点、难点问题的专项督导检查。

8. 2004 年的《2003—2007 年教育振兴行动计划》

《行动计划》是教育在“三个代表”重要思想指导下谋划发展、规划未来的智慧结晶；是实现全面建设小康社会目标、实施科教兴国和人才强国战略的一项基础性工程；是完善社会主义市场经济体制过程中不断推进教育体制改革的施工蓝图；是在成功实施国务院 1999 年批转的《面向 21 世纪教育振兴行动计划》基础上实现教育新跨越的行动方略。

《行动计划》共有十四部分五十条，包括两大战略重点、六项重大工程和六个重要举措。其中两大战略重点是推进农村教育与改革，推进高水平大学和重点学科建设。与之相配套的六项重大工程，，分别是“新世纪素质教育”“职业教育与培训创新”“高等学校教学质量与教学改革”“促进毕业生就业”“教育信息化建设""高素质教师和管理队伍建设"等工程。同时,《行动计划》还提出六个重要举措,分别是"加强制度创新和依法治教""大力支持和促进民办教育持续健康协调快速发展""进一步扩大教育对外开放""改革和完善教育投入体制""加强党的建设和思想政治工作""构建和完善中国特色社会主义现代化教育体系"。

9. 2006 年修订的《中华人民共和国义务教育法》

《中华人民共和国义务教育法》1986 年 4 月 12 日由第六届全国人民代表大会第四次会议通过。1986 年 7 月 1 日起施行。新《中华人民共和国义务教育法》由第十届全国人民代表大会常务委员会第二十二次会议于 2006 年 6 月 29 日修订通过,自 2006 年 9 月 1 日起施行。根据 2015 年 4 月 24 日第十二届全国人民代表大会常务委员会第十四次会议通过《关于修改〈中华人民共和国义务教育法〉等五部法律的决定》修正。

1986 年《义务教育法》的起草,是根据中共中央《关于教育体制改革的决定》提出来的。由于时间仓促,再加上立法经验不足,只有原则性的 18 条法律条文。从 1986 年的 18 条到 2016 年的 63 条,新的《义务教育法》体现了我国教育立法水平、立法技术和立法质量的飞跃

2015 年,4 月 24 日,第十二届全国人民代表大会常务委员会第十四次会议通过对《中华人民共和国义务教育法》作如下修改,将第四十条修改为:"教科书价格由省、自治区、直辖市人民政府价格行政部门会同同级出版行政部门按照微利原则确定。"

(三)我国现行学校教育制度的改革

学制由纵向划分的学校系统与横向划分的学校阶段构成。横向划分可分为普通教育、专业教育、成人教育等类型,纵向划分可分为幼儿教育、初等教育、中等教育、高等教育等阶段。从形态上看,我国现行学制是从单轨制发展而来的分支型学制。20 世纪初我国从西方引入的现代学制,从总体上看是单轨学制,这是因为我国的现代生产、现代科技和商品经济还很不发达,学校的主要任务还是培养政治人才、管理人才和提高部分人口的科学文化水平,而不是培养大批为生产和经济服务的各级各类人才。近二十年来,我国学制改革和发展的基本方向就是重建和完善分支型学制。我们现在正在走的道路是通过发展基础教育后的职业教育走向分支型学制,下一步要走的道路将是通过高中综合化走向单轨学制,这是现代学制发展的大趋势。

2010 年 6 月 21 日颁布的《国家中长期教育改革和发展规划纲要(2010—2020 年)》(下文简称"规划纲要"),是 21 世纪以来我国第一个教育规划纲要,是指导教育改革和发展的纲领性文件。今后一个时期我国教育事业改革发

展的工作方针是：优先发展、育人为本、改革创新、促进公平、提高质量。“规划纲要”指出：坚持把教育摆在优先发展的战略地位，把育人作为教育工作的根本要求，把改革创新作为教育发展的强大动力，把促进公平作为国家基本教育政策，把提高质量作为教育改革发展的核心任务。

“规划纲要”明确我国学制方面的发展任务：

1. 积极发展学前教育，重点发展农村学前教育

近年来，全世界学前教育发展迅速。我国学前教育也显露出较快的发展趋势，学前教育对幼儿身心健康、习惯养成、智力发展具有重要意义。遵循幼儿身心发展规律，坚持科学保教方法，才能够保障幼儿健康快乐地成长。我国正积极发展学前教育，提出到2020年普及学前一年教育，基本普及学前两年教育，有条件的地区普及学前三年教育，重视0至3岁婴幼儿教育。①

努力提高农村学前教育普及程度。着力保证留守儿童入园。采取多种形式扩大农村学前教育资源，改建、扩建和新建幼儿园，充分利用中小学布局调整富余的校舍和教师举办幼儿园（班）。发挥乡镇中心幼儿园对村幼儿园的示范指导作用。支持贫困地区发展学前教育。

2. 巩固九年义务教育水平，重点推进均衡发展

义务教育是国家依法统一实施、所有适龄少年儿童必须接受的教育，具有强制性、免费性和普及性，是教育工作的重中之重。义务教育是依据法律规定，适龄儿童和青少年必须接受，家庭、学校和社会必须予以保证的国民教育。义务教育对于人的发展、教育发展和社会发展都具有重大意义。

经过各方面的努力，到2000年，我国已基本完成普及九年义务教育的任务，这是我国教育取得的十分了不起的成绩。但是，我国普及义务教育的工作也存在不少问题：有关法规贯彻不力，法规体系不完备；教育投入总量不足，义务教育资金严重短缺；义务教育在不同地区的发展不平衡；义务教育阶段的学生（尤其是女生）辍学率较高；义务教育师资队伍质量不高，待遇较低，队伍不稳定等。要切实普及义务教育，就必须认真解决这些问题。需要建立国家义务教育质量基本标准和监测制度，严格执行义务教育国家课程标准、教师资格标准，深化课程与教学方法改革，推行小班教学。到2020年，全面提高普及义务教育水平，提高教育质量，基本实现区域内均衡发展，确保适龄儿童少年接受良好义务教育。

3. 普及高中阶段教育

我国应加快普及高中阶段教育。高中阶段教育是学生个性形成、自主发展

① 新华社．国家中长期教育改革和发展规划纲要：2010—2020年［Z］．2010-07-29.

的关键时期，对提高国民素质和培养创新人才具有特殊意义。要注重培养学生自主学习、自强自立和适应社会的能力，克服应试教育倾向。我国应继续调整中等教育机构，到2020年，普及高中阶段教育，满足初中毕业生接受高中阶段教育的需求。

为了适应青年的方向选择和满足社会的需要，应当推动普通高中多样化发展。一方面要促进办学体制多样化，扩大优质资源；另一方面要推进培养模式多样化，满足不同潜质学生的发展需要。此外，还要探索培养创新人才的途径；鼓励普通高中办出特色；鼓励有条件的普通高中根据需要适当增加职业教育的教学内容；探索综合高中发展模式；采取多种方式，为在校生和未升学毕业生提供职业教育。

4. 把职业教育放在更加突出的位置

发展职业教育是推动经济发展、促进就业、改善民生、解决“三农”问题的重要途径，是缓解劳动力供求结构矛盾的关键环节，必须摆在更加突出的位置。职业教育要面向人人、面向社会，着力培养学生的职业道德、职业技能和就业创业能力。到2020年，形成适应经济发展方式转变和产业结构调整要求、体现终身教育理念、中等和高等职业教育协调发展的现代职业教育体系，满足人民群众接受职业教育的需求，满足经济社会对高素质劳动者和技能型人才的需要。

5. 全面提高高等教育质量

高等教育承担着培养高级专门人才、发展科学技术文化、促进社会主义现代化建设的重大任务。提高人才质量是高等教育发展的核心任务，是建设高等教育强国的基本要求。到2020年，高等教育结构更加合理，特色更加鲜明，人才培养、科学研究和社会服务整体水平全面提升，建成一批国际知名、有特色、高水平的高等学校，若干所大学达到或接近世界一流大学水平，高等教育国际竞争力显著增强。

6. 发展继续教育，努力建设学习型社会

继续教育是面向学校教育之后所有社会成员的教育活动，特别是成人教育活动，是终身学习体系的重要组成部分。更新继续教育观念，加大投入力度，以加强人力资源能力建设为核心，大力发展非学历继续教育，稳步发展学历继续教育。重视老年教育。倡导全民阅读。广泛开展城乡社区教育，加快各类学习型组织建设，基本形成全民学习、终身学习的学习型社会。

搭建终身学习“立交桥”。促进各级各类教育纵向衔接、横向沟通，提供多次选择机会，满足个人多样化的学习和发展需要。健全宽进严出的学习制度，办好开放大学，改革和完善高等教育自学考试制度。建立继续教育学分积累与转换制度，实现不同类型学习成果的互认和衔接。

7. 关心和支持特殊教育，完善特殊教育体系，健全特殊教育保障机制

特殊教育是促进残疾人全面发展、帮助残疾人更好地融入社会的基本途径。各级政府要加快发展特殊教育，把特殊教育事业纳入当地经济社会发展规划，列入议事日程。全社会要关心支持特殊教育。

到2020年，基本实现市（地）和30万人口以上、残疾儿童少年较多的县（市）都有一所特殊教育学校。各级各类学校要积极创造条件接收残疾人入学，不断扩大随班就读和普通学校特教班规模。全面提高残疾儿童少年义务教育普及水平，加快发展残疾人高中阶段教育，大力推进残疾人职业教育，重视发展残疾人高等教育。因地制宜发展残疾儿童学前教育，提高学习技能，培养就业能力。

国家制定特殊教育学校基本办学标准，地方政府制定学生人均公用经费标准。加大对特殊教育的投入力度。鼓励和支持接收残疾学生的普通学校为残疾学生创造学习生活条件。加强特殊教育师资队伍建设，采取措施落实特殊教育教师待遇。在优秀教师表彰中提高特殊教育教师比例。加大对家庭经济困难残疾学生的资助力度。逐步实施残疾学生高中阶段免费教育。

二、义务教育制度

（一）义务教育的概念

义务教育是指依据法律规定，适龄儿童和青少年都必须接受的，国家、社会、家庭必须予以保证的国民教育。其实质是国家依照法律的规定对适龄儿童和青少年实施的一定年限的强迫教育的制度。

目前，我国义务教育包括小学和初中阶段的教育；而基础教育则包括幼儿园、小学、初中和高中阶段的教育。

（二）义务教育的特点

义务教育是国家依法统一实施、所有适龄少年儿童必须接受的教育，具有强制性、普及性、免费性等特点。一是强制性，又称义务性，包含适龄儿童必须接受教育和国家必须予以保障两层含义。二是普及性，又称统一性。原则上义务教育覆盖我国所有适龄儿童、少年，也包括具有接受教育能力的盲、聋、哑、弱智和肢残的儿童、少年。三是免费性，又称公益性。义务教育是国家、社会、学校和家庭必须予以保证的教育，国家对接受义务教育的学生免收学费、

杂费，动员社会力量捐资助学，学校应积极改善办学条件，为接受义务教育的学生提供良好的学习条件，父母和监护人负有保证子女接受义务教育的责任。

（三）我国的义务教育制度

1986年通过的《中华人民共和国义务教育法》规定，国家实行九年制义务教育。

2006年6月29日，中华人民共和国第十届全国人民代表大会常务委员会第二十二次会议再次修订通过《中华人民共和国义务教育法》规定："国家实行九年义务教育制度""实施义务教育，不收学费、杂费""义务教育实行国务院领导，省、自治区、直辖市人民政府统筹规划实施，县级人民政府为主管理的体制"。2006年9月1日正式施行后，拉开了我国义务教育向均衡、公平方向快速发展的序幕。

2015年4月24日，第十二届全国人民代表大会常务委员会第十四次会议通过对《中华人民共和国义务教育法》作如下修改，将第四十条修改为："教科书价格由省、自治区、直辖市人民政府价格行政部门会同同级出版行政部门按照微利原则确定。"

《本章小结》

教育制度是指一个国家或地区各级各类教育机构与组织的体系及其管理规则，主要受社会的政治、经济、文化以及学生身心发展规律的影响，在不同的社会历史发展阶段表现出不同的发展状况。学校的教育制度简称为学制，指一个国家或地区各级各类学校的系统，它规定各级各类学校的性质、任务、学生入学条件、修业年限以及它们之间的关系。目前主要有双轨学制、单轨学制和分支型学制三种类型学制，纵向上双轨学制在向分支型学制和单轨学制方向发展，横向上在每个教育阶段学制都有重大发展变化。我国现代学制的建立是从清末开始的，主要有"壬寅学制""癸卯学制""壬子癸丑学制""壬戌学制"等。在经历当代中国的教育制度改革之后，我们仍需不断积极发展学前教育，重点发展农村学前教育；巩固九年义务教育水平，重点推进均衡发展；普及高中阶段教育；把职业教育放在更加突出的位置；全面提高高等教育质量；发展继续教育，努力建设学习型社会；关心和支持特殊教育，完善特殊教育体系，健全特殊教育保障机制。

【思考与练习】

1. 简述你对学校教育制度概念的认识。

2. 简述制约教育制度建立的因素。
3. 简述西方发达国家现代学制的发展趋势。
4. 简述中华人民共和国成立前的学制沿革。
5. 简述义务教育的概念和特点。

第七章　课　程

【学习要点】

1. 了解不同课程流派的基本观点；
2. 掌握基本的课程类型及其特征；
3. 理解课程开发的主要影响因素。

【案例导入】

某校对高一学生进行了一次有关新教材课外读本阅读情况的调查，结果2/3以上的学生完成情况很不理想。这一数字让语文老师十分震惊，如果不扩大知识面，单靠课本上的材料，怎么能全面提高学生们的语文水平呢？针对这个问题，王老师设计了“语文课进阅览室”的具体方案：学生在阅览室阅读自己喜欢的刊物，并组成兴趣小组，阅读与研究、交流相结合；搭建“语文课进阅览室”交流平台，以学生为主持人分享同学们的“荐杂文”“知类文”“谈方法”“说感悟”，让学生在阅读中发现问题，激发学习的成就感。

方案提出以后，老师们都觉得不错，但它要求任课教师花费更多的心血来备课和提高自己的文学修养，这对于已经非常繁忙的老师们来说，无疑是个重负。学校领导对此给予了大力支持，并选择了高一、高二年级的五个班进行每周在阅览室上一节语文课的实验。

一段时间下来，王老师惊讶地发现两个“没想到”：第一个“没想到”是课堂秩序会那么好，进了阅览室，大家各就各位，很快进入阅读；第二个“没想到”是见效这么快，半个学期的十多节课下来，学生们的阅读能力和作文水平普遍有了改观，期中考试中的语文成绩也明显提高。学生们都说喜欢这种上课方式。

思考：请结合基础教育课程改革，谈谈你对王老师语文阅读教学改革实验的看法。

第一节 课程概述

一、课程的概念

如今，各类教育著作无不提及课程，但对课程的界定则见智见仁，未达成共识。在我国，“课程”一词始见于唐宋年间。唐朝孔颖达为《诗经·小雅·小弁》中“奕奕寝宙，君子作之”作疏：“维护课程，必君子监之。”但这里的课程并不是我们现在所谓的课程。宋代朱熹在《朱子全书·论学》中多次提及课程，如“宽着期限，紧着课程”“小立课程，大作功夫”等。虽然朱熹并未对课程进行明确界定，但在这里课程的意思还是很清楚的，即指学习的范围和进程。这里与我们现在许多人对课程的理解基本相似。在英语国家，课程（curriculum）一词最早出现在英国教育家斯宾塞《什么知识最有价值?》一文中。“curriculum”一词源于拉丁文，由“currere”一词衍生出来，意为“跑道”，原意为“跑马道”。根据这个词源，最常见的课程定义是“学习的进程”。

从广义上来讲，课程是各级各类学校为实现培养目标而规定的所有学科的总和，或者指学生在教师指导下各种活动的总和，比如课程设置、实训环节、实习、社会调查等。从狭义上来说，则是某一门教学科目、有计划的教学活动、学习经验、社会文化的再生产和社会改造。通常讲的学校课程是指学校学生所应学习的学科总和及其进程和安排。

在中外当代有关课程的文献中，几乎每个学者都有自己的界定，归纳起来大概有以下几种：

（一）课程即教学科目

把课程等于教学科目，在历史上由来已久。我国古代的课程有礼、乐、射、御、书、数“六艺”；欧洲中世纪初的课程有文法、修辞、辩证法、算数、几何、音乐、天文学“七艺”。目前我国《辞海》以及众多的教育书籍也普遍认为，课程即学科。

然而，该定义的实质过多地强调学校向学生传授的学科知识体系，往往容易忽视情感陶冶、心智发展、创造性表现、个性培养等一些对学生成长有重大影响的维度。现在，随着我国课程改革的深入，活动和社会实践等已被列入正式课程，将课程界定为教学科目是不周全的。

（二）课程即有计划的教学活动

该定义认为课程是指一定学科有目的、有计划的教学进程，它也泛指各级各类学校某级学生所学习的学科总和及其进程和安排。这一说法把教学的范围、序列和进程，甚至把教学方法和教学设计，把所有有计划的教学活动都组合在一起，较之前者显得更全面。

但是，这一定义本身也存在疑义。首先，要“有计划”。何谓计划？人们常常会认为是书面上的东西，如教学大纲、教学计划等，但在实践中，教学活动往往比书面计划的活动范围要广得多。如果把非书面的计划活动都包括进来，那么该定义显得太宽泛。其次，把有计划的教学活动作为课程的主要特征，容易本末倒置，即把活动本身作为目的，从而忽视学生的实际体验。事实上，我们应该注意的是教学活动对学生学习过程和个性品质的影响，而不是活动本身。

（三）课程即学习经验

把课程定义为学习经验，是试图把握学生实际学到什么。美国教育家杜威根据实用主义经验论，反对“课程是活动和预先决定的目的”这类说法。在杜威看来，手段和目的是同一过程不可分割的部分。虽然经验要通过活动才能获得，但活动本身并不是关键所在，因为每个学生都是独特的学习者，在同一活动过程中所获得的体验都不一样。因此，学生的学习取决于自己做了什么，而不是教师做了什么。也就是说，唯有学习经验才是学生学到的课程。

但是，在实际教学情境中，一个教师如何同时满足四五十个学生的独特要求，如何为每个学生量身定做合适的课程计划？这些要求在实践中是很难实现的。因此，这种课程定义也过于宽泛，它把学生的个人经验都包容进来，以致对课程的研究无从下手。

（四）课程即社会文化的再生产

在一些学者看来，任何社会文化中的课程，实际上都是对这种社会文化的反映。学校的职责是再生产对下一代有用的知识和技能。该定义是基于个体是社会的产物，教育就是要使个体社会化的假设。这种课程的实质是使学生适应现存的社会结构，从而把课程的重点从教材、学生转向社会。政府有关部门根据国家需要来规定教学内容，教育工作者的主要任务是考虑如何把教学内容转化成传递给学生的课程。

然而，现实的社会文化并未达到完满的状态，课程不应该不加批判地再生产社会文化；否则，社会的变革将难以进行，社会文化现存的偏见和不公正也将永久化。

（五）课程即社会改造

一些激进的教育家认为，课程总是落后于社会上汹涌的变革浪潮，课程不应该使学生适应或顺从社会文化，而是要帮助学生摆脱现存社会制度的束缚。因此，他们提出“学校要建立一种新的社会秩序”的口号。他们认为，应该把课程的重点放在当代社会的问题、弊端和学生关心的社会现象等方面，要让学生通过社会参与从而形成从事社会规划和行动的能力，使学生形成批判的意识。然而，在社会上，学校组织并未强大到足以促使社会发生重大变革的地步，以为学校课程可以起到指导社会变革的作用，未免过于天真。

上述各种课程定义，从不同的角度或多或少地都涉及课程的某些本质，但均存在明显的缺陷。本节内容并不是为了得出一个精确的课程定义，而是为了说明每一种有代表性的课程定义都是指向当时特定社会历史条件下课程所出现的问题，所以每种定义都有其合理性。对于教育工作者来说，重要的不是选择哪种定义是正确的，而是要意识到各种课程定义所要解决的问题及其自身的不足，结合课程实践，作出正确判断。当代课程观注重学习者在学校环境中的全部经验。同时，静态的课程观也受到了挑战，课程不再被看作是单向的传递过程，而是双向的流动实践过程。

二、课程的类型

按照不同的划分标准，课程可以被分为不同的类型。如，按照课程的横向结构特征不同，课程分为分科课程与综合课程。其中综合课程又可分为学科本位综合课程（相关课程、融合课程、广域课程）、社会本位综合课程（核心课程）和儿童本位综合课程（活动课程）。

按照课程的纵向结构特征不同，课程又分为直线型课程、螺旋型课程、阶梯型课程显性课程和隐性课程。

按照选择性分类可以分为必修课程和选修课程。

按照规定性分类可以分为显性课程和隐性课程。

按照不同的教育层次，课程可以分为幼儿园课程、小学课程、中学课程、大学课程、研究生课程。

按照教育内容的组成部分又可分为德育课程、智育课程、体育课程、美育课程和劳动技术课程等。

从课程设计、开发和管理主体来分，课程又可以分为国家课程、地方课程和校本课程。本章我们主要介绍分科课程、活动课程、综合课程、必修课程、选修课程、国家课程、地方课程和校本课程、显性课程和隐性课程。

（一）分科课程、活动课程和综合课程

1. 分科课程

分科课程通常又称为科目课程、学科课程。它是一种单学科的课程组织模式，强调不同学科门类之间的相对独立性，强调每一门学科逻辑体系的完整性，其课程的主导价值在于使学生获得逻辑严密和条理清晰的文化知识。科目一般仅限于学校课程，它明确地列在课程表内，通常有一系列独立的目的、内容、方法。科目关注的维度一方面是逻辑顺序，另一方面是教育对象的心理发展顺序。在逻辑顺序上，科目往往反映的是学科中不同知识领域的基本结构；在心理顺序上，往往反映的是不同教育阶段不同年龄儿童的心理需求。在学校中，科目大多是以选修科目和必修科目的形式表现出来的。分科课程是根据各级各类学校培养目标和科学发展水平，从各门科学中选择出适合一定年龄阶段学生发展水平的知识，组成各种不同的教学科目。这种课程是预先安排的。从学校产生与发展的历史来看，分科课程是所有类型的课程中历史最为长久的。若追溯其根源的话，分科课程从学校教育产生即已存在。孔子定“礼、乐、射、御、书、数”六门功课教授学生，这可以看作是分科课程的雏形；古希腊智者学派创文法、修辞、辩证法，柏拉图将其与算术、几何、天文、音乐并称，成为“七艺”；及至亚里士多德在吕克昂学园，以“逍遥学派”之风，教学生政治、物理、天文、生物、历史等课程，这是西方分科课程之原始形态。它之所以在学校教育中始终受人青睐，既源于学校特定的任务与要求，也源于人们长久以来形成的知识观，同时也源于它的便利与简单。

分科课程的特点有：①强调知识本位，从不同的知识体系出发设计课程；②以知识的内在逻辑体系为核心编制课程；③重视学科的理论知识，强调把基本概念、基本原理、规律和事实教给学生。分科课程的优点在于重视教材的逻辑组织，重视对系统知识的学习，便于对知识的掌握和运用。但其也有不足，分科课程会加深学科分离，限制学科交叉，禁锢学生思维，不利于学生全面发展。在实践中，容易出现轻视儿童的需要、以成人生活世界代替儿童生活世界、对知识体系进行人为的学科划分从而割裂知识的整体性、学科知识内容脱离现实生活等问题，这些问题引发了人们对学科中心课程理论的质疑。

2. 活动课程

活动课程又称为“儿童中心课程”“经验课程”。与分科课程相对，它是打破学科逻辑组织的界限，以学生的兴趣、需要和能力为基础，通过学生自己组织的一系列活动而实施的课程。一般来说，活动课程起源于 19 世纪末 20 世纪初欧美的“新教育运动”和“进步教育活动”。在活动课程的发展历史中，杜

威被认为是代表人物之一，他主张“教育即生长”“教育即生活”“学校即社会”“教育即经验的改组和改造”。他反对以教师、书本和课堂为中心的传统教育，而主张以生活化的活动教学代替传统的课堂讲授、以儿童的亲身经验代替书本知识、以学生的主动活动代替教师的主导。活动课程在二十世纪二三十年代前后风靡一时，克伯屈的设计教学法实际上就是实施活动课程的一种方式。据克伯屈所言：“我采用设计这个术语，专指自愿的活动，并且特别注重自愿这个词。这个词不是我发明的，也不是我首先用在教育上的。”1921 年克伯屈为“设计”确定了一个定义：“任何自愿的经验单元，任何自愿活动的事例，其占支配地位的自愿是一种内在的驱策，确定行动的目的，指导行动的过程，以及提供行动的动力、行动的内在动机。”他认为“设计是自愿的活动，即以自愿决定目的、指导动作，并供给动机的活动”。由此可见，克伯屈认为，“设计”是指学生自己计划，运用自己已有知识与经验，通过实际操作，在实际情境中解决实际问题。这与活动课程是一脉相承的。

活动课程的基本主张是：①课程即经验，对学生经验的增长有教育意义的各种经历和体验就是课程；②课程的价值在于促进儿童本能的生长，使学生能够应对各种社会生活问题；③儿童的成长与发展的标志是其经验的状况，因此课程内容应该以儿童自身的生活活动为基本源泉；④以儿童的活动及其产生的经历和体验为课程安排的出发点，在“做”中学；⑤课程的目标在于通过“做”来培养学生的思维能力，实现学生经验的改组和改造；⑥课程实施的方式为“主动作业”，打破学科界限，以单元或主题为实施线路，由学生根据个人的兴趣与学习进度，自主选择和完成作业。

活动课程的特点是：①从儿童的需要、兴趣和个性出发设计课程；②以儿童的心理发展顺序为中心编制课程；③主张儿童在活动中探索、尝试错误，学到方法。其优点是有利于培养实用型人才，增强社会适应性；重视学生兴趣、动机，有利于调动学生积极性，培养学生的个性。但活动课程也有它不足的地方，主要表现在：①活动课程以学习者的经验为中心来组织，容易导致学科知识的支离破碎，学生难以掌握完整系统的学科知识体系。②活动课程以学习者的活动为中心，但学习者的活动具有多种性质，并非所有的活动都有教育价值，也并非所有的活动都能带来同样的教育价值，在实践中容易导致为活动而活动，若把握不当，会极大地影响教学效率和教育质量。③活动课程在课程实施中对教师的教学组织能力以及相关教学设施提出了较高要求，它要求教师具有相当高的专业知识和教育艺术素养。在师资条件不完善的地方实施活动课程，其风险是较大的。

3. 综合课程

综合课程又称广域课程、大范围课程、统合课程、合成课程，是打破传统的学科课程的知识领域，组合两门以上学科领域而构成的课程。它有意识地运用两种或两种以上学科的知识观和方法论去考察和探究一个中心主题或问题。综合课程由怀特海率先提出，强调各个学科领域之间的关联性、统一性和内在联系，其课程的主导价值在于通过相关学科的整合，促进学生认识的整体性发展并把握解决问题的全面视野与方法。

综合课程的优势在于：①打破分科课程固有的界限，实现课程内容以及教育价值的有机整合。尽管学科知识的分化有其合理性，但这并不意味着学科课程要相互隔离与封闭，文化或学科知识的健康发展需要持续的交流，需要不同学科间相互开放、相互作用、彼此关联。②增进课程内容与现实生活的联系。学生的发展与当代社会生活息息相关。过于强调分科课程的一个弊端是使学生的学习与当代社会生活剥离，容易导致学生对学习的不满、对学习产生消极情绪，导致学习的最终失败。③实现学生心理的整体发展。每一个学习者都是基于知识和经验的背景整体地建构知识。学生心理发展的整体性必然要求学校课程具有综合性。

由上可见，综合课程的特点是有利于进行知识的综合化，促进课程内容的更新，密切教学与社会实践的联系，培养学生综合分析问题和解决问题的能力。分化过细、彼此孤立隔离的传统学科课程不利于学生整体思维和多学科综合思维能力的培养，不能充分适应社会的需要。课程的综合化设计，更有利于提高学生理解的全面性和深刻性，更有利于激发学生的学习兴趣，更有利于继续学习和终身学习。从课程发展的历史和世界各国课程改革实践的现状与发展来看，课程综合化也是一个必然趋势。

（二）必修课程和选修课程

1. 必修课程

必修课程指国家或学校人才培养方案规定学生必须学习的公共课程，是为了保证所有学生的基础学习而开发的课程。必修课程反映了国家和学校对学生学习的基本的、共同的要求。其主导价值在于培养和发展学生的共性，体现对学生基本的要求。必修课程是实现教育目标的重要基础，换言之，必修课程是使学生在德、智、体、美各方面发展的基础，是学生必须掌握的课程。

必修课程一般可以分为公共必修课和专业必修课。公共必修课一般是一些通识类的课程，专业必修课则是与各个专业密切相关的核心基础课程。如我们国家规定大学生必须学习诸如英语、思想道德修养与法律基础、马克思主义基本原理等公共必修课。不同的大学有不同的专业，各个专业则会有不同的专业必修课。

2. 选修课程

选修课程指的是学校或其他教育机构按照学生的兴趣和需求开设的课程，学生可以根据一定的原则和个人发展需求来进行选择。不同教育阶段、不同学校会开设不同的选修课。其主导价值在于满足学生的兴趣、爱好，培养和发展学生的良好个性。一般来说，学校开设的选修课越多，可供学生选择的余地越大。

近年来，哈佛大学作为世界级的顶尖大学，它的一些选修课也成为世界精品课程，如它的幸福课、正义课，获得了广泛的传播和一致的好评。

随着大学教育的改革，优秀的大学选修课越来越多，给学生的选择权也越来越多。

【拓展阅读】

“生死课”、写遗嘱、墓志铭！高校“奇葩课”惊呆了！

时下“选择”是教育的流行语，从小学生到大学生都有若干门“选修课”。你会建议孩子选啥课呢？如果明天就要告别这个世界，你最后想要留下的话会是什么呢？

听说，在广州大学就有这么一门选修课——生！死！课！选这门课，看来得有相当的胆量！弱弱地问一句，你敢让孩子修吗？

生死课开设 16 年

年过半百的胡宜安是广州大学的一名老师，教生死课 16 年，是国内第一个在大学课堂里开设此课程的老师。他编著的教程也是国内唯一一本生死学教材。

胡宜安的“生死学”网络课程 MOCC（慕课），在大学城的高校进行互选已将近一年时间。这让他忙得不亦乐乎，学生“容量”也早早打破 150 人的上限。

其实，一开始这门课的境遇与现在完全相反。胡宜安曾“变着花样让学生喜欢这门课。平时特别注意搜集相关素材，包括新闻、图片和视频”，但课程还是遇冷了。

胡宜安认为原因有二：一是在中国，大家都避免谈论死亡；另外，很多人不知道生命教育的缺失会带来怎样的危害。有一次，他安排学生模拟写遗书，被一位家长知道后，执意不让孩子写，胡宜安也只好作罢。

据说，在这门课上，除了写遗嘱，还有写墓志铭、在课堂拥抱、去临终关怀医院做义工……让胡宜安真正开始敬畏生死，是在 2007 年遭遇的一次车祸，他休克了 15 分钟。在那之后，他常常以此来告诉学生，要好好善待生命，同时应该正确理解挫折：

死亡都经历过了，一次失恋、一次考试不及格、一次投资失败算什么？有了理性的思考，就会正面地去面对，从容地对待灾难。

“有朝一日，这门课会成为必修课。”胡宜安很有信心，“我唯一要求学生的就是‘敬畏’，对生命的敬畏。”

在胡宜安眼里，人生每个阶段对生死的理解各有不同，也应该用不同的方式去教育、去感受。

“生死是一个永恒的话题，因为生死极具个体性和亲历性，任何人都不能够为他人提供某种模式，所以生死教育永远有效。”胡宜安说，教生死学16年，对自己来说，也是学习生死的16年，不但自我学习，也在向学生学习。

全国高校还开设过的“奇葩课”

浙江义乌工商职业技术学院：网红课

这所学校开设了专门培训网红的专业科系，包括表演、美姿美仪、舞蹈、T台走秀、影棚拍摄等课程，期末考试则是“30秒摆出15个POSE”。该校开设的“电商网络模特班”被称为“网红班”，目前共有32名学生学习该专业。“网红班”去年开班，吸引饭店管理、房地产、电子商务等许多科系的学生转入。

南京农业大学：运动减脂课

从上学期开始，南京农业大学体育部教师周全富开设的这门课，只对体重超重的同学开放，所以选课前要先称体重。至于这门课能拿到多少分，除了耐力项目、力量练习、考勤等，“大头”是看同学们能减掉多少肉！

中南大学：名侦探柯南与化学探秘

《名侦探柯南》中有很多关于毒药伤人或杀人的情节。毒药的“巧妙”利用，在有些时候甚至成了杀人凶手制造不在场证明的有力证据。教授徐海在课上会结合剧中的情节谈到具体的毒药。像氰化钾，不止一次出现在其中。氰化钾的化学成分是什么，在常温中是什么样子的，其毒性究竟有多强，动漫中利用氰化钾杀人即可致死的情况究竟是否合理，这些在课程中都会进行探讨。

另外，动画中有一些涉及文化方面的元素。比如饮茶，日本的茶文化延续了很长时间，与中国的茶文化之间有哪些联系，又有哪些不一样的地方？不同类别的茶有不同的功效，其化学成分的区别在哪里？徐海老师开这门课时都会逐一解答。

中山大学：哈利·波特与遗传学

哈利波特与遗传学被称为“神级选修课”，这门课是中山大学医学院2011—2012学年第二学期开设的公选课，要求学生对哈利波特小说或电影感兴趣。开课的陈素琴老师自称是个“哈迷”。

《哈利·波特》和遗传学有什么关系？举个例子，遗传学里经常会强调母亲妊娠期间的心态和环境对小孩以后的发展有很大的作用。在《哈利·波特》里面，就很容易找到这样的例子，哈利与伏地魔都是斯莱特林的后裔，他们的生活环境也很相似，性格却截然相反。结合学生感兴趣的《哈利·波特》进行讲解，学生能更容易记住知识点。

广东外语外贸大学：婚恋心理学

这门课真正的“可怕”之处，就是坊间传闻的：听了都会闹分手！活的情侣勿近！这课前几年以“爱情心理学”的名字在广外红极一时，因为实在是太太太火（拆散了无数情侣），所以换了个名叫“婚恋心理学”。而“分手课”这称号越是传得广，广外勇敢的同学越是对此门课感兴趣。但其实，传闻仅是传闻，讲课的韩老师大多是以情感个案为例讲解，或是解释名词等。

华南农业大学：森林大型真菌课

这在华农已经成为一门神课，据说，这门课不需要考试，只要会画蘑菇就行，而且无论美丑，大部分都能得90分以上。

授课老师是孙思，一直从事林木病理学研究。他说，这门课主要介绍食用菌的特点功能，同时也会教学生如何鉴别毒蘑菇。不过，孙老师特别指明，不是每个画了蘑菇的人都能拿90分，要是上课迟到或者提问不会回答都会扣相应分数。

河源职业技术学院：《三国杀》课

这门课程全称《三国杀》攻略教程，是学校的校际公选课。该门课的任课老师王奇解释，他本身是教工商管理的，开《三国杀》课并不是教学生怎么打游戏，而是理论与实践结合，从游戏中培养学生的团队意识，同时，这门课还涉及概率学、策略等问题，不是单纯地玩游戏。

资料来源：“生死课”、写遗嘱、墓志铭！高校“奇葩课”惊呆了！[J/OL].(2016－08－23)[2018－01－13]. http://www.sohu.com/a/111722718_387126.

（三）国家课程、地方课程和校本课程

1. 国家课程

国家课程有广义和狭义之分。从广义上来说，国家课程是指国家有关部门制定和颁布的各种课程政策，例如教育部制定、颁布的课程管理与开发政策、课程方案，各类课程的比例和范围，教材编写、审查和选用制度等。从狭义上来说，国家课程是指国家委托有关部门或机构制定的基础教育的必修课程或核心课程的课程标准或大纲。无论是广义的国家课程还是狭义的国家课程，都集

中体现了国家的意志，是决定一个国家基础教育质量的主要因素，因此，国家课程具有统一规定性和强制性。国家课程的主导价值在于通过课程体现国家的教育意志，确保所有国民的共同基本素质。它对政治方向的把握、教育方针的贯彻、培养目标的落实，起着决定性作用。

国家课程的目的主要有以下四个方面：①确保所有学生学习的权利；②明确规定学生在接受学校教育期间应达到的标准；③提高学生在接受学校教育期间的连续性和连贯性；④为公众了解学校教育提供依据。

2. 地方课程

根据国家有关规定和本省（自治区、直辖市）实际，确定本省（自治区、直辖市）执行的课程计划和必修科目课程标准；确定本省（自治区、直辖市）课程改革方案，报国家教育部批准；审批县以上教育行政部门组织编写的选修教材、乡土教材；审查省编教材（包括经批准编写的、在相应行政辖区内使用的教材）；指导市（地）、县教委选用教材；指导、检查各地课程管理工作，确定中考实施办法，指导考试工作；确定某些课程管理权限下发。

地方教育主管部门以国家课程标准为基础，在一定的教育思想和课程观念的指导下，根据地方经济和文化发展特点等实际情况而设计的课程，它是不同地方对国家课程的补充，反映了地方社会发展状况对学生素质发展的基本要求。同时，地方课程对该地方的中小学课程实施具有重要的导向作用，它的主导价值在于通过课程满足地方社会发展的现实需要。

地方课程的目的主要有以下两个方面：①调动地方参与课程改革与课程实施的积极性，促进国家课程的有效实施；②加强教育与地方的联系，弥补国家课程的空缺。相对于国家课程而言，地方课程与校本课程在课程开发与实施上具有更多的灵活性，更能体现地方的特色。

3. 校本课程

20世纪70年代，校本课程在英、美等发达国家受到广泛重视。校本课程也有广义和狭义之分。广义的校本课程指的是学校所实施的全部课程，既包括学校所实施的国家课程、地方课程，也包括学校自己开发的课程；而狭义的校本课程专指校本课程，即学校在实施好国家课程和地方课程的前提下，自己开发的适合本校实际的、具有学校自身特点的课程。

校本课程的目的主要有以下三个方面：①确保国家课程的有效实施；②照顾学生的个别差异，满足学生多样化的需要；③促进教师专业能力的持续发展。开发校本课程，其意义不仅在于使课程迅速适应社会、经济发展的需要，更重要的是建立一种以学校教育的直接实施者（教师）和受教育者（学生）为本位、为主体的课程开发决策机制，使课程具有多层次满足社会发展和学生需求的能力。

（四）显性课程和隐性课程

按照课程的呈现方式，课程可以划分为显性课程与隐形课程这两种在性质和功能上都不同的类型。

显性课程亦称公开课程，是指在学校情境中以直接的、明显的方式呈现的课程。显性课程的主要特征是计划性，这是区分显性课程和隐性课程的主要标志。

隐性课程亦称潜在课程、自发课程，是在学校和班级的情境中以间接、内隐的方式呈现的课程，对学生起着潜移默化的影响作用，影响着学校目标的实现。它与显性课程相伴而生，没有显性课程就没有隐性课程。

显性课程与隐性课程虽然有所不同，但是两者之间也存在着内在联系：①在显性课程实施的过程中常常伴随着隐性课程，特别是当显性课程的实施过程能充分发挥师生双方的自主性和创造性时，那么课程实施中就一定会出现更多的非计划的、非预期的教育影响。②隐性课程也在课程实施的过程中不断地转化为显性课程，这就是说，当在显性课程实施中发生了隐性课程的影响时，如果是不好的影响，那么就会引起对隐性课程所产生影响的控制；如果是好的影响，那么隐性课程就有可能转化为显性课程，而这些新的显性课程在实施过程中又会产生新的隐性课程。

杜威曾在《经验与教育》一书中提出过“连带学习”的概念。他认为“连带学习”在一定条件下，甚至比正规教学内容有更重大的教育影响。例如，一个学生可以得到优秀的数学成绩，但如果他在学习数学的过程中，由于某种原因而“学会”了对数学的厌恶，那就可以预料，在离开学校后，他很可能永远不会再去主动钻研数学问题了。

美国教育家克伯屈曾提出一个“附属学习”的概念，指的是在学习正规课程内容时，学生在有意无意之间接受的态度、兴趣和情感的熏陶。后来的学者把“连带学习”或者“附属学习”的内容称为“隐蔽课程”或“潜在课程”。

三、课程理论流派

课程理论是研究课程的专门理论。作为教育学理论的一个下位理论，课程理论具有区别于教学理论、教育评价理论、教育行政管理理论等其他教育学下位理论的独特的性质和功能。

（一）学科中心课程论

学科中心课程理论是出现最早、影响最广的课程理论。夸美纽斯、赫尔巴特、斯宾塞和布鲁纳等是学科中心课程理论的代表人物，要素主义、结构主义是其代表理论。

学科中心课程论的基本观点是主张教学内容应以学科为中心，与不同学科对应设置课程，通过分科教学，使学生掌握各科的基本知识、技能、思想方法，从而形成学生的知识结构。这些主张对学校课程设置具有重要的理论意义和实践价值，因而至今仍是学校课程设置的主要依据。但是这个学派的理论较多地强调按知识体系编制课程，而对社会生活与生产实际不够重视，对于学生学习的兴趣、爱好、需要和接受能力等心理准备也较少关注。

这一课程理论最著名的代表人物布鲁纳认为其基本原理为：①教育的根本目的是培养社会精英；②任何知识都可以用正确的方式教给任何儿童；③以学科结构为课程中心；④重视挖掘、运用和培养儿童的直觉思维；⑤提倡发现学习法。

（二）活动中心课程论（儿童中心课程论或经验课程论）

活动中心课程论就是以经验为中心的课程理论，又称经验课程论、儿童中心课程论等，它的思想渊源也很早，17 世纪夸美纽斯提出的教育适应自然的原则、卢梭的自然教育思想，都反映了课程要适应儿童身心发展这条教育规律。十九世纪末二十世纪初的美国实用主义教育家杜威将这条教育规律的要求推向极端，明确提出儿童中心论，他主张教育内容应该紧密联系儿童的社会生活经验，从儿童的兴趣和需要出发，以儿童的活动为中心来设计课程的内容和结构。杜威曾说过："学校课程中相关的真正中心，不是科学，不是文学，不是历史，不是地理，而是儿童本身的社会活动。"①

活动中心课程论有以下基本特征：①主张一切学习都来自经验，而学习就是经验的改造和改组；②主张学习必须和个人的特殊经验发生联系，教学必须从学习者已有的经验开始；③主张打破严格的学科界限，有步骤地扩充学习单元和组织教材，强调在活动中学习，而教师从中发挥协助作用。

活动中心课程论也有它的不足之处，主要表现在：夸大了儿童的个人经验，忽视了知识本身的逻辑顺序，影响了系统的知识学习，导致学生只能学到一些碎片化的知识，教学质量不高。活动课程不指定具体明确的课程标准和教科书，活动的教材根据儿童的兴趣和需要而定，因此它往往带有随意性和狭隘性。

---

① 祁芳．关于课程理论研究的再认识［J］．西安邮电学院学报，2010（2）．

（三）社会中心课程论

社会中心课程理论又称社会改造主义课程理论，是主张围绕重大社会问题来组织课程内容的理论。社会中心课程论强调以社会生活和社会问题为中心，是为了克服儿童中心课程论的片面性而提出来的，它主张设计课程的依据是通过社会问题的分析而确定的，不主张以学生的兴趣和动机作为编制课程的出发点，但赞成打破传统学科课程的界限，不以学生活动来组织课程，而是以社会现实问题为课程设计的核心，所以社会中心课程又称核心课程。①

社会中心课程论代表人物是社会改造主义代表布拉梅尔德，批判理论的代表金蒂斯、布厄迪。社会中心课程论主张教育的根本价值是社会发展，学校应该致力于社会的改造而不是个人的发展。为此，该理论批判儿童中心课程理论过于注重学生个人需要、兴趣、自由及活动而忽视了社会的需要，主张课程的最终价值是社会价值，课程是实现未来理想社会的运载工具。

社会中心课程理论强调课程建设要关注社会焦点问题，反映社会政治经济变革的客观需求，课程学习应深入社会生活中，强调课程结构有意义的统一性，深刻认识到社会因素对教育的制约作用，因此，它具有一定的特色和优势。但它也走向了另一个极端，即夸大了学校变革社会的功能，把课程设置的重心完全放在适应和改造社会生活上，忽视学生的主体性，阻碍学生主体意识和能力的发展，其预想的课程目标很难实现。

四、制约课程开发的因素

（一）学生自身的因素

包括学生的年龄特征、性别、性格特征、学习心理特征、知识和能力基础、认知发展水平等。

（二）社会性因素

包括法律、政治、经济、社会、文化、宗教、课程政策和信息技术等因素。当前，法律特别是教育法、课程政策与信息技术的影响作用比较大，而文化价值观念左右人们制定法律、课程政策和使用信息技术的行为，是根本性的因素。

---

① 祁芳．关于课程理论研究的再认识［J］．西安邮电学院学报，2010（2）．

（三）课程自身因素

它主要包括课程传统、现行课程、课程材料和课程理论等。课程传统是课程的一种历史形态，是课程发展的历史禀赋或历史限定，它决定课程发展从哪儿来。现行课程是课程的一种现实形态，是课程发展的现实条件，它决定课程发展从哪儿开始。课程材料是课程的一种物化形态，是课程传统和现行课程的载体，包括课程原理、课程计划方案、课程标准、课本或教科书、补充教材以及课程资源包等。课程理论是对课程传统和现行课程的系统认识成果，它源自过去和现在，但却指向于未来，建构着人们的课程理想，决定着课程发展的走向。

（四）教育条件因素

它主要包括教育意识形态、学制和个人知识等。

（五）自然性因素

自然环境包括原始自然和人工自然，它们都是学校课程的重要资源，包括动物资源、植物资源和地理资源，它们一方面影响课程的现实内容，另一方面制约课程的现实形式。

第二节　课程组织

课程组织的内容主要包括课程目标、课程内容、课程评价、课程开发等方面，它是一项复杂而关键的工作，直接关系到课程改革与课程实施的效果。

一、课程目标

教育目的是所有教育工作者的出发点和归宿点，而课程是实现教育目的的关键手段。因此，如何把教育目的转化为课程目标，进而指导课程编制工作，是课程研究的重要课题。课程目标是根据教育宗旨（目的）和教育规律提出的课程的具体价值和任务指标。课程目标规定了某一教育阶段的学生通过课程学习后，在发展德、智、体、美等方面期望实现的程度，它是确定课程内容、教学目标和教学方法的基础。

广义的课程目标定位于教育与社会的关系，是一个比较大的视角，涵盖面是多层次的。它有教育意图，包括了教育方针、教育目的、课程教材目的和教学目标，而教学目标又包含年级教学目标、单元教学目标和课时教学目标。狭义的课程目标则定位于教育内部的教育与学生的关系，是一个相对狭窄而具体化的视角。它的涵盖面是特定的，主要指教育目标。在狭义上，课程目标不包含教育方针，只包含教育目的、培养目标、课程教学和教学目标。

（一）课程目标的特征

1. 整体性

各级各类的课程目标是相互关联的，而不是彼此孤立的。

2. 阶段性

课程目标是一个多层次和全方位的系统，如小学课程目标、初中课程目标、高中课程目标。

3. 持续性

高年级课程目标是低年级课程目标的延续和深化。

4. 层次性

课程目标可以逐步分解为总目标和从属目标。

5. 递进性

低年级课程目标是高年级课程目标的基础，没有低年级课程目标的实现，就难以达到高年级的课程目标。

6. 时间性

随着时间的推移，课程目标会有相应的调整。

（二）课程目标的功能

确立课程目标是课程设计与实施工作的首要环节，课程目标一经确定，就会对教学活动产生影响。一般说来，课程目标的功能主要表现在以下四个方面：

1. 导向功能

课程目标在一定程度上制约课程开发与教学设计的方向，使师生的整个活动有明确的指向，并能与教育目的对接。例如，课程与教学内容的确定和组织、课程实施与教学过程的具体步骤、课程与教学的评价、教学方法的选择、教学手段与媒体的使用、教学时数的安排等，都要依据课程目标来确定。

2. 激励功能

当课程目标明确之后，学习者原有知识水平和新问题之间形成的差距就会产生认知的不平衡，而这种不平衡就是学习需要，这种需要是学习自觉性、积极性的源泉，能激励学习者知难而进，探索未知，实现认知平衡。

3. 测度功能

课程目标既有宏观的一般要求，又有具体操作性指标，可以帮助教师确定适当的评价标准，编制科学合理的试卷，准确地评价和检验学生的学习状况，并根据检验的结果，及时采取矫正性措施，实施补偿性教学。

4. 矫正功能

课程目标还具有矫正功能。教学的各个环节与实践都受课程目标规范，如果实践中出现了偏差，还可以依据课程目标来进行矫正。因此，课程目标是教育实践的一个标杆，对教育起着重要的作用。

（三）课程目标的价值取向

美国课程论专家舒伯特认为课程目标的价值取向主要有以下四种类型：

1. 普遍性目标取向

普遍性目标取向是指有意识或无意识地依据一定的哲学或政治见解，推演出具有普遍性或一般性质的教育宗旨或原则，再将这些宗旨或原则运用于课程领域，使之成为课程领域一般性、规范性的指导方针的课程目标选定方式。但这类目标往往缺乏充分的科学根据，逻辑上不够彻底、不够完整，往往以教条的形式出现，表现出一定的随意性。

2. 行为目标取向

行为目标是将具体的、可操作的行为作为课程所要达成的目标的陈述方式，它以课程与教学过程结束后学生所发生的行为变化为指向，具有目标精确、具体、可操作性强的特点。但人的许多高级心理素质（如价值观、情感、态度、审美情趣等）是很难用外显、可观察的行为来预先具体化的。

3. 生成性目标取向

生成性目标取向是对在一定的教育情境中随着教育过程的展开而自然形成的课程目标的描述。生成性目标取向追求实践理性，强调学习者与具体情境的交互作用，主张目标与手段的连续、过程与结果的连续，摒弃预定目标对实际过程和手段的控制，对学习者、教育者在课程与教学中的主动性给出了应有的尊重。

4. 表现性目标取向

表现性目标是指学生在从事某种活动后所得到的结果，它关注的是学生在活动中表现出来某种程度上首创性的反应形式，而不是事先规定的结果，旨在培养学生的创造性，强调个性化。表现性目标比生成性目标更进了一步，它追求解放理性，强调学习者和教育者在课程与教学中的主体精神和创造性表现，它以人的个性解放为根本目的。

（四）制定课程目标的依据

一般认为，课程目标由四大种类组成：①认知类，包括知识的基本概念、原理和规律，理解和思维能力；②技能类，包括行为、习惯、运动及交际能力；③情感类，包括思想、观点和信念，如价值观、审美观等；④应用类，包括应用前三类来解决社会和个人生活问题的能力。因此，课程目标的制定主要依据以下几个方面：

1. 学习者的需要

课程的根本价值在于促进学习者的身心发展。因此，学习者的需要是确定课程目标的最基本的依据。要掌握学习者的需要必须了解学习者的兴趣与需求，探究其认知发展与情感形成，研究其社会化的过程与个性的形成，调查其健康状况、社会关系，了解其生活状况、娱乐活动等。

2. 社会的需求

学校课程必然要反映社会政治、经济、文化发展的需求。因此，当代社会生活的需求是课程目标的基本来源之一。事实上，学校教育的文化功能、政治功能、经济功能都是以课程作为中介来实现的。因此，课程不能不关注现实社会的需要。

3. 学科的发展

学科知识及其发展也是确定课程目标的重要依据之一。在制定课程目标的过程中应考虑学科知识传递与发展的需要以及学科专家的建议等。

二、课程内容

《国际教育百科全书》认为，课程内容是指一些学科中特定的事实、观点、法则和问题等。一般认为课程内容是课程的核心要素，从总体上讲，课程内容是根据课程目标，有目的地选择一系列比较系统的直接经验和间接经验的总和，是从人类的经验体系中选择出来，并按照一定的逻辑顺序组织编排而成的知识和经验体系。

（一）课程计划

在定义上，课程计划又称教学计划，是根据教育目的和不同类型学校的教育任务，由国家教育主管部门制定的有关教学和教育工作的指导性文件。

课程计划的组成包括课程设置、学科顺序、课时分配及学年编制和学周安排。课程设置就是根据国家的教育目的和各级各类学校的任务、培养目标和修业年限来确定学校的学科和课程。这是制订课程计划的首要问题。

课程计划是指导和规定教学活动的依据，也是制定课程标准的依据。

（二）课程标准

课程标准是国家根据课程计划以纲要的形式编订的有关某门学科的内容及其实施、评价的指导性文件。

课程标准的结构包括前言、课程目标、课程内容和实施建议。

课程标准是教材编写、教学活动、评价和考试命题的依据，是国家管理和评价课程的基础，对教师工作有直接的指导意义。

（三）教材

教材是教师和学生据以进行教学活动的材料，含教科书、讲义、讲授提纲、参考书、活动指导书以及各种视听材料等。其中，教科书和讲义是教材的主体部分，故人们常把教科书与讲义简称为教材。

在教材的编写上，我国中小学教科书的组织结构一般采用螺旋式上升与直线式编写两种基本方式。

直线式教科书结构：把一门学科的课程内容或其中一个课题的内容按照知识本身的逻辑结构来展开呈现在教科书中，使各种知识在内容上均不重复的编排形式。

螺旋式教科书结构：把同一课题内容按深度、广度的不同层次安排在教科书的不同阶段重复出现，使得每一次重复都将原有的知识、方法、经验进一步加深拓广，逐级深化。

我国中小学教科书编写的基本原则有：

①按照不同学科的特点，体现科学性与思想性；②强调内容的基础性；在加强基础知识和基本技能的同时，注意贴近社会生活，并适当渗透现今的科学思想，为学生今后学习新知识奠定基础；③在保证科学性的前提下，教材还要考虑到我国社会发展现实水平和教育现状，必须注意到基本教材对大多数学生和大多数学校的实用性；④合理体现各科知识的逻辑顺序和受教育者学习的心理顺序；⑤兼顾同一年级各门学科内容之间的关系和同一学科各年级教材之间的衔接。

（四）课程内容的三种取向

1. 课程内容即教材

课程内容历来都是被当成学生习得的知识，而知识的传递是以教材为依据的，所以课程内容被理所当然地认为是上课所用的教材。把重点放在教材上，有利于考虑到各门学科知识的系统性，使教师与学生明确教与学的内容，从而使课堂教学工作有据可依。然而，把课程内容定义为教材，就会顺理成章地把课程内容看作是事先规定好了的东西。对学生来说，学习内容是由外部力量规定他们必须接受的东西，而不是自己感兴趣的东西。这样往往直接导致课程内容脱离学生生活、脱离学生的学习动机和兴趣，因为教材不能呈现课程内容的全部。正如杜威所指出的，即使是用最合逻辑的形式整理好的最科学的教材，如果以外加的和现成的形式提供出来，当它呈现到学生面前时，也失去了这种优点。把课程内容等同于教材，就如同把课程等同于学科一样，犯了以偏概全的逻辑错误。

2. 课程内容即学习活动

学习活动取向对“课程内容即教材”提出挑战。学习活动取向的重点放在学生“做什么”上，而不是放在教材体现的学科体系上。以活动为取向的课程，特别注意课程与社会生活的联系，强调学生在学习中的主动性，它关注的不是向学生呈现什么内容，而是让学生积极从事各种活动。例如，不是告诉学生科学发现的基本步骤和需要注意的事项，而是要让学生通过参与科学发现活动的过程来了解。然而课程内容的活动取向往往注重学生外显的活动，虽然我们可以观察到学生外显的活动，但却无法看到学生是如何内化课程内容的，无法看到学生的经验是如何产生的。事实上，每个学生从活动中获得的意义和理解的方式是各不相同的，如果仅关注外显的活动，容易使人只注意表面，而没有注意深层次的学习结构，从而偏离学习的本质。

3. 课程内容即社会生活经验

学习经验取向强调的是：学习经验既不等同于一门课程所涉及的内容，也不等同于教师所从事的活动，而是指学生与外部环境的相互作用。因为学习是通过学生的主动行为而发生的，学生的学习取决于学生自己做了些什么，而不是教师呈现给学生什么内容或要求学生做些什么。决定学习质量的是学生而不是教材，学生是课程活动的主动参与者。学生之所以参与是因为环境中某些特征吸引他们，学生是对这些特征做出反应。所以，教师的职责是要构建适合于学生能力与兴趣的各种情境，以便为每个学生提供有意义的经验。然而，把课程内容视为学习经验，这就增加了课程编制者研究的难度。因为这是学生的心理体验，只有学生自己才了解这种经验的真正结果，教育工作者无法清楚了解学生心理是如何受特定环境影响的。这样就会导致学校课程内容受学生的支配，其结果是可想而知的。

由此看来，这三种课程内容取向都有其合理之处，但也都有其明显的缺陷。我们考虑的是如何辩证地处理好这几方面的关系。兼顾到学科体系、学习活动和学习经验几方面的因素，我们这里采用“课程内容”一词。

（五）课程内容的选择准则

选择课程内容的问题即选择什么样的知识进入课程的问题。理想的课程内容选择应该遵循以下原则：

1. 实用性与发展性相统一的原则

课程内容的选择首先要兼顾实用性和发展性相统一。实用性的内容指的是体现社会主流价值的内容，发展性的课程内容指的是有利于发展学生思维的内容。由于不同的社会具有不同的社会价值观，课程内容的选择自然应该具有实用性；同时，课程担负着全面提高人类素质的责任，只有用具有发展性的课程内容，才能达到这个目的。要达到两者的统一，课程内容就应该选择那些对人的思维训练和发展价值较大的、同时又有一定的社会实用价值的知识。当然，较多的知识只具备某一种特征，但是也不能因此弱化。职业教育的课程内容尤其讲究其实用性，但也不能放弃其发展性上的考量。

2. 学科化与生活化相统一的原则

在选择课程内容时，还要遵循学科化和生活化相统一的原则。学科课程一直以来是运用得最多的课程类型，乃至于到了当代，在选择课程内容时依然会按照一定的学科体系和逻辑来作选择。但如果学科性的内容太多，则会过于脱离学生的社会生活，显得枯燥、乏味、无趣。因此在选择课程内容时，还要兼顾学生的生活经验，突出课程的生活性。

那么，如何结合这两个方面的知识呢？一方面，把学生个人的认识、直接经验和现实世界作为学科知识的出发点和源泉，通过归纳的思维方式，从现实生活特例和具体问题情景中发现学科知识；另一方面是把学生获得的抽象的学科知识在现实生活中具体化，通过演绎的思维方式，运用学科知识去分析生活现象，解决实际问题，使学科知识获得直观、感性的整体意义。

不过，在使课程内容生活化时，要注意适度适量，不可因为强调生活化而削弱了学科知识对人的理性思维发展的价值；另外还要注意这些内容是与学生的认知水平相呼应的，不可过高，也不可过低；最后，要注意这些内容必须符合生活实际，不可捏造误导学生，让人贻笑大方。

3. 基础性与时代性相统一的原则

选择课程内容还应该遵循基础性与时代性相统一的原则。基础性是指课程内容必须是形成学科主干和学科结构的基础内容，同时也必须是学科结构的基本知识、全面知识和可迁移的知识。时代性知识指的是要把当代社会发展的科技、文化成果反映在课程内容中。不过，在学时有限、科技文化成果爆炸性丰富的当代，这给课程选择带来了困难。因此，必须选择最具有代表性、最典型的、与基础知识联系最密切的时代性知识融入课程中。比如，对于现有的职业教育来说，基础的知识和学科体系是要让学生知道的，但是这个时代最新的发展成果，也一定要让学生了解。否则，学生还没有踏出学校的大门，就有可能被淘汰了。因此，关注课程内容的基础性和时代性可以较好地解决以上问题。

4. 过程性与结果性相统一的原则

选择课程内容时还要兼顾过程性与结果性相统一的原则。过程性知识是指关于该知识的探究过程和探究方法的知识，结果性知识是指关于该知识的概念和原理。历史上，我国各教育阶段的课程过于强调结果性的知识，忽略过程性知识。现阶段的课程改革强调课程内容的选择要突出过程性与结果性相统一的原则，尤其突出了学生的探究过程，鼓励学生运用不同的探究方法，着眼于提高学生的创新精神与实践能力。当然，选择过程性知识的时候，要注意遵循学科发展的历史，同时也顾及学生的接受能力和水平的。唯有这样，才不会显得过于简单，或有失偏颇。

总的来说，以上四个原则是在选择课程内容时应该注意的原则。如果都能予以关注，那么编制的课程就是比较理想的，既能反映社会和时代的需求，又结合学生的生活，注重学生探究能力和创新精神的培养，同时也注重课程知识的基础性和系统性，有利于培养学生的理性思维能力。

三、课程评价

课程评价是指根据一定的课程价值观或课程目标，运用可行的科学手段、方法、途径对课程的计划、活动以及结果等有关问题的价值或特点作出判断的过程。评价在课程中的作用包括：诊断课程、修正课程、比较各种课程的相对价值、预测教育的需求、确定课程目标达到的程度等。

（一）课程评价的主要模式

1. 目标评价模式

目标评价模式首先由被称为“当代课程评价之父”的泰勒提出。评价模式以目标为中心展开，是针对20世纪初形成并流行的常模参照测验的不足而提出的，是在泰勒的“评价原理”和“课程原理”的基础上形成的。泰勒认为“评价实质上是一个确定课程与教学计划实际达到教育目标程度的过程。然而，由于教育目标实质上是指人的行为变化，即所确定的目标是指向于使学生行为方式所期望的某种变化。因此，评价是确定（学生）实际发生的行为变化程度的过程”①，其具体的评价程序包括以下四个步骤：①确定课程目标；②根据目标选择课程内容；③根据目标组织课程内容；④根据目标评价课程。其中，确定目标是最为关键的一步，因为其他所有的步骤都是围绕目标而展开的。

泰勒在对目标模式的进一步研究中，把编制评价的步骤概括为七个方面：①确定教育方案的目标；②根据行为和内容对每个目标加以定义；③确定应用目标的情景；④设计给出应用目标情景的途径；⑤设计取得记录的途径；⑥决定评价方式；⑦决定获取代表性样本的方法。可见，在泰勒的评价模式中，每一个步骤都与目标紧密联系，并且这些目标都以具体表现在学生身上的可测量的行为目标为主。②

2. 目的游离评价模式

目的游离评价模式由美国教育家和心理学家斯克里文针对目标评价模式的弊端提出来的。他认为，评价值应该注意的是课程计划的实际效应，而不是其预期效应，即原先确定的目标。在他看来，目标评价模式只考虑到预期效应，忽视了非预期的效应。斯克里文主张采用目的游离评价的方式，即把评价的重点从“课程计划预期的结果”转向“课程计划实际的结果”上来。最后评价的重点应放在对课程方案有关人员的重要性和价值上，而不是其意图上。

斯克里文提出的目标游离评价模式对于如何开展评价没有提出一个详细的程序，也没有提出可操作化的规则。严格地说，目标游离评价不是一个完善的模式，它更多是一种评价的思想和原则。但它着力于打破课程制定者对课程评价的垄断，为更多的人参与到课程评价中提供了更大的可能性。③

3. CIPP评价模式

CIPP是背景评价（context evaluation）、输入评价（input evaluation）、过程评价（process evaluation）和成果评价（product evaluation）这几种评价名称的英文第一个字母的缩略语。CIPP课程评价模式是由美国著名教育评价专家斯塔弗毕姆提出的。斯塔弗毕姆认为CIPP评价不能局限于确定目标是否达到，而是

① 拉尔夫·泰勒．课程与教学的基本原理［M］．施良方，译．北京：人民教育出版社，1994：3-34，85.

② 唐青才，朱德全．试论课程评价模式的价值取向［J］．大学（研究与评价），2007（Z1）：7-8.

③ 唐青才，朱德全．试论课程评价模式的价值取向［J］．大学（研究与评价），2007（Z1）：7-8.

一个为作出某种决策而描述、获得和提供有用信息的过程，其最重要目的不在于证明而在于改进。他指出，评价只有符合服务对象才是有价值的，最有用的评价应是能够为决策者提供反馈信息，而不只是简单地评价一门课程的优劣。①

CIPP 课程评价模式的具体构成有以下四种方式：

第一，背景评价。背景评价是对方案目标的合理性进行评价和判断，为计划决策服务。在特定的环境下评定其需要、问题、资源和机会。“需要”主要包括那些为实现目的所必需的、有用的事物；“问题”是指在满足需要时必须克服的障碍；“资源”是指在本地可以得到的专家指导和提供的服务；“机会”主要指满足需要和解决相关问题的时机。②

背景评价的基本取向在于确认方案目标与方案的实际影响之间的差距，本质上属于诊断性评价。背景评价的主要目的在于：描述所需服务的背景情况；界定预期的受益人并评定其需要；弄清满足需要所存在的问题和障碍；界定本地资源和资助时机；评定方案、教学和其他服务目标的清晰度和适切性。

第二，输入评价。输入评价是在背景评价的基础上，对达到目标所需的条件、资源以及各备选方案的相对优点所作的评价，其实质是对方案的可行性和效用性进行判断。输入评价所要回答的问题是：采用何种计划、程序和预算来满足这些需要，其实现目标的可能性有多大；考虑过哪些备选方案；为什么选择此方案而不选择其他方案；所选方案的合理性、合法性、道德风险有多大；它潜在的成功程度如何；预算资金能在多大程度上满足评定的需要；各种人员的利用以及对外界资源的需要等。

第三，过程评价。过程评价是对方案实施过程作连续不断地监督、检查和反馈。其目的：一是为方案制订者、管理人员、执行人员提供反馈信息，以便了解方案实施的进度，是否依原计划实施，以及是否有效地利用可用的资源；二是由于一个方案不可能在事先设计时面面俱到、十分周全，因此，过程评价用于发现方案实施过程中的潜在问题，为修正方案提供指导；三是为定期评价方案的参与人员的工作提供有效信息；四是为真正付诸实施的方案提供详尽的记录，包括实施的方案与原订方案的比较、在实施中所花费的账目以及观察者与参与者对方案品质的整体评判等。过程评价在于调整和改进实施过程，本质上属于形成性评价。过程评价要回答的问题是：方案实施的程序如何；方案本身及实施过程要不要调整或修改，如何修改；过程评价还要求对实施过程进行全面记录，以获得文字资料信息。

---

① 黄静宜. CIPP 课程评价模式简析［J］. 职业技术教育，2005（10）.

② 王盈，李平. CIPP 模式在高校文化素质教育课程评价中的应用［J］. 宁波大学学报（教育科学版），2009（3）.

第四，成果评价。成果评价是对目标达到程度所作的评价，包括：测量、判断、解释方案的成就，确证人们的需要满足程度等。成果评价本质上属于终结性评价。成果评价所要回答的问题是：观察到了何种结果（肯定的和否定的、预期的和非预期的）；各类资助人怎样看待这些结果的价值和优点；获得的结果满足方案预期对象需要的程度如何。

（二）课程评价模式的价值取向

1. 科学主义取向与人文主义取向

科学主义取向和人文主义取向可以被看作是评价连续体上相对立的两端。持科学主义的人相信真正的实验，课程评价采用实验处理的方式，评价的目的是要了解经过实验处理后所产生的结果。采取这种取向的人通常把他们的注意力集中在学生身上，并常常把测验分数作为主要数据，以便用来与不同情境中的学生成绩相比较，它所收集的材料都是定量的，因而可以进行科学的分析、比较，并在此基础上作出有关课程计划的决定。

人文主义取向也称自然主义取向。持人文主义取向的人认为实验是无法接受的，因为社会现象是很复杂的，各种事物都是相互关联的，不可能把它切割开来分别加以研究。他们主张重视评价者与实际情境的交互作用。换言之，持人文主义课程评价取向的人所分析的材料，与科学主义评价中所收集的材料是有所不同的。评价者从各种观察中获得的主观印象，也可作为评价的材料。所以，他们更多是采取对实际情形的文字描述，而不是数据分析。

2. 内部评价取向与结果评价取向

内部评价取向者有时只关注评价课程计划本身，有时则可能只关注评价课程实施后的结果。这种评价准则通常都直接指向课程计划本身，即只是试图回答这样一个问题：这项课程计划好在哪里？课程评价者也可以就课程设计所包括的特定内容、课程内容的正确性、课程内容排列的方式、课程计划所涉及的学生经验的类型以及所包括的教学材料的类型来评价课程计划本身的价值。

结果评价主要用来考察课程计划对学生产生的结果，但也可以用来考察对教师和行政人员产生的结果。这种评价取向一般是通过对前测与后测之间、实验组与控制组之间，或其他标准参数之间的差异来得出判断的。

3. 形成性评价取向与总结性评价取向

形成性评价是指为改进现行课程计划所从事的评价活动。它是一种过程评价，目的是要提供证据以便确定如何修订课程计划，而不是评定课程计划的优良程度。也就是说，它要求在课程设计的各个阶段不断地收集信息，以便在实施前加以修正。

总结性评价也称终结性评价，是在课程计划实施之后关于其效果的评价。它是一种事后评价，目的是要获得对所编制出来的课程质量有一个“整体”的看法。它通常是在课程计划完成后，并在一定范围内实施后进行的。它的焦点放在整个课程计划的有效性上，以便就这项课程计划是否有效得出结论。

一般来说，形成性评价关注的是课程问题的起因，总结性评价关注的是课程问题的程度；形成性评价的结果主要是为改进课程编制所用，总结性评价的结果主要是为课程决策者提供制定政策的依据；形成性评价关注课程计划的改进，总结性评价关注的是评定课程计划的整体效果。

（三）课程评价的主体

课程评价的主体一般有：有关教育行政部门、教育研究者、学校领导、教师、学生、家长和社会等。一直以来，教育行政部门和学校领导在课程评价中所占的地位较高，这种做法有很明显的弊端。目前国际上提倡的是在课程评价主体上，增加教师和学生二者的比重。因为他们是课程实施的最直接主体，也是课程改革的最大受益者和实践者，是各个课程评价主体中最亲近的主体。除此以外，教育研究者、家长和社会也是课程评价的主体组成部分。这些学校之外的多元声音与校内评价相得益彰，可以极大地调动大家的积极性，也有利于听到不同的声音，改进课程的设计与实施。

其中尤为重要的一点是，学生参与课程评价，可以激发学生对课程和学习的思考，也可以调动他们的积极性，还能增进学生与教师之间的联系和情感。这种评价主体多方参与、共同协作的形式可以有效地促进课程实施质量的提高。

（四）课程评价的内容

课程评价的内容是全面的、多层次的，主要包含以下四个方面。

1. 对课程本身的评价

这是对课程设置本身的合理性的检测。课程目标、课程结构、课程内容等，都是评价的对象。在评价时，可以结合时代和区域对于课程的要求，来考察它的合理性问题。需要指出的是，在对课程本身进行评价时，不应该零碎地对某个课程要素进行评价，而应该综合起来考虑课程的合理性问题。

2. 对教师的评价

对教师的评价一直是课程的重点主题之一。这包括了对教师个体和教师群体的评价，即纵向和横向的评价。在对教师个体进行评价时，容易犯的一个错误是仅仅根据学生的分数来衡量教师的教育教学质量。事实上，教师的教育实践包括了很多方面，分数只是其中一个方面，教师的精神、气质、爱心、耐心、与同事和学生相处的方式等，都是需要评价的方面，必须将各个方面结合起来，才能得到针对教师个体的较为中肯的评价。在对教师群体进行评价时，既要看全体的氛围，也要看不同教师个体的教学特色、教学风格等，有针对性地指导和提高教师的教育水平，促进全体教师的发展。

3. 对学生的评价

对学生的评价是课程评价的重中之重。当前有的做法只是用学生的考试分数作为对学生的等量化评价标准，而忽视学生的观察能力、发现问题和解决问题的能力，对学生在解决问题过程中的体验和学生的情感需求不重视。理想的课程评价是把这些综合起来，避免支离破碎地去评价学生。简单来说，课程评价要全面体现对学生智力因素和非智力因素的评价。

4. 对教学过程的评价

具体的教学过程的评价，包括了教师的教和学生的学，对教师教的能力和态度与学生学习的能力和态度都要进行评价。其中的师生互动、整体流程等，都是需要评价的地方。对教学过程的严谨评价可以用来指导下一阶段的教学。

（五）课程评价的方法

课程评价的方法在近年来有了很大的转向，尤其是基础教育课程改革中，多元的评价方法得到运用，新的评价理念得到提倡。例如，档案袋评价的方式非常强调它的过程性和情景性，得到大家的认可。在理念上，关注形成性评价、多次评价和情景评价等，极大地影响了现有的课程评价方法。于是，学生的学习动机、行为习惯、意志品质等方面都能够得到评价。

四、课程开发

课程开发是指通过社会和学习者需求来分析、确定课程目标，再根据这一目标选择某一学科的教学内容和相关教学活动，进行计划、组织、实施、评价、修订，以最终达到课程目标的整个工作过程。

（一）制约课程开发的因素

课程反映了一定社会的政治、经济要求，受一定社会生产力和科学文化发展水平以及学生身心发展规律的制约。也就是说学生、学科和社会是影响学校课程开发的三大要素。

1. 学生自身因素

包括学生的年龄特征、性别、性格特征、学习心理特征、知识和能力基础、认知发展水平等。课程内容的深度、广度和逻辑结构，不仅要适合学生的年龄特点，还要符合学生的身心发展规律，而且要正确处理需要与可能、现实与发展的关系，从而最大限度地促进学生身心和谐发展。

2. 学科特征因素

课程内容反映各门学科中具有高度理论价值和实践价值的基本理论、法则和基本要领。课程的开发应考虑学科体系的完整性、知识结构的内在逻辑性，反映现代科学技术发展的水平，以保证学校课程的科学性、系统性。

3. 社会性因素

包括法律、政治、经济、社会、文化、宗教、课程政策和信息技术等因素。学校课程直接受制于教育目的和培养目标的制定。社会时代发展的状态与需要是形成不同时代学校教育课程总体结构体系重大差别的重要原因。其中，经济发展影响学校课程的门类，制度发展影响课程内容的深度和广度，科学技术和学科知识的发展直接影响课程的内容、种类和结构，文化价值观影响课程内容及表达方式。

第三节　基础教育课程改革

21 世纪以智取胜，各国都把成功的希望聚集在造就适应新世纪需要的合格人才上，而完成这一历史任务的根本出路是进行教育改革，其中课程改革又是教育改革的重中之重。目前，世界各国政府在推进教育改革中都十分重视课程改革，并将其作为关系国家、民族生存与发展的重大问题优先予以政策考虑。我国在 21 世纪初也实施了一场声势浩大的基础教育课程改革。

一、基础教育课程改革的背景

（一）国际背景

1. 知识经济、信息化和全球化的影响

20 世纪 90 年代初，“知识经济”开始进入人们的视野。信息化社会的到来使教育必须作出相应的变革，使学生掌握新的学习方法，形成新的学习方式和技巧，从而能在信息化的社会中掌握最适宜的知识。在全球化条件下，世界各国的教育都开始试图通过课程的变化来造就具有国际理解意识和能力的新型公民。

2. 国外基础教育课程改革的发展历程

第一次改革：发生在20世纪初，改革的核心是课程。以杜威进步主义教育为代表的现代教育，批判了传统教育的课堂中心、课本中心、教师中心，提倡活动中心、儿童中心、儿童兴趣中心。他提出“从做中学”教学原则，并从这个原则出发，强调课程必须考虑到能适应社会生活的需要，强调课程教材要与儿童生活经验相联系。

第二次改革：20世纪50年代后期，美国学术界对“生活适应”的功利主义教育提出了强烈批评，同时批评课程内容的陈旧落后，强烈要求教育改革。这次改革的核心仍然是课程。布鲁纳的结构课程论和发现法的教学思想影响到世界各国的教育改革。

第三次改革：20世纪80年代初，并一直持续至今。改革的动力来自教育的外部和内部。教育的外部因素是科学技术的迅猛发展，并由此带来生产的不断变革和社会的深刻变化，国际局势趋于缓和而经济竞争日益激烈。教育内部的因素是：一方面，中等教育的普及和终身教育思潮的兴起；另一方面，中小学教育质量的下降。这次改革是全方位的，包括教育目标、教育体制的改革，但教育改革的核心依然是课程。

（二）国内背景

作为教育体系的基础构成，基础教育对于国民综合素质提高、各级各类人才培养、科教兴国战略实施、促进社会主义现代化建设具有全局性、基础性和先导性的价值。在中华人民共和国近七十年的发展历程中，我国基础教育课程经历了八轮持续不断的大规模改革，形成了当前现行的基础教育课程构架，在课程建设过程中积累了许多宝贵的历史经验和教训。

1. 中华人民共和国基础教育课程改革的历程①

（1）中华人民共和国成立之初基础教育课程体系的重建：1949—1952年

为了巩固新生的人民政权，在中华人民共和国成立初期，党和各级人民政府开始加强文化教育的工作，对旧教育的性质和功能进行改造，建立与新民主主义政治、经济制度相对应的新民主主义的文化教育制度，完成半殖民地半封建教育向新民主主义教育的根本转变。为了使基础教育能够满足新民主主义文化教育建设的需要，在教育部的领导下，基础教育课程进行了相应的改革和重建。

---

① 王蓓，彭泽平．新中国基础教育课程改革60年：历程与经验［J］．教育与教学研究，2015（10）．

（2）“师俄”取向基础教育课程改革：1953—1957 年

随着各项事业的恢复与发展，中国革命的性质开始从新民主主义向社会主义转变，开始进入建设社会主义的新阶段。为了使基础教育能更好地为大规模的国民经济建设和过渡时期党的总路线服务，党和国家重新确定了中小学教育的性质和任务，并对基础教育的整顿和改进做了全面部署，制定了以教学质量提高为根本目的、以学习苏联经验为基本途径、以教学内容改进为中心的教育改革指导方针。①

（3）基础教育课程改革的自主探索：1958—1965 年

随着社会主义三大改造的基本完成和社会主义制度的基本建立，中华人民共和国开始进入全面建设社会主义阶段，移植而来的苏联模式暴露出的弊端使党和国家开始重新审视师法苏联给我国基础教育所带来的利弊，继而明确了以苏联为戒、探索适合中国国情的社会主义建设道路的思想。1958—1965 年，是我国开始独立探索建设社会主义发展道路的时期，同时在教育领域也开始进入自主探索社会主义教育发展道路的新阶段。

（4）“文革”时期基础教育课程的“革命”：1966—1976 年

该时期教育作为重灾区，在极“左”错误思潮的指导下，建国 17 年来我国基础教育课程建设的成果被当作走修正主义道路的产物而加以全盘否定，全国中小学纷纷开始停课闹革命，学校的教育教学秩序被完全打乱。

（5）“文革”后基础教育课程的恢复和重建：1977—1984 年

“文革”结束后，为了结束当时全国各地基础教育课程的混乱局面，重新建立起统一的课程制度和教育教学秩序，从 1977 年开始，教育部开始部署起草全国统一教学计划、编写教学大纲和全国通用教材的工作。1978 年 1 月，教育部颁布了“第一个全国统一的中小学教学计划——《全日制十年制中小学教学计划（试行草案）》，分科课程模式以及“文革”前开设的主要课程得以恢复。

（6）基础教育课程改革的渐次推进：1985—1992 年

随着我国经济体制、科技体制改革的深入，1985 年，中共中央颁布了《关于教育体制改革的决定》，为我国的教育体制改革指明了方向，明确提出要革除与社会主义建设不相适应的教育思想、内容和方法。1986 年，第六届人大四次会议审议并通过了《中华人民共和国义务教育法》，这为义务教育的实施提供了法律保障，而我国基础教育课程开始由传统的“小学—中学”分段设计转向“义务教育—高中”全新设计。

（7）基础教育课程改革的深入发展：1993—2000 年

① 侯越．会展专业“以赛代训”实践教学模式研究［J］．中小企业管理与科技（上旬刊），2014（12）：237.

这一时期，应试教育影响下的基础教育课程虽然在课程模式、课程结构、课程内容等方面仍存在一些问题亟待解决，但是这一阶段我国基础教育课程改革也取得了一定的成就：构建了与义务教育课程计划相衔接的普通高中课程体系，形成了义务教育—高中一体化的课程体系；基础教育课程改革顺应全面推进素质教育的要求，改变了以往课程过分强调学科体系的局面，关注学生素质的全面发展；在课程管理方面，引入了地方课程，赋予了地方更多的自主权，出现了“中央—地方—学校”三级课程管理体制的构想。

（8）世纪之交以来的新一轮基础教育课程改革

随着时代的不断发展，科学技术突飞猛进、知识经济初见端倪，我国现行基础教育课程体系的弊端越发凸显，难以满足现代社会发展的需要，于是，在世纪之交，我国新一轮的基础教育课程改革开始启动。2001 年 6 月，我国颁布《基础教育课程改革纲要（试行）》（下文简称《纲要》），该《纲要》规划了 21 世纪前 10 年我国基础教育课程改革的奋斗目标和宏伟蓝图。

2. 前七次改革所取得的进展：

包括：①在课程管理政策上改变了国家课程管理过于集中的状况，引入地方课程，实行国家和地方两级课程管理的方式，为以后的三级课程管理奠定了基础；②初步改变了必修课程一统天下的局面，增加了选修课程、活动课程，课程的结构有极大的改变，为后来的课程结构调整提供了宝贵的经验；③推行了在统一基本要求的前提下教材多样化的方针，初步推动教材的多样化；④在教学改革实践中，重视学生生动、活泼、主动地学习，重视学生成功与发展的经验，提倡新的教育观念，激活了教育实践的改革。

（三）近五年基础教育课程改革的新进展[①]

近五年来，随着“规划纲要”的颁布，新课程改革不断深化，新课程改革在课程标准与教科书修订、课程实施特色化、课堂教学多元化、教师队伍建设、考试评价改革等方面取得了显著的成果，为基础教育的发展注入了新的活力。

1. 修订课程标准，让课程更直接服务于育人

课程标准作为我国基础教育课程改革的重要文件，直接引领着我国基础教育课程改革的方向。本次课标修订的最大特征是坚持了“德育为先、能力为重、全面发展”的教育理念及其要求，主要体现在：结合学科特点和学生的年龄特征，进一步加强了德育，突出了德育的时代特征，落实德育为先的具体要求；特别强调能力培养，进一步丰富了能力培养的基本内涵，明确了能力培养的基

① 薛继红，黄琼．近五年中国基础教育课程改革新进展述评［J］．上海教育科研，2016（5）．

本要求，理科课程强化了实验要求；增强了课程的时代性，加强了课程内容与现代社会和科技发展以及学生生活的联系；科学、合理地安排课程容量和难度，降低了学习要求，加强了学科之间以及学科内容的衔接配合，有效减轻了学生的课业负担。

2. 调整教科书，以“核心内容”滋养学生的核心素养

为了提高教科书的质量，在2011年底各学科课程标准颁布后，各学科各版本教科书开始进行调整。着力培养学生的“核心素养”是本次教科书调整的重要内容，也是本次教科书调整的突出特点。核心素养已成为一个统率教育改革的核心概念，引领并拉动着课程教材改革、教学方式变革、教师专业发展和教学质量评价等关键教育活动。新时期培养学生核心素养的精神已经较好地体现在课程标准、教科书的修订中，并会更好地贯彻和体现在普通高中课程标准和教科书的修订中。

3. 完善课程体系，特色课程渐成新亮点

随着课程改革的逐渐深化，各省、市、自治区都将课程的三级管理作为推进新课程各项工作的重要途径，逐渐完善三级课程体系。在三级课程建设不断完善的过程中，特色课程开发与实施成为课程改革的新亮点。国家课程根据全国统一的规范要求，在满足多元化办学需求方面的灵活性有些不足，必须由地方课程和校本课程予以补充。因此，特色课程开发是执行国家新课程的需要，也是学校稳步发展的需要。

4. 凸显学科特色，打造优质课堂教学

凸显学科特色，追求优质课堂是教育活动的核心主题，也是课堂教学改革的突出特点。所谓优质课堂就是指能够生成优质课堂文化、形成优质课堂关系、具有优质的课堂组织与教学，真正发挥多种功能、完成多重任务，最终使学生达到新课程标准所制定的目标并促进师生共同可持续、和谐发展的课堂。

5. 教师为先，互助合作的教师培训体系逐步形成

教师是教育事业科学发展的第一资源，是推动教育事业改革发展的最重要力量。有一流的教师，才有一流的教育，才能建成一流的国家。当前教师素质确实存在一些不容忽视的问题，如教学方法单一僵化、知识更新缓慢、学术研究行为不端等，不解决这些问题，教师队伍的素质就难以提高。要加强教师队伍建设，提高教师队伍素质，就必须重视教师的专业发展和教师培训。在历次课程改革中，从国家到地方再到学校，一直都把教师培训和教师专业发展作为课程改革的重中之重。

6. 评价破冰，培育学生综合素质成为导向

传统的“一考定终身”的考试制度，其所带来的直接弊端是对考试分数的

过分强调，扭曲了考试与教育的关系，不仅制约了学生创新精神和实践能力的培养，不利于学生的全面发展和优秀拔尖创新人才的选拔，而且也抑制了中小学开展素质教育、办出自身特色的积极性和主动性的发挥，学生过重的课业负担也难以从根本上得以减轻。解决这一问题的根本办法就是改革现行的考试招生制度，逐渐形成新的考试招生制度。

二、基础教育课程改革的理念

（一）基本理念

第一，三维目标观，即教学的目标是知识与技能、过程与方法、情感态度与价值观三维目标。

第二，综合课程观，课程的设置要更具综合性，体现整体性、开放性、动态性，培养学生综合的视角和能力，以适应科学技术既分化又综合的现实。

第三，内容联系观，即课程内容的教学，要努力与社会生活相联系，与学生已有的经验相联系，加强教学内容的“生活化”，使学习更有意义。

第四，学习方式观，强调自主、合作、探究的学习方式，培养学生的自主性、合作性、创造性，使学生适应社会发展的需要。

第五，发展评价观，重视学习的过程评价，通过评价发挥促进学习的作用，而不是检查验收的作用。

第六，校本发展观，从学校的实际情况和学生的实际情况出发，开发校本课程，增强学生的选择性，促进学校、教师、学生的特色发展。

（二）核心理念

为了中华民族的复兴，为了每一位学生的发展。在这一理念中，“为了每一位学生的发展”的含义主要体现在：

第一，关注学生作为“整体的人”的发展。“整体的人”包括两层含义：人的完整性和生活的完整性。人的完整性意味着人是一个智力和人格和谐发展的有机整体，生活的完整性意味着学生的生活是学习生活和日常生活有机交融的整体世界。人的完整性植根于生活的完整性，并丰富和改善生活的完整性。

第二，关注学生的生活世界和科学世界。这意味着，除了关注建立在数理、逻辑结构的基础上，由概念、原理和规则构成的科学世界，还要关注生活世界，因为生活世界是最值得重视的世界，是通过知觉可以直观体验的世界。

第三，关注学生的道德生活和人格养成，关注学生的情感体验。真正把学生的全面发展贯彻在理念之中。

三、基础教育课程改革的目标

（一）总目标

新课程的培养目标应体现时代要求，使学生具有爱国主义和集体主义精神，热爱社会主义，继承和发扬中华民族的优秀传统；具有社会主义民主法制意识，遵守国家法律和社会公德；逐步形成正确的世界观、人生观和价值观；具有社会责任感，努力为人民服务；具有初步的创新精神、实践能力、科学和人文素养以及环境意识；具有适应终身学习的基础知识、基本技能和方法；具有强健的体魄和良好的心理素质，养成健康的审美情趣和生活方式，成为有理想、有道德、有文化、有纪律的一代新人。

（二）具体目标

第一，改变课程过于注重知识传授的倾向，强调形成积极主动的学习态度，使获得基础知识与基本技能的过程同时成为学会学习和形成正确价值观的过程。

第二，改变课程结构过于强调学科本位、科目过多和缺乏整合的现状，整体设置九年一贯的课程门类和课时比例，并设置综合课程，以适应不同地区和学生发展的需求，体现课程结构的均衡性、综合性和选择性。

第三，改变课程内容“繁、难、偏、旧”和过于注重书本知识的现状，加强课程内容与生活和时代的联系，关注学生的学习兴趣和经验，精选终身学习必备的基础知识和技能。

第四，改变课程实施过于强调接受学习、死记硬背、机械训练的现状，倡导学生主动参与、乐于探究、勤于动手，培养学生搜集和处理信息的能力、获取新知识的能力、分析和解决问题的能力以及交流与合作的能力。

第五，改变课程评价过分强调甄别与选拔的功能，发挥评价促进学生发展、教师提高和改进教学实践的功能。

第六，改变课程管理过于集中的状况，实行国家、地方、学校三级课程管理，增强课程对地方、学校及学生的适应性。

四、基础教育课程改革的实施状况

（一）课程结构的调整

《纲要》指出，基础教育课程结构改革的方向是：“改变课程结构过于强调学科本位、科目过多和缺乏整合的现状……体现课程结构的均衡性、综合性和选择性。”在此思想的指导下，我国基础教育课程结构改革主要体现在：

1. 课程类型的调整

第一，整体设置九年一贯的义务教育课程：小学以综合课程为主，初中阶段设置分科与综合相结合的课程。九年一贯制的设计思路要求：一方面，课程结构的设计与学生年龄特征相一致，如在小学低年级开设品德与生活，在小学高年级开设品德与社会，课程形式以综合课为主，而在初中阶段则开设思想品德课，以此保证课程设计的循序性和科学性；另一方面，重视不同年级在核心课程，即语文、数学等课程内容上的纵向衔接性，以服务于学生螺旋式学习过程的展开。

第二，高中以分科课程为主。

第三，从小学至高中设置综合实践活动并作为必修课程，大大增加综合课程的比重。

第四，农村中学课程要为当地社会经济发展服务。

2. 科目比重的调整

第一，将语文所占的比重由原来的24%降至20%～22%，将数学由原来的16%降至13%～15%，并对其传统优势科目所占的比重进行了适当的下调。

第二，将下调后积累下来的课时分配给综合实践活动和地方与校本课程。其中综合实践活动拥有6%～8%的课时，地方与校本课程拥有10%～12%的课时。

3. 综合实践活动课

从小学至高中设置综合实践活动并作为必修课程。其内容包括：信息技术教育、研究性学习、社区服务与社会实践、劳动与技术教育。小学阶段自三年级开始设置，每周平均3课时。

研究性学习是指学生基于自身兴趣，并在教师指导下，从自然、社会和学生自身生活中选择和确定研究专题，主动地获取知识、应用知识、解决问题的学习活动。

社区服务和社会实践是指学生在教师指导下，走出教室，参与社区和社会实践，以获取直接经验、发展实践能力、增强社会责任感为主旨的学习领域。

劳动与技术教育是以学生获得积极劳动体验、形成良好技术素养为主的多方面发展为目标，且以操作性学习为特征的国家指定性学习领域。

信息技术教育是旨在培养学生为了适应信息时代所需要的信息素养的学习领域。其目的是提高学生利用信息技术的意识和能力、对信息的反思和辨别能力，形成信息伦理。

（二）课程内容的改进

在建设性后现代主义综合多元观的指导下，基础教育课程在内容选择上应强调丰富性和多样性。课程内容还应该做到在组织结构上的合理与优化。这主要表现在两个方面：一是各学科之间的相互关系。学生所学的每门学科看似相互独立，但其实不是孤立的，而是相互关联的。二是学科内部结构的合理与优化。每门学科的发展都有一定的内在逻辑结构，只有按照这个逻辑结构来组织课程内容，才能更有效地发挥课程的积极作用。① 因此，在某一具体学科内，课程内容的组织应遵循几个基本原则：一是从简单到复杂，二是从易懂到难懂，三是从具体到抽象，四是符合儿童身心发展规律。②

1. 课程标准的制定

第一，义务教育阶段的课程标准体现出普及性、基础性和发展性的特征。

第二，普通高中课程标准在坚持使学生普遍达到基本要求的前提下，有一定的层次性和选择性，并开设选修课程，以利于学生获得更多的选择和发展的机会，为培养学生的生存能力、实践能力和创造能力打下良好的基础。

2. 教材的编写

第一，教材管理由“国编制”转变为“国审制”，教材呈现方式多样化。

第二，适当降低知识难度，大量引进现代信息。

第三，密切联系生活，关注学生个体经验。

第四，重视活动设计，鼓励学生探究创造。

第五，尊重师生个性，给师生广阔的发展空间。

（三）课程实施的改革

建设性后现代主义对基础教育课程实施过程的启示，主要表现为：一是强调预设与生成相结合，合理关注课程实施中的偶然性因素。二是在课程设计的技术与方法的选择上，必须坚持最优化原则。三是在师生关系上，坚持民主平等原则。③

在课程实施的过程中，切实建立新的学生观，真正视学生为发展中的人、

---

① 杜尚荣，李森．中小学教材编写逻辑体系的反思与重构——兼论教材编写的教学逻辑体系［J］．课程·教材·教法，2014（10）：34－39.

② 杜尚荣，李森．建设性后现代主义及其对我国基础教育课程改革的启示［J］．教育与教学研究，2017（4）．

③ 杜尚荣，李森．建设性后现代主义及其对我国基础教育课程改革的启示［J］．教育与教学研究，2017（4）．

独特的人、具有独立性的人；转变学生的学习方式，采用自主学习、合作学习、探究学习等方式；切实转变教师观，让教师成为学生学习的促进者、教育教学的研究者、课程的建设者与开发者、社区型的开放教师；在教学行为上，教师必须作出相应的改变，尊重和赞赏学生，帮助和引导学生，不断进行自我反思，并能够与其他教育者开展良好的合作。

（四）课程管理的创新

“课程管理”是指有关部门（或机构）、人员对课程的各个运行环节所采取的规划、指导、决策、监督、协调等措施，包括对课程生成系统的管理、课程实施系统的管理及课程评价系统的管理等。①

2001年颁布的《纲要》打破了运行几十年的课程管理体制，明确提出：“实行国家、地方和学校三级课程管理，增强课程对地方、学校及学生的适应性”，标志着三级课程管理体制正式形成。

“三级课程管理”作为制度设计，标志着国家对课程管理权力的下放向前迈出了实质性的一步，地方和学校在课程管理体制中的主体地位得以确立。他们不再是课程简单被动的执行者，而是允许“创造性地落实国家课程方案”，即地方和学校可以根据当地政治、经济、文化、民族等发展状况以及学校的特色、优势、学生需要等，决策如何把国家课程方案转化成具有一定地方和学校适应性的有效课程实施方案。②

（五）课程评价的完善

建设性后现代主义反对二元对立，强调整体统一；反对片面、单一，强调综合、多元。因此，基于建设性后现代主义主张的综合多元统一观的认识，在基础教育课程评价上，则主要体现为：过程评价与结果评价的统一，总结性评价与发展性评价的统一，单向度评价与多维度评价的统一，个体评价与群体参与评价的统一，精确性评价与模糊性评价的统一，自我评价与他人评价的统一。③

学生评价：建立评价学生全面发展的指标体系，重视采用灵活多样、具有开放性的质性评价方法，认为考试只是学生评价的一种方式。

教师评价：打破唯“学生学业成绩”论的传统教师工作业绩评价方法，建

---

① 钟启泉．课程论［M］．北京：教育科学出版社，2007.

② 刘月霞，马云鹏．课程领导的“困”与“路”——深化基础教育课程改革的思考［J］．中国教育学刊，2015（4）．

③ 杜尚荣，李森．建设性后现代主义及其对我国基础教育课程改革的启示［J］．教育与教学研究，2017（4）．

立促进教师不断提高的评价指标体系，强调以“自评”的方式促进教师教育教学反思能力的提高，倡导建立教师、学生、家长和管理者共同参与的、体现多渠道信息反馈的教师评价制度，打破关注教师的行为表现、忽视学生参与学习过程的传统的课堂教学评价模式，建立“以学论教”的发展性课堂教学评价模式。

课程实施评价：建立促进课程不断发展的评价体系，以学校评价为基础，促进新课程的实施与发展。

【拓展阅读】

课程论研究热点

一、新课程改革理论基础反思

每一次重大的教育改革运动都隐含着某种哲学假设和价值取向。上溯至新课程改革肇始，探讨新课程改革理论基础是课程论研究一大热点。围绕改革理论基础，主要有三种观点的交锋，即“马克思主义主导哲学观”“西方教育理论主导的理论基础观”和“马克思主义一元论指导思想和多样化教育理论相结合理论基础观”。当前，我国基础教育新课程正处于改革发展的关键阶段，既坚持马克思主义认识论和人的全面发展学说，又积极吸收西方多样化教育理论，如建构主义、后现代主义、实用主义、多元智力理论等的积极成分，这应是我国新课程改革理论基础的理性选择。

二、新课程改革实践探索

课程开发、教材建设、政策设计、学科课程改革等问题是新课程改革的情境性问题和操作性问题，也是影响新课程改革能否顺利推进的关键问题。围绕这些问题，诸多学者展开了广泛而有益的探讨。围绕课程开发问题，有学者结合政策文本、理论争议以及学校实践探索的分析认为，我国对课程管理的理解存在着“三级”课程管理和“三级课程”管理的概念不清、“校本”课程开发还是“校本课程”开发的争议，认为三级课程管理政策对“第三级”课程自主决策权限的给予过于“羞涩”，真正参与式课程决策应该还包括对国家、地方课程的校本化实施。围绕教材建设问题，有学者认为，教科书的设计和编写是决定教科书品质的主要过程或主要阶段，应该针对改革需要，以创新的设计追求教科书的品质提升，同时不断改进教科书编写的流程以保证教科书的高品质。这些观点对于我国基础教育新课程树立整体、协调、综合的系统思想和方法论建设具有指导意义。

三、教师发展理论研讨

教师是新课程实施的主体，教师专业化发展的成熟度决定着新课程的成败。有学者认为，教师教学满意度是制约教师专业化发展的一个重要因素，教学经验、学科差异、学校地理位置是影响教师教学满意度的重要原因。有的学者则认为，教师专业自主权缺失的根本原因并不是外界的诸多限制，而在于教师自身专业能力的欠缺，并提出要从教师个人、教师群体及其他社会群体几个方面着手，来提升教师的专业能力。对于教师专业化发展的途径，有学者提出，教师发展必须摆脱和超越非生态性外生专业化发展困境，走通识性与专业性有机统一的生态化全质发展路径，从而实现教师专业化的历史超越。

四、教学法研讨

教师教的方式、学生学的方式或教与学方式的转变与创新，是制约新课程改革纵深发展的核心问题。教法、学法、教学法研讨也成为课程论研究的一大热点。教法研究主要有有效教学要素与特征分析、教学方式转变及阻碍因素分析等；学法研究主要有学习方式选择、学习方式变革困境与对策探讨、学习理论突破等；教学法研究涉及学科教学思想探索、课堂环境建设、课堂管理、综合实践活动、教学策略构建等。从本论域研究现状看，教法研究热潮依然不退，学法研究明显升温，先学后教、以学定教的教学法思想日渐彰显。

五、课程概念与知识意义研究

从当前研究看，纷繁复杂的课程概念虽然拓展与丰富了课程论与教学论的概念范畴与框架体系，但这种“泛化”已经造成课程理解与教学实践的极大混乱，明确课程概念，划分课程类型已经成为当下课程论本土化建设的重要议题。有学者从研究课程概念的现实视角，观照其在现实课程改革遇到的问题及其本质寓意，提出了课程概念“按照形式逻辑中下定义规则、揭示课程本质、外延定义法、追求课程新价值、形象化方法”等五种方法进行理解，试图摆脱课程概念的杂陈状态，实现课程概念由前概念向概念转化，由初步概念向深刻概念发展。围绕课程知识价值取向，有学者基于提高知识教育质量，促进人才培养方式变革的诉求，深刻反思了我国改革开放三十年来教育实践的本体论课程知识观及其局限性，主张建立课程知识的生成论立场，即通过提高知识的可理解性，以及变革人对知识的理解方式，实现知识意义的增值。

资料来源：李家清，户清丽．我国课程论与教学论研究现状透视与未来瞻望——基于2010年全国课程论研讨会和教学论年会研究成果的分析［J］．教育研究与实验，2011（3）．

本章小结

课程是围绕着如何确定可行的教育目标、选择教育内容、设计教育活动、评价教育效果等一系列问题进行研究的专门学问。本章首先简要介绍了典型的课程定义和常见的课程类型，包括分科课程、活动课程、综合课程；必修课程和选修课程；国家课程、地方课程和校本课程；显性课程和隐性课程。其次，详细论述了课程组织，包括课程目标、课程内容、课程评价等方面。最后，详细介绍了我国基础教育课程改革的背景、理念、目标和实施现状。

【思考与练习】

1. 课程的定义是什么？
2. 常见的课程类型有哪些？它们之间有何联系和区别？
3. 课程目标的定义和功能是什么？
4. 试述课程内容的定义和价值取向。
5. 影响课程实施的因素有哪些？
6. 简述学科课程、活动课程与综合课程的优缺点。
7. 我国基础教育课程改革实施的现状如何？取得了哪些成就？

【拓展阅读】

1. 施良方．课程理论：课程的基础、原理与问题［M］．北京：教育科学出版社，1996.

2. 袁振国．当代教育学：修订版［M］．北京：教育科学出版社，2005.

3. 张华．课程与教学论［M］．上海：上海教育出版社，2000.

4. 钟启泉，崔允漷．新课程的理念与创新：师范生读本［M］．北京：高等教育出版社，2003.

第八章　教　学（上）

【学习要点】

1. 理解教学的意义，了解有关教学过程的各种本质观；
2. 熟悉运用教学过程的基本规律，分析和解决中学教学的实际问题；
3. 掌握教学工作的基本环节及要求；
4. 掌握并运用中学常用的教学原则。

【案例导入】

"黄山为什么不在五岳之列?"

一位教师在教学《黄山小记》这一课时，学生对作者引用旅行家徐霞客的诗句"五岳归来不看山，黄山归来不看岳"产生了质疑："为什么黄山不在五岳之列?"这位教师并不作正面解答，在学生争议未果的情况下，留下问题（家庭作业）让学生课后去探究，去查询有关资料，写出研究报告。

思考：这种家庭作业布置，体现了新课程的哪些理念?

教学是教育领域中最重要的活动。在历史上，先有教学然后才有学校。长期以来，人们通过研究与探索，试图解决"教学是什么""有效的教学应该是什么"等问题，从而积累了丰富的教学理论知识。因此本章分别从教学概述、教学过程等方面进行系统的阐述。

第一节　教学概述

一、教学的概念

在古代，我国把教学看作根据特定的教育目的培养人才的主要形式或途径，重视教学的作用；同时对教学的实质进行探究，获得了不少深刻的见解。王夫之提出，学是学教师所教的东西，教是教人学习；教者要就学者原有基础不断扩大他的知识领域，学者要根据教者的引导积极思考，独立探索事物的由来。①

在西方，资本主义兴起后，自然科学和技术知识进入学校成为教学内容，并要求提高培养人才的速度和效果，因而人们就特别重视教学，至今已经形成了四种比较有代表性的关于教学概念的看法："教学就是传授知识或技能""教学即成功""教学是有意进行的活动"和"教学是规范性行为"。②

目前在我国，教学是指在一定教育目的规范下，教师的教和学生的学共同组成的一种教育活动。简言之，教学是在教师引导下学生能动地学习知识以获得个性发展的活动。进一步说，教学指的是教和学相结合或相统一的活动，是一个双边活动。教和学二者相互依存，相互促进，相得益彰，缺一不可。只有教的能动性与学的能动性两个方面相互沟通与配合，才能使教学具有完整的能动性，才能取得好的教学效果。

理解教学概念，还要注意教学与其他相关概念的区别与联系。

教学与教育这两个概念的关系，是部分与整体的关系。教学只是学校进行教育的一个基本途径，学校还通过课外活动、劳动、社会活动等对学生进行教育。

教学与智育这两个概念的关系，是一种复杂的交叉关系。智育是指向学生传授传统的科学文化知识和技能，专门发展其智力的教育活动。教学是智育的一个主要途径，但并不等于智育。讲教学，是为了突出它是一种特殊的教育活动；而讲智育，则突出的是它是教育的一个重要方面。

---

① 中国大百科全书总编辑委员会《教育》编辑委员会，中国大百科全书出版社编辑部．中国大百科全书·教育卷［M］．北京：中国大百科全书出版社，1985：150.

② 中央教育科学研究所比较教育研究室．简明国际教育百科全书·教学：下册［M］．北京：教育科学出版社，1990：233－240.

二、教学的地位和作用

（一）教学的地位

在学校教育中，教学处于中心地位。从教育途径看，一个学校的教育途径是多种多样的，概括起来有教学、体育活动、劳动、社会活动、党团活动和社团活动等。无论从时间、空间还是设施上看，教育资源都主要为教学所占有，这是教学所具有的中心地位的客观体现。从工作类型看，一个学校的工作一般可分为教学工作、党务工作、行政工作和总务工作等，后三种工作都是为教学工作服务的，这就从活动事实上保证了教学工作是学校工作的中心。从活动目的看，教育的目的是促进学生德、智、体、美、劳全面发展，教学的直接目的也是促进学生德、智、体全面发展，与教育目的一致，学校的其他活动的直接目的则只是单方面的，这就决定了教学处于中心地位。

中华人民共和国成立以来，我国教育的实践经验从正反两个方面证明：学校坚持以教学为中心的原则，教育质量就能提高；反之，教育质量则必然下降。比如20世纪50年代末期，大搞劳动教育，以劳动为中心；60年代初，大搞政治教育，以政治活动为中心；60年代中期至70年代中期，大搞革命教育，以“文化革命”为中心，这一切使我国学校教育几乎走到了崩溃的边缘。所以，必须坚持“教学处于学校教育的中心地位”的基本立场。

（二）教学的作用

以前人们主张教学的基本作用是“使学生掌握基础知识和形成基本技能”，简称“双基”。从20世纪80年代起，人们比较强调“发展基本能力”，继而又开始强调“促进个性健康发展”。由此，教学的作用概括起来如下：

1. 传授科学文化基础知识

知识是人类对客观世界的现象、事实及其规律的认识，是人类社会历史实践经验的概括和总结。把人类社会长期积累起来的知识迅速有效地传授给新生一代，并把它内化为个人的知识和智慧，是教学的基本作用之一。离开了知识的传授，教学就无法发生和展开，一切教学活动都将成为无源之水、无本之木，教育教学的目的和目标就成了空中楼阁。

2. 形成基本技能和技巧

所谓技能，是指学生运用所掌握的知识去完成某种实际任务的能力，而所谓基本技能是指各门学科中最主要、最常用的技能。如语文和外语的读与写、数学的算、音乐的歌唱、美术的绘画以及电子计算机的操作技能等。基本技能的形成与基础知识教学密不可分，它属于能力的范畴，是发展能力的基础。

所谓技巧，是指一种技能操作或动作的自动化。有的技能通过一定的练习便可发展为技巧，如读、写、算的技巧，运动技巧和电脑打字技巧。但不是所有的技能都能发展为技巧，包含复杂智力操作的技能，如写提纲、作文、解决实际问题的计算等，无论怎样训练也不能转化为技巧。

3. 发展基本能力

能力是“人们成功地完成某种活动所必需的个性心理特征”①。能力有两种含义：一是指表现出来的实际能力和已达到的某种熟练程度，可用成就测验来测量；二是指潜在能力，即尚未表现出来的心理能量，而通过学习和训练后可能发展起来的能力与可能达到的某种熟练程度，可用性向测验来测量。实际能力和心理潜能是不可分割的统一体，心理潜能只是各种能力展现的可能性，只有在遗传与成熟的基础上，通过学习才可能变成实际操作能力；心理潜能又是实际能力形成的基础和条件，而实际操作能力是心理潜能的展现。因而，通过教学，让学生在学习的过程中发展能力，既是可能的，也是必需的。个体的发展是通过掌握外在的人类的能力才得以实现的，学生不是孑然一身面对客体、将客观世界的客体化了的人类能力独立地内化为自己的东西的，而是在有其他的成人尤其是教师介入的背景下进行的。因此，以培养人为目标，有意识、有目的、有计划地组织的这种活动，发展学生的基本能力，是教学的重要作用。

4. 培养正确的思想、价值观、情感和态度

学生个人的思想、价值观、情感与态度，是构成其灵魂、个性的核心，制约着学生个人的学习方向与动力，从而也深刻地影响教学的效率与质量。因此，培养学生的正确思想、价值观、情感与态度是教学的一个重要的不可忽视的任务。

所谓思想，是指理性认识，其中主要是作为思想意识的观念形态，包括政治的、经济的、科学文化的与审美的等方面的思想观念。所谓价值观，是指推动并引导个人采取决定和行动的信念与准则，是一个人的思想意识的核心。故现代社会与学校教育都非常注重加强价值观教育。所谓情感，是指同人的社会性需要相联系的一种较复杂而又稳定的态度体验。它较之于情绪，发生较晚，比较稳定，与人的高级需求相关，如与交往相关的友谊感、与道德行为规范相关的道德感、与精神文化需求相关的美感。所谓态度，是指个人对特定对象所持有的稳定的评价和心理倾向。它是由思想、情感、意向等综合形成的、比较

① 朱智贤．心理学大词典［M］．北京：北京师范大学出版社，1989：456.

稳定持久的心理结构，是调节外界刺激与主体反应的中介，直接决定个人行为的方向、性质与强度。

教师在教学过程中培养学生积极的情感，使学生对所学知识产生学习兴趣，主动学习，获得相关知识的生成，形成积极的学习态度，最后在接受相关知识的基础上，形成符合主流价值选择的判断标准规范指导自己的行为。

总之，教学既要贯彻教育目的，完成德、智、体、美和综合实践教育的任务；又要依据教学机制，引导学生掌握知识、形成技能，发展能力，培养他们的正确思想、价值观、情感和态度。

三、教学的任务

（一）形式教育与实质教育

形式教育形成于18世纪，代表人物主要有英国教育家洛克和瑞士教育家裴斯泰洛齐。形式教育论认为，教学的主要任务在于训练感官能力、发展能力，并据此设置课程和选择教材，开设逻辑和文法、数学等学科发展学生的智力，至于学科内容的实用意义则是无关紧要的。形式教育论以官能心理学为理论依据。

实质教育是在18世纪末19世纪初出现的，德国教育家赫尔巴特和英国教育家斯宾塞是其主要代表人物。实质教育论认为，教学的主要任务在于传授给学生有价值的知识，至于能力则无须进行特别的培养和训练，实质教育论以联想主义心理学为理论依据。

（二）我国现阶段的教学任务

第一，传授系统的科学文化基础知识和基本技能，这是教学的首要任务。

第二，发展学生的智力、体力和创造能力。

第三，培养社会主义品德和审美情趣，奠定学生的科学世界观基础。

第四，关注学生的个性发展。

四、现代教学观的趋势

教学观是人们对教学活动的根本看法，随着时代的变化而不断发展。当代社会正在从工业社会向信息社会转型，当代教育正在从专才教育向通识教育转换，这一切有力地牵动着教学观念的变革。从重心转移的角度看，当代教学观念的变革主要体现在以下几个方面：

（一）由重视教师教向重视学生学转变

随着社会的发展，学生在社会发展中的未来主人身份和在学习过程中的能动作用日渐被认识，“教师中心说”受到越来越深刻的批判。人们看到，教师并不是支配课堂教学活动的绝对权威，学生虽然是受教育的对象，但却是学习活动的主体和主人。因此，研究学生身心发展的规律，研究学生在课堂情境中的学习规律，并遵循这些规律组织、安排教学，成为当代一般教学观念和教学行为。

（二）由重视知识传授向重视能力培养转变

在传统社会中，学校教育把传授书本知识当作课堂教学的唯一目标，即所谓“授人以鱼”。在当代社会，由于科学技术的飞速发展，知识更新的周期非常快，有些学生在学校学习的知识毕业后就不能运用了，重视知识传授的教学观念受到了严峻挑战。人们提出，教学的主要任务是在知识传授基础上侧重能力培养，培养学生学习、掌握和更新知识的能力。

（三）由重视认知向重视发展转变

传统的教学观比较重视知识的掌握，把教学仅仅理解为一个认识过程，特别重视学生的认知发展，重视学生理解、掌握和应用知识，重视学生认知能力的发展，导致学生智力的片面甚至畸形发展。在当代社会，人们发现知识甚至智力并不是影响人生成功与否的最重要的因素，最重要的因素是人的情感，进而提出了情感智慧的新概念，与已有的认知智慧概念相互对应统一。不仅如此，由于现代社会中体力劳动实现了从人到机器的转移，体育功能从劳动回归到教育教学之中，教学中重视体质发展成了一个迫切的现实问题。于是超越唯一的认知，重视学生身体、认知和情感全面和谐发展，成了现代教学观念的基本精神。

（四）由重视结果向重视过程转变

传统的教学观非常重视教学的结果，但实践结果却是学生的片面发展，问题就出在忽视了教学过程，使教学过程流于自然与盲目。现在人们意识到，教学结果是重要的，但更重要的是教学过程中学生的切身体验，包括学生的认知体验、情感体验以及道德体验等，正是这种体验决定着教学的最终结果。因此，现代教学观念，第一，强调激发学生的兴趣，力求促使学生形成强烈的学习动机和乐学、善学的学习态度；第二，强调在教师启发引导基础上，让学生通过独立思考获得对基本知识的领悟和技能技巧的习得；第三，强调“知—情”对称，注重学生在学习过程中对寓于知识经验中的情感的充分察觉和体验；第四，注重教学方法的灵活多样以及多种方式、方法的综合运用，为学生设计出符合年龄特点的活动，促使学生在学习过程中得到充分发展。

（五）由重视继承向重视创新转变

在现代社会，重复性的劳动逐步为机器和计算机所代替，人的劳动的创造性成分日渐增加；随着劳动时间的缩短，人们有了越来越多的闲暇时间。人生的意义和价值就不仅仅体现在一般性劳动上，而是体现在创造性劳动上和创新性生活上。教育教学的重要功能就是创造文化，学生的主要任务就是通过掌握知识经验，形成创造文化和创新生活的能力。

五、教学组织形式

（一）教学组织形式概述

教学总是以一定的组织形式进行的。教学组织形式是指为完成特定的教学任务，教师和学生之间相互作用的方式、结构与程序。一定的教学组织形式，内含着特殊的师生互动、特殊的时空安排、特殊的教学因素组合等。教学组织形式主要受教学目标、教学内容和学生的差异的制约。同时教学组织形式也对教学本身产生重大的影响，主要表现为：教学组织形式是教学目标得以实现的基本保证，是传递内容的实现形式；教学组织形式直接影响教学质量的高低；教学组织形式对学生个性的形成和情感的发展产生重要作用。

通常，根据教学单位的规模，教学组织形式可分为个别教学、小组教学、班级授课（小班教学、大班教学、合班教学）。

（二）现代教学组织形式

现代社会条件下，流行的教学组织形式是班级授课制度。班级授课制，以课堂教学为基本形式，以课外实践教学为辅助形式，并演变出学徒制的特殊形式。在教育改革和课程改革的进程中，大量研究和实验试图在班级授课制的框架里，实现教学的个别化。

1. 基本的教学组织形式——课堂教学

课堂教学是班级授课制的基本表现形式，也是现代学校教学的基本组织形式。学校教学的目标和任务，主要是通过课堂教学来完成的。课堂教学具有其他教学形式无法取代的优势，但也有难以避免的缺陷，包括不利于学生的个性化发展，不利于培养学生的探索精神、创造能力和操作能力。课堂教学的具体组织形式有以下几种：

（1）全班上课

这是现代学校中最典型、最为普遍的课堂教学组织形式。它是把一定数量的学生按年龄与知识程度编排成固定的班级，根据周课表和作息时间表，安排教师有计划地向全班学生集体上课，分别学习所设置的各门课程。在班级授课制中，同一个班的每个学生的学习内容与进度必须一致，开设的各门课程，特别是高年级，由具有不同专业的教师分别担任。

一般认为，中国全班上课的模式始于清代同治元年于北京开办的京师同文馆。全班上课注重集体化、社会化、同步化、标准化，长于向学生集体教学，其弊端在于不能照顾到学生的个别差异，不利于充分发挥学生的潜能。因此，随着科学技术的迅猛发展和对创造性人才需求的日益迫切，20 世纪初以来，许多国家的教育界都致力于对全班上课这种教学方式的改革。

（2）班内分组教学

班内分组教学，是根据教学或学习的各种需要，把全班学生再细分成若干人数较少的小组，教师根据各小组的共同特点分别与各小组交流，进行教学或安排他们共同完成某项学习任务的教学组织形式。

分组教学最显著的优点在于，它比班级上课更切合学生不同班组的水平和特点，便于因材施教，有利于人才的培养。但也存在一定的弊端：一是很难鉴定学生的能力和水平；二是对学生区别对待，违背现代社会崇尚教育公平的理念。

（3）班内个别教学

这是在课堂情境中进行符合学生个别差异的教学组织形式，教师分别介入每个学生的学习过程，给予检查、修正错误和进行评价。个别教学最显著的优点在于：教师能根据每位学生的特点包括天赋、接受能力和努力程度因材施教，加强教学的针对性，充分地发展每个学生的潜能、特长和个性。但是采用个别教学，不利于学生之间的交流、合作和个人的社会化。因此，班内个别教学必须跟同步学习或同步教学结合。

2. 辅助的教学组织形式——实践教学

针对课堂教学所具有的“课堂”空间局限和学生发展的负面效应，人们还设计、实施了一系列辅助性的实践教学组织形式，以弥补课堂教学的不足。这些实践教学模式各有特点，不一定要面向全班，时间可长可短，可以采用小组活动或个人作业形式进行，便于因材施教。这些实践教学形式主要有作业、参观、讲座等。

（1）作业

因其在课外或在家中完成，故又称“课外作业”或“家庭作业”。从内容上看，课外作业与课堂教学紧密联系，是对课堂知识技能的复习、巩固和运用；但从教学形式上看，课外作业作为学生的独立作业，它是教学的辅助形式。

（2）参观

参观是指根据一定的教学目的组织学生到一定场所，通过对实际的事物进行观察、询问，以获取知识的教学活动形式。参观在教学中具有重要意义：首先，能给学生以大量的实际知识，使教学和实际的社会生活紧密结合起来；其次，能扩大学生的眼界，激发学生的兴趣与求知欲，学到课堂上学不到的知识；最后，能使学生在接触社会主义现代化建设和英雄模范人物过程中受到深刻的思想教育。

（3）讲座

讲座是由教师或请有关的专家不定期地向学生讲授与学科有关的科学趣闻或新的发展，以扩大学生的知识的一种教学活动形式。它的内容不局限在课程标准的范围之内，具有一种科普性质。讲座具有多方面的意义：首先，能扩大学生的知识面，激发学生的兴趣，培养学生对科学的热爱；其次，可以满足对某些学科有特殊爱好的学生的求知需要，发展他们的志趣和特长；最后，能活跃学校的学术气氛，使学生关心文化科学与社会主义建设，养成良好的学风和校风。

第二节　教学过程

一、教学过程的概念

教学过程实质上是教师引导学生学习的教与学相统一活动的时间流程。它主要包括以下几个层面：一是指以一节课为时间单位、从开始上课到下课的教学过程；二是指为完成一个教学单元或一个相对独立的教学课题的教学任务，从开始到结束的整个教学过程；三是指在一个教育阶段里，比如小学期间、初中期间等，从入学到毕业的教学过程；四是指贯穿在幼儿园到大学的整个学校教育系统的教学过程；五是指在人类历史发展进程中的教学过程。这一节所讲的教学过程主要指前三个层面的教学过程。

二、教学过程的本质

教学过程的本质是相对教学过程的现象而言的，后者是指教学过程外在的、可以为人感知的各种联系和各种形态，而前者则是指教学过程内在的、只能为人的思维把握的关系和属性。可以从以下几个方面来理解教学过程的本质：

（一）教学过程主要是一种认识过程

一般而言，教学过程的主要矛盾是学生与其所学知识之间的矛盾，具体体现在教师提出的教学任务与学生完成这些任务的需要、实际水平之间的矛盾。这一矛盾实际上是学生认识过程的矛盾，因此，教学过程本质上是一种认识过程。

（二）教学过程是一种特殊的认识过程

人类社会要不断发展，就必须进行文化的传承，把人类文化的精髓和有益的经验传递给年轻一代，使他们成为符合社会需要的人，以保障社会的生存与发展。正如杜威所指出的："社会通过传递过程而生存，正和生物的生存一样，这中传递依靠年长者把工作、思考和情感的习惯传达给年轻人，没有这种理想、希望、期待、标准和意见的传达……社会生活就不能幸存。"① 这个传递的过程就是教育过程，以及从中发展起来的教学过程。这个传递过程涉及经验传递、社会交往、促进年轻一代的身心发展使他们成为符合社会价值标准的人等方面的活动。教学过程主要是引导学生掌握人类长期积累的科学文化知识的过程，学生循序渐进地学习和运用知识的认识活动，是贯穿教学过程始终的主要、基本而特有的活动。教学活动中的交往活动是围绕认识活动进行的；教学中的促进学生身心发展并使其符合社会标准与目标的价值活动，则是在相关的认识与交往活动基础上进行的，所以师生用以传承知识而相互作用的认识活动是教学活动区别于其他活动的最突出、最基本的特点。

教学过程要受认识论的一般规律所制约，但教学过程又是一种特殊的认识过程，即它是学生个体的认识过程，具有不同于人类总体认识的显著特点：一是间接性，主要是以掌握人类长期积累起来的科学文化知识为中介，间接地认识现实世界；二是引导性，需要在教师引导下进行认识，不能独立完成；三是便捷性，走的是一条认识的捷径，是一种科学文化知识的再生产。正如马克思所说："再生产科学所必要的劳动时间，同最初生产科学所需要的劳动时间是无

① 杜威．民主主义与教育［M］．王承绪，译．北京：人民教育出版社，2001：8.

法相比的，例如学生在一小时内就能学会二项式定理。”① 教学过程只有遵循认识论的一般规律，又充分注意学生认识的特点，才能组织和进行得科学而有成效。

（三）教学过程必须以交往为背景和手段

教学活动不是孤立的个体认识活动，而是社会群体性的有目的有组织的认识活动。它离不开师与生、生与生之间的交往、互动，离不开人们的共同生活。所谓交往是指人与人之间的相互往来、交际、沟通、交流等。其实交往即社会交往，实为人们的生存与生活方式。

教学过程是以社会交往为背景的。尤其是个体最初的学习与认识，例如对实物及其名词概念的认识就是在交往中发生与发展的。人们对语言的掌握，对通过语言文字传授的经验、知识的掌握，均有赖于人们交往与沟通的共同生活经验。所以，有目的地进行的教学也必须以交往为背景，并通过社会交往与联系社会生活来增进、活跃和检验学生的学习效果，理解、深化与确证所学知识的实际意义与社会价值。教学在任何时候都不能脱离社会交往与共同生活。

教学还以交往、沟通、交流为重要手段和方法。在教学过程中，教师引导学生围绕着系统的科学文化知识循序渐进地学习与运用，常常有意识地在师与生、生与生之间进行问答、讨论、交流、互助，以便学生获得启发，加深理解，并学会运用，使教学中的认识活动进行得更加生动活泼而有效。在教学中，教师不仅运用交往引导学生学习知识、进行认知，而且运用交往对学生进行情感方面的沟通、感染与培养。

（四）教学过程是一个促进学生身心发展、追寻与实现价值目标的过程

教学过程是教师引导学生掌握知识、认识世界、进行交往，以促进学生的身心发展，并追寻与实现价值增值目标的过程。其中，引导学生通过掌握知识、进行认识及交往的活动是教学的基本与基础的活动；而促进学生的身心发展及其价值目标的实现则是在这个认识及交往活动过程中所要完成的教学任务。虽然学生的身心发展与价值目标的追寻在教学中起着导向与规范作用，体现教学的性质，但是它只有通过并借助于组织好学生的认识及交往活动才能落实与实现，才能把所追寻的价值目标体现在学生的身心发展上。特别要看到，学生的身心发展及其对价值目标的追寻活动，并不只是与教学过程相联系，还与其他教育活动甚至学生的全部生活过程相联系，即是说，它并非为教学活动所特有

① 中共中央马克思恩格斯列宁斯大林著作编译局．马克思恩格斯全集·第26卷：第1册［M］．北京：人民出版社，1972：377.

的活动，教学特有的主要活动乃是在教师引导下的学生认识及交往活动。这样分析，并不否认学生身心发展及其价值追寻在教学中的导向地位与终极价值，而是强调只有抓好教学特有而主要的活动，即注重将教学中的知识通过交往与认识活动内化为学生的智能、情感和品德，才能把学生培养成为符合社会发展需要的人。

三、教学过程的基本矛盾

教学过程的基本矛盾，是教师在教学过程中所提出的认识和学习任务或其他任务与学生的知识和心理的现有发展水平之间的矛盾。这是一个贯穿始终的矛盾，也是其他矛盾赖以依存的矛盾。按照教学的要求逐步提出的认识任务要能为学生所理解和接受，要跟学生的认识潜力相符合，并在学生进行一定紧张度的智力活动之后就能得到解决。教学的艺术在于使学生在掌握知识时，能循序渐进地引导他们接近越来越复杂的任务的能力，同时训练他们去完成这些任务的能力。这样做的时候，要注意既要求学生进行独立活动和积极思考，也要照顾到在现有教学条件之下学生的年龄差异和个体差异、学生在某一科目方面的知识积累程度及其发展水平等。如果所提出的任务跟学生所具有的认识可能性之间差异性太大，超过了学生的最近发展区，那么即使在充分努力的情况下，大多数学生还是不能完成任务，这样的矛盾不仅不会成为教学的动力，还会成为教学过程的阻力。

教学活动存在的基本矛盾，是“教”与“学”的矛盾，它主要体现在认知和情感两个方面。从认知方面看，表现在教学要求与学生已有的认知发展水平之间的差距上；从情感方面看，表现在教学要求与学生当时的具体需要之间的差距上。前者涉及的是学生能不能、会不会的问题，以及可接受性问题，与学习能力有关，属认知范畴；后者涉及的是学生愿不愿学的问题，即乐于接受性问题，与学习的动力有关，属情感范畴。传统教学致力于解决第一方面的矛盾，而未把第二方面的矛盾放在同样重要的地位上来加以重视。现代教学则应同时重视这两方面问题的解决，使情、知两方面的因素在“教”与“学”的总体矛盾框架中得到和谐统一。

由此可见，教学目标和任务要跟学生的认识、发展潜力相符合，是基本矛盾成为教学动力的一个必不可少的条件。除此之外，教师不仅要解决学生在掌握知识的过程中自然产生的矛盾，而且要激发他产生达到教学目标和认识新事物的愿望。教师要善于创设问题情境，吸引学生探索解决问题，使学生从创造性的劳动中亲身体验到快乐，从而产生研究未知事物、认识自己尚未体验过的新事物的强烈的内部需要。

四、教学过程的基本规律

教学规律，指教学现象中客观存在的，具有必然性、稳定性、普遍性的联系，对教学活动具有制约、指导作用。

（一）直接经验与间接经验相结合的规律（学生认识的特殊性规律）

直接经验与间接经验相结合，反映的是教学中传授系统的科学文化知识与丰富学生感性认识的关系。直接经验就是学生通过自身活动探索获得的经验；间接经验就是指他人的认识成果，主要指人类在长期认识过程中积累并整理而成的书本知识，此外还包括以各种现代技术形式表现的知识与信息，如磁带、录像带、电视和电影等。

第一，学生学习以间接经验为主。教学中，学生主要是学习间接经验，并且是间接地去体验。它的主要特点是，对科学文化知识加以选择，组成课程，引导学生循序渐进地学习，使学生能用最短的时间掌握大量的、系统的文化科学基础知识；同时，还可以帮助学生在新的起点上继续认识客观世界，继续拓展认识领域。

第二，学习间接经验要以直接经验为基础。知识经验转化为学生真正理解掌握的知识，必须依靠个人以往积累的或现时获得的感性经验为基础，原因在于学生学习的书本知识是以抽象的文字符号表示的前人生产实践和社会实践的认识和概括，而不是来自学生的直接经验。所以，教学中要充分利用学生已有的经验，增加学生学习新知识所必须有的感性认识，以保证教学的顺利进行。

此外，贯彻直接经验与间接经验相统一的规律，必须注意两个问题：一种是只重视系统知识的传授，忽视引导学生学习的自主性；另一种是只强调学生通过自己探索发现、积累知识，忽视书本知识的学习和教师的系统讲授。

（二）教师主导作用与学生主体作用相统一的规律（双边性规律）

教学过程中，既要充分重视教师的教，也要充分调动学生的学，促进教师的主导作用与学生的主体作用有机结合，取得良好的教学效果。

第一，充分发挥教师的主导作用。教师指导决定学生学习的方向、内容、进程、结果和质量，起引导、规范、评价和纠正的作用。教师的教还影响着学生的学习方式以及学生学习积极性的发挥，影响着学生的个性成长以及人生观、世界观的形成。

第二，充分发挥学生主体参与教学的能动性。学生是学习的主体，学习的主动性受学生本人的兴趣、需要以及所接受的外部要求的推动和支配；学生对外部信息选择的能动性、自觉性受学生原有知识经验、思维方式、情感意志、价值观等制约，学生对外部信息进行内部加工具有独立性、创造性。

第三，建立合作、友爱、民主平等的师生交往关系。在教学过程中，师生共同明确教学目标，交流思想、情感，实现培养目标。贯彻教师主导作用与学生主体作用相统一的规律，必须注意到：在教学中，不能只重视教师的作用而忽略学生学习的主动性和创造性；又不能只强调学生的作用而使学生陷入盲目探索状态。教学中应把两者结合起来。

（三）掌握知识和发展智力相统一的规律（发展性规律）

在教学过程中，教师在传授知识的同时，一定要注重对学生进行思想品德教育，并使二者有机结合起来，使学生在知识能力和思想品德等方面获得思想的进步与发展。

第一，知识是发展智力的基础。学生认识能力的发展有赖于对知识的掌握。知识为智力提供了广阔的领域，只有具备了某方面的知识，才有可能从事某方面的思维活动，同时知识中也包含认识方法的启示。

第二，发展智力又是掌握知识的重要条件。学生掌握知识的速度与质量，依赖于学生原有智力水平的高低。教学中教师应启发学生运用自己潜在能力，使学生在掌握知识的过程中发展认识能力。

第三，掌握知识与发展智力相互转化的内在机制。传授给学生的知识应该是科学的规律性的知识；必须科学地组织教学过程；重视教学中学生的操作与活动，培养学生的参与意识与能力，给学生提供积极参与实践的时间和空间；培养学生良好的个性品质，重视学生的个别差异。贯彻掌握知识和发展智力相统一的规律，要防止两种倾向：在教学过程中，我们不能只强调训练学生的思维，忽视知识的传授；或者只向学生传授与实际生活有用的知识，忽视对学生认识能力的训练。

（四）传授知识与思想品德教育相统一的规律（教学的教育性规律）

在教学过程中，教师在传授知识的同时，也要注重对学生进行思想品德教育，使二者结合起来，促使学生在知识与思想品德方面均获得发展与进步。

第一，知识是思想品德形成的基础。学生思想品德的提高有赖于对科学文化知识的掌握。

第二，学生思想品德的提高又为他们积极学习知识提供了动力。科学文化知识的掌握过程是一个能动的认识过程，他们的思想品德对学习的积极性起到重要的推动作用。

第三，传授知识和思想品德教育有机结合。贯彻传授知识与思想品德教育相统一的规律，必须注意的问题：一是脱离知识进行思想品德教育；二是只强调知识传授，忽视思想品德教育，在教学过程中要注意把两者有机结合起来。

五、教学过程的基本阶段

学生是教学的主体，教学过程实质上是教师引导学生获取知识、认识世界的过程，因而，教学过程的基本环节是教学过程规律的一个重要方面的体现。

（一）激发学习动机

所谓学习动机，是指推动个体进行学习活动和维持已发生的学习活动，并引导学习行为朝向一定的学习目标的一种内在过程或内部心理状态。[①] 教学活动主要是学生的学习活动，而这种学习活动，总是在一定的思想、情感和愿望的影响下，并受学习动机的支配进行的。学习动机是引发学生学习行为的重要力量。心理学研究表明，学习动机与学习活动可以相互激发、相互强化。一方面，学习动机可以通过学习活动被逐步地激发和形成；另一方面，学习动机一旦形成，就会自始至终贯穿于某一学习活动的全过程。学生的学习动机既可以由内驱力激起，也可以由外部刺激引发。

激发学习动机的方法有：对学生提出引人思考的问题；讲述有趣的故事；演示给人新知识的直观材料；指出将要学的新知识的重要价值，等等。究竟选用什么方法，应当以教学任务和内容的需要以及学生的实际为依据。激发学习动机常常是教学起始的重要一环，但其重要作用又不限于教学的起始阶段，因此，应把它作为贯穿教学过程始终的一个重要的因素和任务。

（二）领会知识

这是教学过程的中心环节。领会知识包括感知和理解教材。

1. 感知教材

教材是一种符合表征的书本知识，来自于他人的实践经验。学生只有凭借自己的生活经验或有关的感性知识才能理解书本知识。学生理解书本知识的过程，是一个感性认识和理性认识相结合的过程。如果学生有了必要的感性知识，形成了清晰的表象，那么他们理解书本知识就比较容易；否则，学生对所学的概念难免感到抽象、疑惑和困难。

学生感性认识的来源是多方面的：有的是他们在生活中积累的，有的是在

① 李伯黍，燕国材．教育心理学［M］．上海：华东师范大学出版社，1993：235.

以往学习中获得的；有的是在教学过程中通过演示、实验或参观、实习等取得的；有的是经过教师的生动描述和学生的再造想象产生的。此外，还可以通过其他途径获得。

2. 理解教材

在教学过程中，不能让学生的认识停留在感性上，而要引导他们把所感知到的材料同书本知识联系起来，进行思维加工，分析事物的本质和规律，将感性认识上升到理性认识。理解教材是教学过程的中心环节。

理解教材之所以是教学过程的中心环节，是因为它有难度，理解教材的过程需要老师引导学生在学习上爬坡、登高，在认识上飞跃，从感性认识上升到理性认识。教学多半由激起学生的兴趣、疑问开始，让他们的思想活跃起来，但这样又可能导致课堂的紊乱。因此，教师应设法把学生的注意力集中起来，引导他们探讨事物的特点、本质或因果联系，通过深入细致而严谨的思维活动，使学生深刻地掌握概念和原理。

在理解教材的过程中，教师要善于引导学生运用思维方法和推理形式，并培养他们的逻辑思维能力。有比较才有鉴别，教学要常用比较的方法来帮助学生掌握事物和概念的特点。在比较的过程中，要结合运用分析与综合的方法。不过，分析与综合也可以在教学中单独进行。要善于运用分析，引导学生深入认识事物，弄清它的各个部分、各种属性，区别本质的与非本质的属性，发现事物的内在联系；分析之后又要注意综合，引导学生掌握事物的多方面的情况，把本质属性抽象出来并概括在一起，以获取全面的认识和明确的概念。这样，学生才能逐步掌握比较、分析与综合、抽象与概括等思维方法。

（三）巩固知识

这一环节主要是引导学生把所学的知识牢牢地保持在记忆里。学生只有在理解的基础上牢牢记住所学的基础知识，才能顺利地吸收新知识，自如地运用所学的知识。巩固知识既应作为理解教材之后的一个必要的阶段，又是教学过程应始终注意的一个因素。在教学过程中，学生感知教材、理解教材和运用知识，每一阶段的质量都会深刻影响到学生知识的巩固，因而巩固知识的工作要从各个方面来做。为了防止学生遗忘，还需要做一些专门的巩固工作，包括进行简明的小结、系统的总结以及各种形式的复习。

（四）运用知识

理解知识和巩固知识是运用知识的基础。但是，学生理解了知识不等于形成了相应的技能、技巧，形成了一定的技能、技巧，也不等于会解决实际的问题。要使学生从理解概念、原理、公式，发展到能自如地运用于实际，形成技能、技巧和实际应用能力，单靠动脑是不行的，还必须引导学生动口、动手，进行反复练习和实际操作才能达到。掌握知识的目的在于运用，因此应重视运用知识这一环节。

学生运用知识，掌握技能、技巧，主要通过教学性实践，大多采取反复练习的方法来实现。所以，不但要使练习达到一定数量，而且要改进练习的方法，提高练习的质量；不能停留在模仿上，不能满足于解决简单的问题，要引导学生在模仿中有所改进和创新，逐步解决较复杂的问题。为了引导学生将知识运用于实践，培养分析问题与解决问题的能力，还可以适当组织学生参加一些课外科技活动、社会调查活动和各种实践活动。

（五）检查知识、技能和技巧

学生掌握知识、技能和技巧的情况，只有通过检查才能确定。因此，教师在教学过程中，一方面要随时了解学生对知识的理解和技能的掌握情况，以便及时调节教学的内容、方法和进度，使教学能够顺利完成；另一方面，还要在完成一定的教学之后进行专门的检查，了解学生的知识掌握和能力发展情况与问题，以便改进教学。

检查学生知识、技能和技巧的掌握情况，主要由教师负责进行，一般采取课堂提问、检查课内外各种作业和各种测验来进行。但培养学生及时对所学知识进行自我检查的能力和习惯也是非常必要的。实践证明，只有那些能对自己所学知识、所做作业自主进行认真检查、验证的学生，才能在学习中及时纠错、精益求精，取得优异成绩。

第三节　教学工作的基本环节

教学工作的基本环节，是指教师常规性的、周期性的和最基本的教学工作内容，主要包括备课、上课、课外作业的布置与批改、课外辅导、学生学业成绩的评价。

一、备课

备课就是教师为上课或组织具体教学活动而做的具体准备与计划安排工作。教师在备课过程中应总结以往上课的经验，尽可能预测上课时的情境。备课的过程也是教学研究的过程，是教师必须掌握的一门基本功。

（一）备课的要求

1. 做好三方面的工作（三备）

备课的基本工作内容主要包括了解学生、钻研教材和编写教学设计三方面：

（1）了解学生

学生的认知准备状态是教学的起点，为使教学充分促进学生的发展，教学活动应切合学生的实际。因此教师要全面了解学生的认知基础、认知能力、学习态度、思想特点、兴趣爱好、学习习惯等。

（2）钻研教材

教师要认真钻研课程标准、教科书和阅读有关的参考书。教师掌握教材有一个深化的过程，一般要经过懂、透、熟三个阶段。懂，就是对教材的基本思想、基本概念要搞清楚；透，就是要透彻了解教材的结构、重点与难点，掌握知识的逻辑；熟，就是教师对教材、教法以及师生的双边活动中可能产生的问题都要全面而深思熟虑地思考、筹划与掌握，并运用自如，熟能生巧。

（3）编写教学设计

根据学科特点、教学目标、任务要求及学生的情况，设计适合的教学样式，包括设计具有内在关联的教学方法、教学手段、教学活动及教学策略等。教学设计主要包括教学环境设计、教学媒体设计和教学活动进程设计。

2. 写好三个计划

（1）写好学期（或学年）教学进度计划

这个计划要在开学前制订出来，目的在于明确整个学期教学工作的范围和任务，对全学期的教学工作通盘安排。它的主要内容有学生情况的简要分析、教学改革的大体设想、教学要求、章节或课题内容、教学时数和时间的具体安排等。

（2）写好课题（或单元）教学计划

本计划在开学前制订出来，它是指将教材性质相近、有内在联系的，且有相对独立性的部分划分为单元，教师对教科书的每一单元作通盘考虑，并制订出单元教学计划。其内容主要包括课题名称、教学目的、课时划分、课的类型、主要教学方法、教具以及教改活动安排等。

（3）写好课时教学计划（教案）

这个计划要在每节课上课前写好，它是教师备课工作中最深入、具体的一步。因为教学工作是通过一个个的课时来进行的。一个完整的课时计划一般包括以下一些项目：班级、学科名称、授课时间、课题、教学目的、课的类型、教学重点和难点、教学方法、教具、教学过程、备注。其中，教学过程是课时计划的主要组成部分，应写得详细具体，它包括一节课教学内容的安排、教学方法的具体运用和各部分的时间分配等。

（二）备课的种类

备课可分为个人备课和集体备课。个人备课，是指每个任课教师独自进行的备课工作，是最经常、最基本的一种备课方式。优点在于不受时间限制，工作灵活，有利于调动教师的主观能动性。集体备课，通常是指几位教师集中在一起而进行的备课工作，常以学校中的科组为组织单位。优点是有利于相互交流，集思广益，统一教学要求。

备课还可分为学期备课、单元备课和课时备课。学期备课是指为整个学期的全部内容与教学活动做准备。单元备课是指为某门课程的一个单元内容的教学活动做准备。课时备课是指为一节课的教学活动做准备。在教学工作中，没有对整门课程内容的通盘考虑和规划以及相应的准备工作，就不能备好每一门课和每一节课，相反，没有备好每一个单元和具体的每一节课，整门课的考虑、规划和其他准备工作就会落空。

（三）课的类型

课的类型的划分一般有两种标准：一是以课内采用的基本教学方法为划分依据，可以把课分为观察课、讲授课、讨论课和实验课等；二是以一堂课完成任务的多少为依据，可以把课分成单一课和综合课两类。

单一课是指一堂课主要完成一种教学任务的课。按照传统分法，单一课分为传授新知识的新授课、巩固知识的复习课、培养技能技巧的练习课、实验课，检查知识技能的测验课等。综合课则是指一堂课内同时完成两种或两种以上教学任务的课。

（四）教案编写

教案是教师经过备课，以课时为单位设计的具体教学计划或方案。按形式分为条目式教案和表格式教案，按篇幅分为详细教案和简要教案。

条目式教案是以按顺序排列的条目为结构形式的教案类型，有大致固定的条目及其结构顺序，在每一个条目之下研究、设计和安排有相关内容。它的主要特点是每一个条目的容量具有伸缩性，可因人因校制宜，是一种常用的教案。表格式教案是以特制的有专门栏目的表格为结构形式的教案类型，有特定的栏目及结构，在每一个栏目之中研究、设计、安排有相关内容。它的特点是具有提示特性，比较适合新教师。

教案的基本结构是指教案必需的条目、内容及其相互关系。条目式教案包括背景记载、学校、班级、科目、课本、教师和日期等项目；然后一般由课题名称、教学目标、教学内容、重点难点、课的类型、教学方法、教材教具准备、教学时间、教学过程设计和板书设计十大条目组成。而表格式教案是教师在条目式教案的基础上，把必需的项目、教学过程的环节以及教与学的相互关系，设计为具有相对固定格式的表格。一般来讲，表格式教案首先是背景分析，包括学校、任课教师、科目、班级、学生人数、教学时间、日期、课题内容和课本等，然后由教学准备、教学目标和教学程序三大栏目组成。

二、上课

上课是教学工作的中心环节，是完成教学任务的基本保证。要上好课必须遵循以下几点课堂教学要求：

（一）教学目的明确

教学目的既包括知识与能力的教学目的，也包括情感与态度的教学目的，还应该包括审美与启智的目的。一节课的目的，不仅应在教案中明确提出，而且应该落实在课堂教学活动过程中，成为师生为之奋斗的目标，师生的活动都要围绕教学目的进行。因此，课堂教学活动是否有明确的目的性，是否实现了预定的目的，是衡量一节课成功与否的一个主要依据。

（二）教学内容具有科学性和思想性

这是上好一节课的基本的质量要求。在科学性方面，教师要准确无误地向学生传授知识，引导他们进行操作，让学生系统而严密地学习基础知识和基本技能。在思想性方面，要深入发掘教材蕴含的思想性，引导学生探寻其中的思想价值，使学生受到启迪。教师要竭尽全力提高教学的科学性与思想性，这是教师的神圣职责。

（三）调动学生的学习积极性

这是上好一节课的内在动力。要调动学生的积极性，首先，教师要尊重学生，平等对待学生，真正树立学生是学习的主体的理念。其次，要了解学生的兴趣、需要和已有的知识基础，使自己的教学内容、方法、进度等建立在切合学生实际水平的起点上。

（四）教学方法得当

根据教学目标，遵循学生认知发展的规律，以启发式为教学指导思想，灵活选用教学方式和方法，以充分调动学生积极性，做到直接经验与间接经验相结合、传授知识与发展智力相结合、教书与育人相结合、统一要求与因材施教相结合。

（五）教学组织严密

教学组织要严密，一方面要使教与学密切配合，教师不仅要注重教，还要指导和组织学生进行学习，保持教学活动的有序性，避免课堂秩序混乱、教与学脱节；另一方面，教学活动要结构紧凑，科学分配时间，以达到较好的教学效果。

三、课外作业的布置与批改

（一）课外作业布置与批改的意义

课外作业，就其内容而言，包括各种口头作业、书面作业和操作作业等。课外作业的布置和批改是教学过程的一个有机组成部分，它是课堂教学的继续和补充。组织学生作业的目的在于，巩固和消化所学的知识，并使知识转化为技能技巧。组织好学生作业，对于培养他们独立工作的能力、发展他们的智力和创造能力都有重要意义。课外作业的布置与批改不但可以培养学生多方面的能力，而且也是检查学生学习状况、衡量学生学习水平的一个有效途径，同时能较好地反映教师的教学水平和效果。通过作业的批改，教师能不断获取教学反馈信息，并据此对自己的教学进行调控。

（二）课外作业布置与批改应注意的问题

1. 作业的内容

首先，作业的内容要符合课程标准和教科书的要求，适合学生的学习水平。布置的作业要有利于帮助学生巩固和加深所学的知识，并形成相应的技能和能力。其次，作业类型要具有代表性和典型性，做到少而精，使学生通过作业学会触类旁通、举一反三。

2. 作业的质和量

作业的质和量应该适度。具体地说，布置作业的分量应根据本学科上课与自学时间的比例来确定。各门学科的教师在布置作业时要相互协调，防止出现学生因作业分量多导致学业负担过重的情况。同时，作业自身的广度和难度、作业的类型和梯度，既要从学科的基础知识、基本技能出发，又要考虑学生的一般水平（知识、能力、思想等）和学生的认识规律，由易到难、由具体到抽象、由浅到深。总之，布置的作业既要有统一的要求，又要因人而异，对优、中、后进生布置的作业应有所区别，使每个学生都能通过作业得到提高。

3. 对作业的要求

教师对布置的作业应有一个明确的要求，规定学生具体完成作业的时间。由于学生主要是在家里完成课外作业的，因此教师有必要通过家访或开家长会等方式了解学生在家里完成作业的情况，并同家长配合使学生养成按时完成作业的习惯。另外，教师也可对作业中的一些难点和疑点作启发式的讲解，但不能代替学生自己独立思考。

4. 作业的批改和讲评

教师要经常检查和批改学生的课外作业。通过检查和批改学生课外作业，教师一方面可以了解学生的学习态度和学习情况，并以此作为自己改进教学工作的依据；另一方面也可对学生的学习起督促作用，有助于培养学生养成良好的学习习惯。因此，教师经常批改和检查学生的课外作业对提高教学质量有着重要的意义。教师批改学生课外作业的方式是多种多样的，主要有：全收全改、全收部分改、轮流批改、抽样批改、学生相互批改、教师当面批改等。

教师批改作业，不能为批改而批改，而要把批改和讲评、辅导结合起来。教师要把全班学生作业中出现的典型的、带倾向性的问题和不同类型学生作业的状况结合起来，做好全班讲评和个别的指导。

四、课外辅导

课外辅导是教师在课堂教学规定的时间之外对学生的辅导。其目的在于因材施教，对学生进行学习目的、学习态度和学习方法等方面的个别教育和指导。

课外辅导的内容一般包括以下几个方面：给学生解答疑难问题，指导学生做好课外作业；给学习基础差的学生作必要的补充讲授；给因病、因事缺席的学生及时补课；给成绩优秀的学生作个别辅导，介绍补充参考书，扩大其知识领域；在学习方法上给学生以指导；对学生进行学习目的和学习态度的教育。

课外辅导、答疑分为集体和个别两种形式。教师要搞好课外辅导和答疑须注意以下几个方面的问题：要全面深入地了解全班学生的情况，这是做好课外辅导和答疑的基本前提；辅导和答疑要目的明确，采用启发式，充分调动学生学习的积极性；要加强思想教育和学习方法的指导，以提高辅导的效果；处理好课外辅导、答疑和课堂教学的关系。既要防止轻视课外辅导、答疑的倾向，又要避免以课外辅导、答疑代替课堂教学的情况。

课外辅导是课堂教学的有益补充。在课后的时间，师生之间的交流和学习活动并未停止，只是改变了活动的形式，即学生转入以独立作业和自学为主的各种学习活动，教师则围绕学生的独立作业和自学进行各种课后的辅导。其目的是让学生个人领悟、消化、运用和巩固课堂所学的新知识、新技能，并在这个过程中发展学生的智能与自学能力，为过渡到下一节新课的学习作好准备。

课外辅导要注意以下几个方面：一是要因材施教，根据学生的不同特点，确定辅导的内容和进度，提高辅导的针对性。二是要指导学生独立思考，引导学生形成独立的学习方法和学习习惯。三是要加强同伴学习，组织学生开展互帮互学活动。

五、学生学业成绩的评价

学生学业成绩的评价是教学工作的一个重要环节。所谓学业评价，是指以国家的教育教学目标为依据，运用恰当的、有效的工具和途径，系统地收集学生在各门学科教学和自学的影响下认知行为上的变化信息和证据，并对学生的知识和能力水平进行价值判断的过程。

通过对学生学业成绩进行评价，学校可以检查教师教学的完成情况，从检查中获得反馈信息；可以用来指导和调节教学过程和学习过程，从而改善教学，提高教学质量。具体来讲，首先，对教师来说，评价学生的学业成绩，教师可以了解自己的教学效果，总结教学经验，改进教学工作，也可增强教师对教学工作的责任感；其次，对学生来说，能促使学生复习功课，加深理解和巩固所学的知识和技能，使学生了解自己学习上的进步和缺陷，明确努力方向；再次，对学校领导来说，可以了解教师教学情况和学生的学习情况，从而进一步提高对教学活动的指导；最后，对学生家长来说，可以使家长及时了解子女的学习情况，更好地和学校配合，共同来帮助学生提高学习成绩。

科学合理地评价学生的学业成绩，对教学可以起积极的促进作用；反之，则不仅不利于教学，而且会加重学生的学业负担，挫伤学生学习的积极性，阻碍学生的发展。

（一）学生学业成绩评价的方法

1. 观察法

观察法是直接认知被评价者行为的最好方法。它适用于在教学中评价那些不易量化的行为表现（如兴趣、爱好、态度、习惯与性格）和技能性的成绩（如唱歌、绘画、体育技巧和手工制成品）。但被观察者知道他被人观察时，他的行为便不同于平常，因而观察的结果并不完全可靠。为了提高观察的可靠性与精确度，一方面应使观察日常化，用日志或报告的形式记录学生的一些行为或轶事，使评价所依据的资料更全面；另一方面可采用等级量表，力求观察精确。

行为日志或轶事报告，一般都用来记录学生有意义的或异常的行为表现。要重事实，如实描述行为的发生经过，并可以作简要的解释、说明。行为日志，可以由教师为全班学生专备一个本子，每个学生占若干页，以记录其突出的行为表现。行为日志由教师保管，轶事报告则需交教导处，供研究学生工作之用。

2. 测验法

测验主要以笔试的形式进行，是考核、测定学生成绩的基本方法。它适用于对学生学习科学文化知识的成绩评定。测验的优点是能在同一时间内用同一试卷测验众多的对象，收集大量可供比较研究的宝贵资料。它不仅简便易行、运用广泛，而且结果也比较可靠。但测验也存在局限性，如难以测定学生智力、能力和行为技能等。

（1）测验的质量指标

主要有信度、效度、难度与区分度。信度是指测验结果的可靠程度。如果一个测验反复使用或以不同方式使用都能得出大致相同的可靠结果，那么这个测验的信度就高；否则，信度则较低。影响信度的因素有很多，主要有测验的长度、测验的时间、受试者的身心状态、测验的标准等。效度是指测验达到测验目的的程度，即是否测出了它所要测出的东西。一个测验的效度总是对一定的测验目标而言的，故不能离开特定的目标笼统地判断这个测验是否有效度。难度是指测验包含的试题难易程度。试题过难或过易都不能准确测出学生的真实成绩，所以，一张试卷的难易程度要适中，即它的试题既要有较难的题，又要有较易的题。区分度是指测验对考生的不同水平能够区分的程度，即具有区分不同水平考生的能力。区分度与难度有关，只有在试卷中包含有不同难度的试题，才能提高区分度，拉开考生得分的差距。

（2）测验的种类

常用的测验种类有：论文式测验、客观性测验、问题情境测验和标准化测验。

论文式测验是通过少量的论述题要求学生系统回答以测定他们的知识和能力水平。论文式测验的优点是能有效测定学生运用已有知识来分析和认识问题的能力；缺点是阅卷任务重，评分缺乏客观性，易受评卷者主观因素影响。所以，论文式测验又称主观性测验。

客观性测验是通过给出一系列客观性试题要求学生回答来测定他们的知识与能力水平的测验。客观性测验的优点在于取样广泛，命题的知识覆盖面广，答案明确，不易受评卷人主观态度影响，能有效地测出学生的知识掌握情况；缺点在于编制测验试卷任务繁重，难以测定受试者的能力。

问题情境测验是通过设计出一种问题情境或提供一定的条件要求学生完成具有一定任务的作业来测定学生知识与能力水平的测验。问题情境测验的优点在于能够测定学生创造性地运用知识解决实际问题的能力，包括操作能力，但其知识覆盖面过窄。

标准化测验是一种具有统一标准、对误差作了严格控制的测验。标准化测验是相对于教师自编试题的测验而言的，是经过专家精心编制的。标准化测验的特点是：试卷大量采用客观性试题，题型多样，知识覆盖面广；测试的实施必须按明确规定的“测验指导”去做，评分按严格的评分标准进行；对分数的解释也必须一致，并报告其常模；其结果可以与国内的同类测验进行比较。

3. 调查法

调查法是为了解学生的学习情况、进行学生成绩评定而收集资料的方法。了解学生的学习态度、方法和习惯需要调查，但调查易带主观性，掌握的情况也可能不全面，其结果常有误差，所以调查时要对资料认真分析，不能盲目依赖。

调查法一般通过问卷法、交谈法等形式进行。问卷法是通过预先设计好的调查题要求学生笔答以获取有关评价资料的方法。问卷要简明扼要，只提出问卷者希望知道的问题；进行问卷调查要给答卷人对所问之题以自由评论和自由选择的条件；问卷所获得的资料要经过科学统计和分析才能被利用。交谈法是了解学生学习的兴趣、需要、态度和课后学习情况的一个重要方法。交谈需要安排一定的时间，交谈要有准备，即使短促交谈也要有的放矢。

4. 自我评价法

顾名思义，自我评价法就是自己对自己的评价。自我评价法可以帮助学生更好地理解教学目标，正确地评价自己，认识自己的优点与缺点，明确努力方向，不断提高自我评价的能力，从而自觉地改进学习。

自我评价的主要方法有：①运用标准答案。这有助于培养学生对作业的自我检验和自我评价的良好习惯；②运用核对表。论文式作业与绘画、手工等技能性作业，无法制定标准答案，一般采用核对表进行评定；③运用录音机、录像机等。在教师引导下由学生对自己作出评价，认识自己的优、缺点，以便自我纠正和提高。

（二）学生学业成绩评价的方式

1. 考查

一般是指对学生的学习情况和成绩进行小规模或个别的检查与评定。安排考查，可以由教师自拟计划，自己确定时间，自行命题和规定答案，并作出评定。其目的侧重于了解学生的学习情况与质量，使师生都能及时获得反馈信息，以便改进教学。

考查的方式主要有：①口头提问。这是课堂教学中常用的一种检查学生学习情况的方法。教师通过口头提问，可以当堂了解学生知识掌握情况，及时给予口头评价，指出其优、缺点，激励、教育和督促他们继续勤奋学习。②检查书面作业。这是教师了解和检查学生学习最常用的方法。通过作业检查与评分，教师可以了解学生理解和运用知识的情况，有助于改进教学，学生也可以了解自己的学习情况，从而更加自觉努力。③书面测验。这是一种在课堂教学中进行的小型考试，可以在较短的时间里检查全班学生的学习质量。学校对各种小型测验要加以调节和控制，测验的次数不能过多，安排不能过于集中，以免学生负担过重；教师阅卷后，要及时给予学生反馈，以便学生了解自己的学习情况。

2. 考试

一般是指对学生学业成绩进行的阶段性或总结性的检查与评定。考试由学校或上级教育行政部门统一组织，有的还统一命题和统一组织阅卷、评分。其目的侧重于对学生的学习质量作出全面检查与评价。考试的方式通常有：期中考试、期末考试、学年考试、毕业考试等。

3. 考查与考试的结果

考查与考试的结果一般都量化为分数显示出来，分数表示学生的学业成绩。为了能对学生考查和考试的成绩准确地评分，就必须熟练地掌握评分标准和记分法。

评分标准一般要注意以下方面：学生掌握知识的广度和深度；运用知识的能力，包括语言和文字表达能力；在口头、书面回答和实际操作中所犯错误的数量与性质等。

由于学科的特点不同，考试方法和试题的性质都不同，因而教师进行每一次考查和考试时，还要根据一般评分标准制定出本次考试的具体评分标准，这样才能准确评分，减少误差。

常用的记分法有百分制和等级制两种。百分制记分法，即在编制试卷时，要根据各试题的难易程度分配分数，标明各试题的分数，并规定各题的记分和扣分的方法。等级制记分法可分为上中下三级、优良中劣四级、54321 五级、及格与不及格两级等多种形式。

（三）学生学业成绩评价的要求

教师进行学业成绩评价时应做到：

第一，客观公正，必须严格遵守评定标准；

第二，方向明确，要向学生指出学习上的优缺点和努力方向，这是评定学生学业成绩的主要目的；

第三，鼓励学生创新，在评定中，不仅要看答案，而且要看思路，要重视学生思维的创造性。

（四）教学测评

教学过程是一个持续连贯的过程，教师只有健全考查和考试的反馈机制，才能更好地进行下一步的教学活动。测评不仅能帮助教师了解学生前一阶段的学习情况和学习效果，了解学生现阶段的发展水平，为改进下一阶段的教学提供参考和依据，而且能帮助学生查缺补漏，复习功课，巩固和加深所学的知识和技能。

教学测评包括课堂提问、作业检查，书面测试等。课堂提问可在课堂开始时进行，可在讲解过程中进行，也可在课堂即将结束时进行。作业检查包括课堂作业检查和课外作业检查、书面作业检查和其他形式的作业检查。书面测试一般在一章或者一个单元学习结束后，用书面回答的方式对全班学生进行。测验次数不宜过多，分量不宜过大，以免学生负担过重。测验后，及时进行评分和总结。

第四节　教学原则

一、教学原则的含义

教学原则是根据教育教学目的、反映教学规律而制定的指导教学工作的基本要求。它既指教师的教，也指学生的学，应贯穿教学过程的各个方面和始终。教学原则反映了人们对教学活动本质性特点和内在规律性的认识，是指导教学工作有效进行的指导性原理和行为准则。教学原则在教学活动中的正确和灵活运用，对提高教学质量和教学效率发挥着重要的作用。

二、我国中学的教学原则

（一）直观性原则

直观性原则是指在教学过程中通过学生观察所学事物或教师语言的形象描述，引导学生形成对所学事物、过程的清晰表象，丰富他们的感性知识，从而使他们能够正确理解书本知识、发展认识能力。

直观手段种类繁多，一般分为三大类：

实物直观。它是指通过各种实物进行的直观手段，包括观察实物、标本、实验、教学性参观等。

模象直观。它是指通过各种实物的模拟形象而进行的直观手段，包括各种图表、模型、幻灯片、录像带等。

言语直观。它是通过教师对学生作形象化的语言描述而起到直观的作用。

贯彻直观性原则的要求：

第一，正确选择直观教具和现代化教学手段。

第二，直观教育的演示要与讲解相结合。

第三，重视运用语言直观。

（二）启发性原则

启发性原则是指在教学中，教师要承认学生是学习的主体，注意调动他们的学习主动性，引导他们独立思考、积极探索、生动活泼地学习，自觉地掌握科学知识，提高分析问题和解决问题的能力。

贯彻启发性原则的要求：

第一，调动学生学习的主动性。

第二，启发学生独立思考，发展学生的逻辑思维能力。

第三，启发学生将知识创造性地用于实际。

第四，发扬教学民主。

（三）循序渐进原则

循序渐进原则是指教学要按照学科的逻辑系统和学生认识发展的顺序进行，使学生系统地掌握基础知识和基本技能，形成严密的逻辑思维。

贯彻循序渐进原则的要求：

第一，按教材的系统性进行教学。

第二，抓住主要矛盾，解决好重点与难点。

第三，由浅入深，由易到难，由简到繁。

（四）巩固性原则

巩固性原则是指教师在教学中，要引导学生在理解的基础上牢固地掌握知识和技能，长久地保存在记忆中，能根据需要迅速再现出来，以利于知识技能的运用。

贯彻巩固性原则的要求：

第一，在理解的基础上巩固。

第二，重视组织各种复习。

第三，在扩充改组和运用知识中积极巩固。

（五）因材施教原则

因材施教原则是指教师要从学生的实际情况出发，依据学生的年龄特征和个别差异，有的放矢地进行有差别的教学，使每个学生都能扬长避短，获得最佳的发展。

贯彻因材施教原则的要求：

第一，要坚持课程计划和学科课程标准的统一要求。

第二，针对学生的特点进行有区别的教学。

第三，注意培养学生特长。

（六）理论联系实际原则

理论联系实际原则是指教学要以学习基础知识为主导，从理论与实际的联系上去理解知识，注意运用知识去分析问题和解决问题，达到学以致用。

贯彻理论联系实际原则的要求：

第一，书本知识的教学要注重联系实际。

第二，重视培养学生运用知识的能力。

第三，正确处理知识教学与技能训练的关系。

第四，补充必要的乡土教材。

（七）量力性（可接受性）原则

量力性（可接受性）原则是指教学内容、方法、分量、进度要适合学生的发展水平，使他们能够接受，但又要有一定难度，需要他们经过努力才能掌握。这一原则是为了防止发生教学难度低于或高于学生实际水平而提出的。

贯彻量力性（可接受性）原则的要求：

第一，重视学生的年龄特征。

第二，了解学生发展的具体特点。

第三，恰当地把握教学难度。

（八）科学性与教育性相结合原则

科学性与教育性相结合原则是指既要把现代先进科学的基础知识和基本技能传授给学生，同时要结合知识、技能中内在的德育因素，对学生进行政治、思想教育和道德品质教育。其实质是要求在教学活动中把教学和育人有机结合起来。

贯彻科学性与教育性相结合原则的要求：

第一，教师要保证教学的科学性。

第二，结合教学内容的特点进行思想品德教育。

第三，要通过各个环节对学生进行思想品德教育。

第四，不断提高自己的业务能力和思想水平。

《本章小结》

教学是指在一定教育目的规范下，教师的教和学生的学共同组成的一种教育活动。教学组织形式，根据教学单位的规模可分为个别教学、小组教学、班级授课（小班教学、大班教学、合班教学）。

学生是教学的主体，教学过程实质上是教师引导下学生获取知识、认识世界的过程。教学过程的基本环节是教学过程规律的一个重要方面的体现。教学过程的基本环节是：激发学习动机、领会知识（感知教材、理解教材）、巩固知识、运用知识、检查知识技能和技巧等。问题/探究教学过程的基本环节是：明确问题、深入探究、作出结论。

教学工作的基本环节，是指教师常规性的、周期性的和最基本的教学工作内容，主要包括备课、上课、课外作业的布置与批改、课外辅导、学生学业成绩的评价。

教学原则反映了人们对教学活动本质性特点和内在规律性的认识，是指导教学工作有效进行的指导性原理和行为准则。教学原则在教学活动中的正确和灵活运用，对提高教学质量和教学效率发挥着重要的作用。

【思考与练习】

1. 在教学过程中有哪些基本规律？
2. 强调学生的主体地位必然削弱教师的主导作用，这种说法对不对？
3. 简述传授知识和发展智力之间的辩证关系。
4. 知识多少与能力高低成正比，这种说法对不对？
5. 直观教学既是手段，也是目的，这种说法对不对？

【拓展阅读】

《学记》常考的教学原则汇总

经典句子	句意阐释	教学原则
道而弗牵，强而弗抑，开而弗达	告诉学生道理而不强迫服从，严格要求学生但不压抑个性，启发学生但不将结论和盘托出	启发性原则
故君子之教，喻也	所谓“喻”，就是启发、诱导的意思。教育学生，要采取启发诱导的方式	
学不躐等也	躐，超越、逾越。学习要由易到难，循序渐进，不能越级而进	循序渐进原则
杂施而不孙，则坏乱而不修	孙，通“逊”，指顺序。施教者杂乱无章施教而不按顺序进行，打乱了章法，就不可收拾了	
不陵节而施之谓孙	陵，超越。节，限度。孙，通“逊”，指顺序。不超越（学习者）现有的水平进行教育，这叫作循序渐进	
学然后知不足教然后知困。知不足然后能自反也；知困然后能自强也。故曰教学相长也	学习然后才知道自己的不足。教授然后才知道自己的困惑。知道不足然后才能自我反省。知道困惑然后才能自强。所以说教与学是相互提高的	教学相长原则
禁于未发之谓豫	豫，通“预”，预防。在学生养成坏习惯之前就采取预防措施，这叫作预防	预防性原则
当其可谓之时	教师应该抓住最佳教育时机，适时而教	及时施教原则
相观而善之谓摩	摩，切磋，观摩。互相评改对方的作品直到都感觉很好，这就叫作切磋学习	学习观摩原则
时教必有正业，退息必有居学	按照一定的时间或季节进行正课的教学，休息的时候也必须有各种课外作业	课内外相结合原则

第九章　教　学（下）

【学习要点】

1. 了解教学组织形式的内容及要求；
2. 了解我国当前教学改革的主要观点与趋势；
3. 掌握并运用中学常用的教学方法。

【案例导入】

以下是一位教师在教学《保持水土》时的课堂教学结构：

（1）学生通过观看长江流域发生特大流水的录像提出问题；

（2）为学生提供黄河上流的资料（文字、录像、图片等），让学生尝试推想：黄河水为什么会含有大量泥沙？

（3）为学生提供模拟实验的材料，让学生自己设计实验，自己验证自己所作的推想；

（4）学生在教师的指导下，讨论解决水土流失的问题；

（5）通过阅读材料，结合前面的探究，讨论怎样保持水土的问题。

思考：1. 该教师采用的是何种教学方式？

2. 该方式与传统的教学方法相比，有何积极意义？

第一节　教学方法

一、教学方法概述

通过教学过程的学习，可以认识到教学过程是一种认知过程，同时又是一种人际的交往过程。人类的认知过程是复杂的，虽然近年来关于认知心理的研究取得了重大进展，但还不足以完整地揭示其本质和规律。人类的交往行为是一个非常复杂多变的过程。因此，在教学实践中具体实施教学也有各式各样的方法，而在运用不同教学方法的教学过程中，师生地位与相互关系也往往各不相同，其教学效果、学生学习与发展的状况和质量也各有区别。

值得一提的是，对于教育活动而言，万能的教学方法是不存在的，每一种教学方法都有它的适用范围和适用时机。在某一具体情境中的最优教学方法，在另一种情境下却未必是；反之，在某种情况下是低效的教学方法，在另一种情况下则可能是高效的。目前，我国新课改理念下的课程是生成性和资源性的，课程资源的范围扩大到自然、社会和生活的方方面面；课堂教学也是开发性和生成性的，具体的教育目标、教学内容具有的不确定性，教学关系由“以教定学”向“以学定教”转变，以及学生的认知水平、思维特点和个性差异等都给教育带来了不确定性。这些都要求教师在教育活动中能够灵活地选用教学方法。

教学方法是为完成教学任务而采用的方法，包括教师教的方法和学生学的方法，是教师引导学生探讨与掌握知识技能、获得身心发展而共同活动的方法。它具有目的性和双边性的特征。

教师教的方法与学生学的方法之间具有密切的关系。教授的方法必须依据于学的方法，即教师实施教学必须考虑学生的知识基础、思维特点和学习习惯等学习过程因素。不针对学生的学习情况而盲目教学，其效果是难以得到保障的。因而教师选择教学方法时，必须考虑学生的学习状况，有针对性地考虑教学方法在教学实践中的可行性，才能有效地达到预期的教学目的。另外，教师在教学过程中处于主导地位，教法相对于学法来说也往往处于主导地位。这是因为教师要主导教学过程，对教学资源和教学过程进行具体的设计，从而确定基本的教学方法。在这一过程中，学生显然是被教师当作教学对象也就是客体对待的。所以，教师在选择教学方法时要充分考虑学生学习过程的要求，也就是要依据学法选择教法。总之，在教法与学法中，教法处于主导地位。

二、中小学常用的教学方法

为了顺利完成教学工作，教师必须掌握多种教学方法，了解各种教学方法的使用范围和条件，针对特定的教学内容和教学对象，选择恰当的教学方法，实施教学。

（一）国外常用的教学方法

20 世纪中叶以来，国外涌现了许多新的教学方法。

1. 范例教学法

范例教学，又叫范例式教学，由德国教育心理学家瓦·根舍因首创，其后又有许多教育家进行了深入探讨。以理论观点为指导所开展的教学活动方法，叫作范例教学法。

2. 暗示教学法

暗示教学法是保加利亚暗示学专家洛扎诺夫创造的，被称为一种“开发人类智能，加速学习进程”的教学方法。暗示教学法的原理是整体性原理。

3. 案例教学法

案例教学法，是指在教师指导下，根据教学目的的需要，采用案例来组织学生进行学习、研究、锻炼能力的方法，有时也用来考查学生的学习成绩与能力。采用案例教学，要引起教学活动结构、教师施教方法和学生学习的变化。

4. “纲要信号”图表教学法

“纲要信号”图表教学法是苏联沙塔洛夫创造的教学方法。沙塔洛夫是乌克兰顿涅茨克市一所中学的物理和数学教师，他在总结自己30年的教学实践基础上创立了这种教学方法。所谓“纲要信号”是一种由字母、单词、数字或其他信号组成的直观性很强的图表，是教学辅助的工具。它通过各种“信号”提纲挈领、简明扼要地把需要掌握的知识表现出来，帮助学生更快、更深刻地理解内容。

5. 发现教学法

发现教学法是由美国著名心理学家布鲁纳提出的，是指学生在学习概念原理时，教师不进行全部的讲解，而只是给他们一些事例和问题，让学生独立发现问题，提出解决问题的具体方法。这也是发现教学法的一个主要特点，即学生需要通过自己的努力发现学习的内容。这类教学方法因其与科学方法相类似而日益受到重视，但是使用的时候比较费时，因而没有成为主要的教学方法。

（二）我国中学常用的教学方法

我国中小学教学过程中常用的教学方法有讲授法、谈话法、读书指导法、练习法、演示法、实验法、实习作业法、讨论法和研究法。对于教学方法的分类不同的学者有不同的表述，以下按照教学信息传播的形式分类阐述。

1. 以语言传递信息为主的教学方法

课堂教学离不开师生之间的互动交流，而互动交流最主要的方式就是借助语言进行信息传播。以语言传递信息为主的教学方法，是指以口头语言为中介，通过师生之间的交流对话，使学生掌握知识、形成技能、获得发展的教学方法。这类方法主要包括讲授法、讨论法和谈话法。

（1）讲授法

讲授法是教师通过语言系统地向学生传授科学文化知识，促进他们智能与品德发展的方法。教师在讲授时运用口头语言，向学生说明、解释事物，推理论证，从而实现传授知识、发展学生智力的目的。讲授法在中小学教学中有着广泛的应用，特别是在当前以集体授课制为主的教学组织形式下，课堂教学通常是以讲授法为主进行的。因此，这是广大教师必须熟练掌握的一个基本教学方法。

讲授法的主要优点是便于教师系统地传授知识，体现知识本身的逻辑性和发展性，有利于学生形成比较完整的知识体系。教师通过系统地安排教学内容，精心地设计教学过程和教学语言，达到高效教学，尤其在集体教学中，可以高效、省时地向学生传授知识。教学资源的消耗主要是教师的时间，并不会占用过多其他的教学资源。但是，它的缺点也是较为突出的。在教师的授课过程中，学生是处于被动地位的，学生在学习中的主动性和积极性受到一定程度的限制，学生听讲过程中易于走神，学习效果受教师讲授水平的影响较大。此外，这种教学方法通常是以集体授课的形式进行，教师难以顾及学生的个体差异。为发挥讲授法的优点，教师在教学过程中进行讲授时应注意以下四点要求：

①树立以学生为主的教育观。在教学的过程中，教师应树立以学生为主的教育观，从备课、组织教学、课后评价等都要充分考虑学生的年龄特点、发展状况以及已有的经验基础等，讲授要做到有的放矢。需要注意的是，在讲授过程中，教师往往重视讲授的技巧与分析的过程，而忽视了学生思考与领悟的能力，从而导致难以达到预期的教学效果。因此，教师应特别注意学生在听讲中的反馈信息，以特定的语言和技巧调动学生学习的积极性和主动性，使学生能专注于听讲和思考。

②注重讲授过程中的启发性和趣味性。在教授过程中，教师应讲究教学语言的艺术性，语言要清晰、准确、形象、生动，同时注意语速的快慢、音调的高低、音量的强弱等。生动形象的语言不仅有利于增强语言的感染力，还有助于学生学习教师的语言表达方式。

③适当地配合直观教材。教师在教授过程中适当地运用板书演示，可以突出教学重点，加强教学内容的直观性和形象性。由于讲授法使学生处于被动学习的状态，教学活动中信息传递单一，因此，在教学过程中教师应该灵活综合地运用教学方法，避免过多使用讲授法，出现“满堂灌”的现象。

④与其他教学方法穿插使用。教师不应该长时间地单纯讲授，可以将讲授与演示、讨论、实验等教学方法结合使用，将学生的听讲、观察、思考、行动等方面统一于学习过程中。

讲授法有讲述、讲解、讲读和讲演四种方式。讲述是教师向学生描绘学习内容、介绍学习材料、叙述事物产生变化的过程。在讲述时，教师通常运用具体生动的语言来详细阐述和描绘教学内容，以使学生对教学对象建立一个直观的认识。有位特级教师是这样讲述虎门销烟这段历史的：

1839年6月3日，林则徐主持了闻名世界的虎门销烟。他派人在虎门滩的高处挖了两个大池，长宽各15丈，池前开了个洞口，池后一条进水沟。先引入海水，撒入食盐，再把收缴来的鸦片切碎，抛入水中，浸泡半天。然后，放进生石灰，利用生石灰和盐水的化学变化销毁鸦片，等退潮时打开池前的洞口，池子里面经过腐蚀分解的鸦片渣子随潮水冲入大海。两个池子交替使用。一连23天，把所有的鸦片全部销毁了。在这个过程中，林则徐自始至终在海滩上监督，怀着对外国侵略者坚决斗争的激情和对鸦片深恶痛绝的义愤。男男女女、老老少少，成群结队地来到虎门海滩，当他们看到池水翻滚、烟雾腾空的时候，拍手称快，欢呼雀跃。

讲解是教师针对概念、原理、规律、公式等教学内容向学生进行解释、论证。这种讲授形式在自然学科教学中应用较多，在教学过程中，教师要运用通俗易懂的语言对教学对象进行解释、说明、分析、推理或论证，以便学生理解和记忆。

讲读是读与讲的结合，教师边读边讲，也称为串讲。教师以教材阅读为主线，结合讲解或讲述引领学生分析学习教材。该方法在语文和外语教学中运用较多，数理化学科也可以适当运用。

讲演是教师系统全面描述事实，并进行分析、推理来概括与阐释科学概念或原理的教学方法。讲演通常是在较长时间里系统地讲授教材内容，条分缕析，广征博引，科学论证，从而得出科学结论的一种讲授方式。因为这种讲授方式具有时间长、涉及知识面广、难度较大的特点，通常是在中学高年级和大学教学中得以应用。

（2）讨论法

讨论法是在教师指导下，学生以全班或者小组为单位，围绕一个主题或者中心问题发表自己的想法、意见，表达自己的感受和体验，从而获得和巩固知识、促进发展的教学方法。

讨论法的优点在于它突出了学生在学习过程中的主体地位，能够调动学生在教学活动中的积极性和主动性。通过讨论，学生之间可以相互启发，集思广益，扩大学生的学习视野，深入理解所学的知识；另外，由于讨论的形式比较生动活泼，有利于激发学生的学习兴趣，活跃课堂的教学氛围，使学生的认知和情感都得到和谐的发展。运用讨论法时应注意以下三点要求：

①在讨论之前，教师应要求学生做准备工作。因为只有具有一定的相关知识和背景，讨论才能顺利地进行下去。另外，在讨论之前，教师要考虑学生已具有的知识经验，根据教学目的设计讨论的主题，主题要有价值，并能激发学生的兴趣。

②在讨论的过程中，教师应该发挥主导作用，把握好教学活动的方向和进程，要鼓励和培养学生的质疑精神和创新能力，引导学生乐于思考，勤于钻研。当讨论遇到困难出现冷场时，教师应该恰当地介入，以与学生平等的身份巧妙地过渡，使讨论顺利进行。同时，教师应该表明中立态度，不能暗示讨论的结果。

③讨论结束后，教师要做好小结，通过简要地概括讨论的不同观点及讨论的最后结果，帮助学生形成完整的知识体系。

（3）谈话法

谈话法也叫问答法，是教师和学生之间以问答、对话的形式引导学生思考、探究，以获得或巩固知识、促进学生智能发展的方法。

教师在进行谈话法教学时，通常是面向全体的，也可以面向小组或个人进行，在低年级阶段，特别是小学课堂教学中应用较为广泛。谈话法在教学设计过程中，以精心设计的问题来引领教学的开展，它的优点是有利于激发学生思维的积极性，唤起学生的注意力和学习的兴趣，培养学生独立思考问题的能力。另外，在一问一答的谈话中，教师易于从整体和个体两方面了解学生的状况，便于及时调整、改善教学。运用谈话法时应注意以下三点要求：

①准备好谈话计划。谈话前，教师要明确教学目的，设计好谈话提纲或问题。教师要在充分了解学生身心发展的状况下，设计具体的问题。问题的提出要由浅入深、从易到难，既承前启后、环环相扣，又体现知识本身的发展性，以符合学生的认识规律。问题必须具体、明确，使学生明白教师提问的目的和要求。问题应有一定的难度，对学生形成一定的挑战，使学生能“跳一跳摘到桃子”，以激发学生的好奇心和求知欲。如果问题设计得太过浅显，学生不经深入思考便可回答甚至懒得回答，那么这种教学便会流于形式了。

②谈话的过程中教师要善于启发诱导。教师要引导学生根据已有的知识和经验，经过分析和思考得出结论。谈话过程中不要为事先设计的问题模式所束缚，要结合具体的谈话情境，调动学生的积极性，运用教学智慧，适时启发学生。教师要注意暗示与启发的区别，提问时一般不应带有暗示性，以留给学生思考和探索的空间，在学生分析思考陷入困境时教师可适时点拨启发。

③教师要及时做好总结，使学生获得系统化、科学化的知识。在总结过程中，教师要注意充分发挥学生的主体性，不能一味地以教师为主进行总结。教师可以引导学生进行梳理概括，不断发展其自主学习和总结的习惯和能力。

2. 以直观感知为主的教学方法

以直观感知为主的教学方法是指教师在教学过程中借助实物、直观教具或者示范性的操作，让学生通过观察获得感性知识的教学方法。感性知识是抽象概念和理论的基础，教师进行教学设计时要细致分析教学内容的抽象程度和难易水平，综合学生的知识和能力水平分析是否需要向其提供直观经验。需要说明的是，不仅低年龄段的学生需要借助直观经验进行学习，成年人在面对陌生概念和新问题时同样也要借助直观经验和感性知识进行思维。这类方法主要包括参观法和演示法。参观或演示的对象是具体形象的，通常可以激发学生的学习兴趣，这类教学方法能够调节学生的学习动机和态度。

（1）参观法

参观法是教师根据教学目标的要求，组织学生到课堂外对客观事物或现象进行观察以获得新知识或经验的教学方法。现代教师重视学校、社会、家庭三者教育的联合和整合，重视充分利用学生生活环境和自然环境中的教育资源，强调教育与学生的实际生活相联系，因此，参观的方法比较常用，如参观名胜古迹、博物馆、科学馆，观看各种各样的展览和表演等。通过各种形式和内容的参观活动，使学生开阔视野、增长见识、陶冶情操、丰富人生，达到良好的教育和发展的目的。运用参观法时应注意以下三点要求：

①参观前，教师要有具体的目标，根据教学目标确定参观的地点、内容并做好组织工作，明确参观的要求、纪律和注意事项并取得家长的合作与配合。

②参观时，教师要引导学生认真观察、围绕主题收集材料、做好记录，教师应配以必要的讲解和介绍，以引导或加深学生的理解。

③参观结束后，教师要组织学生进行总结，用作业、谈话、讨论等方式让学生表达自己的所见所闻、感想和经验。

对于参观法，我们可以通过卫夫人给王羲之上的一堂书法课得到具象的认识和深刻的启发。

卫夫人将年幼的王羲之带到深山里，从枯老的粗藤中学习笔势的力量。她教王羲之看“万岁枯藤”，在登山时攀缘一枝老藤，一根漫长岁月里长成的生命。孩子借着藤的力量，把身体吊上去，借着藤的力量，悬宕在空中。悬宕在空中的身体，可以感觉到一枝藤的强韧——拉扯不开的坚硬顽固的力量。老藤拉不断，有很顽强、很坚韧的力量，这个记忆变成对书法的领悟。

“竖”这个线条，要写到拉不断，写到强韧，写到有弹性，里面会有一股往两边发展出来的张力。“万岁枯藤”不再只是自然界的植物，它已成为汉字书法里一根比喻顽强生命的线条。“万岁枯藤”是向一切看来枯老、却毫不妥协的坚强生命的致敬。王羲之虽年幼，但是卫夫人通过“万岁枯藤”，使他在漫长的生命路途上有了强韧力量的体会，也才有了书法上的进境。

（2）演示法

演示法是教师通过展示实物、直观教具或示范性操作进行的演示，让学生通过观察、模仿而获得感性认识的教学方法。演示法能够为学生提供可观察的教学对象，使学生在获得丰富的感性认识的同时，加深对书本知识的理解，从而形成深刻的概念。此外，演示法的直观形象还能够激发学生的学习兴趣和积极的思维活动，提高教学效率。

随着现代教育技术的发展，教学中可以应用的演示手段和资源非常丰富，给教学演示带来了极大的便利。教师可以通过网络获得诸如图、文、声、像等多种形式的可用于演示的教学资源，也可以借助计算机技术自行设计开发用于演示的教学内容。计算机网络技术的发展也放大了演示的功能，通过对素材的加工处理可以突破时间和空间的限制，能够用以大化小、由远及近、由表及里等多种方式展示事物的结构或关系，促进学生的理解与学习。某些演示软件还能够进行情境设置和参数调整，可以支持教师开展虚拟实验演示。当前最先进的3D和虚拟现实技术可以模拟一个虚拟世界，向学生提供视觉、听觉、触觉等感官的信息，使其如同身临其境一般产生临场感，得到切身体验。运用演示法时应注意以下三点要求：

①演示前教师应该做好充分的准备。教师应该根据教学目的选择适宜的演示教具，并对教具进行检查，以保障在演示过程中能够正常使用。教师还要考虑好演示的方法和过程，必要时教师可以先行试做一遍，调整个别不恰当或表现不充分的细节，以保障演示教学达到预期的效果。

②演示过程中，教师要让学生明确演示的目的和要求，组织好学生的观察和思考。在演示的过程中，教师应适当地进行讲解，引导学生运用多种感官仔细感知对象，也可以向学生提出问题，让学生有目的、有重点地去观察和思考，加深对客观事物的认识。教师还要注意出示教具的时机，过早拿出直观教具或演示完不及时收好教具都会分散学生的注意力。

③演示后，教师要组织学生进行练习和讨论，使学生将教师演示的现象与书本上的理论知识相结合，提升理论认识。

3. 以实际训练为主的教学方法

以实际训练为主的教学方法是指通过实验、练习等实践方法，使学生巩固和完善知识，形成技能技巧的方法。这类方法是在教师的指导下，以学生的自我实践为主要特征的教学方法，它的优点在于学生通过亲自感受和自我体验来获取各种知识，并通过动手实践把知识转化为技能、技巧，有利于培养学生运用知识和实际工作的能力。这类方法主要包括实验法、练习法、实习作业法和实践活动法。

（1）实验法

实验法是在教师的指导下，学生利用一定的仪器、设备，在一定的条件控制下，通过实际操作和观察获得知识的教学方法。实验法有利于培养学生的动手操作能力，在实际操作中加深对知识的理解和掌握，在观察和思考中锻炼思维能力和解决问题的能力，能够培养学生探索、研究新事物的创造精神和科学精神。实验法的这些特点，使它成为理科教学的主要方法。运用实验法时应注意以下三点要求：

①做好实验的准备工作。根据实验的主题，准备好每次实验所需的仪器、设备、材料、用具等。实验前应让学生了解实验的目的、内容、步骤和操作的要领，教师最好做一次示范，以保证实验能够顺利进行。

②在实验的过程中，教师应向学生提出清楚、明确的实验要求，应注意集体指导和个别指导相结合，及时解决学生在实验中遇到的困难。

③实验结束后，教师要指导学生及时整理好实验的设备材料和各种工具，认真做好总结，指导学生撰写实验报告。

（2）练习法

练习法是学生在教师的指导下，运用已学知识和技能，反复进行一定的操作，以形成技能技巧的教学方法。练习法以一定的知识为基础，具有重复性的特点，它在各科教学中都有一定的运用。

练习法一般可分为三种形式，第一种是语言练习，主要目的在于培养和提高学生的语言表达能力，这种形式在语言类的教学中经常运用；第二种是解答问题的练习，旨在培养学生运用所学的知识解决实际问题的能力，这种形式在理科教学中经常采用；第三种是实际操作的练习，旨在形成各种操作技能，在体育、美术等技术性学科教学中广泛运用。练习法有助于学生深入理解知识，进一步掌握技能。教师通过学生的练习反馈，也可了解学生的学习情况。运用练习法时应注意以下三点要求：

①练习之前，教师要有明确的目的要求，使学生了解有关的原则、要领，并掌握练习的方法和程序。练习要有计划性和针对性，做到循序渐进、由易到难、逐步提高。

②练习的方式要注意多样性和趣味性。由于练习法具有重复性的特点，在运用的过程中教师要注意练习的趣味性和多样性，以免重复的练习引起学生的厌烦。

③练习结束后，教师要进行总结和检查，并注意培养学生自我检查练习结果的习惯和能力。

(3) 实习作业法

实习作业法是教师依据学科课程标准要求，指导学生运用所学的知识从事一定的工作或操作，将书本知识运用于实践的教学方法。这种教学方法通常在自然科学的各门学科和职业教育中占有重要地位，它具有一定的综合性，往往在学生系统性地掌握了一定的知识和技能之后才得以开展。实习作业法通常在课外进行，要求学生运用所学的知识和技能开展具体的工作，一般可以产生显性的成果，例如学生在教师指导下进行数学的实地测算、地理的地形绘制、生物的植物栽培和动物饲养等都是实习作业法的体现。

(4) 实践活动法

实践活动法是让学生参加社会实践活动，培养学生解决实际问题的能力和多方面实践能力的教学方法。相对于实习作业法，实践活动法具有更高的综合性，学生面临的实践性问题具有更突出的现实意义。而实践活动的内容通常也是跨学科的，开展活动的主体可以是个人也可以是学生小组。因此，在实践活动中学生得到的锻炼和发展是多方面的。

4. 以情感陶冶为主的教学方法

(1) 欣赏教学法

欣赏教学法是指导学生体验客观事物的真、善、美的一种教学方法，一般包括对自然的欣赏、对人生的欣赏和对艺术的欣赏。欣赏教学过程中一般没有新的概念或知识，或者说它不以知识传授为目的，它是以学生的情感体验为主的，重点在于影响学生的情绪和情感，转变学生的态度，实现道德情操的发展。

在各学科的教学中，无论是祖国的大好河山、科学家的孜孜以求还是文学艺术作品都能让学生体验到真、善、美，都可以感染和影响学生，有助于学生端正学习态度，形成高尚的道德品质，甚至树立崇高的人生志向。

(2) 情境教学法

情境教学法是指在教学过程中，教师有目的地引入或创设具有一定情绪色彩的、以形象为主体的生动具体的场景，以引起学生一定的情感和态度体验，从而帮助学生理解教材，并使学生的心理机能得到发展的教学方法。它的核心在于激发学生的情感。教师可以通过榜样、生动形象的语言描绘、课内游戏、角色扮演、诗歌朗诵、绘画、体操、音乐欣赏等形式来感染学生，寓教学于具体形象的情境之中，其中也存在着潜移默化的暗示作用。

创设情境的途径可以归纳为以下六种：

①生活展现情境。教师将学生带入社会或大自然中，选取某一典型场景作为学生观察的客体，并辅以语言的描绘，将其鲜明地展现在学生眼前。

②实物演示情境。即以实物为中心，设置简化的必要背景，构成一个整体，以演示特定情境。

③图画再现情境。图形图画是展示形象的主要手段，教师可以利用插图、挂图、剪贴画、简笔画等再现教学情境，而借助计算机技术进行图画再现已经成为当前最常用的手段。

④音乐渲染情境。音乐是一种艺术化的作品，它来源于生活，是以特有的节奏、曲调、和声、旋律等元素塑造音乐形象，表达人们的思想感情与社会现实生活的一种艺术形式，也是最能打动人的一种艺术形式。教学中，可以利用音乐渲染情景，带给学生特定的情感体验，而其中的关键是选取的乐曲要与教学主题的基调、意境以及情境的发展相对应、协调。

⑤表演体会情境。情境教学中的表演有两种，一是进入角色，即代入角色进行思考；二是扮演角色，则是代入某一角色进行表演或行动。学生自己进入、扮演角色，对教学内容易于产生亲切感，自然地加深内心体验。

⑥语言描述情境。教师可以通过以上手段设置情境，同时伴以语言描绘，可以对学生的认知活动发挥导向性作用。语言描绘使情境更加鲜明，可以增强直观感知的效果，带着感情色彩作用于学生的感官，易于激起学生的情感，将其带入特定的情境之中。

三、教学方法的选择与应用

不同的教学方法各具特点，各有一定的适用条件。在教学实践中，教师要根据教学目标、教学内容、学生状况、自身特长以及环境条件等因素合理地选用教学方法，才能有效地促进学生的学习，否则便可能影响或干扰学生的学习与发展。

（一）教学方法选用的依据

1. 教学目标、教学内容的要求与教学方法的特点要适应

不同的教学方法在传授理论知识、演示技能技巧、发展思辨能力以及培养道德品行等方面各有所长，教师在教学过程中要根据教学方法本身的特点和功能，灵活选择，综合运用。

2. 依据学生的特点选择教学方法

学生的情趣、知识和能力水平以及学习态度、行动能力都会制约教学方法的选用。学生的这些特点又往往和其年龄特征相联系，一般情况下，教师也可以通过分析特定年龄段学生的特点来快速选择教学方法。

3. 教学组织方面的要求

教师可以根据教学任务的紧迫性、学生的规模以及教学过程和教学原则的

要求来选择教学方法。讲授法适用面较广，可以向学生大面积地快速传播知识，而练习或实践类的教学方法要占据较多的资源和时间，因此，教学方法的选择也不可忽视这些组织性因素的影响。

4. 教学条件的影响

教师要考虑学校或地方能够提供的教学环境、设备条件和管理水平，某些教学方法离开了特定的装备条件或者周边存在干扰性因素便无从开展。

5. 教师自身的思想与业务水平

教师的教学经验与能力、教学习惯与特长也制约了教学方法的选择。教师要选择适于自己的教学方法，也要不断提高自己的业务水平，善于驾驭多种形式的教学方法。

（二）教学方法应用的要求

常言道，“教学有法，教无定法”，指的是教学方法的选择与应用既要规范合理，又要有所创新，不能拘于形式和套路。它描述了教学方法应用的两个层次，做到“教学有法”是对教师的基本要求，而“教无定法”则是更高水平的要求，指的是教师能够灵活变通、创造性地选择教学方法开展教学。总体来说，教学方法的选用要做到综合性、灵活性与创造性相结合。灵活性指的是教师可以根据教学任务要求、环境条件、学生和自身因素灵活地选择和应用适宜的教学方法，也可以根据实际需要临时调整教学。创造性是指教师能够从教学实践出发，灵活变通地应用教学方法解决教学问题。当今教育观念提倡学生的全体发展、全面发展和个性化发展，仅仅一两种教学方法不能满足这种教育要求。教师要熟练掌握各种教学方法，能够根据教学任务和教学内容的要求综合应用多种教学方法。

第二节　教学组织形式

一、教学组织形式的概念

教学组织形式是指为完成特定的教学任务，教师和学生按一定要求组合起来进行活动的结构。通俗而言，教学组织形式就是教学过程中师生的结构关系，根据不同教学理念和教学内容的需要，教育教学领域发展出来多种不同的组织形式。另外，教学组织形式也是随着社会政治经济制度、科学文化的发展以及社会对人才培养要求的提高而不断发展的。

当前，我国中小学基本的教学组织形式是班级授课制，甚至在高等教育领域也是如此。这种教学组织形式萌芽于16世纪西欧的一些国家，特别是经过捷克教育家夸美纽斯的改进和理论升华而臻于成熟，在当今世界的教育教学中得到了广泛应用。而在古代，受生产力发展水平和受教育人口的限制，中国、埃及以及希腊的学校大都采用个别教学的形式。此外，还有不少的教育家和学者提出并实践了其他的教学组织形式，它们各有一定的特点，也是值得教育者关注、学习和研究的。

二、教学组织的不同形式

在教育史上先后出现的影响较大的教学组织形式有个别教学制、班级授课制、分组教学制、设计教学制和道尔顿制、特朗普制，其中班级授课制是我国现行的教学组织形式。

（一）个别教学制

个别教学制是教师针对个别学生进行教学的组织形式。教师面向学生个体进行知识传授、安排作业或进行指导，在组织关系上是一对一的，即便有多个学生也是一个接一个轮流进行。个别化教学出现得较早，原始社会长辈在工作或生活场景中会很自然地会采取个别化的形式对孩子进行指导，这与当今学龄前的儿童在父母的指导下学习生活技能的情形是类似的。

个别教学制的优点在于其形式上的自由，教师不需要特别严谨地进行教学过程的规划，而是要根据学生的个人特点和学习能力因材施教，考虑教学内容的要求，对学生进行个别化的教学和指导，甚至在具体教学过程中，教师也可以根据需要临时调整教学。个别教学制可以针对一个学习者进行，也可以面向一个小集体。但是即便多个学生同时开始学业，他们的学习进度也会由于个别化教学进程的差异而有所不同。然而，个别教学制的缺陷也是源于它的这种个别化特征的，教师在教学中是面向个人的，或者面向少数的群体一个接一个地进行，这限制了它的教学规模，不能覆盖较多的学生。

古代生产力不够发达，物质文化发展水平有限，有机会接受教育的人群也较小，个别教学制能够满足当时的教育需求，所以在古代的中国、埃及和希腊等国家的学校教育中得到了广泛的应用。在资本主义兴盛之后，个别化教学不适合社会发展的需要而从主流教育形式中退出，但近现代以来随着科学技术的发展，各种教育装备逐渐得到应用，教育实践者们逐渐发展出一些依靠技术手段实现的个别化教学，其中最具代表性和影响力的是斯金纳等人倡导的程序教学。相关研究者通常认为教学机器的发明人普莱西是程序教学的创始者，但斯金纳却是对其贡献最大的人。斯金纳出生于1904年，他是行为主义心理学研究的代表性人物，阐明了学习的强化原则，即对一种行为特别是人类的操作性行为肯定或否定的评价会在一定程度上影响这种行为再次发生的可能性，也就是说强化可以起到塑造行为的效果，斯金纳据此提出了程序教学论及其教学模式。所谓程序教学是指一种能让学生以自己的速度和水平使用程序教材并进行自学的教学方法。20世纪60年代早期，程序教学运动像一股旋风席卷了美国教育界，给美国乃至世界的中小学教育带来广泛影响。

由于教学机器的复杂性有限，程序教学在发展过程中很快便遇到瓶颈，一直到计算机技术兴起并在教育领域得到一定程度的应用之后，基于技术的个别化教学经过一段时间的沉寂之后才又得到了发展。考察当今的教育实践可以发现，借助于计算机技术和网络技术的各种教学软件或教学平台已经充斥了教育教学的各个方面，甚至学生利用手头的智能手机就能开展多种形式的自主学习。不仅如此，基于智能设备的自主学习重新定义了学习者和学习空间，不仅是在校的学生，社会中的所有成员在几乎所有的场合都可以随时随地进行学习了。个别化的自主学习虽然还没有成为主流的教育形式，但它已经成为目前教育组织形式的一个重要补充，甚至可以与集体教学融合在一起，在经济和教育发达地区尤其如此。

（二）班级授课制

17世纪以来，资本主义在西欧逐步建立并巩固了自己的统治，在教育领域也呈现出新的发展态势。捷克教育家夸美纽斯反对封建的、经院主义的教育，他提出教学必须“遵循自然”，并论证了教学的“简易性”“彻底性”“简明性和迅速性”等原则。1632年，他出版的《大教学论》首次从理论上论述了班级授课制，显然这种教学制度也是适应于资本主义发展需要的教育制度。1862年，清政府在北京设立的京师同文馆是我国历史上最早的班级授课制的教育实践。

班级授课制是将一定数量的学生按年龄与知识水平编成固定的班级，根据确定的课表和作息时间，安排教师有计划地向全班学生上课，学习所设置的各门课程。在这样的制度设置下，教育者易于设定并执行教学计划，也便于面向学生开展大面积的教学，因而在当今教育教学领域得以广泛应用，但它也有一定的局限性和不足，教师要熟知其鲜明的优缺点，主要优点如下：

第一，班级授课制是一种较为严谨的教学制度。班级授课制对师生的组织关系和教学活动的开展进行了详尽的规定，按照学生年龄和知识能力水平编成固定的班级，班级人数一般控制在40人左右；按学年、学期和周次来安排教学计划；建立固定的作息制度和课堂常规。这种教学制度实现了教学的科学化、标准化，能够保证教学活动的正常运转，教学质量也得到一定的保障。

第二，以课为单位科学地组织教学。班级授课制将一天的教学划分为若干“课”，每课时长为45分钟左右，具体教学以课为单位来执行，每课完成一定的教学任务，课间安排10分钟左右的休息时间，便于学生劳逸结合；通常以周课表的形式来安排各科课程，主课占据较多的课时，各科课程课时数和顺序较为固定，便于有条不紊地执行教学计划；这种作息安排和周课表计划符合学生身心发展的规律，能够保证绝大部分学生精力旺盛地学习。

第三，能充分发挥教师的主导作用。班级授课制严谨的教学制度保证了教学的良好秩序，在组织形式上以教师为中心，便于教师从教学内容和自身条件的角度制订教学计划和教学方案，面向全体开展教学，因此它最能充分发挥教师在教学中的主导作用。

第四，班级授课制有利于发挥学生群体的作用。同一个班级的学生其学习内容相同、程度接近，便于学生在学习和思想上互帮互助。在班级教学的基础上，学生之间以及师生之间形成了较强的关系纽带，长期一起的交流学习便于学生形成良好的人际关系，加之丰富多彩的班级生活可以有力地促进学生的社会化发展。同时，集体的学生生活也有利于学生个性化的发展。并非只有个别化教育才能促进学生个性的发展，学生的某些特定能力和素质的养成离不开社会化交往中的历练。

班级授课制的缺点如下：第一，学生的主体地位受到了压制。在班级教学中，教师要面向学生制订整体划一的教学计划，只能是以教材为中心、以教师为中心，学生在教学过程中被动接受各种教学活动，所以其主体地位和独立性肯定会受到一定约束。第二，在班级教学中，学生的学习主要是接受现成的知识，理论性强、体验性差，几乎没有探索和创造的空间，所以学生的探索精神和实践能力是得不到充分发展的。第三，班级教学是教师面向全体学生开展的，要保持教学进度的统一性，教师不便于以学生的学习需要为中心开展教学，所以在组织形式上就难以兼顾学生的个体差异。第四，整体划一的教学计划对于教师来说，执行起来是较为容易的，但它的另一面就是灵活性不足，基本不允许教师对教学计划进行较大地调整。

上述缺陷的存在使广大教育者在教学实践中慢慢发展出一些班级授课制的辅助形式，即个别辅导与现场教学。个别辅导是教师在课堂教学的基础上针对不同学生的情况进行个别辅导的教学组织形式，在具体的教学实践中有个别答疑和教育指导两种形式。个别答疑是指由学生发起，学生在学习过程中发现问题或产生疑问，向教师请教从而展开的个别化辅导。教育指导是指由教师发起，教师基于对学生的了解和教学的需要，主动向学生提出问题、检查作业、指导课外阅读甚至是直接引入某个主题等多种形式展开的个别化辅导。两者形式不同，内容也有差异。个别答疑重在解决学生在学科学习中的疑问和薄弱环节，特别是在复习或训练中因错误而发现的没有掌握或理解不充分的知识点可以得到弥补和强化，这是教学过程中的一种反馈机制，学生可以借此打下坚实的基础。教育指导通常是从学科教学目的和教学任务出发的，在解决学生学习中的疑难问题的同时，更重要的目的在于拓宽学生的兴趣和视野，发展学生的思维。

现场教学是在自然和社会现实活动中进行教学的组织形式，它不再局限于校园和课堂，学生可以进入自然环境或社会机构亲自观察、体验，或者借以验证理论知识，从而达到开阔眼界、拓展知识、激发学习热情、培养独立工作能力乃至培养熏陶品德的教学目的。由此看来，现场教学是与课堂教学相联系的一种教学形式，它在作为课堂教学的补充之余还具有独特的教育意义，是课堂教学的延续和发展。现场教学一般有两种形式，其教学目的和任务有所差异：一是根据学科教学的需要而组织学生进入现场开展教学；二是学生由于特定实践探索活动的需要而进入现场进行学习的形式。

此外，还有一种特殊的教学组织形式，即复式教学。一些地区由于经济落后或发展不平衡，教育条件有限，师资力量、教室和设备相对较为欠缺，便会将多个年级的学生编在一个班里，由一位教师分别采用不同层次的教材，在同一节课里面对不同年级的学生，采取直接教学和学生自学或作业交替的办法进行教学。在我国，复式教学主要存在于落后的偏远地区，但经济落后却不是根本原因，特定地区学生的规模才是最主要的影响因素。发达国家如芬兰就存在着相当比例的复式教学。

显然，这种教学形式对教师要求是相当高的，教师必须掌握并设计多个学科的教学计划和方案，面对不同的学生群体反复进行教学和辅导，时间紧张、任务繁重、组织关系复杂，所以需要教师付出较多的劳动并耐心地开展教学。

（三）分组教学

分组教学制是按学生能力或学生成绩，将学生分为不同的组进行教学的组织形式。美、英、法、德等国家的学校教育中，分组教学占有重要的地位，按照其分组的依据可以将其划分为外部分组和内部分组。外部分组指打乱传统的按年龄编班的做法，而是按学生的能力或学习成绩编班，在具体分组时又可以按照学科能力分组或综合考虑各学科能力进行分组。内部分组是在传统的按年龄编班的班级内再按学生的能力或学习成绩编组。

分组教学制突出的优点在于它便于因材施教，相对于班级教学难以兼顾学生个体差异的情况，这种组织形式将学生按照学业能力分为不同的组，同一小组内部学生的差异小，便于教师有针对性地制订教学计划，在教学实施过程中也有足够的灵活性进行调整，所以分组教学有利于学生的全面发展和个性发展。但在教学实践中分组教学也有较为严重的问题：首先，分组的科学性只能是相对的，因为学生的能力和水平涉及多方面的因素并处于动态的变化中，对其进行科学鉴定的难度非常高；其次，学生、家长和教师对于分组的意见往往难以统一，并且常与学校的要求相矛盾，这给分组教学造成了一定程度的干扰；另外，人为对学生进行分组具有一定的副作用。分组相当于给学生贴了标签，特别是低年级的学生更容易受到不同层次分组带来的暗示作用，高水平组的学生容易产生骄傲情绪而自负，低水平组的学生易受到打击，学习的积极性普遍降低。

（四）设计教学法和道尔顿制

设计教学法是美国教育家克伯屈于1918年创立的一种教学组织形式，它废除了班级授课制和教科书，打破了传统的学科界限。在设计教学法的背景下，学生的主体地位得到了充分的尊重。学生自己决定学习目的和内容，自己设计单元活动，在学习过程中也是自我负责的，教师在整个教学活动中起到的只是指导作用，他们不再负责具体的教学，而是利用自己的经验和对教学任务的理解来帮助学生。在设计教学法的教学活动中，儿童活动的目的都是解决一个实际问题——例如为扑灭苍蝇而制造蝇拍，所以这种学习活动就是问题解决过程，也就是一个设计过程。

道尔顿制是由美国教育家帕克赫斯特于1920年在麻省的道尔顿中学所创立的一种教学制度，目的在于使教学适应学生的能力、兴趣和需要，发展学生的个性。帕克赫斯特废除了教室而设立各种实验室并安排1~2名教师指导学生学习，取消课堂教学，各科内容按月制定大纲，规定本月应学的内容。学生和老师订立公约，完成公约后通过考试，再实施下一个月的公约。进度快的学生，可以提前订下一个公约以缩短学习年限。在这种组织形式下教师不向学生系统授课，只为学生分别指定自学参考书、布置作业，由学生自学和独立完成作业，有疑难时才请教师辅导，学生完成一定的学习任务后向教师汇报学习情况并接受考查。

道尔顿制的优点在于它给予学生学习的主体地位，能够调动学生学习的积极性，是一种有利于培养学生学习能力和创造性才能的教学组织形式，但它不利于知识的系统性掌握。另外，道尔顿制对教学设施和条件的要求也较高，教学需要的投入也是非常大的。

（五）特朗普制

特朗普制又称“灵活的课程表”，是由美国教育学教授劳伊德·特朗普于20世纪后半叶提出的。它将大班上课、小班研究和个别教学三种教学组织形式结合起来，采用灵活的时间单位代替固定划一的上课时间，以20分钟为一个课时单位，教师可以根据需要轮番安排上述三种教学形式。

第三节　教学评价

一、教学评价的概念

教学评价是以教学目标为依据，通过一定的标准和手段对教学活动及其结果给予价值上的判断，即对教学活动及其结果进行测量、分析和评定的过程。教学评价是教学过程中的一个基本环节，教师、家长、学生或其他教育人员只有通过评价才能够了解学生的知识技能掌握程度或思想品德发展水平，借助这种反馈机制才能有针对性地调整教学或查缺补漏，有时还可以通过教学评价对学生群体进行分层或选拔人才。总体而言，教学评价具有诊断作用、激励作用和调节作用。

二、教学评价的类型

（一）依据教学评价的功能，可以将其分为诊断性评价、形成性评价和总结性评价三种形式

1. 诊断性评价

诊断性评价是在学期开始或单元教学开始时，为了了解学生的学习准备情况以及了解影响学习的因素而进行的评价。在正式开展教学之前，教师进行教学设计时要确定教学的起点，这一方面取决于教学内容的结构关系和特点，另一方面取决于学生学习能力水平和对相关基础知识的掌握程度，所以教师必须对学生进行评估。诊断性评价最重要最直接的功能是检查学生的学习准备程度，通过对学生的调查了解辨别学生学习困难的原因，据此进行教学设计，安排适当的教学内容和教学活动。

诊断性评价可以通过多种形式进行，常用的是测验、调查和访谈。测验是较为正规的评估工具，教师通过研究教学内容所涉及的各种要素及其特点，系统化地编制测验试卷，按照特定的要求测验之后，教师再根据测验结果进行分析，必要的时候还要借助特定的数理统计手段对测验数据进行处理和转换，以揭示学生在基础知识、基础能力方面的发展水平和存在的问题。显然，测验适用于学科教学中的诊断。对学生进行调查可以确定其学业能力水平，也可以掌握学生的思想动态。调查时可以采用结构化的调查问卷，通常由教师或其他教育人员根据一定的目的来编制问卷，针对选定的班级或学生群体进行调查，之后对问卷进行整理分析，以此掌握学生的发展情况。此外，教师也可以在课堂或课下以口头问话的形式对学生进行调查。访谈的形式最为自由，且通常由教师在日常教学中或课余时间随机地进行，在轻松自然的状态下了解学生学习中的困难和思想表现。

2. 形成性评价

在教学过程中，为改进和完善教学活动而进行的对学生学习过程及结果的评价称为形成性评价。形成性教学评价包括一节课或一个课题教学中对学生的口头提问和书面测验，它伴随教学过程开展，甚至在一个知识点的教学完成之后教师都可以及时地进行测验，以便于实时调整教学计划，保证全体学生对所教授的内容都能充分掌握。由此可见，形成性评价的功能在于改进学生的学习，为学生的学习确定步调，及时强化学生的学习，同时给教师提供反馈。

在教学过程中，根据新讲授的教学内容对学生进行口头提问是一种非常快捷的反馈形式。在提问时，教师可以根据经验选择适当的提问对象，起到以点带面的作用，通过对个别学生的提问达到整体了解学生的目的。一方面，教师要了解所提问题的难易程度，对学生的回答情况有所预期，并结合学生当场的反应进行判断；另一方面，教师通过学生的回答可以判断其对所学内容的掌握程度，特别是教师提问不同层次的学生，即有代表性地提问班级中优良中差的个体，可以借此了解学生整体的学习情况。

在日常教学中书面测验也是一种及时反馈的评价形式，相对于课堂提问来说，它更加规范和客观，其中随堂测验是应用最多的形式。教师在完成相对独立的一段教学之后即可以安排学生进行书面测验，向学生提供少量的题目让学生在课堂上进行解答或练习，然后教师根据测验的结果再开展相应的教学以查缺补漏，帮助学生巩固知识、夯实能力。但教师也要注意这种外在的测验并不能完全反映学生的学习情况，仅仅从测验的结果来判断学生的学习效果是不够的，特别是理论认知和思想态度类的学习内容更加需要教师多角度地深入理解学生。

借助现代教育技术进行的书面测验往往具有更高的效率，也便于教师更有针对性地进行教学和指导。特别是一些客观性的测验题目，在智能化的学习平台上学生可以及时地得到反馈，教师也可以实时地了解每一个学生的测验结果，对于全体学生的学习表现有多种形式的统计分析工具可以实时地呈现其学习效果。所以，在形成性评价方面应用现代教育技术可以提高教学的效率，便于教师及时地、全面地掌握学生的学习情况，也有利于教师找到特定的学生进行针对性的指导，教学环节也更为紧凑，教师可以将精力放在更有建设性的课堂活动中来。

3. 总结性评价

总结性评价又称终结性评价，是在一个大的学习阶段、一个学期或一门课程结束时对学生学习结果的评价。总结性评价一般采用规范的试卷，在特定的时间节点进行测验，要求学生在一定的时间内完成测验。另外，总结性评价也可以借助主观的、开放的考查形式进行，比如让学生提交实践报告、论文，或者开展课程学习报告。由于这种评价形式是终结性的，在设计测验试卷时教师要综合考虑多方面的因素，要全面兼顾课程或特定单元的知识结构，并突出教学中的重点和难点内容，而对于考查的具体形式也要进行整体性的考量才能设定考查题目，以便于教师通过学生的汇报或提交的作业、作品对学生在课程学习之后的知识能力态度等多种素质的发展进行鉴定。总结性评价最基本的功能是评定学生的学习成绩，同时也能够证明学生掌握知识、技能的程度和能力水平以及达到教学目标的程度，便于确定学生在后续教学活动中的学习起点，预言学生在后续教学活动中成功的可能性，并为制定新的教学目标提供依据。

（二）根据教学评价采用的标准，可将其分为相对性评价、绝对性评价和个体内差异评价

1. 相对性评价

相对性评价是以常模为参照点，把学生个体的成绩与常模进行比较，确定学生在班级或团体中的相对位置。相对性评价具有突出的甄选作用，便于确定学生在集体中的层次，所以它的应用范围主要是对学生进行学业成就、能力水平的评估，以及人格测验。需要指出的是，相对性评价不是达标测验，只是确定学生在集体中的相对位置，它不能完全反映学生的真实水平。

2. 绝对性评价

绝对性评价是运用目标参照性测验对学生的学习成绩进行的评价。它依据教学目标和教材来编制试题以测量学生的学业成绩，判断学生是否达到教学目标的要求，而不以评定学生之间的差异为目的，故又称为目标参照性评价。绝对性评价的标准是评价对象之外的客观的标准，是将评价对象与这一标准比较

而判断其达标程度，不是选拔式的评价方式，不适用于甄选人才，多用于毕业考试、升学考试、合格考试等场合。

3. 个体内差异评价

个体内差异评价是将被评价者的过去和现在进行比较，或将评价对象的不同方面进行比较的一种评价形式。这种评价形式着眼于学生的发展，将被评价对象在过去某个时间点的知识能力或思想品质等素质结构与当前的情况进行比较，或者借助于同一个标准进行衡量，以确定其发展的程度或明晰发展中存在的问题。这种发展性评价可以由学生进行，也可以由教师主导，评价得到的反馈结果可用于调整将来的教学计划，亦可用于规划学生下一步的学习方向。

（三）根据评价的主体，教学评价可以分为外部评价和内部评价

1. 外部评价

外部评价是由被评价者之外的专业人员对评价对象进行的统计分析或文字描述，主要是由教师或班主任对学生的学习状况或成果进行评价。外部评价是一个宽泛的概念，它并不是特指某种评价形式，在日常教学过程中即可执行。教师在课堂上进行的提问、布置的练习、安排的作业以及测验、考查和考试都具有评价反馈的作用，甚至在课堂之外教师也可以通过与学生的日常接触、辅导和谈话等形式了解学生的学习与发展情况。课堂之外的评价具有鲜明的特点，具体表现在：第一，评价内容的广泛性，不仅可以评估知识与能力的发展情况，也可以掌握或了解学生的学习方法、态度以及思想品德等多方面的状况；第二，评价具有较强的针对性，课下教师与学生的接触通常都是个别化进行的，或者是针对学生的特殊情况而开展的，教师对学生调查了解之后既可以给予肯定与鼓励，也可以进行否定、批评、规劝或建议；第三，评价具有互动性，教师对学生进行调查了解的同时也是师生相互交流与磋商的过程。

2. 内部评价

内部评价即自我评价，是学生在教师的引导下对自己的作业、试卷或其他学习成果进行的衡量和判断。学生进行自我评价时是自主地有意识地进行的，他们参照教师提供的标准或评价原则，细心而严格地检查自己的作业或其他作品，分析其正误、优劣，找到自己学习中的薄弱环节加以悉心改进。自我评价对于学生具有重要意义，这是他们发展自主学习能力的关键一环，经常性的自我评价有助于提高学生的自我意识和学习反思能力。

三、教学评价的原则

（一）客观性原则

教学评价的目的在于诊断或评估学生的学习状况，客观真实的评价结果是其根本保障，违反了客观性原则就失去了评价的意义。所以进行评价时一定要秉持客观公正的态度，不能主观臆断，更不能掺杂个人情感，要科学合理地分析评价信息和结果，使其能切实反映教师的教学质量和学生的学业水平与发展状态。

具体来说，评价的客观性源于评价态度、评价方法和评价标准的客观性。评价者的态度要客观，要注意个人心理因素对评价的影响，诸如个人的兴趣爱好、价值观念、认知倾向以及情绪心态等因素都要有所预期并施以调控，否则会影响评价的客观与公允。评价方法的客观性在于选定的具体评价形式和方法的应用，不同的评价形式收集的反馈信息和评价功能是不同的或是有所侧重的，评价者需要根据评价的目的和限制条件科学选择评价方法。评价的顺序、时间、环境条件等因素都可能给评价带来不利影响，评价者要注意控制无关因素的干扰，客观准确地收集信息和数据，并加以科学地处理和分析。一般来说，评价标准要规范和统一，易于观察和测量的标准也是客观性的保障。此外，评价标准要具有适当的开放性，不能单纯追求客观而悖于科学合理。

（二）发展性原则

教学评价应该着眼于教师的教学改进和能力提高，着眼于学生的学习进步和能力发展，所以应该把教学评价作为一种鼓励师生发展、促进教学的手段，以调动师生积极性、提高教学质量为目的，而不是抑制学生的发展。评价结果要科学地反馈给学生，相比起让教师和学生了解其在集体中的层次，明确学生在学习中取得的进步、找到学习中的不足才是更有意义的。教师在完成教学评价之后，要适当地向学生反馈信息，予以合理的肯定、表扬或支持与鼓励，引导学生进行科学地归因，找到努力的方向，特别是对于学习进展不大的学生，不能一味指责而使他们灰心丧气、放弃努力。

（三）指导性原则

教学评价应该在指出学生甚至教师的长处与不足的基础上，提出建设性的意见，以实现持续地发展。评价者明确评价的指导思想在于指导师生改进学习和教学，对评价信息进行恰当地反馈，对学生或教师的分析指导要切合实际，扬长避短，以激励师生不断进步。日常教学中进行的形成性评价具有突出的建设性意义，要重视它的作用并对其加以适当应用。

（四）计划性原则

教学评价应当全面规划，把握主次关系，使每门学科都能依据制度与教学进度的要求合理规范地开展评价，以确保教学评价的效果和意义。在具体评价过程中要注意评价标准的全面性，突出评价的重点内容。评价形式上将分数、等级、语言评价相结合，以求全面、准确地接近客观实际。

教学评价要全面规划并科学安排，才不至于失范失控，评价太多或过于集中会给师生造成过重的负担，影响正常的教学秩序。值得注意的是，当前应试教育的思维还在中小学广泛存在，甚至在家长和社会上还具有非常大的影响力。一个显著的现象就是在一些管理不够规范的学校存在着以测试代替教学的行为，认为让学生反复地进行考试就能提高成绩。其实这是一种短视的表现，相对于学生能够考高分、能够背诵标准答案，更为重要的是发展基础知识和基本能力，特别是科学意识、思维品质和道德观念这些核心素养的发展是不容忽视的，不能本末倒置。

第四节　教学改革

一、新课程中的教学观

（一）全面发展的教学观

近年来，新课改确定了新的教学目标结构，即三维教学目标，要求教育教学过程中要达成三个目标维度，分别是知识与技能、过程与方法、情感态度与价值观。“三维目标”是一个教学目标的三个方面，而不是三个独立的教学目标，它们是统一在教学过程中的不可分割的整体。全面发展的教学观其实就是三维教学目标的统一，可以将其简述为以下两个方面。

1. 结论与过程的统一

结论与过程的关系反映的是三维教学目标中的“知识与技能”与“过程与方法”二者之间的关系。从学科本身来说，过程体现的是学科知识和理论的探究过程，也包括探究的方法，而结论指的是学科研究的结果，也就是建立起来的知识与理论体系。两者关系非常紧密，相互作用、相互依存，结论的提出依靠探索过程，结论的学习与推广也要重温探索过程，反过来，结论对于后续的深入探索又具有基础性作用，它可以作为新探索的环境和条件。学科知识与技能是传统教育观念中强调的主体教学内容，甚至可以说是其全部内容，通常的提法是“双基”，即基础知识和基础技能，也就是说传统教育重视的是知识和技能的传授，关注学生对理论体系的掌握和基本问题的解决。虽然在传统教学中，优秀教师往往也会自觉或不自觉地将知识传授与知识探索统一起来，或者将知识探索作为学习的先决条件或者将知识探索作为理论知识教学的补充性证明材料，但是这种统一并没有明文的要求，不是一种必然的日常教学行为。新课程明确提出三维教学目标，要求在教学中将过程与方法本身作为课程目标的重要组成部分和教学内容，从而在课程目标的高度中突出了过程与方法的地位。

新课程把过程与方法本身作为课程目标的重要组成部分。分析学生的学习过程，也能发现结论与过程的统一必然是教学过程的一个基本要求。学生的学习过程其实是一种知识或理论的重新发现的过程，学生要依靠自己已有的经验结合新的学习材料来建构知识、对知识进行解析，在这个过程中仅仅进行知识和理论的传授是不符合学习本质和基本规律的。不经过一系列的质疑、批判、比较、选择，以及相应的分析、综合和概括等认识活动，没有多样化的认知和思维过程，没有观点的碰撞、比较和争论，学生就难以获得结论，也难以真正地理解和掌握理论知识。更为重要的是过程与方法作为教学内容的意义，让学生在学习中不仅深入理解和掌握了科学知识，更体验和学习了知识的探究方法，发展了自主学习能力，即“授之以鱼不如授之以渔”，有利于创新精神和创新能力的培养，也有利于科学精神和思维品质的发展。

2. 认知与情意的统一

认识与情意的统一反映的是“情感态度与价值观”，也应作为教学目标的一个维度，并在教学过程中有所体现，也就是要求“情感态度与价值观”与“知识与技能”和“过程与方法”要统一于教学过程之中。

从学习心理学的角度来讲，学习过程是以人的整体的心理活动为基础的认知活动和情意活动相统一的过程，甚至近年来的神经心理学也揭示了一些相关的神经活动规律，以往所认为的大脑左右半球具有明确分工的理论是有待商榷和发展的。认知因素和情意因素在学习过程中是同时发生的，也是相互作用的，二者共同构成了学习心理的两个不同方面，各自对学习活动发挥着重要作用。缺少了任何一项因素，学习都不足以发生或者不能深入地进行。没有认知因素的参与，学习任务是不可能完成的；没有情意因素的参与，学习活动既不能发生也不能维持。

（二）交往和互动的教学观

教学活动，就其实质来说是一种人际交往活动，是教师的教和学生的学的统一，两者不是孤立的，而是相互作用、相互促进的关系，所以现代教学论认为教学过程是师生交往、积极互动、共同发展的过程。把教学的本质定义为交往是对教学过程认识的正本清源，它在理论上超越了“教师中心论”和“学生中心论”，也超越了现实中的“学生特殊客体论”和“主导主体论”，因而具有重要的现实意义。借助于这样的理论认识，可以明确地辨别真实的教学与假教学，教学过程中没有交往、没有互动，只是形式上具有教学表现的教学是无效的教学。只有师生进行双向的信息交换，在教学活动中互为影响、相互促进的教学才是有意义的真实的教学。

师生交往的本质属性是主体性。学生的学习过程有其特有的规律，特别是学生作为学习的主体的认识是教师在教学过程中必须加以认可和尊重的，所以教学规律要以学生的学习规律为基础和限制性条件。教师要在遵守这些基本规律的前提下发挥自身的积极性和主动性实施教学，体现自身的主体性。所以，交往论认可教师与学生两者的主体地位，认为他们都是具有自我意识和独立人格的人，在交往过程中的人格地位是完全平等的。

师生交往的基本属性是互动性和互惠性。交往论揭示了教学相长的真谛，师生经过交流互动实现信息的交换和相互影响。通过交往，教师了解了学生及其学习状况，便于学生得到切乎实际的教学与指导，有利于知识的学习以及各个方面的发展。学生向教师反馈信息甚至参与教学有利于教师不断改进其教育观念和认识，不断发展教学能力，反过来又可以促进学生的学习与发展。简单来说，交往论表明教学不是教师的教和学生的学的简单相加，教师与学生在交往中是相互促进、相互激发的，又是动态循环周而复始的，两者都处在持续的发展过程中。此外，交往论还意味着教师角色的转变。传统教学更重视教师的主体地位，以教师为中心设计并开展教学，在新课程背景下，教师要从传统的知识传授者转变为学生学习和发展的促进者。正确认识师生交往的互动互惠关系，在教学中具有重要的现实意义，也是新课程教学改革的一项重要任务。

（三）开放与生成的教学观

1. 教学内容和教学过程的开放

教学内容的开放意味着从科学世界甚至书本世界向生活世界的回归。传统教育把学生固定在“书本世界”或“科学世界”里，理论知识的教学与生活脱节，远离了学生的实践，不符合人的学习心理和学习需要。生活世界是科学世界的基础，是科学世界意义的本源，教育必须回归生活世界，回归儿童的生活。

学生的成长进步是其整体素质的全面提升，不仅要掌握基本知识和基本技能，也要发展智力和情感。实现这种发展要求，依靠的是开放的教育观念，以开放的教育资源和教学过程来促进学生的发展和进步。

2. 开放的最终目的是生成

“生成”是随着新课程改革出现的一个概念，它是相对于“预设”而言的，传统教学过程中有预设的教学目标和固定的教学内容，教学过程也是按照既定的教学计划按部就班地展开，而生成的教学在内容、过程和方法等方面都是开放的，也是灵活的，甚至教学目标也是动态的。传统的课堂教学是封闭的，虽然以教师为中心执行既定的教学设计最为便利，但是不顾学生个体的心理特点和当下的学习状况，甚至无视教学干扰因素而拘泥于固定的教学程式，以僵化的教学资源和教学方法实施教学，必然会约束和限制学生的自由发展。

以往在教学中强调基本知识和基本技能的教学，其观念是向学生传播学科知识与理论体系，教学的内容和过程都是较为固定的。新课程下的教学观在知识与技能的教学之外更重视学生能力的发展和核心素质的养成，体现了从“授人以鱼”到“授人以渔”的转变，而只有开放性的教学资源与教学过程才是符合这种教育需要的。所以教师要发挥教育机智，开放灵活地实施教学，预设的教学目标在实际的教学过程中要开放地纳入直接经验和生活经验，让学生能够理论联系实际，使理论知识在教学中“复活”。教学过程中也要加入弹性灵活的教学内容和空间，便于根据教学实施情况动态调整教学，鼓励师生互动中的即兴创造，超越预定目标的要求。可以说，在新课程教学理念的背景下，课堂教学更关注在生长、成长中的人。

二、新课程背景下教学理念的重建

(一) 新课程背景下教学与课程的关系

课程内容的生活化和体验性是当前教育发展的国际性趋势。在新课程改革中，生活化指的是课程不再仅限于教材、课程标准或课程计划等文字材料，它意味着课程直接面向社会，与生活融为一体，教学与学生的生活和实践密切联系，使生活与实践成为学生成长与发展的源头活水。课程不再只是特定知识的载体，它将教师与学生共同探究的过程也包含其中。需要指出的是，生活化不是让课程脱离学术轨道，而是让理论知识与生活实践建立联系，在课程中加入师生的体验和感悟，甚至将其作为课程的主体，通过理论知识与生活实践经验的有效融合更好地促进学生的全面发展。

在新课程改革的背景下，教学过程充分重视教师和学生的探究过程，并将其作为课程的主要内容，因此教师和学生也成为课程的有机组成部分，其各自的主体地位在新课程改革中得到了重新确认。教师不再孤立于课程之外，而是作为课程的有机构成部分和课程的主体，不断创造课程，教师即课程。学生同样既是课程的有机构成部分，也是课程的主体和创造者。教师和学生共同参与课程的创造与开发过程，教学过程成为课程内容持续生成和转化、课程意义不断建构和提升的过程。教学与课程的关系是动态的、生成性的，这直接体现了新课程改革的教学观。开放性的课程内容在教学实践中要求教学实施的过程与方法进行相应的调整，固守传统、按部就班的教学计划已不合时宜。课程的生活化和综合性意味着教师再也不能无视学生的个人经验以及学习过程中的体验和感悟，教学要根据学生的个人状况和学习情况适时调整，以不断生成的教学来促进学生的成长和发展。

（二）新课程背景下教与学的关系

新课程的教学观确认了教学过程的实质是交往，这对于重新审视教与学的关系具有重要的意义。传统教学重视知识技能的传授，教学过程中主要是教师讲授、学生听讲的活动形式，从信息传播的方式来看主要是单向的信息传播。所以，传统的教与学是由教师主导的，学生的学习主要是被动地接受知识，其主体地位受到压制，这是不符合学生学习心理的。学习心理学的发展先后呈现出行为主义、认知主义、建构主义和人本主义的潮流，体现出一种从客观到主观的发展倾向，越来越重视学生自身的积极主动、兴趣动机和态度情感等主观因素的重要意义。因此，在教与学的关系中绝不能忽略学生的主体地位。

在新课程的教学观念中，“教学是教与学的交往、互动，师生双方相互交流、相互沟通、相互启发、相互补充，达成共识、共享、共进，实现教学相长和共同发展”。由此看来，教师与学生组成了一个“学习共同体”，教师的教和学生的学是一种交流的、互动的关系，两者不再是各自孤立的，在教学中实现了统一，是一种相互融合的关系。

（三）新课程背景下学科与学生的关系

传统的教育观念重视专业的权威性和学科的系统性，在学生的培养中也秉持精英教育的理念，作为个体的学生不会得到太多的关注。新课程倡导学生本位论，即在教学过程中坚持以学生为本，将学生作为师生活动的重心，将全面提升学生素质作为教学活动的出发点和归宿。因此，在处理学科与学生之间的关系时，对于教学应该关注学科还是关注学生便有了不同于以往的全新认识。在新课程背景下的学科与学生的关系中，具有以下三个特点：

首先，教学中关注每一位学生。精英教育一般是出于统治阶级的需要或者传统的社会发展观念而开展的，这已经不再适合当今社会发展的需要了。新的教育观念要求实现学生的全体发展和全面发展，要求关注每一个学生的成长和进步。

其次，教学要关注学生的情绪状态和情感体验。现代心理学表明，情绪状态和情感体验也是学习过程中的重要因素，在教学过程中是不容忽视的。课程内容的生活化和体验性在教学过程中的直接要求就是学生全身心的投入，实际上，学生积极主动地进行学习或探究自然也会得到切身体验。

最后，教学要关注学生的道德和人格培养。道德与人格培养是学生全面发展的内在要求，这不仅是德育课程的显性任务，也是专业学科教学的隐性要求。

（四）新课程背景下的师生关系

新课程的师生关系是一种建立在相互尊重基础上的动态、平等的对话关系。在师生关系中最根本的是地位的平等。无论教师还是学生都是具有独立人格的个体，在教学过程中也都是居于主体地位，甚至他们作为一个学习共同体而共同构成并创造了课程，因而两者的地位是平等的。教学过程中教师的教和学生的学的地位也是对等的，也是相互融合的关系，教师与学生之间是一种动态的对话关系。学生的学不应再从属于教师的教，即教师不能从“教师中心论”的角度去主导教学，甚至新型的师生关系也超越了“学生中心论”的观念。

在教学对话中，师生的相互尊重又是一个基本要求。在中小学，教师作为一个成年人，在能力和经验方面一般都会远远超出学生的水平，但教师绝不能因此而忽视学生的主体地位，而是要关注到每一位学生，了解他们的能力、兴趣、品格等各个方面的发展状况，因材施教，“一言堂”和“一刀切”都是不尊重学生的表现。因此，教师要从全体和个体两方面表现出对学生的尊重。学生也要尊重教师，没有相互的尊重则师生平等的地位是没有意义的。

（五）新课程背景下的教学目标

新课程教学改革体现了素质教育的思想，建立了新的教学目标体系。素质教育对教学有新的要求，首先就是认知与情意的统一。在学习过程中，认知与情意是统一的，不可人为分割，所以在教学中也要尊重这种自然天性，使之相辅相成、相互促进。其次，素质教育要求结果与过程的统一。素质教育在知识传授之外更重视能力素质的发展，必须将过程本身作为教学内容才能满足这种发展需要。在以上两项原则的指导下，新课程的教学目标应该体现以下特点：

1. 情意性

素质教育教学目标体系由认知发展目标与学生的情感、态度以及价值观的发展共同构成。

2. 过程性

素质教育要求教学目标应该是教学情境的产物和问题解决的结果。

3. 个性化

素质教育要求发展学生的个性，追求学生反应的多元性而非同质性。

（六）新课程背景下的教学环境

新课程教学改革背景下的教学环境被赋予了新的意义，也有了新的要求。开放与生成的教学观将课程内容从“书本世界”扩充到了“生活世界”，显然这也打破了传统教室的概念。教室作为教学的场所，其功能和作用在新课程改革当中也要有所转变，首先就是要实现从封闭到开放的转变。教室的功能不再局限于知识传授的场所，它要为学生与学生、学生与教师以及学生与社会之间的交流提供条件。教室的空间概念也被扩充到了社会环境的层次，可以将社会引进教室，也可以将教室设于社会之中。因此，新课程意义上的教室已经不是传统意义的教室了，而是成为一种真正的教学环境。

新课程教学改革也更新了人文环境的概念。人文环境的开放主要表现在打破了教与学的界限、解放学生的学习等方面。

（七）新课程背景下的教学组织形式

新课程改革形成了全面发展、交往与互动、开放与生成的教学观，在教学实施中，教学的组织形式出现了新的变化，体现出了多样化、综合化和社会化三个特点。多样化指的是学生的全面发展和个性化发展需要多样性的教学组织形式，包括个别教学、小组教学、集体教学、学生自学等形式。综合化指的是教育者要根据不同的情景采用不同的教学组织形式。社会化要求实施教学时要逐步走向社会化，充分利用社会资源。

（八）新课程背景下的教学评价

新课程教学改革已经走出了精英教育的巢穴，要实现全体学生的全面发展和个性化发展，因此在教学评价方面的改革体现了以下三项转变：

首先，教学评价由甄别走向发展，进行评价的目的在于促进学生各方面的发展和每一位学生的成长，甄别的作用受到了削弱。

其次，教学评价的多元化转变。评价的主体不再限于教师，其他教育者、家长甚至同伴和个人都可以作为主体参与评价；评价指标、方法与手段的多元化发展有利于衡量和促进学生的全面发展和个性化发展。

最后，教学评价由重视结果走向重视过程。在新课程改革中，教学评价重视学生的学习过程，目的在于通过评价改进学生的学习，也重视评价对学生个体的意义，试图根据不同学生的学习经历作出针对性的评价，有利于促进每一位学生的发展。大体而言，教学评价由静态的结果性评价走向动态的形成性评价，走向结果与过程评价的统一。

（九）新课程背景下的教学效果

新课程下的教学改革要达到的教学效果与其教学思想是一致的，相对于传统教学，其效果更为突出，这表现在两个方面：一方面是提高质量，另一方面是个性化的教学。由于以上八个方面教学理念的重建，对每个人高质量发展的追求在教学实践中变为一种自然的结果。实现个性化的教学有两个方面的含义：一是教学要以促进学生的个性发展为宗旨；二是教学本身要实现个性化。

本章小结

教学方法是为完成教学任务而采用的方法，包括教师教的方法和学生学的方法，是教师引导学生探讨与掌握知识技能、获得身心发展而共同活动的方法。教学组织形式是指为完成特定的教学任务，教师和学生按一定要求组合起来进行活动的结构。教学评价是以教学目标为依据，通过一定的标准和手段，对教学活动及其结果给予价值上的判断，即对教学活动及其结果进行测量、分析和评定的过程。教学评价具有诊断作用、激励作用和调节作用，依据其功能可以分为诊断性评价、形成性评价和总结性评价三种形式。

新课程教学改革在我国当前的教育实践中具有重大的意义，树立了全面发展的教学观、交往和互动的教学观、开放与生成的教学观，是我国当前基础教育理论研究和实践的新高度。

【思考与练习】

1. 我国中小学有哪些主要的教学方法？在教学实践中哪些方面亟待改进？
2. 应用讲授法教学时，如何保障学生的主体地位？
3. 欣赏教学法为什么有利于学生的发展，如何在教学中更好地实施这一方法？
4. 班级授课制的优越性和局限性分别是什么？
5. 什么是新课程的教学观？请查找一个教学案例，分析其三维教学目标是如何实现的。

【拓展阅读】

学习以下材料所述的 PQ4R 学习策略，思考如何将此法应用于中学生的读书指导。

PQ4R 读书指导法是一种高效、新颖的学习“良方”，是一种能有效帮助学生理解和记忆的学习技术，谨在此分享给广大师生。PQ4R 学习策略由托马斯和罗宾逊（Thomas & Robinson）于 1972 年率先提出，并在实践中得到发展和推广。它的原型是 SQ3R 学习法。SQ3R 学习法始创于美国依阿华大学，是罗宾逊于 1963 年提出的，这是一种引导学生进行自学的读书方法。SQ3R 是五个英文单词的缩写，代表了阅读过程的五个步骤，即：纵览（Survey）—发问（Question）—阅读（Read）—背诵（Recite）—复习（Review）。经过实践检验，效果显著，很快得以推广，但随着认知心理学的发展，托马斯和罗宾逊发现缺少一个反省认知的环节，即学习者的自我监控和调节程序，遂加以修改，并将其发展为 PQ4R 学习策略。PQ4R 分别代表预览（Preview）、设问（Question）、阅读（Read）、反思（Reflect）、背诵（Recite）和回顾（Review）六个步骤。这样，学生在学习过程中，对信息的接受—加工—反馈的操作系统与监控系统协调作用，保证了学习的高效进行。PQ4R 学习策略的具体操作如下：

1. 预览：面对阅读材料，从头到尾快速浏览，对材料的基本组织结构和主题等内容作框架式的大体了解。找出你要学习的信息（这些信息包括内容提要、目录、序言、大小标题、图表、注释等），先粗略地看一遍。

2. 设问：阅读时，围绕读物的主要内容（包括重点、难点）问自己一些问题。根据标题用“谁”“什么”“为什么”“哪儿”“怎样”等疑问词提问。

3. 阅读：带着问题深入阅读材料，可以边读边圈、点、批、画，并做笔记，试图回答自己提出的问题。

4. 反思：它是极其重要的一环，可以在阅读中帮助我们监控过程，检验阅读效果，改进阅读方法。可以通过四种途径理解信息并使信息有意义：(1) 把阅读的信息和你已知的信息联系起来，用已知的知识理解未知的知识。(2) 把课本中的副题和主要概念及原理联系起来。(3) 阅读要集中注意力，试图消除对呈现信息的分心。(4) 尝试用阅读的材料去解决联想到的类似问题。

5. 背诵：回忆复述材料并一问一答，反复练习记住这些信息。可以使用标题、画线词和对要点所做的笔记来提问，巩固学习内容。

6. 回顾：最后一步，积极地复习材料，向自己提问，只有回答不出来时，才重新阅读材料。

资料来源：龚孟伟．高效新颖的读书指导法：PQ4R 学习策略及其应用 [J]．南京师范大学文学院学报，1999 (4)．

第十章　德　育

【学习要点】

1. 熟悉德育的主要内容；

2. 熟悉和运用德育过程的基本规律，分析和解决德育中的实际问题；

3. 理解德育原则，掌握德育方法，熟悉德育途径；

4. 了解生存教育、生活教育、生命教育、升学就业指导等基本内容及教育途径。

【案例导入】

心寒！学生扶老人竟被讹10万元，但学校的回应让人舒心了……

2017年12月3日在上饶市第一小学门口，一名手拄拐杖的老人在人行道上摔倒，随后，有3名穿着校服的学生前来将老人扶起。视频中，三名学生表示，他们是在放学回家路上看到一老奶奶摔倒的，并将其扶起。扶起来之后，没想到，这位老奶奶却抓住他们不放，说是3名同学碰到她拐杖才摔倒的，要求学生给钱买药。据学生回忆，老人先说买药，然后说给钱。先是要50元、100元、2 000元，后面又要5 000元、10万元。无奈之下，三名学生选择报警。据澎湃新闻报道，对于视频中被搀扶老人要钱的行为，上饶市教育局相关负责人称，因为老人有精神疾病，事发后，当地派出所民警已上门与学生家长进行了沟通解释。这3名学生的行为属于助人为乐，学校要鼓励这种雷锋式的行为。据央广网报道，学生所在学校赖校长表示，后来在警察的协调帮助下，他们调阅了旁边一家超市的监控录像，发现老人和学生们没有接触，“确实是她自己摔倒的，警察对老人说这个事你是没有理的，这个时候她就装聋作哑了，反正对这种老人家又没有什么办法，后面就算了”。赖校长还表示，11日上午，全校将举行大会公开表扬这三名学生助人为乐的行为，让全校师生向他们学习。赖校长说，学校是教书育人的地方，经过这件事后不会“因噎废食”。“我们肯定要弘扬正能量，碰到这种事儿，一定要注意保护自己，但还是要做的，肯定要的。”

有人摔倒，当然要扶！这份爱心应该被保护。

资料来源：心寒！学生扶老人竟被讹10万元，但学校的回应让人舒心了……[EB/OL].（2017－12－11）.http://news.sina.com.cn/o/2017－12－11/doc－ifypnyqi3688490.shtml.（引用时有改动）

思考：这些年，“扶与不扶”成了人们纠结的事情，从自身角度来谈谈如果你某天遇到这样的事，你会怎样处理？

第一节　中学生品德发展的特点

一、品德的概述

（一）道德的含义

在人类的社会集体生活中，为了维持生活的稳定、维护共同的利益和协调彼此的关系，逐渐产生了种种行为规范。靠国家机器强制执行的行为规范叫作法律；靠社会舆论和个人自觉来维持的行为规范叫作道德。人们不仅按道德规范去评价他人的行为，也用道德规范支配自己的行动。

（二）品德的含义

品德是道德品质的简称，是个人的道德面貌。在我国的学校教育中，品德通常指德行、品行、操行等。从本质上说，品德是指人们在一定的道德情境中表现出来的具有持续性、稳定性的一种态度。具体而言，品德是社会道德在个人身上的体现，个体依据一定的社会道德行为规范行动时表现出来的比较稳定的心理特征和倾向。同时，品德是一种个体现象，个体依据一定的道德准则行动时所表现出来的某些稳固的特征，便是道德品质。黑格尔曾对品德有过形象的描述：一个人做了这样或那样合乎伦理的事，还不能说他是有道德的，只有当这种行为方式成为他性格中的固定因素时，才可以说他是有德的。

为了更好地理解品德的含义，应把握三点：第一，品德反映了人的社会特性，是将个体外在的社会规范的要求转化为内在需要的复杂过程；第二，品德具有相对稳定性，品德的形成标志是经常表现出一贯的规范行为；第三，品德是在道德观念的控制下，进行某种活动、参与某件事情或完成某个任务的自觉行为，即认识与行为的统一。

（三）品德与道德的关系

品德是人的道德的内化，是一定社会道德关系的体现，也是一种特殊的个性心理，它体现一定的社会道德原则和规范，具有稳定的个人道德意识和道德行为这一根本属性，品德是个性中具有道德价值的核心部分。品德与道德既有联系又有区别。

1. 品德与道德的联系

首先，个人品德与社会道德都受社会发展的制约，随时代的发展而变化。其次，个人品德是社会道德的组成部分，同时，品德的内容来源于社会道德，品德是在社会道德的影响下形成发展的，离开了道德就没有品德可言。再次，社会道德又是通过个人的品德而存在的，社会道德必然会表现为个人的品德，诸多个人的品德就构成了影响社会道德的面貌或风气。

2. 品德与道德的区别

首先，研究的范围不同。道德是一种社会意识形态，是人们共同生活及其行为的准则与规范，是伦理学的研究对象。品德是社会道德规范在一个人身上的具体体现，是教育学、心理学研究的对象。其次，形成和发展的条件不同。道德的形成和发展受社会发展规律的制约，具有明显的社会历史性和阶级性。品德的形成和发展不仅受社会的制约，还受个体生理、心理活动规律的制约。所以，尽管有相同的社会、阶层和教育环境，每个人的品德行为表现却不一样。因此，教育者在德育工作中，既应看到道德和品德的联系，又应该把它们加以区别。

（四）品德的心理结构

品德是一个完整的结构。任何一种品德都包含一定的道德认识、道德情感、道德意志、道德行为这四种心理成分，简称为品德结构的知、情、意、行。

1. 道德认识

道德认识也称道德观念，是指人对道德规范及其意义的认识。其中包括对道德概念、原则的理解，道德信念的形成，以及运用这些观念去分析道德现象、判断他人的是非善恶并对自己的行为进行调节和控制。道德认识是品德形成的基础，是道德情感和道德意志产生的依据，同时它与道德情感、道德意志结合起来对道德行为的发生起着定向和调节的作用。我国心理学家最近研究发现，道德价值主要包括集体、真实、尊老、律己、报答、责任、利他、平等八个独立的内容。

2. 道德情感

道德情感是伴随着道德认识而产生的一种内心体验，也就是人在心理上产生的对某种道德义务的爱憎、喜恶等情感体验。道德情感主要有三种表现形式：一是直觉的道德情感；二是想象的道德情感；三是伦理的道德情感。当道德现象符合自己认同的道德观念时就产生积极的情感，否则就产生消极的情感。道德情感会影响道德认识的形成及其倾向性，它是道德认识上升为道德信念的重要心理因素。同时，道德情感会对道德行为的强度产生影响，成为推动行为的动力之一。正如苏霍姆林斯基所说："没有情感的道德就变成了干枯的、苍白的语句，这语句只能培养伪君子。"

3. 道德意志

道德意志是履行道德义务的过程，即一个人自觉地调节行为、克服困难，实现一定道德目的的心理过程，是调节道德行为的内部力量。这种力量通常表现为促使人们将自己的道德意识、道德情感、道德信念外化为道德行为，克服内外部的各种困难障碍，实现道德目标时的积极进取或坚忍自制。道德意志调节和控制着一个人的道德行为，保证人能够抵御现实中的各种诱惑，不以外界环境为转移，克服困难，坚持到底，最终达到目标，形成道德习惯。道德意志是道德行为的自觉、果断、坚持和自制的有力保证。

4. 道德行为

道德行为是人在活动中对他人和社会有道德意义的实际表现，是融合道德认识、道德情感、道德意志的外部表现，也是衡量一个人道德品质的重要标志。正如列宁所说："判断一个人，不是根据他自己的表白或自己的看法，而是根据他的行动。"道德行为具体表现为道德行为技能和道德行为习惯。

品德心理结构的这四种成分是互相联系、互相渗透、互相影响、有机结合、缺一不可的。它们是品德教育中"晓之以理、动之以情、导之以行、持之以恒"的心理学依据。在品德教育和培养中，只有保证这四种成分的协调、平衡发展，才不会造成品德结构上的缺陷，阻碍品德的发展。

（五）品德的形成过程

人的品德的形成过程不是自发的，而是人与人、人与社会交往过程中，在错综复杂的多重力量下组合形成的，品德的形成一般经历依从、认同、内化三个阶段。

1. 依从阶段

也称他律阶段，依从包括从众和服从两种意义。从众是指人们对于某种行为要求的依据或必要性缺乏认识与体验，跟随他人行动的现象。服从是指在权威命令、社会舆论或群体气氛的压力下，放弃自己的意见而采取与大多数人一致的行为，这个阶段迫于外界的要求，个体行为上保持与群体的一致，而内心可能是抵触和不接纳的。依从阶段的行为具有盲目性、被动性和不稳定性，随情景的变化而变化。如有的学生为了获取荣誉而带有功利性地做好事，处于依从阶段的态度与品德，其水平较低，但是一个不可缺少的阶段，是态度与品德建立的开端环节。

2. 认同阶段

也称自律阶段。认同是在思想、情感、态度和行为上主动接受他人的影响，使自己的态度和行为与他人相接近，从而能够自愿、主动接受规范影响。认同实质上就是对榜样的模仿，其出发点就是试图与榜样一致。与依从相比，认同更深入一层，它不受外界压力控制，行为具有一定的自觉性、主动性和稳定性等特点。榜样的特点、行为的性质、示范的方式等都影响着认同。认同作为规范表现为对榜样或规范体现者的崇拜，或是敬畏和恐惧，由于敬畏和恐惧必须模仿达到一致性，以减少恐惧，得到对规范的认同。① 这一阶段比他律有了自觉的一面，但还没有达到自动化的状态。

3. 内化阶段

也称自由阶段。内化指在思想观点上与他人的思想观点一致，将自己所认同的思想和自己原有的观点、信念融为一体，构成一个完整的价值体系。这一阶段，个体的行为动机是以规范本身的价值信念为基础的，以信念为基础的行为通常能给人带来一种满足感，即获得某种内部奖励，此时价值信念就成为稳定和自觉的行为的内在条件，这种状态是通过不断实践获得的。在内化阶段，个体的行为具有高度自觉性和主动性，并具有坚定性。

二、中学生品德发展的特点

从德育角度理解，品德发展是指个体的品德发展，即指个体随着年龄的增长，其品德遵循着一定的规律，是一个由简单到复杂、由量变到质变的过程。中学阶段是学生品德形成发展的关键时期，具有鲜明的特点。根据目前我国研究，发现当前中小学道德意志行为发展有以下特征：第一，中小学生道德意志行为的发展水平是随着年龄的增长而逐渐提高的。小学时期发展较快，中学时期发展速度相对较慢。第二，坚持性和自制力是道德意志发展的两个主要特征，其发展也是随着年龄的增长而逐步提高的。小学生道德意志发展的动力最初来

① 李帅军. 教育学［M］. 北京：北京师范大学出版社，2011：188.

自外在影响，小学高年级以后逐渐转为内心的自觉性。当然，中小学生仍需有外部的督促，家长和教师要注意对他们道德意志行动的培养和指导。第三，中小学道德意志行为的发展存在明显的性别差异，特别是在完成单调工作时，女生均优于男生，学校和社会应注意针对男女生各自的特点进行教育，发挥各自的特长。①

就中学生而言，其品德的发展是随着其身体的发育、心理的完善而逐渐成熟起来的，与人的认知水平、心理发展水平、社会环境、家庭教育和学校教育有密切的联系。

（一）从他律向自律发展

在整个中学阶段，学生的品德迅速发展，中学生的品德发展遵循皮亚杰的道德发展阶段论，即伦理道德从他律向自律过渡，对道德规范由他律阶段的认识肤浅而逐渐变得深刻起来，具有自律性。主要表现在以下的几个方面：

1. 自我意识增强

在品德发展的过程中，中学生更加关注自我修养，并努力提高道德品质。

2. 品德结构更加完善

中学生的道德认识、道德情感与道德行为三者相互协调，形成一个较为完善的动态结构，他们不仅按照自己的道德准则去行动，而且也逐渐使其成为稳定的个性心理结构的一部分。

3. 道德理想与信念逐渐形成

中学生逐渐掌握伦理道德，表现为独立、自觉地依据道德信念、价值标准等去行动，使自己的道德行为更有原则性、自觉性。

4. 道德行为习惯逐步巩固

由于道德信念的指导，中学生能够把内心形成的道德情感、意志和信念，外化为个人自觉的道德行为，并指导自己的道德实践。

（二）由动荡向成熟过渡

柯尔伯格在皮亚杰的研究基础上进行扩展，提出人类道德发展的顺序性，认为个体的道德成熟过程就是道德认识的发展过程，道德认识的过程可以通过教育过程培养而形成。初中生和高中生的品德发展具有较明显的差异。

1. 初中学生的品德发展具有动荡性

总体上看，初中学生的品德发展具有动荡性，此阶段是容易发生品德两极

① 朱智贤. 中国儿童青少年心理发展与教育［M］. 北京：中国卓越出版公司，1990：537－538.

分化的时期，表现为品德的不成熟、不稳定。虽然道德观念的原则性、概括性不断增强，但还带有一定程度的具体经验特点；道德情感表现丰富、强烈，但又好冲动；道德行为有一定的目的性，但愿望与行动经常存在冲突。其中，初二年级学生的品德发展的两极分化表现更为突出。

2. 高中学生的品德发展趋向成熟

高中学生的品德发展进入了以自律为主要形式的成熟时期，表现为能自觉地运用道德信念来调节道德行为，并初步形成人生观和世界观。

三、影响品德发展的因素

（一）外部因素

1. 家庭教养方式

研究表明，学生的态度和品德特征与家庭的教养方式有密切关系。若家庭教养方式是民主、信任、容忍的，则有助于儿童的优良态度与品德的形成与发展；若家长对待子女过分严格或放任，则孩子容易产生不良的、敌对的行为。

2. 社会风气

社会风气由一定社会中的风俗习惯、文化传统、行业模式、道德观念等要素构成。学生作为社会的成员，不可能与社会隔绝，也无力控制、净化社会环境，再加上自身的选择、判断能力有限，因此，无论社会风气良与不良都可能会影响学生道德信念与道德价值观的形成，这使得德育工作的难度加大。

3. 同伴群体

归属于某一个团体是个体的一种基本需要，无论是正式的班集体，还是非正式的小团体，都对学生具有一定的吸引力，因为他们试图使自己的言行态度与同伴群体保持一致，以得到同伴群体的接纳和认可。可以说，学生的态度与道德行为在很大程度上受到他们所归属的同伴群体的行为准则和风气的影响。

（二）内部因素

1. 认知失调

认知失调理论是美国心理学家费斯廷格提出的。他认为，人类具有一种维持平衡和一致性的需要，即力求维持自己的观点、信念的一致，以保持心理平衡。当认知不平衡或不协调时，个体就试图通过改变自己的观点或信念，以达到新的平衡。

2. 态度定势

个体由于过去的经验，对所面临的人或事可能会具有某种肯定或否定、趋向或回避、喜好或厌恶等倾向性，这种事先的心理准备或态度定势常常支配着人对事物的预料与评价，进而影响到是否接受有关的信息，以及接受信息量的多与少。如果学生对教师有消极的态度定势，那么，对学生而言，教师的教诲与要求可能会成为耳旁风，甚至可能引发师生之间的冲突。

3. 道德认知

态度和品德的形成与改变取决于个体已有的道德准则，而对规范的理解水平与掌握程度取决于已有的道德判断水平。根据皮亚杰和柯尔伯格的研究，要改变或提高个体的道德水平，必须考虑其接受能力，遵循先他律而后自律的循序渐进原则。

4. 受教育程度

品德行为是个人价值内化的结果。学生的道德认知和道德判断能力无疑与教育密切相关。随着学生受教育程度的提高，道德认知能力和判断能力也会有所提高。总体而言，受教育程度与品德的关系，类似于智力与品德的关系。

此外，个体的智力水平、年龄等因素也对态度和品德的形成与改变有不同程度的影响，但需要指出的是，智力并不是个体道德意识和行为有较高水平的保障，智力近似于道德发展的一个必要条件，而不是充分条件。

【拓展阅读】

教育部：中小学品德教材更名“道德与法治”

教育部办公厅在2016年4月29日发布了《关于2016年中小学教学用书有关事项的通知》（以下简称《通知》）。《通知》明确，从2016年起，将义务教育小学和初中起始年级“品德与生活”“思想品德”教材名称统一更改为“道德与法治”。

根据《通知》，为贯彻落实党的十八届四中全会关于在中小学设立法治知识课程的要求，从2016年起，将义务教育小学和初中起始年级“品德与生活”“思想品德”教材名称统一更改为“道德与法治”。

而义务教育品德、语文、历史学科起始年级使用新编、修订教材，上述学科因后序册次教材正在审定中，仍沿用原出版社出版的教材，不得更换其他版本。

教育部指出，中小学教材使用应保持稳定，各地要按照本通知要求，做好今年中小学教学用书的有关工作。如需更换教材版本，应严格按照中小学教材选用有关规定进行，并为教材印制、发行等留足时间，确保课前到书。各省级教育行政部门要对未按相关规定更换教材、使用未经审定教材的地方和学校严肃处理，责令纠正。

资料来源：新华网．教育部：中小学品德教材更名“道德与法治”［EB/OL］．(2016-04-29)．http：//news．xinhuanet.com/politics/2016-04/29/c_128942735.htm.

四、促进中学生形成良好品德的方法

教师可以综合运用多种方法来引导和帮助中学生形成良好的品德或改变不良的品德态度。在中学生品德形成的过程中，教师常用的方法主要有说服法、榜样示范法、群体约定法、价值辨析法、奖励与惩罚等。

（一）有效的说服

用言语说服学生，主要通过向学生提供信息作为论据，或者支持学生原来的态度和品德，或者反对学生原来的态度和品德。教师运用说服法，需要注意一些常用的技巧。

1. 精准有效地利用正反论据

在说服的过程中，教师经常使用言语的方式来说服学生，向学生提供某些证据或信息，从而支持或改变学生的态度。一般而言，对于理解能力有限的低年级学生，教师最好提供正面论据，以免使学生产生困惑，感到无所适从；对于理解能力较强的高年级学生，教师可以考虑提供正反两个方面的论据，使学生对事物形成客观、公正的认识。

同时，当学生没有相反的观点时，教师应只呈现正面观点，不宜提出反面观点，以免转移学生的注意，误导学生怀疑正面观点；当学生原本就有反面观点时，教师应该主动呈现两个方面的观点，以增强学生对错误观点的免疫力。

2. 发挥情感的作用，以理服人，以情动人

教师的说服不仅要以理服人，还要以情动人。一般而言，说服开始时，富于情感色彩的说服内容容易引起兴趣，然后再用充分的材料进行说理论证，比较容易产生稳定的、长期的说服效果。相对而言，在说服的时候，对低年级学生可以多一些情感因素，而高年级学生，则可以多一些理性因素。当然，如果能够把情与理结合起来，做到动之以情，晓之以理，可能效果会更好。

3. 考虑学生的原有态度，逐步提高要求

教师进行说服时，还应考虑学生原有的态度。若原有的态度与教师所希望

达到的态度之间有较大的差距，教师不要急于求成，不宜提出过高的不切实际的要求。否则，不仅难以改变学生的态度，而且还容易让学生产生对立的情绪。相关研究发现，学生现有的态度与教师的要求形成的态度之间的差距，是影响学生改变原有态度的重要因素。若两者差距不大，学生可能比较容易改变原有的态度；若差距过大，学生则不易改变原有的态度。因此，教师应以学生原有的态度为基础，循序渐进地提高对学生的要求，以达到最终使学生形成良好态度的目标。

（二）树立良好的榜样

教师给学生呈现榜样时，要考虑榜样的年龄、性别、兴趣爱好、社会背景等特点，应尽量贴近学生的现实生活，这样可以让学生产生可接近感，而不会认为老师高不可攀或望尘莫及。同时，要给学生呈现受人尊敬、地位较高、能力较强且具有吸引力的榜样，这样的榜样具有感染力和可信性，能使学生产生情感共鸣。榜样本身也容易成为学生向往、追随的对象，激发学生产生见贤思齐的上进心。另外，为了使学生能较好地做出与榜样的示范行为相匹配的反应，教师需要反复示范榜样行为，并给予学生指导。当学生表现出符合要求的行为时，应及时给予鼓励。

（三）利用群体约定

相关研究表明，经集体成员共同讨论决定的规则、协定，对其成员有一定的约束力，能使成员承担需要执行的责任。某成员一旦出现越轨或违反约定的行为，就会受到其他成员的有形或无形的压力，从而被迫改变态度。

因此，教师可以利用集体讨论后形成集体约定的方法，来改变学生的态度。具体操作程序如下：第一步，清晰而客观地介绍问题的性质，使学生在思想上认清问题；第二步，唤起班集体对问题的意识，使他们明白只有改变态度才能更令人满意；第三步，清楚而客观地说明要形成的新态度，让学生提出所要达到的态度目标；第四步，引导集体讨论改变态度的具体方法；第五步，使全体学生一致同意把计划付诸实施，每位学生都承担执行计划的任务；第六步，学生在执行计划的过程中改变态度；第七步，引导大家对改变的态度进行评价，使态度进一步概括化和稳定化。如果态度改变未获成功，则应鼓励学生从第四步开始，重新制定方法，直至改变态度。

（四）价值辨析

价值辨析就是让人们清醒地认识自己的价值观，并能自觉地践行。有研究者认为，人的价值观刚开始不能被个体清醒地意识到，必须经过逐步辨别和分析，才能形成清晰的价值观念并指导自己的道德行动。

在价值观辨析的过程中，教师引导学生运用理性思维和情绪体验来检查自己的行为，鼓励学生努力去发现自身的价值，并根据自己的价值选择行动。就个体而言，教师抓住个别学生表示某种态度、志向、目的、兴趣的时机，做出适当而简短的言语反应，促使学生对自己的所说所为进行反省与探讨，达到辨析并形成自己的价值观的目的。就团体而言，教师可组织学生进行讨论，让每个学生公开发表自己的意见，了解其他同学所持某种价值观的理由，以促进学生的道德认知并作出正确的道德抉择。

（五）给予恰当的奖励与惩罚

奖励和惩罚作为外部的调控手段，不仅影响着学生对认知、技能和策略的学习，而且对个体的态度与品德的形成也起到一定的作用。

奖励是为了增加学生良好行为发生的可能。教师在给予奖励时，要选择和确定可以得到奖励的道德行为。一般来讲，首先应奖励一些具体的道德行为，而不是奖励一些概括性的行为；其次应选择、给予恰当的奖励物，应考虑个体的实际情况，选用最有效的奖励物；最后应强调内部奖励。

惩罚是为了消除学生的不良行为再发生的可能。当学生的不良行为出现时，通常可以采用两种惩罚方式：一是给予某种厌恶刺激，如批评、处分、谴责等；二是取消个体喜爱的刺激或剥夺某种特权等，如不许参加某种娱乐性活动。教师进行惩罚时，应坚决避免体罚或变相体罚，否则将损害学生的自尊，甚至导致更严重的后果。

除上述介绍的各种方法外，角色扮演、小组道德讨论等方法也对学生的态度和品德的形成与改变起到重要作用。

第二节　德育的概述

【拓展阅读】

中学德育工作的基本要求

中学德育工作应认真贯彻党在社会主义初级阶段的基本路线，遵循党关于社会主义精神文明建设的指导方针，在继承和发扬德育优良传统的基础上，适应不断发展变化的新情况，赋予德育具有时代特点的新内容、新方法。要坚持实事求是的思想路线，从我国社会主义初级阶段的实际出发，从基础教育实际出发，从中学生的实际出发，遵循青少年的身心发展规律，分层次地确定德育工作的目标和内容，对中学生进行基本思想政治观点、基本道德、基础文明行为教育、良好个性心理品质和品德能力的培养。不断改进德育方法，逐步实现德育工作科学化、规范化、制度化。

资料来源：中华人民共和国教育委员会. 中学德育大纲［Z］. 1995－02－27.

一、德育的概念

德育是教育者培养受教育者具有一定思想品德的教育。具体地说，它是指教育者根据一定的社会要求和教育者的个体需要及身心发展的特点与规律，有目的、有计划、系统化地对受教育者施加影响，并通过受教育者积极主动的内化与外化，促进其养成一定思想品德的教育活动。

在伦理学上，“德育”是“道德教育”的简称。世界上大多数国家的德育通常是指道德教育。在西方，德育一般指伦理道德教育以及有关价值观的教育。不过，在中国，德育概念是一个长期存在争论的“有中国特色”的问题。“德育即道德教育”只是狭义上的理解，而在现实教育中，德育所涵盖的范围比较庞杂，至少包括思想教育、政治教育和道德教育。鉴于此，国内有关教育学专家建议在名称上用“社会教育”来代替所谓广义的德育。①

德育有狭义和广义两种理解。狭义的德育指的是学校德育，即教育者根据一定社会或阶级的要求，遵循青少年思想品德形成发展的客观规律，有目的、有计划、有组织地对学生施加系统的思想、道德和政治影响，使一定的社会意识和道德规范转化为个体的思想品德的活动。

广义而言，凡是对人的品德产生影响的一切活动都可以称为德育。广义的德育伴随着人的生命始终，与整个社会生产、生活活动密切联系。广义的德育包括家庭德育、社会德育和学校德育。随着社会的发展和变化，“德育”概念被泛化，内涵不断丰富，外延不断扩大，德育的内容包括政治教育、思想教育、道德品质教育、法制教育和心理品质教育五个方面，几乎涵盖了社会意识形态的所有内容。

其中，道德教育是指形成一定的道德意识和道德行为的教育，它主要通过个体与个体，个体与群体、社会，个体与自然的行为规范和准则的教育，包括家庭伦理道德、社会公德、国民公德、职业道德、个人品行修养等方面的教育

---

① 陈桂生.“教育学视界”辨析［M］. 上海：华东师范大学出版社，1997：201.

来实施，强调人的良心和良知、义务感和责任心、自觉和自愿的统一。思想教育指对人的态度、思想和观念产生影响的教育，它以个体的价值认识、理性意识为核心，最终目标是使受教育者形成一定的世界观和人生观。政治教育主要指有目的地形成一定的政治观点、信念和政治信仰的教育，它主要通过对民族、阶级、政党、国家、政权、社会制度和国际关系的情感、立场、态度的教育来实现，其性质由一定的社会政治经济制度所决定，与一个国家（或地区）的现实政治及其发展趋向直接相关，具有鲜明的阶级性、方向性和时代性。

关于德育的外延，理论界和实践界存在不同的看法，德育的内涵似乎越来越不确定，外延似乎越来越模糊，内容似乎也越来越庞杂。有人认为，德育就是道德品质的教育，它不应包括政治教育、思想教育和法制教育，因为道德与政治、思想（世界观、人生观）和法律是有本质区别的，尽管它们有着内在的联系，但不能把人在政治、思想和法律方面存在的问题归结为或等同于道德问题。比如，一个人缺少某种政治态度和思想观念，并不能说他不道德；一个违法乱纪的人，也不能说他不道德。当然，不赞成把政治教育、思想教育和法制教育包容在德育中的人，并不是不重视、更不是反对在学校中进行这些方面的教育，而应该把不同性质的教育加以区分地进行研究和实施，以避免教育中的混乱和道德教育的本义受到干扰。这种看法值得认真思考。因此，在德育的理论研究与实践探索中，应进一步把握道德教育、思想教育、政治教育之间的内在联系，同时，探寻各自的根本特性和规律，尤其是道德教育、思想教育的根本特性。

需要指出的是，尽管关于德育的外延认识存在较大的分歧，但现代德育必须是以道德价值为核心、以培养人的德性为旨趣。同时，青春期教育、心理健康教育、职业与生活指导等，虽然和德育有密切的关系，也与智育、体育和美育紧密相连，但它们与德育、智育、体育、美育及各自的组成部分实非同一层面的问题，有的只是一种实施教育的途径或方式。因此，不能把德育当成一个“筐”，什么东西都往里装。

二、德育的意义

材料：大学生虐待动物事件

2002 年一、二月间，22 岁的清华大学机电系某学生在北京动物园先后用硫酸泼伤了 5 只熊。

2006 年 12 月 3 日，北大某学生在众目睽睽之下将一只溜进学校图书馆的流浪小猫杀死。

2005 年，复旦某学生在半年时间内，以帮忙收养小猫为由，骗取小猫约 20

只，全部挖眼后丢弃。

材料：能够帮助别人感到快乐

昨日上午，在白求恩国际和平医院血液采集室里，外周血采集机正在“嗒嗒”地工作着，躺在床上的白立刚看到造血干细胞被成功分离，开心地笑了。“能够帮助别人，我们感到很快乐。”白立刚和围在他床前的周锋、许雅普异口同声地说。这三位“80后”青年，将陆续进行造血干细胞采集，以帮助三位白血病患者。

思考：通过材料思考德育的意义是什么？出现大学生虐待动物事件你有什么看法？

春秋时期孔子教育学生立志受道；唐代韩愈在《师说》中把“传道”作为教师的第一项任务；中华人民共和国成立以来我国教育界也一直把德育放在全面发展教育的首要位置。国外许多国家也把加强学生的思想品德教育称为“德育投资”，日本从1958年起在小学开设道德课，并建立少年辅导中心、学校警察联络协议会、家长教师联络会等组织，加强少年儿童的道德教育；德国从1975年开始制定道德教育和法制教育的制度，把道德教育和法律教育列入学校课程。思想品德教育的意义，主要从社会和个体两方面反映出来。

（一）社会意义

德育是社会主义现代化建设的重要条件和保证。德育是精神文明建设的重要组成部分之一，同时，又贯穿于物质文明和民主政治的建设之中。学校是培养建设人才的必要场所，是进行社会主义精神文明建设的重要阵地。从长远看，学校德育具有重大的战略意义，因为现在的中学生是21世纪的重要一代，把他们培养成有社会主义思想道德的新人，将对我国未来的社会风气、民族精神和社会主义现代化建设产生决定性影响。

1988年6月国家教委召开的全国中小学德育工作会议指出，社会主义精神文明建设的根本任务，是适应社会主义现代化建设的需要，培育有理想、有道德、有文化、有纪律的社会主义公民，提高整个中华民族的思想道德素质和科学文化素质。2015年10月，全国中小学社会主义核心价值观教育经验交流暨德育工作会议召开，教育部党组书记、部长袁贵仁出席会议并强调，要全面贯彻党的教育方针，落实立德树人的根本任务，切实将社会主义核心价值观融入中小学教育教学全过程和学习生活各方面，教育引导中小学生扣好人生的第一粒扣子，德、智、体、美全面发展，努力培养中国特色社会主义事业的合格建设者和可靠接班人。

（二）个体意义

1. 德育是青少年健康成长的条件和保证

德育直接关系到青少年的健康成长。青少年正处在长身体、长知识和思想道德品质形成发展的关键时期，必须运用正确的思想和方法进行教育，帮助他们形成良好的品德，增强抵制错误思想道德影响的能力，引导他们沿着社会主义要求的方向发展，促使他们健康成长，否则他们就可能误入歧途。

2. 德育是实现教育目的的条件和保证

我国的教育目的是培养德、智、体全面发展的社会主义建设者和接班人。我国《宪法》第四十六条规定：“国家培养青年、少年、儿童在品德、智力、体质等方面全面发展。”人的德、智、体是相互联系、影响、制约、促进的辩证统一体。通过德育促进青少年儿童的品德发展，可为他们体、智等方面的发展提供保证和动力。

青少年的心智发展处于一个不成熟的阶段，容易受各种思想的影响，是非判断的能力较弱。同时，这个时期具有极强的可塑性，也是对其进行思想品德教育的最佳时期，而学校的德育和教师的引导是他们健康成长的重要条件。一个人良好的思想品德是不会自发产生的，所谓“树大自然直”的观点是错误的，是不负责任的；还有人认为“德育是软任务，智育是硬任务，升学率是铁任务”；或者认为在社会风气没有根本好转的形势下，德育工作是“小气候抵不住大气候”，从而对思想品德教育失去信心。在这些错误思想的影响下，学校的思想品德教育工作仍然可能出现“说起来重要，做起来次要，忙起来不要”的情况，这都将对青少年的健康成长产生一定的负面影响。一切表明，加强学校德育工作是当务之急。

三、中学德育的主要内容

德育是对学生进行社会主义道德原则和道德规范的教育。从源泉上看，一个具体、完整的德育内容，可以源于历史文化、民族传统、英雄事迹以及日常的风土人情、名胜古迹等；从表现形式上看，可以是文字、图像、榜样、影视、自然景色等；从性质上看，可以是爱国主义教育目标、纪律教育目标、社会公德教育目标等。德育内容的选择必须依据德育目标，考虑受教育者思想品德的实际水平和发展的可能性，把握教育的条件、时机、情景、氛围等。总之，德育内容必须在具体的德育目标指导下，“因人、因时、因地、因境”而定。

我国《宪法》第二十四条规定：“国家……提倡爱祖国、爱人民、爱劳动、爱科学、爱社会主义的公德，在人民中进行爱国主义、集体主义和国际主义、共产主义的教育，进行辩证唯物主义和历史唯物主义的教育，反对资本主义的、封建主义的和其他的腐朽思想。”中小学的德育内容以此为依据，并结合我国中小学的教育目标，大致可以表述为以下几个方面。

（一）爱国主义教育和国际主义教育

对个人来说，国家是其生活的最大根基与最高归属。爱国主义历来是激励人民团结奋斗的一面旗帜，是振奋民族精神、增强民族凝聚力的重要动力。爱国主义教育是培养学生热爱祖国的感情，使学生形成保卫祖国、维护祖国利益和国家统一的坚强意志的教育。爱国主义教育是德育的永恒主题，在社会发展的不同历史时期具有不同的内容。在建设中国特色社会主义的新时期，爱国主义与爱社会主义制度是一致的，应当努力实现爱国主义与爱社会主义教育的内在统一。

同时，爱国主义教育应与国际主义教育紧密结合。由于科技、经济、资讯的高速发展，当今世界早已成为人类共同的“地球村”。中国的发展进步离不开世界，世界的发展进步需要中国。当今国际的许多问题只有从全球治理的大格局出发才能较好地处理和解决，可以说，加强各民族之间的理解与合作是世界进步和国家发展的重要条件。所以，今天的爱国主义教育，应将爱国主义与国际主义、国际理解、国际合作，以及对世界和平事业的热爱、拥护、支持等紧密结合起来。

（二）理想信念和传统教育

理想信念是人生的精神支柱，是社会责任感的源泉和精神动力。要对青少年进行正确的人生理想和社会理想教育、初步的职业理想教育、社会主义共同理想教育、献身中国特色社会主义信念的理想教育等，使其自觉地形成高度的社会责任感。

中国传统文化底蕴厚重，哲理深邃，意境悠远，是我们民族最为宝贵的精神支柱和文化遗产，具有强烈的感染力，并深深融入中华民族的思想意识和行为规范之中，影响和支配着人们的思想行为。因此，要加强中华优秀文化传统教育，弘扬中华民族的优秀传统文化，培植扶正祛邪、扬善惩恶的社会风气。

（三）集体主义教育

集体主义教育就是使学生形成集体主义观念，培养学生关心集体、关心他人、助人为乐的思想情感和乐于在集体中生活的教育。学校要教育学生正确处理个人与集体、国家的关系，发扬对集体、国家的奉献精神，反对极端个人主义和自私自利的思想。集体主义教育以社会主义集体为价值目标，以个性发展为前提，强调集体主义原则，并不排斥和否定正当的个人利益。个人正当利益的保护、鼓励和发展，同社会公共利益的发展是相一致的。

（四）劳动教育

劳动作为一种传统美德，在任何时代都不会过时。没有辛勤劳动，一切社会物质财富和精神财富都无从谈起；没有辛勤劳动，人类的生存与发展必然失去最基本的保障。不论是体力劳动还是脑力劳动，不论是简单劳动还是复杂劳动，都是光荣的，都应得到认可和尊重。爱岗敬业、争创一流，艰苦奋斗、勇于创新，淡泊名利、甘于奉献的劳动精神，永远是社会主义价值观和道德观的重要内容。

劳动教育，要倡导以辛勤劳动为荣、以好逸恶劳为耻，教育学生树立正确的劳动观念，认识劳动的意义与价值；培养学生热爱劳动和热爱劳动人民的情感，养成良好的劳动习惯；学习是学生的主要劳动，要教育学生热爱学习，勤奋学习；教育学生爱护公共财物和劳动成果，反对浪费，提倡节俭。

（五）纪律和法制教育

无规矩难以成方圆。纪律是在一定社会条件下形成的集体成员必须遵守的规则、章程、制度等。学校应对学生加强纪律教育，增强他们遵守纪律的自觉性，为他们今后适应社会需要奠定坚实的基础。

国无法不治，民无法不立。法制教育要培养学生的民主思想与参与意识；教会学生学习和遵守基本法律法规中与学生生活有关的规定，做到懂法、守法；引导学生树立法制观念，能够运用法律维护自身的合法权益，自觉拿起法律这一有力武器，与各种违法乱纪行为作斗争。

（六）民主与法制教育

民主与法制教育由民主教育和法制教育两个部分构成，两者相辅相成。民主是法制建设的前提与基础，而法制又是民主的确认和保障，民主教育、法制教育相互依存，殊途同归。培养和增强学生作为未来公民的公民意识、公民权利和义务意识，以及自觉遵守纪律、维护制度的习惯，也是对学生进行道德教育的一项重要内容。

（七）辩证唯物主义世界观和人生观教育

辩证唯物主义世界观是指马克思主义世界观。它给我们提供观察世界和处理问题的正确观点和方法。教师要善于用通俗易懂的方式，结合学生的生活、学习逐步引导学生运用辩证唯物主义世界观，认识世界，观察社会，思考人生。人生观是人们对人生意义、目的和活动的认识和评价，是经过长期的教育、影响、锻炼所形成的一种思想深层的价值观。中学生正处在人生观的形成时期，教师要教育学生认识人生的价值，正确对待人生的问题，树立积极进取、乐观向上的人生态度。

（八）社会主义人道主义教育

社会主义人道主义教育是以社会主义人道主义原则、规范为基本内容的教育。它的主要内容包括三方面：一是让学生懂得人在社会的价值，了解人的地位，初步理解“以人为本”的内涵和重大意义；二是引导学生尊重他人，树立人的尊严感、自豪感和荣誉感，使学生在师生之间、同学之间以及社会公民之间建立团结友爱、平等互助的人际关系等；三是教育学生关心他人，关爱弱者，为有需要的人提供力所能及的帮助等。

此外，道德教育、优秀个性品质（如热情、自信、勇敢、诚实、进取等）的培养等，也是我国中学德育的重要内容。

学校是对未成年人进行思想道德教育的主要场所。学校选择何种德育内容，要依据不同年龄段学生的特点。一般来说，对小学生侧重微观的社会关系领域（个人与家庭、学校、社区等），注重各种基本规范的领悟和良好行为习惯的养成；对中学生则侧重较为宏观的社会关系领域（个人与社会、国家、国际等），重点是加强公民道德教育、民主法制教育和爱国教育、民族精神教育，并引导他们树立正确的理想信念，形成正确的世界观、人生观、价值观。而无论小学还是中学，涉及个体与自我方面的内容，则需根据不同发展阶段儿童自我建构的特点来加以把握。

四、新时期德育发展的新主题

（一）“三生教育”

1. 生存教育

（1）含义

生存教育就是通过开展一系列与生命保护和社会生存有关的教育活动和社会实践活动，向学生系统传授生存的知识和经验，有目的、有计划地培养学生的生存意识、生存态度和生存能力，使其树立科学的生存价值观，从而促进个性自由全面健康地发展，实现人与自然的和谐统一。

（2）意义

①有利于培养学生的自主能力。通过生存教育，要求学生独立承担和处理自己的事情，引导他们积极参与社会活动，从而培养学生独立自主的能力。

②有利于培养学生的自救能力。通过生存教育，把“怎样面对强暴”“如何救触电者”“怎样救溺水者”“怎样科学用电”“如何防止雷击”等具体行为方法教给学生，使学生培养自救的意识、获得自救的方法。

③有利于培养学生的自我防范能力。通过生存教育，把“如何辨别好人坏人”“怎样进行适度的娱乐和玩耍”“如何快速应对突发事件”“怎样进行自我控制”等教给学生，使学生获得自我防范的具体知识和能力。

（3）实施途径

生存教育要以家庭教育为基础、学校教育为主干、社会教育为保障，通过专题式教育和渗透式教育两大途径来实施。专题式教育可分为组织开展以生存教育为主题的专题活动和以综合课程的思路开设此类课程两个方面；渗透式教育分为学科课程渗透和活动课程渗透两种。

2. 生活教育

（1）含义

生活教育是帮助学生了解生活常识，掌握生活技能，实践生活过程，获得生活体验，树立正确的生活观念、生活目标，养成良好的生活习惯，追求个人、家庭、团体、民族和人类幸福生活的教育。我国近现代著名教育家陶行知的教育思想就是以生活教育为基石和主干，即“生活即教育，社会即学校，教学做合一”。

（2）意义

通过生活教育，让学生更好地体验和理解生活是由物质生活和精神生活、个人生活和社会生活、职业生活和公共生活等组成的复合体；有助于学生提高自身的生活能力，处理好学习与休闲、工作与生活的关系，形成立足现实、着眼未来的生活追求；也有助于学生学会正确地进行生活比较和生活选择，认识生活的意义，理解生活的真谛，获得幸福生活的能力，从而热爱和珍惜生活。

（3）实施途径

生活教育的实施从日常生活入手，整合学校教育、家庭教育和社会教育的力量，培养学生的生活能力。

第一，抓好学校教育。一是充分挖掘各门课程中生活教育的显性内容和隐性内容，在教学中潜移默化地渗透生活教育；二是将生活教育列入地方或校本课程，保证学时，给予学分。

第二，重视家庭教育。密切学校与家庭的联系，向学生家长宣传实施生活教育的意义，帮助学生家长树立正确的家庭教育观念，选择适合的教育内容，掌握正确的教育方法，提高家庭生活教育能力。

第三，争取社会教育。争取社会各方面力量的参与，整合各种社会教育资源，营造良好的社会教育氛围，共同推进生活教育。

3. 生命教育

（1）含义

生命教育是引导学生认识生命、尊重生命、珍爱生命，促进学生主动、积极、健康地发展生命，提升生命质量，实现生命的意义和价值的教育。

（2）意义

生命教育能让学生认识人类自然生命、精神生命和社会生命的存在和发展规律，认识个体的自我生命和他人的生命，认识生命的生老病死过程，认识自然界其他物种的生命存在和发展规律，最终树立正确的生命观，领悟生命的价值和意义；以个体的生命为着眼点，在与自我、他人、社会、自然建立和谐关系的过程中，促进生命的和谐发展。

（3）实施途径

生命教育要充分发挥学科教学、专题教育、课外活动三大载体的作用。注重发挥自然、社会、科学、思想品德、体育与健身等学科的优势，分层次、分阶段，适时、适量、适度地对学生进行生动活泼的生命教育；注重挖掘音乐、美术等隐性学科所蕴含的丰富的生命教育内容；注重学校、家庭与社会相结合，形成生命教育的合力。

第一，在学科教学中开展生命知识和生命伦理教育，挖掘生命教育的元素，有机融入生命教育。

第二，在开展心理教育、安全教育、健康教育、法治教育等专题教育中融合生命教育，从关爱生命的角度对教育内容进行整合，赋予各种人文关怀。

第三，通过德育活动课，让学生在生活中掌握生命知识，形成正确的生命意识、生命态度。德育活动是实施生命教育的主要渠道。

第四，家庭、社会教育是生命教育的拓展空间，因为生命教育要取得良好的成效，离不开社会支持系统，如家庭的和睦气氛以及良好的社会氛围。

【拓展阅读】

“死亡课”的生存哲学
向死而生　生则盛放

近日，一场集体“葬礼”在成都七中万达学校的体育馆里举行。哀乐响起，54名初一学生静静地躺在地板上，身边放着自己写下的墓志铭，体验着“死亡”。这其实是该校德育大课堂中的一课，以启发学生对生命的思考和关注。

这一课程引来部分网友的质疑。对于中学生来讲，这样的“死亡课”是否过于沉重？让学生难以承受？但现在的孩子对生死的追问来得比较早。在物质极度匮乏的年代，人们被求生的本能所驱动，为了吃上白面馒头疲于奔命，或许一辈子也不会问自己为什么活着。如今年青一代衣食无忧，日新月异的科技发展正在重塑人的生存方式，而人也不得不重新审视自我存在的价值，思考生为何物。正如费尔南多·萨瓦特尔所说，认识死亡才能更好地认识生命。然而在我们的教育中，常对“死亡”讳莫如深、遮遮掩掩，或许只有在病床上奄奄一息时才会真正思考这个“不吉利”的字眼。面对一起起中学生跳楼事件、自残惨案，我们不能再用上个时代的教育方法来劝慰今天的学生了。

当孩子的童年少年时光，被培训班分割占据；当孩子们的物质生活被无限满足，精神生活却被无限遏制，只能带着任务学习；当孩子们认为学习是为了父母、为了家族荣誉、为了社会，唯独不是为了自己时，这些孩子会认为这具肉体只是父母的，对自己毫无意义，因此并不乎生命。

让中学生体验死亡，也许是德育工作者不得不做的应对。这也在提醒各地的基础教育关于生命思考的植入。生的意义为何？只能自己去寻找去定义，在生死枯荣间自我去感受，而不是课堂的说教。

资料来源：孙庆玲．“死亡课”的生存哲学：向死而生　生则盛放［N］．中国青年报，2017－10－30.

知识拓展：如何让孩子们抱有对生命的敬畏，对死后责任的充分意识，是每一个教育者和父母的责任。

（二）安全教育

1. 概述

安全教育主要包括社会安全、公共卫生、意外伤害预防和应对、网络信息安全、自然灾害预防和应对以及影响学生安全的其他事故或事件预防和应对的教育。安全教育是引导学生了解基本的保护个体生命安全和维护社会公共安全的知识和法律法规，树立和强化安全意识，正确处理个体生命与自我、他人、社会、自然之间的关系，了解保障安全的方法并掌握一定技能的教育。

2. 意义

开展公共安全教育，有利于培养学生的社会安全责任感，使学生逐步形成安全意识，掌握必要的保障安全的知识和技能，了解相关的法律法规常识，在日常生活和突发安全事件中养成正确应对的习惯，最大限度地预防安全事故的发生和减少安全事件对自己造成的伤害，以保障自身健康成长。同时，加强对学生的安全教育，也是向社会普及安全知识的一个重要环节。

3. 实施途径

第一，实施学科教学和综合实践活动课程渗透。通过挖掘学科教学中隐性的公共安全教育内容，与显性的公共安全教育内容进行有机整合，按照要求，予以贯彻落实。

第二，利用地方课程的实践，采用多种形式，提高学生系统掌握公共安全知识和技能的能力。充分利用班会、团会、校会、升旗仪式、专题讲座、墙报、板报、参观、演练等方式，采取多种途径和方法，全方位、多角度地开展安全教育。

第三，可以针对单个主题或多个主题来设计教学活动；可以通过游戏、实际体验、影片欣赏、角色扮演等活动，以及广播、电视、计算机、网络等现代教育手段进行教学，探索寓教于乐、寓教于丰富多彩的教学活动组织形式，从而增强安全教育的效果。

第四，建设符合公共安全教育要求的校园环境，使学生在潜移默化中提高安全意识，提高学生学习与掌握必要的安全知识和生存技能的能力。

第五，强化家长对学生进行公共安全教育的意识，引导家长了解和掌握公共安全教育的科学方法，主动寻求家长和社会对公共安全教育的支持和帮助。

第六，与公安、消防、交通以及卫生、地震等部门建立密切联系，聘请相关人员担任校外辅导员，系统承担公共安全教育的内容，并且协助学校根据学生的特点，制定应急疏散预案和组织疏散演习活动。

（三）升学就业指导

1. 概述

升学就业指导是指教师根据社会的需要，指导学生树立正确的就业观，帮助学生了解社会职业，进而引导学生按照社会的需要和自身的特点，为将来升学选择专业、就业选择职业，做好思想、心理和学习上的准备。

2. 意义

无论是初中毕业生还是高中毕业生，都面临着升学与就业的选择。学生选择什么学校，学习什么专业，都会影响将来的职业生活选择和人生事业发展。从这个意义上说，升学就是间接的就业。面对升学与就业的选择，相当多的中学生处于比较茫然的状态，对自己的兴趣和社会职业缺乏较为全面的认识和了解。因此，开展升学与就业指导活动就显得迫切和必要。

3. 实施途径

实施升学就业指导，家庭教育是基础，学校教育是关键，社会教育是保障，必须坚持学校教育、家庭教育、社会教育有机统一的基本途径。

第一，充分发挥学校教育的主渠道作用，联系学生实际，有目的、有计划、分层次、分阶段，以及适时、适量地进行针对性强的升学就业指导。

第二，密切联系家庭，共同实施升学就业指导，引导家长转变家庭教育观念，选择适合的家庭教育内容，开展正确的家庭教育，形成有利于实施升学就业指导的家庭氛围。

第三，争取有关部门的配合与社会多方力量的支持，整合社会教育资源，优化社会环境，最大限度地调动和发挥社会对实施升学就业指导的正面影响和积极作用，共同推进升学就业指导。

2010 年 10 月，西安外国语学院大三学生药家鑫驾驶小轿车撞倒张妙之后，不但不马上实施补救，反而连捅数刀，致使张妙当场死亡，引发了全国著名的“钢琴杀人事件”。

2014 年 9 月 9 日下午，在郑州市一辆 919 路公交车上，一老人因让座与一年轻人发生争执，老人扇了年轻人 4 耳光之后，气倒在车内，急救人员赶到时，老人已经没有了呼吸。急救人员介绍，没有发现老人身上有外伤，老人猝死应该与心脏和脑血管突发病有关。

讨论：根据以上案例，阐述德育的重要性及目前存在的突出问题。

第三节　德育的过程

德育过程论是德育的基本理论，其研究对象是德育活动的构成及其客观运动过程。正确理解和认识德育过程，有助于制定德育原则，选择和运用德育方法，提高德育工作的科学性、实效性。

一、中学德育过程的概述

（一）德育过程的内涵

德育过程即思想品德教育过程，是以形成受教育者一定的思想品德为目的、教育者与受教育者共同参与、交往与互动的教育活动过程。具体地说，德育过程是教育者根据社会发展的思想道德要求和受教育者思想品德形成的规律，对受教育者实施教育影响，并通过受教育者思想品德的内化、外化机制，促使其形成一定的思想品德、发展其品德能力的教育活动过程。德育过程的基本矛盾，就是教育者提出的德育要求与受教育者现有品德水平之间的矛盾。这对矛盾的持续产生和解决，将不断地把社会所要求的道德规范转化为受教育者的品德，从而完成德育任务。

思想品德教育过程不同于思想品德形成过程。前者是有目的地促进个体的思想品德形成的过程，而后者则是个体思想品德的知、情、意、行由低级到高级、由简单到复杂、由量变到质变的矛盾运动过程，两者属于教育与发展的关系，主要区别如表 10－1 所示：

表 10－1　思想品德教育过程和思想品德形成过程的区别

思想品德教育过程	思想品德形成过程
1. 思想品德教育过程是教育的组成部分，其实施属于教育活动的范畴	1. 思想品德是人的素质的组成部分，其形成属于人的发展的范畴
2. 是从外部对受教育者施加影响的过程	2. 是在外部影响作用下道德主体内部矛盾运动的过程
3. 是受教育者与外界教育影响相互作用的过程	3. 是德育主体与外界各种影响相互作用的过程

资料来源：鲁洁，王逢贤. 德育新论［M］. 南京：江苏教育出版社，1994：256.

（二）德育过程的结构与矛盾

德育过程的结构是德育过程各要素或各组成部分相互联系、相互作用的方式。德育过程是受教育者共同参与的教育活动过程，教育者及其活动和受教育者及其活动是德育过程的两个最基本要素。教育活动的展开，必须借助一定的中介，即德育的内容和方法。因此，教育者及其活动、受教育者及其活动和德育的内容与方法便构成了德育过程的三个基本要素。三个要素在教育活动中的地位、作用以及相互之间联系、作用的方式，便构成德育过程的结构。德育过程与其外部环境之间、德育过程内部要素之间、教育者和受教育者自身的各种因素之间都是对立统一的。

在德育过程中，教育者和受教育者之间的矛盾主要表现为教育者所提出的德育要求和受教育者思想品德发展现状之间的矛盾，这是德育过程中的基本矛盾。这种外部矛盾在受教育者内部的表现，即由教育者提出的德育要求引起的受教育者新的精神需要与其自身思想品德发展现状之间的矛盾，它是个体思想品德形成和发展的基本动力。

（三）德育过程是促进个体思想品德社会化和社会思想道德个体化统一的过程

德育过程中，解决教育者所提出的德育要求和受教育者思想品德发展现状之间的矛盾，就是有目的地促进受教育者个体的思想品德社会化的过程，即教育者有意识地促使受教育者个体主动地接受一定的社会代表先进、文明的政治观点、价值观念、思想道德准则与规范的影响，使其逐步内化为自己的思想品德观点、信念，并以此指导和调节自己的社会行为，成为能够适应和参与一定的社会角色行为的人。个体思想品德社会化的过程，同时也是社会思想道德个体化的过程。社会思想道德个体化包括两个侧面：一是内化过程，即将一定的社会政治观点、价值观念、思想道德准则与规范转化为个体的思想品德；二是个体化过程，即个体的思想品德因性别、年龄、性格、生活环境与成长经历等的不同而具有鲜明的个人特色，成为个体个性特征的一部分。个体思想道德社会化和社会思想道德个体化是同一德育过程的两个方面，德育过程是社会政治观点、价值观念、思想道德准则与规范的传递与个体对思想道德的认识、体验、选择相统一的过程。

二、德育过程的基本规律

德育过程有自身的规律，开展德育工作必须遵循思想品德形成的规律，同时也要遵循德育过程的规律，才可能取得理想的教育效果。

（一）具有多种开端的对学生知、情、意、行的培养提高过程

1. 德育过程是对学生知、情、意、行的培养提高过程

任何一种品德都包含知、情、意、行四个基本成分，即道德认识、道德情感、道德意志和道德行为。学生的思想品德由知、情、意、行四个心理因素构成。学生思想品德的形成与发展，即这四个心理因素的形成与发展的过程，学校德育过程也就是对这四个品德心理因素的培养过程。在德育实践中，许多优秀教师总结出了“晓之以理，动之以情，导之以行，持之以恒”的经验，完全符合德育过程的规律。

2. 德育过程具有多开端性

德育过程一般以知为开端，经过情、意的过程，以行为终结。但由于社会

生活的复杂性、德育影响的多样性，加之学生存在个别差异，所以，德育可以根据不同的情况，选择不同的开端，或从导之以行开始，或从动之以情开始，或从锻炼品德意志开始。德育的具体实施具有多种开端，是德育过程的一个重要特点。只有这样，德育过程才更具有针对性和实效性。

（二）组织学生的活动和交往，对学生多方面教育影响的过程

1. 活动和交往是学生品德形成的基础

学生的思想品德既在活动和交往中接受外界的教育影响，逐渐形成和发展起来，又在活动和交往中表现出来。德育的活动和交往形式较为多样。对学生进行思想品德教育最经常的形式是教学。班会、校会、团队活动、社区活动、社会实践等具有灵活性和交往性，较容易被学生所接受。因此，根据德育目标和思想品德形成的规律，有目的地设计实施相关的德育活动，有助于加快个体品德发展的速度，从而规范和保证学生品德发展的方向。

2. 对学生活动和交往施加多方面的教育影响

学生在活动中，必定会受到多方面的影响，既有校内的正式影响，又有校外的非正式影响；既有积极正面的影响，也有消极负面的影响。在活动和交往中，学生接受的影响有一定的选择性。青少年思想活跃，模仿和接受能力强，但由于缺乏明确的是非判断力，容易受不良因素的影响，增加了教育的难度。学校德育应在多方面发挥主导作用，重视组织和引导学生活动，并且加强交往和活动过程的监控，抵制负面消极的影响，将积极正面的教育影响有效地统一起来，从而形成学校、家庭、社会教育的合力，共同促进学生良好品德的形成和发展。

（三）促进学生思想品德发展的内部矛盾转化的过程

1. 学生的内部矛盾是思想品德形成和发展的动力

学生的思想品德内部矛盾，是个体的思想品德发展水平和社会需要之间存在的矛盾，是个体在实践活动中产生的新需要与原有品德结构的矛盾。在德育过程中，教育者应自觉利用矛盾运动的规律，促进学生自我教育，实现思想矛盾向社会需要方向的转化。学生内部心理矛盾斗争的过程，是学生品德不断发展的过程。因此，教育者要高度重视学生自我教育能力的培养，发挥学生在德育过程的主观能动性。

2. 德育任务是促进学生品德发展内部矛盾的积极转化

德育的任务是根据受教育者内部矛盾转化的规律，有计划地施加系统的影响，从而促进学生思想品德发展内部矛盾的积极转化。学生思想品德发展的内

部矛盾，往往具有不同的表现形式，所以需要运用不同的方法去解决。

①认识性质的矛盾，需要教师反复讲解道德规范，提高学生理论素养和认识水平，从而增强其行为的自觉性，实现矛盾的顺利转化。

②能力性质的矛盾，通常是由于学生道德意志薄弱，不能履行道德要求而产生的，表现为“犯错不自觉”。教育者需要引导学生加强道德意志的锻炼，通过提高自制力和毅力来解决。

③思想性质的矛盾，往往是由于学生受到不良思想的影响，不能甚至不愿遵守道德规范而产生的矛盾，导致学生“知错犯错”。对这类矛盾的教育难度较大，需要消除学生错误思想的影响，使其树立正确的观念。若方法不当，容易激起受教育者的逆反心理。因此，需要教育者耐心地对学生做好深入细致的思想工作，使学生深刻地认识到错误，从而激发他（她）们内心的矛盾，并在自我教育中使矛盾向积极方面转化。

（四）长期的、反复的、不断前进的过程

学生思想品德的形成，不是一朝一夕能完成的，需要经过长期的教育、反复的培养才能不断发展和逐步提高。这是一个不以人的意志为转移的客观规律。

从个体发展来看，学生的可塑性较大。在个人的发展过程中，由于青少年的人生观、世界观尚未定型，随时可能受到各种因素的影响而发生变化，因而需要长期关注和教育；学生按照教育者的要求而形成的新观念、新行为的稳定性不强，需要经过多次反复实践和强化才能巩固；同时，在学生品德发展的过程中，品德的构成要素不断地实现平衡与不平衡的转化，也影响思想品德形成过程的完成。所以，德育过程是一个必须长期坚持的过程。

从社会环境影响来看，各种社会影响可能会与学校的德育相抵抗。学生所处的环境十分复杂，除学校外，还有教育者难以掌握的家庭、社会中的不良影响，与学校正面的教育相冲突，甚至会抵消学校德育的作用，在学生品德形成的过程中出现不断变化和反复的现象。因此，教育者要正确认识和对待这种现象，持之以恒、坚持不懈、耐心细致地对学生进行道德教育。

教育案例

某工读学校，1981 年全部在校生是 56 名，其中有 40 名逃跑过，占学生总数 71.4%，有一个学生一年中逃跑了 7 次；这些工读生逃跑到社会上共作偷窃案 164 起；其他 16 名未逃跑过的学生，利用放假、晚上夜出作案的有 4 人；利用回原校机会作案的有 3 人；在校内偷窃的有 2 人；没有直接作案但参与分赃、赌博、打架和骗取钱粮的有 7 人。没有一人没有重犯过去所犯的错误，只是重犯错误的大小程度不同而已。但是，这一工读学校的 56 名学生在这一年里的进

步也很大。全校56名学生共做各种好事500余件，没有一个学生没做过好事的；而且在思想、学习、劳动等方面，都有显著的进步。

实践证明，学生在品德形成过程中，尤其是在克服不良品质的转变过程中，都会有大量的反复。德育工作者对此必须有充分的认识和足够的思想准备，自觉地在教育过程中保持耐心，看到学生的反复不气馁，而是根据其反复的原因，发扬坚持不懈、百折不挠的精神，将育人工程进行到底。

思考：从德育过程的基本规律谈谈这所工读学校的学生的品德习得的原因及作为教师针对此类学生应如何开展德育工作?

第四节　中学德育原则、途径与方法

一、中学德育的原则

德育原则是德育理论的重要范畴，是教育者进行思想品德教育时必须遵循的基本要求。它反映了德育过程的规律性，是对德育实践经验的概括和总结。德育原则对德育大纲的制定、德育内容的确定、德育方法的选择以及德育的组织形式和运用等，具有重要的指导作用。

（一）方向性原则

方向性原则是指学校德育必须坚持社会主义方向，坚持以马克思主义为指导，加强社会主义核心价值观教育，抵制各种错误思想的影响。这是学校德育的根本原则，是我国中学德育性质最突出的表现。

贯彻这个原则的要求：一是必须坚持和发展中国特色社会主义，以邓小平理论、“三个代表”重要思想和科学发展观为指导；二是根据学生的身心发展特点，以社会主义核心价值体系引领学生发展，对学生进行爱祖国、爱人民、爱劳动、爱科学、爱社会主义的教育；三是引导青少年逐步树立正确的世界观、人生观和价值观。

（二）知行统一原则

这个原则也称理论联系实际原则，是指把思想政治观念和道德规范的教育与参加社会生活的实际锻炼结合起来，把提高学生的思想认识与培养道德行为习惯结合起来，使他（她）们成为言行一致的人。

贯彻这个原则的要求：一是引导学生了解道德规范，掌握明辨是非的标准，从而指导和评价自己的行为；二是组织各种社会实践活动，深化学生的道德认识，增进情感体验，磨炼坚强意志，养成社会所需要的道德行为习惯；三是以知行统一的要求对学生评价。此外，教师要以身作则，言行一致，严于律己，以自己的模范行动去影响学生。

（三）因材施教原则

这个原则也称遵循年龄特点和照顾个别特点相结合的德育原则，是指德育要从学生的思想认识和品德发展的实际出发，根据他（她）们的年龄特征和个性差异，有的放矢地进行差异化教育，加强德育的针对性和实效性，使每个学生的品德都能获得最佳发展。

贯彻这个原则的要求：一是以发展的眼光看待学生，全面、深入地了解学生，正确认识当代青少年学生的思想特点；二是根据不同年龄阶段学生的特点，选择不同的内容和方法进行教育，防止一般化、成人化、模式化；三是注意学生的个性差异。

（四）正面教育与纪律约束相结合的原则

在德育过程中，教育者既要坚持正面引导，调动学生接受教育的内在积极性，又要辅之以必要的纪律约束，要求学生遵守学生守则、学校规章制度，并对学生进行相应的教育管理。

贯彻这个原则的要求：一是坚持正面启发，积极疏导。通过摆事实、讲道理，循循善诱，提高学生的思想认识。二是以正面的榜样和事例教育学生。以表扬、激励为主，批评、惩罚为辅。三是建立合理的规章制度，把耐心说服和合理的规章制度结合起来，发挥思想品德教育的效力。

（五）集体教育和个别教育相结合的原则

在德育过程中，教育者既要善于组织和教育学生热爱集体，并依靠集体教育每个学生，又要通过对个别学生的教育，来促进集体的形成和发展，从而把集体教育和个别教育有机地结合起来。

这个原则是苏联教育家马卡连柯总结的成功教育经验。他强调指出，教师要影响个别学生，首先要影响学生所在的这个集体，然后通过集体和教师去影响学生，便会产生良好的教育效果。这就是著名的“平行教育原则”。

贯彻这个原则的要求：一是建立健全的学生集体；二是开展丰富多彩的集体活动，充分发挥学生集体的教育作用；三是加强个别教育，并通过个别教育来影响集体，从而增强集体的生机和活力。

（六）尊重信任学生与严格要求学生相结合的原则

尊重信任学生就是尊重学生的人格，相信他们具有独立自理的能力；严格要求学生，就是对学生进行严格的管理和教育。在德育的过程中，要把对学生的尊重和信赖与严格要求学生的思想和行为二者结合起来，使教育者对学生的要求与影响转化为学生的品德。

马卡连柯说："我的基本原则永远是尽量多地要求一个人，也要尽可能地尊重一个人。""对我们所不尊重的人，不可能提出更多的要求；当我们对一个人提出很多要求的时候，在这种要求里也包含着我们对这个人的尊重。"

贯彻这个原则的要求：一是教育者要热情关怀每个学生，尊重学生的人格和自尊心；二是教育者应根据教育目的和德育目标，对学生严格要求，认真管理；三是教育者要从学生的年龄特征和品德发展状况出发，提出适度的要求，并坚定不移地贯彻到底，不能迁就、姑息、朝令夕改和放任自流。

（七）发挥积极因素和克服消极因素的原则

在德育过程中，要调动学生自我教育的积极性，依靠和发扬自身的积极因素去克服品德上的消极因素，实现品德发展内部矛盾的转化，使学生的品德不断形成和发展。

贯彻这个原则的要求：一是用一分为二的观点看待学生，无论对优秀学生还是后进学生，都要保持客观公正的态度，进行客观公正的评价；二是长善救失，因势利导，引导学生自觉地发扬自身的优点，克服不足和缺点；三是引导学生自我教育，自觉提高道德自律能力和道德品质修养。

（八）教育影响的一致性和连贯性原则

在德育工作中，教育者应主动协调多方教育力量，统一认识和步调，有计划、系统连贯地教育学生，发挥教育的整体功能，培养学生的优秀品德。

贯彻这个原则的要求：一是充分发挥教师集体的作用，统一学校内部的多种教育力量，使之成为一个分工合作的优化群体；二是争取家长和社会的配合，主动协调好与家庭教育、社会教育的关系，逐步形成以学校为中心的"三位一体"的德育网络；三是保持德育工作的常规性和制度化，处理好德育工作的衔接，从而保证影响的连续性和系统性，使学生的思想品德能循序渐进地持续发展。

德育原则是一个相对完整的体系，贯穿于整个思想品德教育的始终。它既概括了德育的宝贵经验，也反映了德育过程的规律性，对德育工作具有直接的、具体的指导作用。当然，德育原则不是固定不变的，它将随着人们对德育过程规律认识的加深和教育实践的发展而日益丰富和发展。

教育案例

周老师总是认真给学生写评语，把它作为教育学生的途径。他给班上一名淘气的学生写了一首打油诗："小赵同学有头脑，就是不爱用正道；上课爱做小动作，插话接舌瞎胡闹；学习态度不太好，学习成绩不大妙；你若聪明应知道，有才不用是草包，劝你来期赶紧改，否则成绩更糟糕。"小赵阅后哈哈大笑，也回老师一打油诗："老师写得好，老师写得妙；小赵一定改，绝不当草包；不做小动作，头脑用正道；若是做不好，随你老师敲！"

小张迷恋电脑游戏，周老师用心良苦，巧妙地把他比喻为电脑，给他的评语是："该主机硬盘超过80G，内存2G，运行绝大多数游戏非常流畅、反应灵敏；显卡强大，画面质量甚高；整体配置非常优良。但该机音效卡设定不良，常常该出声音时没声音，要安静时却发出杂音；另外屏幕保护时间设定过短，老师一分钟没动作，就进入休眠状态。修理修理，还是好用。"后来，小张改掉了迷恋游戏的毛病，对电脑硬件也产生了兴趣。

小黄语文水平高，但有些浮躁，周老师给他写了如下评语："汝生于书香门第，通达明理，开朗乐观。时有非常之事，亦曾处之泰然，好学善守。然汝时有蹉跎之意，散惰顽甚。若不熟读圣贤之书，以致学识浅薄，泯然众人，岂不哀哉，痛哉！"小黄阅后，心服口服，决心沉下心来，坚持勤奋读书。

思考：请结合材料加以分析，周老师给学生写的评语体现了哪些德育原则？

二、中学德育的途径与方法

（一）德育的途径

德育的途径是指学校教育者对学生进行德育时所选择和利用的渠道，又称为德育组织形式。我国中学德育的途径是广泛多样的，主要形式有：

1. 德育课程建设

充分整合和利用各种德育资源，构建合理的中学德育课程体系，改进中学思想品德课、思想政治课的教学方法和形式，把传授知识同陶冶情操、养成良好的行为习惯结合起来。

2. 各学科的教学

思想品德课与其他学科的教学是学校德育的基本途径。要充分发掘教材本身所固有的德育因素，把教学的科学性和思想性统一起来，使学生在接受科学文化知识的同时，受到科学精神、社会人文精神的熏陶，从而形成良好的品德。

课堂教学中的德育

一位教师在讲授《刻舟求剑》一课时，抛开深僻的寓意不讲，赋予寓言新的内涵。“同学们，掉剑的人到岸边就找不到剑了。这是为什么呢？同学们用铅笔盒做船，铅笔为剑，演示一下。”

演示过后，同学们纷纷发言。

“因为船走了，但剑不会走。所以找不到剑了。”

“怎样才能找到剑呢？”

“当剑一掉下去的时候，马上就跳下去找，才能把剑捞上来。他把这个机会丢掉了，剑就没法捞了。”

“同学们，现在是2001年5月10日下午4：20分。这个时刻在我们一生中有几次？”

“只有一次。”

“同学们，将《刻舟求剑》与人生的每时每刻只有一次联系起来想一想，你有哪些感悟呢？”

“我们应该抓住每时每刻好好学习，这样就是抓住机会了。”

“每一分每一秒过去了就不会再来。千万不能浪费时间。”……这样的小事，教材中到处都有。教师要有一双慧眼，发现并挖掘教材的育人因素，将它的作用发挥到最大。

资料来源：郭彩霞．教师的作用在哪里［J］．人民教育，2002（10）．

3. 德育主题活动

各种课外文化体育活动、课外兴趣小组活动和力所能及的公益劳动，有助于培养学生的劳动观念和创新意识，丰富课外生活。心理健康教育、法制教育、崇尚科学文明反对迷信邪教教育等，都是德育的重要途径。各种法定节日、传统节日、重大历史事件纪念日，以及未成年人的入学、入队、入团、成人宣誓等有特殊意义的重要日子，都蕴藏着宝贵的思想道德教育资源。要抓住时机，整合资源，集中开展思想道德主题宣传教育活动。

4. 共青团、少先队组织的活动

共青团、少先队是青少年学生的集体组织。积极开展少先队活动，建立和完善校外辅导员制度，办好中学生业余团校、高中生业余党校，有利于调动学生的积极性和创造性，使学生自觉提高思想认识，培养优良品德。

5.《中学生守则》和日常行为规范教育

以促进学生全面发展为出发点和落脚点，推进行为规范教育，有利于培养学生的良好习惯，引导他们树立正确的世界观、人生观和价值观。

6. 社会实践活动

社会实践活动有助于培养学生良好的品德风尚，是学校德育不可缺少的重要途径。应按照实践育人的要求，以体验教育为基本途径，针对不同层次未成年人的特点，精心设计和组织开展内容鲜活、形式新颖、吸引力强的社会实践活动。

7. 校会、班会、周会、晨会的学习

校会和班会是全校师生或全班同学参加的活动，能持续潜移默化地影响学生，及时地、有针对性地解决学生的思想问题。周会主要对学生进行社会主义道德教育和时事政策教育。晨会可以对每天出现的问题予以及时解决。

8. 以爱国主义教育基地为重点的德育活动场所

各类博物馆、纪念馆、展览馆、烈士陵园等爱国主义教育基地，少年宫、儿童活动中心等未成年人的活动场所，图书馆、文化馆（站）、体育场（馆）、科技馆、影剧院等场所，对未成年人教育发挥着重要作用。

9. 重视网络阵地建设

根据网络特点，遵循网上信息的传播规律，充分考虑未成年人的兴趣爱好，开设德育网页、专栏，组织开展各种形式的网上德育活动，加强网上正面宣传，为未成年人提供健康有益的绿色网络空间，是新时期重要的德育途径。

10. 心理健康教育

对大多数心理健康的学生而言，心理健康教育的目标是培养学生良好的心理素质，预防心理障碍的发生，促进学生心理机能、人格的发展与完善。对轻微心理障碍的学生而言，心理健康教育的目标是排除学生的心理障碍，预防心理疾病的发生，提高学生的心理健康水平。针对少数有严重心理障碍的学生，进行心理咨询与治疗。

11. 教职员工的示范作用

学校教职员工应树立育人为本的思想，热爱学生，言传身教，以高尚的情操引导学生的品德发展。班级是学校教育工作的基本单位，班主任是班级教育系统的主导力量。学校通过班主任可以强有力地管理基层学生集体，更好地发挥前面所述各种德育途径的作用。

12. 学校、家庭、社会三元结合

学校、家庭和社会是教育的三大支柱，其中家庭和社会对教育的影响越来越大。学校只有改变这种疏远于社会的封闭教育体系，拓宽思路，取得社会组织机构和学生家长的支持与配合，三者形成相互依靠、协调发展的三元结合德育网络，才能提高育人的效果。

（二）德育的方法

1. 德育方法的概念

德育方法是德育过程的中介因素之一，是完成德育任务的重要条件。“方法”的英文为“method”，源于希腊文的“methodos”，意思是沿着一定路径前进，也就是说以一定的方式或程序开展活动，从而实现目的。我国对德育方法的认识有一个变化的过程。20 世纪 50 年代，教育界受苏联影响，认为德育方法即完成德育任务而采取的措施，或者说是德育手段。随着理论界认识的不断深入，有关德育方法的认识也不断深化。

一般而言，人们把教育者借以表达教育要求或意向、传授或呈现德育内容所依赖的工具、载体，诸如语言、榜样、情境、环境与氛围、纪律与规则、奖励与惩罚等归为德育手段。而在德育过程中，师生双方为了完成德育任务的共同活动方法，称为德育方法，其中包括教师影响学生、促进其思想品德形成的方法和学生在教师的指导下进行自我教育的方法。德育方法是为了达到德育目的，在德育过程中采用的教育者和受教育者相互作用的活动方式的总和。它既包括教育者的教学方式，也包括受教育者的学习方式。

2. 德育方法的分类

德育过程的复杂性，必然带来德育方法的多样性。由于依据不同，德育方法的分类也不相同。有学者以德育方法的概括程度为依据，按层次把德育方法分为三种类型，即第一层次作为指导思想的方法，第二层次作为德育方法总和的方法，第三层次作为具体操作技能的方法；有学者从德育方法对受教育者影响作用的特点和心理机制的角度，把德育方法分为明示法和暗示法；有学者从德育方法作用的范围按共同教育、类别教育、个别教育和生活指导来划分德育方法。有的学者按德育和价值教育流派将德育方法归为德育认识发展方法论、社会（或道德）学习方法论、价值澄清论、心理分析或情感方法论、社会（或道德）行为体验方法论等类型。

以德育方法的概括程度为依据，可分为三个层次：

第一层次是作为指导思想的方法，组织德育活动时必须遵循的一些基本准则和要求，即通常所说的德育原则。根据受教育者思想品德形成的规律和德育过程的本质特性，理论界通过对我国德育实践经验进行分析总结，概括出很多的德育原则，主要有正面教育与纪律约束相结合原则、热爱尊重与严格要求相结合原则、集体教育与个别教育相结合原则、提高认识与指导实践相结合原则、教育影响的连续性一致性原则、平行教育原则、知行统一原则、实效性原则、活动性原则等。

第二层次是作为德育方法总和的方法，即以某种标准或特性对具体的德育方法、程序、策略等进行概括而形成的方法。如以知、情、意、行为标准，我国中小学常用的德育方法可分为说服教育法、榜样示范法、陶冶教育法、自我教育法、实践锻炼法、品德评价法等。

第三层次是作为具体操作技能的方法，以一定的方法论思想为指导，以某一类方法的基本精神为其操作准则，具有一定的工作策略和操作程序，如运用事实进行说服的教育方式、运用奖励来控制行为的策略等。

3. 中学常用的德育方法

西方学校推崇道德讨论、案例研究德育方法是提高德育实效的关键，在具体德育工作中应根据实际情况，有针对性地选择相应的方法，才能获得事半功倍的效果。中学常用的德育方法有：

（1）说服教育法

说服教育法是通过摆事实、讲道理使受教育者明辨是非、善恶，掌握行为规范标准，提高品德水平的一种方法，是德育的基本方法。说服的形式多种多样，大致可以分为两大类：一是运用语言文字进行说服教育，可以是具有启发性和说服力的讲解和报告，也可以是主题鲜明的谈话与讨论；二是运用事实进行说服教育，主要包括参观、访问和调查。

运用说服教育的基本要求：一是内容有针对性。从受教育者的年龄特点、个性差异以及心理状态等实际出发，做到有的放矢，切中要害，防止“模式化”“一刀切”。二是情感要充沛。“情通则理达”，教育者要善于以自己充沛的热情和坚定的信念去唤起学生情感上的共鸣，激起学生思想上的波澜，从而达到良好的教育效果。三是态度要民主。要有民主、平等、和蔼、诚恳的态度，循循善诱，坦诚相见，切忌讽刺、挖苦、盛气凌人。四是讲究教育时机。善于捕捉教育的时机，拨动学生的心弦，引起他们的情感共鸣。

（2）榜样示范法

《论语》说：“其身正，不令而行；其身不正，虽令不从。”《学记》也说：“善歌者使人继其声，善教者使人继其志。”榜样示范法是以正面人物的优良品质、模范行为来影响受教育者品德的一种方法。这种方法的特点在于它是通过榜样的言行，把高深的思想、良好的道德具体化、人格化，使青少年在形象具体、可信度高、富有感染力的范例中得到启迪，提高品德认识，陶冶情感，形成正确的观点、信念，增强学习的自觉性。

运用榜样示范法的基本要求：一是选择好榜样，这是学习榜样的前提。选择时要考虑学生的年龄特征、接受能力，以及社会氛围、时代特点。二是树立榜样的威信，这会直接影响德育的效果。选择的榜样必须来自生活，具有真实性、可信度，他们高尚的情操和事迹，能赢得学生由衷的敬仰和爱慕。三是激发学习榜样的动机。激发受教育者学习模仿的积极性；对受教育者提出具体可行的要求，使其明确学什么和怎样学；为受教育者提供实践的机会，使对榜样的学习付诸行动。

（3）陶冶教育法

陶冶教育法也称情感陶冶法，是指教师利用环境和自身的教育因素，对学生进行潜移默化的熏陶和感染，使其在耳濡目染中受到感化的方法。陶冶教育法主要包括人格感化、环境陶冶和艺术熏陶。人格感化指教育者以自己高尚的品德、人格以及对学生深切的期望和真诚的爱来触动、感化学生，促进学生思想转变，积极进取；环境陶冶指通过学校的物质文化和精神文化使学生受到熏陶和感染；艺术熏陶指通过音乐、美术、舞蹈、诗歌、影视等文化艺术活动，使学生在潜移默化中接受影响。

运用陶冶教育法的基本要求：一是引导受教育者参与情景的创设。要求教师为人师表，以身作则，言传身教，以自己优良的品德、高尚的风格来感染学生。二是创设良好的教育情境，可通过校园文化建设，丰富校园文化生活，开展丰富多彩、积极健康的文化娱乐活动来熏陶感染学生。三是与说理相结合，需要教师配合以启发说服，引导学生喜爱其学习与生活的美好环境，自觉接受有益影响。

（4）自我教育法

自我教育法是在教育者的指导下，受教育者在自我意识的基础上产生积极进取的心理，为形成良好的思想品德而提出相关的任务，自觉地进行思想转化和行为控制的方法。自我教育是学生在品德修养上自觉能动性的表现，是思想进步的内部动力。自我教育不仅是品德教育的方法，也是品德教育的重要内容。提高学生自我教育的能力，从而培养能够独立进行自我修养的意识和能力，是品德教育的重要目标。

运用自我教育法的基本要求：一是激发学生自我教育的愿望。大致可以从两个方面着手，一方面，引导学生明确了解社会、家庭、学校对自己提出的相关道德要求；另一方面，为学生提供学习榜样，让学生找到适合自己学习的榜样。二是帮助学生制订适合自己的、具体可行的自我教育计划，这是避免自我教育盲目性的一种重要方式。三是指导学生监控和评价自己的道德表现。鼓励学生在道德实践中不断地进行自我反思、自我监控、自我评价和自我激励，从而形成道德修养的持续动力。四是引导学生在实践中进行自我修养，积极参与各种实践活动与交往活动，不断地增强情感体验，磨炼坚强的意志。

教育案例：两个自我

我把打架的两位同学请到办公室，……我暗自嘱咐自己要心平气和，要挑动他们内心深处产生矛盾冲突，学会自己斗自己。

“我知道你们本来不想打。”一听我说这话，他们顿时来了精神，感觉老师理解他们，便争先恐后地说：“老师，我们真不想打架。”

我问：“为什么不想打架？”他俩抢着你一句我一句地说。“打架的时候提心吊胆，怕别人打伤了自己，又怕打别人打到要害处，把祸闯大了。”

“打得轻了，还怕吓不住对方。”

“被打败了，被同年级的同学看不起，丢面子。”

“赢了呢，也害怕，走在路上，或半夜走黑道也提心吊胆的，总怕对方再勾结别人突然报复、袭击。”

“打轻了不解决问题，打重了，伤了，残了，对人家对自己都不好。”

“打完架有时还不敢回家，怕爸爸打，在学校还怕老师批评，怕学校处分。”

他们说出了一系列不想打架的原因，我给予充分的肯定：“这确实是你们的心里话，但这只是你们自我的一个好的方面，如果脑子里是这个‘好我’当家的话，你们的架能打起来吗？”

“我们要总这么想就打不起来了。”

“这说明，你们脑子里还有一个坏的自我，想打的自我，是吧？”

“坏的自我是怎样想的呢？”

李世国说：“外校的同学过去和梁强不和，他说梁强背后说我的坏话，还说我不敢打梁强，我想逞能，下午就找梁强的麻烦。”

梁强说：“他找我的麻烦，我想自己也不是好惹的，绝不能让着他，头脑一热，什么纪律不纪律的，全不顾了。”

他们又谈了自己内心深处一些不好的想法。

我请他们写一份心理活动的说明书，题目便是“两个自我”。

李世国写“两个李世国”，即心灵深处在打架这个问题上，好李世国与坏李世国各自怎样想；在心灵深处，好坏两个李世国怎样辩论；今后，采取什么具体办法，使好李世国强大起来，压住自己不好的那一面。

直至毕业，这两位同学相处得很好。再也没打过架，并且都为班级做了大量的好事。

资料来源：魏书生．班主任工作漫谈［M］．桂林：漓江出版社，2000：112－114.

思考：分析案例中两位同学采取了什么方法使两个自我得到了平衡？

（5）实践锻炼法

实践锻炼法是指教育者有目的地根据学生的身心发展和社会需要，为学生提供参加日常生活和社会活动的实践机会，在锻炼中形成良好的思想品德的方法。朱熹曾说："知而不行，则前所穷之理，无所安顿，徒费讲学之功。""论先后，知为先；论轻重，行为重。"我国老一辈无产阶级革命家陈毅也很重视实践锻炼法，他曾写道："应知学问难，在乎点滴勤；尤其难上难，锻炼品德纯。"

实践锻炼法主要包括三方面：其一，执行制度，即让学生按照学生守则、课堂纪律、作息制度等必要的规章制度进行锻炼；其二，委托任务，指教育者或学校集体委托学生完成一定的工作任务；其三，组织活动，即组织学生参加各种实践活动，如学习活动、课外活动以及一定的社会实践活动等。

运用实践锻炼法的基本要求：一是鼓励学生积极参加实践活动，使学生充分认识到实践锻炼的意义，有自觉锻炼的意愿和动力。二是严格要求。品德的实践锻炼贵在一个"严"字，任何一种锻炼，如果不严格遵守一定的规范和要求，就会流于形式。当然，"严"必须与尊重、信任和爱相结合。三是持之以恒。前紧后松，一曝十寒，时冷时热，都无益于品德的培养。教师要加强督促和检查，鼓励学生克服困难，坚持不懈。同时，及时作出评价反馈，激发学生的热情，增强自觉锻炼的信心。

（6）品德评价法

品德评价法指通过对学生的品德进行肯定或否定的评价而予以激励或抑制，促使其品德健康形成和发展的方法。主要形式有奖励、惩罚和操行评定三种形式。其中，奖励包括赞许、表扬和奖赏；惩罚包括批评、谴责和处分；操行评定包括写评语和等级评定。

运用品德评价法的基本要求：首先，要有明确目的。评价是一种教育手段而不是教育目的，以调动受教育者的内在积极因素为出发点，充分地肯定成绩，确切地指出缺点，并提出具体的改进建议。其次，客观慎重，实事求是。做到公平合理，恰如其分，赏罚分明，防止主观臆断、感情用事、滥用评价。最后，充分发扬民主。特别是重大问题的评价，要发扬民主，广泛征求意见，并取得集体舆论的支持与赞同，否则就会削弱教育的作用，甚至产生不良后果。

各种德育方法无所谓优劣好坏，选用何种方法，需要充分考虑多种因素，才有助于学校德育工作的实施。教育家马卡连柯明确指出："没有任何十全十美的方法，也没有一定有害的方法。使用这种或那种方法的范围，可以扩大到十分普遍的程度，或者可以缩小到完全否定的状态，这要看环境、时间、个人和集体的特点，要看执行者的才能和修养，要看近期要达到的目的，要看全部的情势如何而定。"

教育案例

有一个班的学生习惯乱丢纸屑，屡次教育都无效。有一次班主任走进教室，见地上有几团纸屑。当时还有三位同学未进教室，老师突然想到这是进行教育的好时机，于是，指着地板对大家说："这儿有几团纸屑，进来的同学却没有捡起来，现在，还有三位同学未进来，我们看看他们会不会发现。"经老师一说，全班同学都瞪大眼睛等着瞧。第一位同学看也不看就冲进了教室；第二位同学看了一下地面却无动于衷，上座位去了；第三位，一看地上有纸屑，就弯腰捡了起来。全班同学报以一阵热烈的掌声。老师脸上也浮起一丝微笑，他郑重宣布班会开始了。第一个受到表扬的是这位捡纸屑的同学。从此，教室地上看不到纸屑了。

分析：指出上述案例中教师运用的德育方法，并说明使用相关德育方法的注意要点。

4. 德育方法的选择和运用

由于不同的德育方法都有自己的特点，使用的方式和策略各不相同，因此，德育方法的选择与运用注重和讲究艺术性。在德育方法的选择和运用上，应充分认识不同方法的特点、功效和局限，综合考虑受教育者的身心发展特点和思想品德的现状、个性差异，以及德育目标、内容的性质与结构，德育活动的条件和学校工作条件，教育者自身的业务素质、教育水平和个性特征等。

在德育实践中，学生思想品德的形成与发展大致经历"无律—他律—自律"的过程，德育方法的选择和运用一般遵循几个基本准则：第一，在受教育者思想品德形成的初级阶段，主要以一定的思想意识、规范、准则为主；随着学生经历的增多和经验的丰富，其思想品德的形成过程日益复杂，则引导他（她）们以自我修养为主。第二，在学生思想品德的某种品质发展处于低水平阶段时，德育方法以传授道德知识、训练行为、养成习惯为主；在发展水平较高的阶段，以"疏导"、指导自我教育为主，以提高思想道德认识、增进道德情感、形成信念为主。第三，在受教育者思想品德发展的不同侧面，要充分认识道德教育、思想教育和政治教育的不同性质，把握它们各自不同的特点。此外，要真正完成某项具体的德育任务，往往需要选择和运用多种方法。因此，在选择和运用德育方法时，应注意将教育与自我教育相结合，知、情、意、行相结合，明示与暗示相结合，品德规范教育与品德能力培养相结合，品德教育与心理教育相结合。

《本章小结》

自从学校教育产生以来，教育的基本任务和内容不断扩充，由单一的教育发展成为由德育、智育、体育、美育、劳动技术教育等内容组成的教育。德育既是教育的重要组成部分，也是学校教育工作的重心。本章通过中学生品德发展的特点，德育的概念、意义、内容及新时期德育发展的新主题，德育过程的内涵、基本规律，中学德育原则、途径与方法等内容的学习，掌握德育的基本理论，合理地选择和运用德育的方法，分析社会和学校德育存在的问题，提出有效的德育对策，并思考德育的意义。学校德育不仅要强调理论的学习，更要注重实践的体验和探究，为学生的未来发展奠定良好的基础。教师对学生进行思想品德教育时，可以把德育的方法和途径有效地结合起来，从而更好地发挥其育人作用。

【思考与练习】

1. 如何理解品德和道德的关系？
2. 简述促进中学生良好品德形成的方法。
3. 简述中学生品德发展的特点。
4. 你认为影响中学生品德发展的最主要的因素是什么？为什么？
5. 你如何理解德育的含义？请陈述自己的理由。
6. 辨析：德育就是培养学生道德品质的教育。
7. 辨析：德育就是道德教育。
8. 简述德育的意义。
9. 简要概括中学德育的主要内容。
10. 德育的发展与当代的哪些主题相契合？
11. 谈一谈道德对于人生和社会的意义，以及德育对个体发展的功能。
12. 辨析：德育过程是对学生知、情、意、行的培养提高过程，应以知为开端，知情意行依次进行。
13. 简述德育过程的基本规律。
14. 辨析：德育过程就是个体社会化和个性化的统一。
15. 辨析：德育过程是促进学生思想内部矛盾斗争转化的发展过程。

16. 结合实际，谈一谈教育者如何才能有效地组织德育过程？
17. 简述德育过程中贯彻尊重学生与严格要求学生相结合原则的要求。
18. 简述中学德育要遵循哪些基本原则。
19. 简述德育过程中知行统一原则的含义及贯彻要求。
20. 简述中学德育的途径。

第十一章　班级管理

【学习要点】

1. 了解课堂管理的原则；了解课堂气氛的类型；了解课堂纪律的类型；了解班主任工作的内容和方法；了解课外活动组织和管理的有关知识；

2. 熟悉班集体的发展阶段；理解影响课堂的因素；

3. 掌握创设良好课堂气氛的条件；掌握培养班集体的方法；掌握处置与矫正课堂问题行为的方法。

【案例导入】

一天中午，八年级的一批孩子正在操场上打篮球，战况“激烈”。学生甲和学生乙从人群中冲了出来，两人拳脚相加，气势凶猛。我见这阵势，就停在十几米外的地方冷眼看着他俩。大概甲同学也看到了我的神态，就慢慢地停止了他愤怒的“咆哮”。待他俩过来，我默默地看着他俩，直到他们都低下了头，于是我开始说话：“瞧你俩刚才的样子，好像恨不得把对方给吃了！要不要我在全校同学面前安排一次表演赛呀?”两位同学把头埋得更低了，红着脸说“不要”，我看火候已到，就问他们：“打球时发生碰撞、发生吃亏占便宜的事是很正常的，不至于大打出手，有失球星风度，更在同学们面前丢尽面子！我现在不追究谁对谁错，只想问一句，这件事是你们自己处理呢，还是我来处理?”他们互相看了看，说：“自己处理。”于是我让他们商量处理的办法，商量好了再向我汇报。五分钟后，他俩握手言归于好。整个事情的处理用了不到20分钟的时间。

思考：请你评价一下这位老师成功处理这场冲突事件的原因。

第一节　班级与班集体建设

一、班级的概念

班级是按照班级授课制的培养目标和教育规范组织起来的、以共同学习活动和直接人际交往为特征的社会心理共同体，是学生学习、生活和成长的重要场所。从教育的角度看，它是学生实现成长和社会化的重要基地。

班级对于学生的成长有三方面的作用：①有利于促进学生相互学习与共同成长；②有利于学生社会化与个性化发展；③有利于学生提升自我教育与管理的能力。在教育史上，早在欧洲宗教改革时期，在耶稣会派和路德派等教派学校的教学实践中，已出现了分班、分级教学制度，并且按年、月、周安排教学进度。夸美纽斯是从理论上系统阐述了班级授课制的第一人。

夸美纽斯以“太阳的光亮和温暖给予万物而不单独对付任何单个事物、动物或树木”为依据，论证了班级授课制的必要性和可行性。他认为班级授课制是对教师产生激励作用、提高教学效率的有力手段。他指出班级授课制的具体方法是：根据儿童年龄特点和知识水平，将儿童分成不同的班级；每个班级拥有一个专用教室；每个班级有一位老师，他面对全班所有学生进行教学。夸美纽斯以其在教育理论和学校变革上的卓越贡献，对世界范围内的教育发展产生深远影响。

二、班集体的形成与发展

班集体不是学生的简单集合，班集体的形成与发展需要一个过程。

（一）班级与班集体的区别

班集体是按照班级授课制的培养目标和教育规范组织起来的，由具有明确的奋斗目标、坚强的领导核心及良好纪律和舆论的班级学生所组成的活动共同体。

班集体与班级一字之差，却具有不同的意义。简单来说，班集体不是学生的简单集合，是不会自发形成的。班集体是班级群体的高级形式，班集体的形成需要全班学生和班主任以及各学科教师的共同努力。

（二）班集体的发展阶段

一般来说，新的班集体从其初建到成熟，是一个连续的、动态的过程，需要依次经过三个动态发展的阶段。

1. 初建期的松散群体阶段

这一阶段是指班级组建之初，班级成员互不认识，每位同学只是按照课表进入同一教室上课或根据班主任统一安排参与共同活动而已。同学们在形式上属于同一个班级，实际上还是比较孤立的个体，大家共同对班主任依赖性较强，班集体工作主要靠教师指挥。这一时期，班集体的目的与任务大都来自于教师个体自身的要求。因此，这一时期是班主任工作最繁忙的时期，也是班主任工作能力经受考验的关键期。

2. 形成期的合作群体阶段

这一时期的班级学生在经历初始阶段的共同学习与生活后，彼此开始熟悉，并产生了一定的人际关系，通过正式与非正式的交往也形成了各种小团体或小交际圈。班级中开始涌现出热心为大家服务的同学，班主任指定的班干部也开始发挥核心作用，班级的凝聚力开始显现，大多数学生在班集体中获得了归属感。这一时期，班主任在班级活动的组织上主要起到指导的作用。在班主任指导下，班干部可以较独立地组织班级活动。因此，形成期是班主任培养班级骨干的重要时期。

3. 巩固阶段

班集体的正常秩序建立起来而且良性运转，此时班集体已经成为教育主体。不仅是学生干部，大多数学生都能自我严格要求，互相严格要求。教育要求已转化为集体成员的自觉需要，无须太多的外在监督，学生已能自己管理和教育自己。同学之间团结友爱，形成了正确的班级舆论与良好的班级学风。学生勤奋学习，各项活动表现良好。总之，巩固发展阶段的班集体，集体成员具有强烈的集体意识，能自觉维护集体荣誉和利益。同时，集体也不断为每个成员的多方面发展和自我实现创造各种条件。

4. 成熟期的集体阶段

这一阶段的班级已有明确的、共同认可的奋斗目标，班级已形成了坚强的核心，班干部已有了独立主持班务工作的能力；学生已有了较强的自我教育能力，班集体形成了良好的舆论氛围和民主团结的风气。班主任已开始成为班级领导者，主要任务在于根据学校教育计划，加强班集体的特色化建设，同时根据对每位学生的充分了解，为学生提出发展规划建议，促进学生的个性发展。

成熟的主要标志：①班委会逐渐成熟。班委会的干部能各司其职、各负其责，主动积极开展各种活动，成为坚强有力、既能团结合作又能独立开展工作的领导核心。②班级组织坚强有力。全班成为一个组织制度开明、健全的有机体，班集体目标与每个学生的奋斗目标整合一致，集体观念基本树立，班集体的正确舆论与荣誉感基本形成，班集体成为教育主体。③班级活动丰富多彩。学生愿意积极承担集体工作，认真参加班级各项活动，争当积极分子的人越来越多，优良班风已逐步形成。

三、班集体培养的步骤与方法

培养一个新的班集体，可以参考以下的步骤与方法：

（一）全面了解和研究学生

全面了解和研究学生是培养良好班集体的先决条件，常用的方法有研究书面材料、观察、谈话、调查等。了解研究学生是一个长期的过程，对学生个体来说，主要了解他们的家庭情况、生活环境、个人经历、身体素质、学习情况、个人兴趣、社交及思想品德等。对学生群体来说，主要了解研究群体的共性特点，如班级成员当前的思想状况、学习动态和发展趋向、非正式群体的形成情况以及班级成员间的人际关系等。

（二）制定、实施班级管理目标

集体奋斗目标是指集体成员在一定时期、一定阶段实现的任务和要求。它是班集体形成和发展的动力。确立班集体的奋斗目标，第一是要把握目标的方向性，即每次活动的目的任务要符合党的教育方针，符合社会的要求。第二是要把握目标的激励作用，即符合集体和每个成员的内在需要。

确立班集体奋斗目标的方法主要有：第一，具体化目标法。即把学校总的教育目标具体化为班集体的目标，再根据集体中每个成员的不同情况提出具体要求。第二，系列化目标法。即把班集体奋斗目标分为近期、中期、远期等系列，结合班级特点和具体任务分步骤实现。第三，针对性目标法。即针对班集体存在的问题而提出活动要求。

（三）建立班集体的领导核心

坚强的集体领导核心是建立和形成良好班集体的基础和条件。在班集体建立初期，班主任可先指定一些人分别管理班级各项工作，边工作边考察，然后采用自荐或推荐方式确定候选人，进行全班同学投票选举正式产生班干部。作为班主任，要放手让班干部去开展工作，随时观察他们的表现，有针对性地协助指导，对班干部既要热情鼓励，又要严格要求，使他们树立应有的威信。

（四）建立和谐的人际关系

良好的人际关系是巩固与发展班集体的重要手段，是班集体凝聚力的黏合剂。如果班集体成员奋斗目标一致，志同道合，就容易形成密切的人际关系。并且，如果加强共同的理想教育、思想政治教育和开展各种有意义的教育活动，使大家有共同的认识，也有利于发展班级成员之间良好的人际关系，有利于良好班集体的培养。

（五）建立、完善班级组织制度

国有国法，班有班规，班规是班集体为实现共同奋斗目标而制定的规则，从正面告诉集体中的每个成员应该怎样做、不应该怎样做。班级规章制度主要有：考勤制度、文体活动制度、思想政治学习制度、卫生制度、值日生制度、课外活动制度、班级财务制度等。制定班级规章制度应注意：合理可行；正面教育为主，强化人文关怀；防止体罚；条文尽量简明，便于学生理解和记忆；要经过全班学生的民主讨论，要有全员参与性、公正性和透明度。制定班级管理制度，不只是班主任的需要，更是班级工作和学生发展的需要，制度的实施不是班主任和少数班干部的事情，而是涉及每一个同学的发展利益。所以，班规的制定，要走群众路线，可以在班委会、学生班会的基础上，形成初稿，经全体同学充分讨论、修订。

第二节　有效的课堂管理

一、课堂管理概述

课堂管理是指教师为有效利用时间、创造愉快的和富有建设性的学习环境以及减少问题行为而采取的组织教学、设计学习环境、处理课堂行为的一系列活动与措施。

班级管理是以班级的发展与建设为基础展开的。其中，课堂管理是指教师为了有效利用时间、创设良好学习环境、减少不良行为，通过协调课堂内各种人际关系、控制课堂中各种因素及其关系，使之形成一个有序整体，吸引全体学生积极参与课堂活动，营造和谐融洽的人际心理环境，使课堂环境达到最优状态，从而实现预定教学目标的过程。课堂管理的基本原则有：①了解具体学生的发展需要；②建立积极的师生关系和同伴关系，创造课堂的良好气氛；③实施有效的教学措施，促进最佳学习；④建立班级、课堂常规；⑤关注对全班同学的教育影响，发挥集体的教育作用；⑥预防为主，敏锐体察，利索应对。

（一）课堂管理的功能

课堂管理是师生班级建设和班主任工作的重要方面，也是学生班级学习和生活的重要保障与构成，班级管理的功能主要体现在：

1. 维持功能

课堂管理的维持功能是指在课堂教学的过程中，能够减少外界干扰，保持较长时间良好的学习环境，使学生的注意力持续地集中在学业上。维持功能是课堂管理的基本功能。

2. 促进功能

课堂管理的促进功能是指教师积极地为学生学习创造良好的课堂环境，满足课堂上个人和集体的合理需求，从而激发学生的学习积极性，使其充分发挥学习的潜能。

3. 发展功能

课堂管理的发展功能是指课堂管理本身可以教给学生一些行为准则，促进学生从他律走向自律，帮助学生获得自我管理的能力，使其逐步走向成熟。

（二）影响课堂管理的基本因素

课堂处于学校之中，由师生互动情境构成，所以课堂管理受到多因素的影响，良好的课堂管理需要从多方面考虑。

1. 背景情况

这是影响课堂管理的重要因素，主要包括课堂文化和课堂设计的状况，以及既有的师生关系。

2. 教学目标

这是关于课堂教学与管理总方向的决定因素，集体目标必须与学生个体目标间达成协调与融洽。

3. 课堂规模

这是指学生的人数多少，它直接影响课堂管理行为的有效性。规模越大，对教师要求就越高，对学生的自我约束要求越高，课堂规则越需要正式。相反，规模越小，越便于教师进行有效调控。

4. 凝聚力

这是对课堂管理行为的效果产生重要影响的因素，常表现为成员集聚在一起的愿望和高度的承诺，同时尊重和鼓励成员行为与思想上的个别差异存在。它也是班级中关系和谐、良好班风的反映。

5. 课堂规范

是被课堂中所有人接受和期待的行为准则和模式，能使人的行为简易化和易于预测，避免尴尬的人际关系，便于教师控制指导学生的课堂行为。

6. 教师领导

指导教师作为课堂领导者对课堂有全面影响，包括对课堂进程与发展的影响力以及对学生的思想发展的影响，含正式影响与非正式影响。

7. 师生关系

师生关系是反映教师课堂管理状况的一个重要方面，也是影响教学效果的关键。平等、和谐的师生关系能使师生和睦相处，有效地进行沟通有助于减少和防止课堂问题行为的发生，有助于营造使学生感到愉悦快乐的学习环境，为学生的持久发展创造条件。

8. 课堂纪律

师生共同制定并实施课堂纪律。课堂纪律是班级全体成员所共同拥有的认知、态度、行为的持续的参照标准。

9. 教室环境

教学活动大多数在教室里进行，教室环境可能直接影响学生学习，也可能通过对教师行为的影响而间接作用于学生。良好的教室管理对学习效果有一定的影响，学生在一个管理完善的教室里学习，更能激发学习动机，提高接受能力，同样也有助于教师树立教学的信心。

课堂管理常用方法：①规范预防法；②有意忽视法；③突然沉默法；④接近安慰法；⑤直接提醒法；⑥及时转换法；⑦语调变换法；⑧幽默调节法。

【知识链接】

名师课堂管理的66个经典细节（节选）[①]

1. 用心记住每一个学生的名字

相对于不指名道姓，直呼其名的课堂效果会更好，要尽快地了解每个学生。（于永正）

2. 课前要“胸有成竹”

没有备课时的全面考虑与周密设计，哪有课堂上的动态生成；没有上课前的胸有成竹，哪有课堂中的游刃有余。（徐斌）

3. 提前三分钟进教室

老师提前进教室，便于作好课前准备，了解学生情况，稳定学生情绪，联络师生情感……（于永正）

4. 上课要充满激情

没有对教育的热爱、对孩子的热爱，任你用再先进的现代教学手段，也只是徒具其形，任你用再华美的语言，也不会打动学生的心灵，震撼学生的灵魂。（窦桂梅）

5. 学会倾听孩子们的心声

课堂上，没有比倾听孩子们心灵的声音更幸福的了。（李镇西）

6. 做一个真实的人

真实的遗憾比虚假的完美更加动人，更加具有生命力。（张化万）

7. 要了解你的学生

你了解了学生，就会体谅学生的苦衷；你更善良了，就会被学生从心底里接受，你就握着一把钥匙，一把让学生学业成功，也让你自己事业成功的钥匙。（郑杰）

8. 尽量多给学生思考的机会

教师要善于调动每一个学生的积极性，多给学生思考、表达的机会。（程翔）

9. 身教重于言教

教师对学生不仅仅是授业解惑，而且时时刻刻在以其人格魅力、工作态度、行为举止等影响着学生。对学生而言，教师的人格力量是无声的教育，学生会以自己的心眼，随时观察着老师，不但听老师怎么说，更看老师怎么做、怎么想……（李烈）

---

① 赵国忠．名师课堂管理的66个经典细节［J］．福建论坛（社科教育版），2010（5）：83－90.

（三）课堂管理的原则

1. 让全班学生迅速静下心来学习
2. 坚持要求全班学生予以充分的配合
3. 对教室内发生的一切保持警觉
4. 有清晰明确的对策应付紧急情况
5. 教师对学生的注意力要一视同仁
6. 不要将学生之间作比较
7. 遵守诺言，付诸行动
8. 确保学生有充足的实践活动
9. 尽量把课堂常规事务全权交给学生
10. 顺利结束课程

【知识拓展】

课堂管理的基本模式（取向）

课堂管理的基本模式概括起来，可以分为三种取向：行为主义取向、人本主义取向和教师效能取向。

1. 行为主义取向

这种取向的基本理念是，学生的成长和发展是由外部环境决定的，他们在课堂中所表现出来的不良行为，或者是通过学习获得的，或者是因为没有学会正确的行为。在课堂管理中，教师的责任是强化适宜的行为并根除不宜的行为。

2. 人本主义取向

与行为主义不同，人本主义取向的课堂管理者认为，学生有自己决策的能力，他们可以对控制自己的行为负主要责任。在课堂管理中，教师不应该要求学生百依百顺，而是应该关注学生的需要情感和主动精神，向学生提供最好的机会去发掘归属感、成就感和积极的自我认同，以此来维持一种积极的课堂环境。出现问题行为时，教师应更多地运用沟通技能，引导学生分析问题的性质和后果，自己把问题解决。

3. 教师效能取向

与行为主义和人本主义取向的课堂管理观不同，教师效能取向的课堂管理模式关注的是教师课堂管理技能的提高。持这一取向的研究者认为，课堂管理主要取决于教师的管理技能，通过培训提高教师的课堂管理技能，可以达到改善课堂管理质量的效果。

二、良好课堂气氛的营造

课堂气氛作为教学过程的软情境，通常是指课堂里某些占优势的态度与情感的综合状态。

（一）课堂气氛及其类型

我国学者将课堂气氛划分为积极的、消极的和对抗的三种类型。

1. 积极的课堂气氛

积极的课堂气氛是恬静与活跃、热烈与深沉、宽松与严格的有机统一，也就是说，课堂纪律良好，学生注意力高度集中，思维活跃，师生双方都有饱满的热情，课堂发言踊跃。在热烈的课堂气氛下，学生保持冷静的头脑，注意听取同学的发言，并紧张而又深刻地思考。师生关系融洽，配合默契，课堂气氛宽松而不涣散，严谨而不紧张。

2. 消极的课堂气氛

消极的课堂气氛常常以学生的紧张拘谨、心不在焉、反应迟钝为基本特征。在课堂学习过程中，学生情绪压抑、无精打采、注意力分散、小动作多，有的甚至打瞌睡。对教师的要求，学生一般采取应付态度，很少主动发言。有时，学生害怕上课，或提心吊胆地上课。

3. 对抗的课堂气氛

对抗的课堂气氛实质上是一种失控的课堂气氛。教师失去了对课堂的驾驭和控制能力，学生在课堂学习过程中各行其是，教师因此有时不得不停止讲课而维持秩序。

（二）课堂气氛的影响因素

影响课堂气氛的因素有很多种，主要可以归结为以下三个方面：教师因素、学生因素和课堂物理环境因素。

1. 教师因素

教师在课堂中起着主导作用，教师的领导方式、教师对学生的期望以及教师的情绪状态便成为影响课堂气氛的主要因素。

教师的领导方式是教师用来行使权力与发挥其领导作用的行为方式。勒温曾在 1939 年将教师的领导方式分为集权型、民主型和放任型三种类型。这三种不同的领导方式会使学生产生不同的行为反应，从而形成不同的课堂气氛，其中民主型的课堂气氛最佳。

2. 学生因素

学生是课堂活动的主体，课堂气氛是师生共同营造的，因此，学生因素对课堂气氛的影响也是至关重要的。

首先，学生对集体目标的认同是良好课堂气氛形成的必要前提。其次，学生自觉遵守课堂纪律，具有良好的品德和学习习惯，有利于良好课堂气氛的形成。此外，课堂中的集体舆论、学生之间的合作与竞争关系，都会影响课堂气氛。

3. 课堂物理环境因素

课堂物理环境主要是指教学时间和空间因素构成的特定的教学环境，包括教学的时间安排、班级规模，教室内的设备、光线、座位编排等。能让大多数人觉得舒适的课堂物理环境，有利于良好课堂气氛的形成和维持。

（三）良好课堂气氛的营造策略

良好课堂气氛的营造不仅需要教师能够有效调控影响课堂气氛形成的因素，还需要教师掌握基本的营造策略，二者缺一不可。

首先，准确地鉴定、分析课堂气氛是营造良好课堂气氛的前提和基础。通过多种方法的综合运用，了解课堂气氛的状况，发现问题、分析问题并寻找解决问题的有效路径。

其次，时刻保持积极的情绪状态感染学生。教学活动不仅仅是教师传授知识的过程，而且是师生双方情感和理智的动态交往的过程。

再次，树立典型，利用榜样示范积极引导学生。教师根据对班级学生的了解，在学生中选择具有说服力的优秀典型，通过榜样示范的作用使其他学生明确应遵守的行为规范和应追求的发展目标。

最后，妥善处理矛盾冲突，建立良好的师生、生生关系。师生关系融洽、生生关系友善是课堂气氛的基础与反映。当师生之间、同学之间发生分歧或者矛盾时，教师需要正视并及时有效地处理，尤其是在师生之间发生冲突时，教师应主动承担责任，给学生树立好的榜样。

三、课堂纪律与课堂问题行为

为了维持正常的教学秩序。协调学生的行为，以求课堂目标的最终实现，必然要求学生共同遵守课堂行为规范，从而形成课堂纪律。课堂纪律是对学生课堂行为所施加的准则与控制。

(一) 课堂纪律及其维持策略

良好的课堂纪律是课堂教学得以顺利进行的重要保障条件。课堂纪律具有约束性、标准性和自律性三大特征。

1. 课堂纪律的类型

根据课堂纪律形成的途径，可以将课堂纪律分成以下四种类型：

(1) 教师促成的纪律

教师促成的纪律，主要指在教师的帮助指导下形成的班级行为规范。这类纪律在不同年龄阶段所发挥的作用不同，年龄越小，学生对教师的依赖越强，教师促成的纪律所发挥的作用也越大。

教师促成的纪律，是指在教师的操纵、组织、安排、规定和维护的标准下所形成的纪律。它的实现不仅要求教师的指导、监督以及奖惩，还必须要有教师对学生的体贴，如同情、理解、调解、协调、支持和容纳学生的意见等相配合。教师促成的纪律一般适用于低年级。随着年龄的增长和自我意识的增强，学生对教师促成的纪律开始有不同的认识，反对教师过多的限制。

(2) 集体促成的纪律

集体促成的纪律主要是指在集体舆论和集体压力的作用下形成的群体行为规范。集体促成的纪律主要有两类：一是正规群体促成的纪律，如班集体的纪律、少先队的纪律等；二是非正规群体促成的纪律，如学生间的友伴群体的纪律等。教师应着重对非正规群体加以引导，帮助他们形成健康的价值观和行为准则，并使之融合到正规群体中来，使每个学生都认同班集体的行为规范。

集体促成的纪律，即同辈人集体形成的行为规范与准则要求。学生从上学开始，同辈人的集体就在他们社会化方面起着越来越大的作用。随着年龄的增长，学生开始以同伴群体的集体要求和价值判断来作为自己的行为准则，以“同学也是这样做的”为理由来做某件事。在一个好的班集体中，学生为了不损害集体或与同学的关系，即使自己有困难，也会自觉遵守集体的纪律。

(3) 任务促成的纪律

任务促成的纪律，主要指某一具体任务对学生行为提出的具体要求。这类纪律在学生的学习过程中占有重要地位。

任务促成纪律是以个人对活动任务的充分理解为前提的。学生对任务的意义理解越深刻，就越能自觉遵守任务的纪律要求。教师要很好地运用学习任务来引导学生，加深学生对任务的理解，不仅可以有效地减少课堂纪律问题，还可以大大提高学习效率。

（4）自我促成的纪律

简单说就是自律，是在个体自觉努力下外部纪律内化而成的个体内部约束力。自我促成的纪律是课堂纪律管理的最终目的。

当学生能够自律并客观地评价自己的和集体的行为标准时，便意味着他能够为新的、更好的集体标准的发展作出贡献，同时也标志着学生的成熟水平大大提高。学生把教师促成的纪律、集体促成的纪律或者任务促成的纪律内化为自己的行为准则，自觉地遵守，并把维护纪律作为自己的职责。自我促成的纪律是课堂纪律管理的最终目标，也是学生成熟水平向前迈进的标志。

2. 课堂纪律的影响因素

学生、学习过程和学习情景是课堂的三大要素，这三大要素的相对稳定的组合模式就是课堂结构。它包括课堂情境结构与课堂教学结构，都对课堂纪律有着重要的影响。

（1）课堂情境结构

课堂学习情境的安排要考虑以下几个方面：

①班级规模的控制。

过大的班级规模限制了师生交往和学生参加课堂活动的机会，阻碍了课堂教学的个别化，因而有可能导致较多的纪律问题，从而间接影响学习成绩。然而过小规模的班级又不经济，所以中小学班级最好以 25 ~ 40 人为宜。

②课堂常规的建立。

课堂常规也就是教室常规，是每个学生必须遵守的最基本的日常课堂行为准则。从上课、发言、预习、复习、作业，到写字姿势、自修、教室整洁，课堂常规为学生提供了行为标准，具有约束和指导学生的作用。

③学生座位的分配。

分配学生座位时，最值得教师关注的应该是对人际关系的影响。因此，分配座位时，一方面要考虑课堂行为的有效控制，预防纪律问题的发生；另一方面要考虑促进学生间的正常交往，并有助于学生形成良好的人格特征。

（2）课堂教学结构

课堂教学结构是在一定的教育思想的指导下，为完成一定的教学目标，对构成教学的诸因素在时间、空间方面所设计的比较稳定的、简化的组合方式及其活动程序。课堂教学结构能使教师满怀信心地按照教学计划有条不紊地教学。而教师良好的心理状态又会感染全班学生，从而增强他们的安全感和自信心，减少背离性，避免课堂秩序混乱。

课堂教学结构的安排要考虑以下几个方面：

①教学时间的合理利用。

课堂活动分为学业活动、非学业活动和非教学活动三种类型。通常情况下，用于学业活动的时间越多，学习成绩便越好。因此，不应该使他们把过多的时间花费在等待教师帮助、课堂走神以及在课堂上嬉闹等方面。解决这一问题的关键就在于建立完善的课堂秩序，有效地将学生吸引到学业学习上来，使花费在维持纪律的时间减少到最低限度。

②课程表的编制。

课程表是课堂教学有条不紊进行的保证。在编制中要注意：

第一，尽量将语文、数学、外语等核心课安排在学生精力最充沛的上午第一、二、三节课，而将音乐、美术、体育、习字等技能课安排在下午。

第二，文科与理科、形象性与抽象性学科应交错安排，避免学生产生疲劳和厌烦。

第三，新、老教师教平行班的时间间隔要不同，新教师间隔时间短，以保证第二班的教学效果更优；老教师间隔时间长，以避免简单重复产生乏味感。

③教学过程的规划。

良好的教学设计是维持课堂纪律的又一重要条件。不少纪律问题是因为教学过程规划不合理造成的。因此，无论是教学目标的设立，还是教学方法的选择，教师都应认真对待。

3. 维持课堂纪律的策略

（1）建立有效的课堂规则

课堂规则是课堂成员应遵循的课堂基本行为规范和要求。积极、有效的课堂规则有以下特点：第一，由教师和学生充分讨论，共同制定；第二，尽量少而精，内容表达多以正面引导为主。

（2）合理组织课堂教学

教师应做到：首先，增加学生参与课堂的机会；其次，保持紧凑的教学节奏，合理布置学业任务；最后，处理好教学活动之间的过渡。

（3）做好课堂监控

教师应及时预防或发现课堂中出现的一些纪律问题，并采取言语提示、目光接触等方式提醒学生注意自己的行为。

（4）培养学生的自律品质

促进学生形成和发展自律品质，是维持课堂纪律的最佳策略之一。教师应做到：首先，教师要对学生提出明确的要求，加强课堂纪律的目的性教育；其次，引导学生对学习纪律持有正确、积极的态度，产生积极的纪律情感体验，进行自我监控；最后，集体舆论和集体规范是促使学生自律品质形成和发展的有效手段，教师应对其加以有效利用。

（二）常见课堂问题行为与产生原因

课堂问题行为是指学生不能遵守公认的行为规范和道德标准，不能正常与人交往和参与学习的行为。这样的行为不仅影响学生的身心健康，而且常引起课堂纪律问题。

中外学者从不同角度对课堂问题行为进行了分类。美国心理学家奎伊（H. C. Quay）等人在其研究的基础上，把课堂问题行为分为人格型、行为型和情绪型。

人格型问题行为带有神经质特征，常常表现为退缩行为。例如，有的学生在课堂上忧心忡忡，不信任教师，害怕教师提问和批评；有的学生不信任自己的能力，缺乏信心和兴趣；有的学生在教室里焦虑不安，心神不定，常常手足无措，答非所问。

行为型问题行为主要具有对抗性、攻击性或破坏性等特征。例如，有的学生缺少耐心，容易冲动，不能安静；有的学生多嘴多舌，交头接耳。

情绪型问题行为主要是由于学生过度焦虑、紧张和情绪多变而导致社会障碍的问题行为。例如，有的学生漫不经心，冷淡漠视，态度忸怩；有的学生过分依赖教师和同学，不敢自作决定，不能独立完成作业。

课堂问题行为产生的主要原因有学生自身、教师和外界环境因素等内外两个维度、三方面原因。

1. 内在因素

中学生正处在不成熟向成熟发展的过程中，学生发展中的个体尚未成熟和群体千差万别是导致课堂问题行为的一个内在因素。从中学生的性格类型、认知水平、基本需要、情绪情感四个方面进行分析：

（1）性格类型有差异。外向型性格的学生往往喜欢人际交往活动频繁的环境，能够忍受强烈的噪音和捣乱行为，而且不会因为这些干扰影响学习。如果身在一堂秩序井然、结构清晰的课上，教师坚持要求教学时保持绝对安静，他们在持续一定时间之后必然会感到厌倦无聊。内向型性格的学生正好与之相反，干扰不断、充满全新体验的课堂学习环境虽然显得十分有生气，但性格内向的学生在这样的环境中会被扰乱思维，降低学习效果，他们往往倾心于能够保证个人学习以及能够让他们全神贯注地思考自己事情的课堂。

（2）认知能力发展不平衡。问题行为的产生和学生的学习密切联系在一起，学生学习状况的优劣与其认知发展水平密切相关，学生的认知能力发展问题是课堂问题行为产生的原因之一。另外，课堂上学生们的认知水平参差不齐，往往会让教师在教学中顾此失彼，处在认识发展的两个极端水平的学生最容易成为问题行为的源头。

（3）基本需要未满足。需要是人行为的内在驱动力。大量的课堂问题行为的产生是由于学生试图满足自己的需要的结果。有研究者认为，无论学生自己是否意识到，他们做出的不良行为都是为了满足四个基本需要：想引起他人注意、想显示自己的力量、寻求报复和想要逃避失败。中学生的心理发展是课堂问题行为产生的重要因素。

（4）情绪情感有冲突。青少年情绪情感最突出的特点是冲动、强烈的两极化表现，中学生容易产生消极的情绪波动，而他们对自己情绪情感的调节、控制能力相对还不成熟，波动性会特别明显，往往还不善于使自己的情感受时间、地点、场合等条件的支配，难以克制自己的情感表现，以至于失去理智，产生课堂问题行为。

2. 外在因素

中学生课堂问题行为的产生原因非常复杂，既有上述提及的内在因素，也有外在因素。外在因素主要来自教师教育教学能力、师生关系、课堂规则、课堂环境和父母的教养方式等。

课堂上的问题行为不仅是学生为了满足自己的需要，事实上，教师作为课堂活动中的重要成员，也要负相当一部分的责任。如：

（1）教师教学不能引起学生兴趣。有的教师不认真备课或根本不备课，只顾讲解教学内容，不讲究教学方法和教学艺术，教学方法单一、枯燥，表达能力差，缺乏活力。不善于激发学生的积极性，对学生缺乏了解，教学内容过难或过易，讲课速度过快或过慢，表达能力差，语言和要求含糊不清，教师缺乏活力等，这样的课堂很容易导致教师在学生心目中的威信降低，引发一系列的课堂问题行为。其次，教师的教育观、学生观偏差也会导致学生课堂问题行为。如教师把分数作为唯一目标，重智轻德，搞题海战术，歧视差生等，都容易引起学生的厌倦情绪，产生逆反行为，甚至对抗行为。最后，如果学生对教师解决问题行为的方式感到不公平，这种行为也会继续发生。

（2）师生关系紧张。“亲其师，信其道”，绝大多数学生会把对教师的喜好厌恶等情感反映在教师所教学科的学习中。因此，如果师生关系不良，学生会对教师的言行举止产生反感，不听教导，有的还会产生逆反心理，进而产生厌学情绪。学习动机和学习目的会淡化、忘记，学生缺乏学习上的积极性和主动性，在课堂上就会难以投入学习，课堂问题行为随之产生，导致学习成绩下降。一旦学习成绩下降，教师可能批评、训导学生，学生就会进一步加深对教师的反感、对课堂的厌恶感。长此以往，就会形成恶性循环，成绩越差，对学习和老师的教育就越反感，课堂问题行为难以消除。

（3）课堂规则缺乏合理性。教师往往是课堂规则的主导制定者，但是只由教师来制定课堂规则，即使规则制定不会很随意，也可能与学生的发展需要不一致，甚至相背离。而且，作为课堂活动的重要成员之一，应该有相应的课堂规则在约束学生的同时约束教师。教师可提出基本规则，然后教师和学生共同制定具体规则，包括学生规则和教师规则在内，教师向学生承诺遵守哪些规则，可以为学生做出遵守课堂规则的榜样。

（4）有待改进的课堂环境。研究表明，课堂内部环境中的温度、色彩、课堂座位的编排方式和课堂心理气氛等都会对学生的课堂行为产生十分明显的影响。课堂中温度适宜、色彩明亮、气氛融洽，学生就可能产生一种愉悦的感受和积极的情绪，从而减少课堂问题行为。相反，如果课堂环境恶劣、气氛紧张，学生就可能会产生昏昏沉沉、懒懒散散的消极情绪，从而增加问题行为发生的可能性。此外，课堂座位的编排方式也与学生的问题行为有关。在课堂观察中发现，坐在前排座位的学生，其座位距离教师较近，通常能够积极思考、回答问题、参与课堂活动；但坐在后排座位的学生，其座位距离教师较远，通常有捣乱、睡觉、看课外书等问题行为。此外，课堂问题行为的产生，除了受学生和教师方面的因素影响，还与外界环境有关，包括家庭、学校、大众传媒和课堂内部环境等影响因素，其主要影响因素有：

① 不良的家庭教养方式。在诸多影响儿童社会化发展的家庭因素中，父母教养方式是最重要的一个。正是通过父母对子女的教养行为，才把社会的价值观念、行为方式、态度体系及社会道德规范传递给儿童。有研究表明，单亲家庭的孩子、父母不和家庭的孩子以及专制型、放纵型家庭的孩子往往更容易产生各种各样的课堂问题行为。

②泛滥的社会媒体。大众传媒传播的信息对学生来说，并非都是积极、正向的。一些暴力、色情、凶杀、追求感官刺激的内容充斥在学生日常生活的周围，部分学生受相关内容影响，盲目模仿、尝试，并把这类行为延伸到课堂。

（三）课堂问题行为的处理

1. 制订适宜的教学计划

获得学习成就是学生的根本需要。因此，教学计划中的教学目标、内容和方法必须要适合学生的程度和水平，使学生通过学习能取得较满意的成绩或成就，提高学生的自信心和自尊心。同时，较好的学业成就也能缓解学生的焦虑情绪，提高其在班集体和家庭中的地位，改善其人际关系，从而使其能更好地适应课堂环境。

2. 帮助学生调整学习的认知结构

新的学习任务常会打破学生原有的知识结构，如果这时学生处于良好的认知准备状态，从而顺利完成认知结构的转换，那么学生就能进一步增强学习的信心和能力。否则，学生就会产生焦虑，不知所措。所以，教师在引进新知识、新内容时，要交代清楚它的来龙去脉，把新知识与旧知识联系起来，也就是把新知识整合到学生头脑中已有的认知结构中去，使他们具备学习新知识的结构基础。

3. 给予精确而严格的指导

一般来讲，学生对于自己的课堂作业是严肃认真的，但他们往往准备不足，不知道该怎么做，因而产生问题行为。因此，教师应给予学生清晰的指导，包括学生将做什么、为什么做、怎样做、怎样获得帮助以及完成课堂作业后干什么、完成作业需要多少时间、不能按指定时间完成时该怎么办等，这样才能使学生得到足够的信息。否则，学生会有一种不确定的感觉，就会反复提出问题或表现出急躁、厌烦和焦虑，甚至产生问题行为。指导除言语方式外，还可以采用写黑板字、放投影或用纸写指导语等多种形式。

4. 建立良好的教学秩序

良好的教学秩序会营造出愉快、和谐的课堂气氛，从而使教师与学生情绪平静、思维活跃，减少问题行为的发生。而要建立良好的教学秩序，首先就要建立合理的课堂结构，也就是良好的课堂情境结构和良好的课堂教学结构。

5. 行为矫正与心理辅导

对已经产生问题行为的学生，就要采取行为矫正和心理辅导的方法来处理。

行为矫正是强化学生的良好行为、排除不良行为的一种方法。这实际上是一种行为疗法，具体步骤是：①确定需要矫正的问题行为；②制定矫正问题行为的具体目标；③选择适当的强化物确定强化时间的安排；④排除维持或强化问题行为的刺激；⑤以良好行为逐渐取代或消除问题行为。矫正必须以师生的密切配合为前提。

对复杂问题行为，尤其是那些由内在刺激引起与维持的问题行为，矫正效果并不显著，需要心理辅导来解决。心理辅导主要是通过改变学生的认知、信念、价值观念、道德观念来改变学生的外部行为。

6. 协调同伴关系

有课堂问题的学生，往往表现出人际关系适应不良。因此，教师必须为他们创设一个良好的人际环境，创设更多让他们在班集体中发挥才能和积极作用的机会，使他们得到同伴的尊重和认可，从而提高他们的自信心和在班级中的地位。同时还要注意制止学生中对他们造成伤害的行为，如讽刺、挖苦、嘲笑等。

7. 与家长合作

亲子关系对于形成和纠正问题行为是十分重要的。所以，教师必须主动地与家长合作，互通信息，共同配合，采取有效措施纠正学生的不良行为，促进学生积极行为的发展。

第三节　课外活动的组织与管理

一、课外活动的概述

课外活动是指在课堂教学之外，由学校组织指导或由校外教育机关组织指导的，用以补充课堂教学，实现教育方针要求的一种教育活动，是根据受教育者的需要以及教育教学的需要，在教育者的直接或间接指导下，来实现教育目的的一种活动。

课外活动又可以分为校内活动和校外活动，二者的区别在于组织指导的不同。校内活动是由学校领导、教师组织指导的活动；校外活动是由校外教育机关组织指导的活动。这里应注意的是，校内活动并不仅限于学校范围之内，也可以是在校外组织的活动，它与校外活动的区别只是在组织和领导方面的不同。一般来说，校内活动和校外活动统称为课外活动。

（一）课外活动的主要特征

课外活动与课程教学都是实现教育目的和教学目标的重要途径，但课外活动在活动内容、组织方式和活动方式上不同于课程教学，具有独特的特征：

1. 课外活动具有很高的自主性

课外活动是在课堂教学以外进行的活动，组织者根据教育教学的实际需要，可随时随地地组织形式多样、内容丰富多彩的活动，课外活动有时是学校或校外教育机关统一组织的活动，有时是在学校或校外教育机关的指导下，受教育者根据自己的兴趣、爱好、特长以及实际的需要，自愿地组织、选择和参加的活动。这样，不仅能发挥受教育者的积极性和主动性，而且能使受教育者的才能、个性得到充分发展，有利于受教育者的优良个性品质的培养。课外活动大多是学生自愿选择、自愿参加的活动。它能比较充分地照顾学生的兴趣和爱好，有利于发展学生的爱好、特长，符合学生的需要和特点，提高学生参加活动的积极性。

2. 课外活动方式具有很大的灵活性

课外活动的开展，可以根据学校的实际情况和受教育者的身心发展状况等来确定。活动规模的大小、活动时间的长短、活动内容的选择等都可以灵活掌握，没有固定模式，生动活泼，灵活多样。课外活动不受课程计划、课程标准的限制，以学生的愿望、爱好、特长和接受水平来灵活确定，所以，课外活动的组织方式不受班级教学等组织形式的限制，形式十分活泼，讲究实效。

3. 课外活动内容具有很强的伸缩性

进行课外活动可以根据本地区、本学校的实际情况，或受教育者的不同愿望，开展内容丰富多彩的活动。不像课堂教学那样，要按照统一的教学大纲、教学计划和教科书的要求去做。活动内容可由学校或校外教育机关根据实际需要自行决定，内容可深可浅，可多可少，还可以不断变动，具有很强的伸缩性。课外活动与课堂教学相比，具有很强的实践性。课堂教学中，受教育者可以获得知识、培养思想品德、提高审美能力等。在课外活动中，受教育者有直接动手的机会，在其亲自参与、组织、设计的各项实践中，获得了实际知识，提高了思想品德和身体素质，各方面的能力都在实践活动中获得了发展。

4. 学生在课外活动中具有更大的自主性

与课堂教学相比，学生在课外活动中具有更大的自主性。富有成效的课外活动，大都是学生在教师等的指导和帮助下独立自主开展的。活动由学生自己组织、自己设计、自己动手。

（二）课外活动的意义

课外活动具有区别于课堂教学的独特教育价值，在整个教育活动中，它的影响全面而深刻。丰富多彩的课外活动有利于学生多方面素质的提高。具体体现在：

1. 促进学生全面发展，促进学生社会化

课外活动强调学生自主参与、自愿组合，充分发挥了学生的个性。在活动过程中，学生的主体作用得到了充分发挥，才能得到了施展，学生的独立性、责任心、参与意识等也进一步发展，有人认为“交往和社交策略尤其可以通过参与课外活动而获得”，校内外活动为学生提供了一个理想的环境，在这里，学生渐渐习得一些成人社会的行为。同时，学生还要解决一些与同伴相处的问题，这些都有助于学生从儿童向成人转化。

2. 促使学生在社会化过程中个性化

没有个性化，所谓个性的社会化就失去了现实意义，甚至是不可能的。社会要求各种各样的人才为它服务，在这一点上，个体的社会化与个性化是一致的，课外活动恰好能够在促进个体社会化的过程中最大限度地满足个体在个性化方面的需要。

3. 课外活动给学生学习生活增添了乐趣

一般来说，课外活动是学生自愿参加的，他们没有多少心理负担，有的只是探索的愉悦；另外，相对于课内学习，课外活动内容比较新颖，容易给人以新鲜刺激，使人身心得到享受；课外活动也能帮助学生学会利用闲暇时间，培养健康的兴趣爱好，丰富其精神生活。

4. 课外活动在发挥学生特长方面也有重要作用

在普及层次的课外活动中，通过有计划的丰富多彩的活动，每个学生都能找到发展自己特长的领域。另外，在提高层次的课外活动中，一部分学生可以脱颖而出，国内外许多著名的科学家、学者都有这样的经历：学校教育虽然给他们的发展奠定了坚实的基础，而专业方面的成就，往往是与他们在青少年时代的课外兴趣和活动相联系的。

二、课外活动的内容与形式

班级课外活动内容非常丰富，具体包括：班会、科技活动、文体活动、节日纪念日活动、课外阅读活动及其他班级活动。从参加活动的规模看，活动形式主要分为三类：集体活动、小组活动和个人活动。

集体活动的规模比较大，至少以一个年级的学生作为活动参与者，也可扩大为全校活动或校际联合活动。小组活动，是各种普遍参与的持续性专项活动中最基本的组织形式。个人活动（也称个别活动）是学生在教师的指导和帮助下，根据个人的特长、能力水平和兴趣爱好独立地进行的各种学习和实践活动。

1. 班会

班会是比较固定的班级活动形式。一般都在课程表中，每周一次，由班主任、班委会成员或者其他同学来主持。班会依据是否有明确教育主题分为主题班会和常规班会两种形式。主题班会是班主任依据教育目标，指导学生围绕一定主题，由学生自己主持、组织进行的班会活动，它是班级活动的主要形式，通常进行主题教育；常规班会，又称为“班务会”，是班主任按照固定的日程组织安排的班会活动，主要是布置班级计划，讨论集体建设情况。

2. 科技活动

班级的科技活动可以通过科技班（队）会、科技参观、科技兴趣小组三种形式来进行。

3. 文体活动

联欢会是经常采用的文艺活动形式，还有生日会、朗诵或辩论赛、班级才艺展示或大赛等。班主任还可以组织各种文体小组利用课余实践开展小型体育竞赛，达到锻炼身体、陶冶情操的教育目的。

4. 节日纪念日活动

利用中秋节、国庆节、父亲节、母亲节等中外传统节日或纪念日开展歌咏比赛、感念亲情等活动，进行爱国、感恩等相关主题教育。

5. 课外阅读活动

与各科教师相互配合，推荐阅读科目，建立班级图书室或图书角，定期或不定期召开读书心得交流会，开展好书推荐等活动，扩展学生的知识面，培养学生的阅读习惯。

6. 其他班级活动

包括学习经验交流会、知识或智力竞赛、自我服务性劳动、社会公益劳动、社会调查或参观等。

三、课外活动的设计与组织实施

班级课外活动的设计与组织实施主要分为以下三个步骤：

（一）选题

选题过程的几个依据：一是班集体的奋斗目标和发展计划，看集体建设过程中对活动内容的需要。二是班集体的现实情况，是否有需要解决的“热点”问题。三是学校教育计划和活动安排。选题大致确定之后，班主任应广泛征求各学科老师和同学的意见，充分讨论，初步确立活动选题，商议活动开展基本形式。

（二）制订活动计划

活动计划是由班主任和班委会成员共同制订的。活动计划应包括以下内容：活动的目的和内容、活动的基本方式和程序、活动时间地点安排、具体准备工作及组织管理等。在制订活动计划中，还要注意两个方面：一是尽可能发动和安排全体学生积极参与，力求使每个学生都能在活动中找到相应的位置或体验的角色。二是考虑适当地借助外力，根据活动的主题和目的，邀请学校领导、科任教师、家长共同参与进来。

（三）活动实施与总结

活动实施是课外活动的中心环节。在活动开始之前，利用集体舆论营造活动氛围，调整全班同学的心理状态，将各种可能的干扰因素降到最低。在活动当天，要做好充分的心理准备，应对活动过程中可能出现的情况，保障活动的顺利进行。活动结束之后要做好总结，可以开展小范围的座谈会，也可以广泛征求意见，然后形成书面总结。还要考虑后续活动及与下一项活动的衔接。

四、课外活动组织管理的要求

（一）要有明确的目的

课外活动是实现教育目的的重要途径。每项活动都要有明确而具体的目的，防止出现“为活动而活动”的形式主义倾向。同时，课外活动作为学校教育的组成部分，应纳入学校工作的整体计划之中。在具体开展活动时应有周密的计划，以保证活动有序进行，并取得良好的效果。

（二）活动内容要丰富多彩，形式多样化，要富有吸引力

课外活动要充分考虑到参加活动的学生的兴趣爱好和特长，要符合他们的年龄特征。课外活动的内容和形式应强调科学性、知识性和趣味性，让知识教育、思想教育寓于生动活泼的形式之中，使活动本身对学生具有强烈的吸引力，使他们乐于参加各项课外活动。

（三）发挥学生的积极性、主动性，并与教师的指导相结合

学生集体和个人是课外活动的主体，活动的开展主要依靠他们的积极性和主动性。教师在活动中要让学生独立思考，注意培养他们的创造精神和创造能力。同时，在活动中应重视发挥教师的指导作用。当学生遇到困难时，教师要给予鼓励和帮助，为学生创造和提供活动的条件。

第四节　班主任

一、班主任的概念

班主任是学校中全面负责一个班学生的思想学习、生活等工作的教师，是班级的组织者、领导者和教育者，是学校办学思想的贯彻者，是联系班级任课

教师和学生团队组织的纽带，是沟通学校、家长和社会的桥梁。

二、班主任的地位和作用

班主任是一个重要且独特的教师角色：

（一）班主任是班级建设的设计者

班级建设的设计是指班主任根据学校的整体办学思想，在主客观条件许可的范围内所提出的相对理想的班级模式，包括班级建设的目标、实现目标的途径、具体方法和工作程序。其中，又以班级建设目标的制定最为重要。

班级目标的设计主要依据两个方面的因素：一是国家的教育方针、政策和学校的培养目标；二是班级群体的现实发展水平。

（二）班主任是班级组织的领导者

班主任在班级管理中的影响力主要表现在两个方面：一是班主任的权威、地位、职权，这些构成班主任的职权影响力；二是班主任的个性特征与人格魅力，这些构成班主任的个性影响力。

班主任的领导方式可分为：权威型、民主型、放任型。

权威型领导方式的特征是命令、权威和疏远。在权威型模式下，当教师在场时学生的学习成绩高于教师不在场时，说明他们是在教师的权威下才努力学习的。

放任型领导方式的特征是无序、随意和放纵。在放任型模式下，学生的学习成绩在教师不在场时反而更好，这主要是学生中具有领袖才能的人出面进行组织的结果。

民主型领导方式的特征是开放、平等和互助。在民主型模式下，学生的学习努力程度比较适中，学习成绩比较稳定。

（三）班主任是协调班级人际关系的主导者

班主任主要协调好三大类关系：一是需要协调学校内部各种教育因素之间的关系，具体包括协调与任课教师之间的关系、协调与学校各级领导之间的关系、指导和协助共青团、少先队工作；二是需要协调学校教育与家庭教育之间的关系；三是需要协调学校教育与社会教育之间的关系。

三、班主任的素质要求

班主任的基本素质要求主要可以概括为三个方面：思想道德素质、专业素质、身心素质。

（一）思想道德素质

坚定、正确的政治方向，忠于人民的教育事业，关爱学生、品德高尚、作风正派、为人师表。

（二）专业素质

爱岗敬业，具有符合素质教育要求的教育观和较强的教育教学能力，以及组织管理能力、教育科研能力。具有较强的团队协作能力和较强的人际沟通能力，善于与学生、学生家长以及各任课教师进行沟通、协作。

（三）身心素质

身体健康，勤于锻炼身体，能够胜任班主任工作。勤于思考、勇于探索，具有自信、乐观向上的人格品质；善于进行自我调节，保持心理健康。

四、班主任的工作内容与方法

根据《教育部关于进一步加强中小学班主任工作的意见》，班主任的基本职责主要包括：做好中小学生的教育引导工作，做好班级的管理工作，组织好班集体活动，关注每一位学生的全面发展，做好学校基层的组织与协调工作。由此，班主任工作的基本内容可以归结为以下几个方面：

（一）建立健全班级组织

班主任建立健全班级组织的工作内容主要包括学生班集体的建设、学生团队组织、班级教室集体的组织、校外教育资源的整合。其中，班集体建设是核心内容，其他各项工作都围绕班集体的建设而进行。

（二）学生的教育引导工作

认真贯彻素质教育的方针，做好中小学生的教育引导工作，履行班主任的育人职责是班主任工作的根本性内容。为此班主任要明确认识工作对象的特点与发展需求，并根据学生各自的特点，因势利导，促进其全面发展。

1. 充分了解学生

了解学生不仅要了解学生的自身情况，包括学生的一般表现、学习情况、学习潜能、兴趣特长、成长经历等，还要了解学生的家庭情况和社会生活环境，包括家庭经济情况、家庭成员的思想面貌、文化素养等。

2. 全面教育引导学生

认真落实学校德育工作的要求，积极主动地与其他任课教师一道，利用各种机会开展思想道德教育，引导学生明辨是非、善恶、美丑，从身边的小事做起，逐步树立社会主义荣辱观，确立远大志向，增强爱国情感，明确学习目的，端正生活态度，养成良好的行为习惯。

3. 做好个别教育工作

个别教育工作主要包括对不同层次学生的教育工作。

对于先进生的教育主要有以下几个方面：①严格要求，防止自满；②不断激励，战胜挫折；③消除嫉妒，公平竞争；④发挥优势，全班进步。

对于中等生的教育有以下几个方面要求：①重视对中等生的教育。对中等生的教育不仅关系到中等生自己的发展，还关系到整个班级的进步。②根据中等生的不同特点有的放矢地进行个别教育。③给中等生创造充分展示自己才能的机会，增强他们的自信心。

对于后进生的教育要注意以下几个方面：①关心爱护后进生，尊重他们的人格；②培养和激发学习动机；③提供范例，增强是非观念；④根据个别差异，采取不同的教育措施。

（三）班级日常管理工作

班级管理是班主任的日常工作内容，是班级工作的基础，有利于学生良好的行为习惯的养成。班级日常管理包括班级常规管理和非常规管理两个方面。

班级常规管理包括班级教学管理、课外活动管理和班级制度管理。其中的班级制度管理包括班主任工作计划与总结、班级档案制度、班务日志、班级体育卫生制度、劳动制度、学生评优和操行评定等。

班级非常规管理主要是对班中偶发事件的应对处理。处理偶发事件，应注意以下几点：控制情绪，沉着冷静；了解情况，掌握分寸；依靠集体，教育学生。

【知识拓展】

操行评定是学校对学生进行教育的重要方法，操行评定的目的在于教育学生奋发向上，肯定优点，找出缺点，指出努力的方向，鼓励学生上进；帮助家长全面了解子女在学校的情况，以便与老师密切配合，共同教育学生；帮助班主任总结工作经验，找出问题改进工作。

操行评定步骤：①学生自评。②小组评议。③班主任评价；等级一般分为优、良、中、差，但“差”等应慎用。④信息反馈。

操行评定要求：操行评语要实事求是，抓住主要问题，有针对性，能反映学生思想品德的全面表现和发展趋向；要充分肯定学生进步，适当指出他们的主要缺点，指明努力方向，不可罗列现象，主次不分；文字要简明、具体、贴切，切忌空洞、抽象、一般化，严防用词不当，伤害学生情感，造成家长误解。

（四）组织指导班级活动的开展

班主任指导班委会、团支部开展工作，组织开展丰富多彩的团队活动；积极组织开展班集体的社会实践活动、课外兴趣小组、社团活动和各种文体活动，充分发挥学生的积极性和主动性，培养学生的组织纪律观念和集体荣誉感。

五、学校与家庭的协调

班主任与家长合作是指班主任与家长之间双向互动、相互信任，以协调家长和学校的关系，使家庭教育与学校教育协调同步，形成教育合力，彼此协作配合，促进孩子的健康成长。一般而言，学校与家庭协调的常用方式主要包括：家访、班级家长会、家长学校、家长委员会、家长沙龙。

（一）家访

家访是班主任与学生家长建立联系的非常重要的方式。经常有效的家访有利于促进双方对学生发展状况的了解，有利于促进学生各方面的发展。为了使家访收到实效，要注意以下几点：

第一，明确家访目的，即每次家访不可例行公事，更不可盲目进行。

第二，分析家访对象、选择家访时机，并选择与家长沟通访谈的恰当方式。

第三，注重家访后期追踪，有针对性地调整后续的教育方式。

（二）班级家长会

班级家长会是一种传统的家校合作方式，其主要目的是使家长与班主任及学科教师直接面对面集中沟通，交流意见或建议，增进互信理解与支持，共同为学生进一步发展协调配合。

（三）家长学校

家长学校是组织学生家长学习进修的教育机构。家长在专业教师的引领指导下，学习教育学和心理学方面的知识，以及教育子女的方法。因此，能更好地配合班主任教育孩子，做好班级管理工作。

（四）家长沙龙和家长委员会

家长沙龙是以家长为主体，以学生学习成长为中心，以教师及专家学者为咨询指导，旨在提高家长教育素养，提升教育理念，转变传统教育观念，实现以家庭教育为突破口，最终形成教育合力的一种形式。家长委员会由关心学校、关心教育事业、具有教育子女经验的家长代表组成，其主要职责是参与学校和班级的教育与管理，协助做好学生教育工作。

【知识拓展】

班级网络

教育技术现代化是当今教育的一个世界性趋势，是推进学习型家庭建设的合作互动策略。网络技术的普及推动了班级网络成为家庭与学校沟通的新载体。新的社会形势下，成人的竞争压力日趋激烈，缺乏足够的时间与学校老师进行交流，班级网络的出现为家长提供了一个非常有利的平台。

六、学校与社会的协调

在现代社会的学校教育中，广泛的社会资源是实现其资源整合的重要保证。对于班主任而言，与社会协调，整合社会教育资源，应通过“走出去、请进来”的方式，保持与社会的密切联系，具体可以归结为以下两种形式：

（一）依托社区的教育委员会

社区教育委员会是在当地政府领导下，对学校实行教育行政领导与管理的组织机构。教师可以主动邀请他们以多种形式指导并参加班级的某些活动，减少学校与社会之间的屏障，拉近学生与社会的距离，促进学生的社会化发展。比如班主任可以邀请社区委员会的成员参加班级的一些活动，或聘请他们作为校外辅导员。

（二）建立校外教育基地

校外教育基地主要是指少年宫、少年科技站、博物馆、各种业余学校等。这些机构在一定程度上弥补了学校教育的不足，在培养儿童和青少年的不同兴趣爱好和特长方面发挥着重要的作用，为学生营造了健康愉快的校外生活环境。

本章小结

班集体是按照班级授课制的培养目标和教育规范组织起来的、以共同学习活动和直接人际交往为特征的社会心理共同体，是学生学习、生活和成长的重要场所。课堂管理是指教师为有效利用时间、创造愉快的和富有建设性的学习环境以及减少问题行为而采取的一系列活动与措施。课外活动是指在课堂教学之外，由学校组织指导或由校外教育机关组织指导的，用以补充课堂教学，实现教育方针要求的一种教育活动。

班级课外活动的设计与组织实施主要分为三个步骤。班主任是学校中全面负责全班学生的思想学习、生活等工作的教师。班主任的基本素质要求可以概括为三个方面：思想道德素质、专业素质、身心素质。班主任工作的基本内容可以归结为以下几个方面：建立健全班级组织、学生的教育引导工作、班级日常管理工作和组织指导班级活动的开展。

【思考与练习】

1. 班级管理主要包括哪些内容？
2. 简述建立教师威信的途径。
3. 简述培养班集体的方法。
4. 简述课外活动的组织、实施的步骤及要求。
5. 简述影响课堂管理的基本因素。

参考文献

[1] 王道俊，郭文安．教育学：第七版［M］．北京：人民教育出版社，2016.

[2] 全国十二所重点师范大学．教育学基础：第3版［M］．北京：教育科学出版社，2014.

[3] 宋秋前，陈宏祖．教育学［M］．杭州：浙江大学出版社，2010.

[4] 苏春景．教育学［M］．北京：高等教育出版社，2010.

[5] 扈中平．现代教育学：第3版［M］．北京：高等教育出版社，2010.

[6] 亚米契斯．爱的教育［M］．夏丏尊，译．长春：吉林出版社，2009.

[7] 辞海编辑委员会．辞海［M］．上海：上海辞书出版社，1979.

[8] 顾明远．教育大辞典：增订合编本［M］．上海：上海教育出版社，1998.

[9] 密尔．论自由：权威全译本［M］．许宝骙，译．北京：商务印书馆，2015.

[10] 教育部基础教育司，朱慕菊．走进新课程：与课程实施者对话［M］．北京：北京师范大学出版社，2002.

[11] 王振宏．青少年心理发展与教育［M］．西安：陕西师范大学出版总社有限公司，2012.

[12] 范梅南．教学机智：教育智慧的意蕴［M］．李树英，译．北京：教育科学出版社，2001.

[13] 袁振国．当代教育学：第4版［M］．北京：教育科学出版社，2010.

[14] 王道俊，扈中平．教育学原理［M］．福州：福建教育出版社，2013.

[15] 蒋礼，张平海．教育学新编［M］．北京：北京师范大学出版社，2011.

[16] 陈寒．教育学教程［M］．北京：北京师范大学出版社，2011.

[17] 王枬，等．教育原理［M］．桂林：广西师范大学出版社，2007.

[18] 朴泰洙，金哲华．教育学原理［M］．北京：科学出版社，2011.

[19] 齐梅，马林．教育学原理［M］．北京：清华大学出版社，2012.

[20] 金林祥．教育学概论：修订版［M］．上海：华东师范大学出版社，2010.

[21] 全国十二所重点师范大学．教育学基础：第2版［M］．北京：教育科学出版社，2008.

［22］王彦才，郭翠菊．教育学［M］．北京：北京师范大学出版社，2010.
［23］陈理宣．教育学原理：理论与实践［M］．北京：北京师范大学出版社，2010.
［24］胡守棻．德育原理：修订版［M］．北京：北京师范大学出版社，1989.
［25］黄向阳．德育原理［M］．上海：华东师范大学出版社，2000.
［26］班华．现代德育论：第2版［M］．合肥：安徽人民出版社，2001.
［27］檀传宝．学校道德教育原理：修订版［M］．北京：教育科学出版社，2003.
［28］冯文全，冷泽兵，卢清．教育学［M］．成都：电子科技大学出版社，2004.
［29］朱小蔓．道德教育论丛：第1卷［M］．南京：南京师范大学出版社，2000.
［30］张锡生．中国德育思想史［M］．南京：江苏教育出版社，1993.
［31］郑航．中国近代德育课程史［M］．北京：人民教育出版社，2004.
［32］冯增俊．当代西方学校道德教育［M］．广州：广东教育出版社，1993.
［33］朱智贤．中国儿童青少年心理发展与教育［M］．北京：中国卓越出版公司，1990.
［34］袁桂林．当代西方道德教育理论［M］．福州：福建教育出版社，1995.
［35］钟启泉，黄志成．西方德育原理［M］．西安：陕西人民教育出版社，1998.
［36］王道俊，王汉澜．教育学：新编本［M］．北京：人民教育出版社，1989.
［37］李帅军．教育学［M］．北京：北京师范大学出版社，2011.
［38］潘友刚，钱立群．教育学［M］．武汉：华中师范大学出版社，2005.
［39］叶澜．教育概论［M］．北京：人民教育出版社，1991.
［40］刘克兰．现代教学论［M］．重庆：西南师范大学出版社，1993.
［41］叶瑞祥，沈晓良．教育学［M］．广州：广东高等教育出版社，2000.
［42］鲁洁，王逢贤．德育新论［M］．南京：江苏教育出版社，1994.
［43］崔相录．中小学德育方法［M］．延吉：东北朝鲜民族教育出版社，1991.
［44］王作亮，张典兵．教育学原理［M］．徐州：中国矿业大学出版社，2015.
［45］白彦茹．教育学概论［M］．北京：高等教育出版社，2017.

[46] 马卡连柯．马卡连柯全集：第五卷［M］．刘长松，等译．北京：人民教育出版社，1956.

[47] 谌启标，王晞，等．班级管理与班主任工作［M］．福州：福建教育出版社，2007.

[48] 郑立平．把班级还给学生：班集体建设与管理的创新艺术［M］．北京：中国轻工业出版社，2012.

[49] 珍妮特·沃斯，戈登·德莱顿．学习的革命［M］．顾瑞荣，等译．上海：上海三联书店，1998.

[50] 郭文安，王道俊．试论有关青少年学生素质的几个问题［J］．教育研究，1994（4）．

[51] 单鹰．论素质教育的目标［J］．当代教育论坛，2003（5）．

[52] 苏君阳．素质教育认识论的误区及其超越［J］．北京师范大学学报（社会科学版），2008（6）.

[53] 蔡玲，姜锡润．《德意志意识形态》的历史概念的逻辑向度［J］．马克思主义哲学研究，2015（1）.

[54] 武喜春．浅析科学发展观的“以人为本”思想［J］．社科纵横（新理论版），2013（3）.

[55] 万勇．关于教师地位的建议［J］．外国教育资料，1984（4）.

[56] 李方强．教师成长阶段理论对我国师资培养的启示［J］．继续教育，2002（4）．

[57] 罗晓文．贫困民族地区农村小学低年级班级管理难点与应对思考［J］．中华少年，2017（12）．

[58] 杨莹．探究农村小学班级管理［J］．好家长，2016（34）．

[59] 陈惠惠．新课程理念下课堂行为管理的优化［J］．教学与管理，2016（15）．

[60] 李小兰，郭礼智．格拉瑟现实治疗理论在我国中小学课堂管理中的运用［J］．教学与管理，2010（12）．

[61] 2016 年教师资格证考试《中学综合素质》第一章第二节［EB/OL］．（2016 - 08 - 03）．无忧考网．http：//www.51test.net/show/7467081.html.